ALBANIEN

Mit Tirana, Berat, Gjirokastër, Riviera und Albanischen Alpen

Frank Dietze, Shkëlzen Alite

TRESCHER VERLAG

2., aktualisierte Auflage 2019

Trescher Verlag
Reinhardtstr. 9
10117 Berlin
www.trescher-verlag.de

ISBN 978-3-89794-481-7

Herausgegeben von Bernd Schwenkros und Detlev von Oppeln

Reihenentwurf und Gesamtgestaltung:
Bernd Chill

Gestaltung, Satz, Bildbearbeitung: Ulla Nickl
Lektorat: Corinna Grulich, Anja Schmitter
Stadtpläne und Karten: Johann Maria Just, Martin Kapp, Bernd Chill

Gedruckt auf chlorfrei gebleichtem Papier

Printed in Germany

Alle Angaben in diesem Reiseführer wurden sorgfältig recherchiert und überprüft. Dennoch können Entwicklungen vor Ort dazu führen, dass einzelne Informationen nicht mehr aktuell sind. Gerne nehmen wir dazu Ihre Hinweise und Anregungen entgegen. Bitte schreiben Sie an post@trescher-verlag.de.

Titelbild: Innenstadt von Gjirokastër (→ S. 233)
Vordere Umschlagklappe:
Am Neuen Basar in Tirana (→ S. 125)
Hintere Umschlagklappe: Im Valbonatal (→ S. 313)

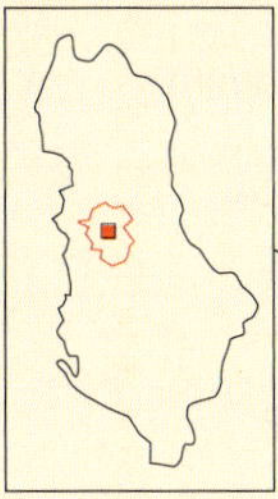
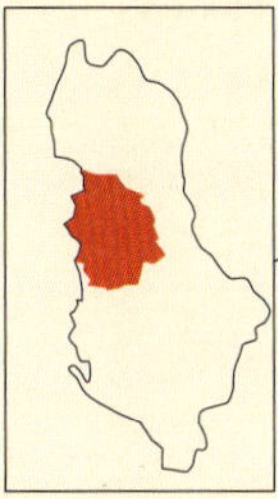
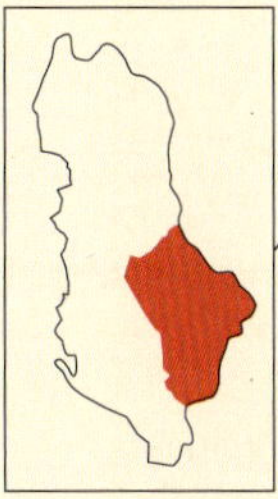
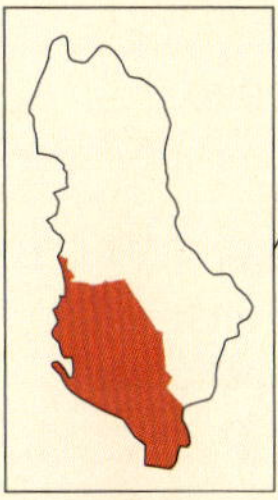
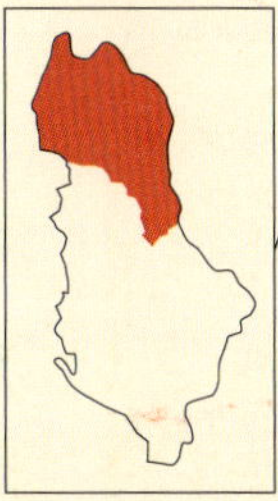

300
300

REISETIPPS VON A BIS Z 346

EXTRA

Wanderer in den Nordalbanischen Alpen

Vorwort

›Si je?‹ ›Wie geht's?‹ Das ist eine häufig zu hörende Begrüßung in Albanien. Man antwortet darauf oft mit ›mirë‹, also ›gut‹. Genau diese Floskel kann für die guten Gefühle, die tollen Eindrücke, die abwechslungsreichen Tage, das köstliche Essen und die Begegnungen mit den sehr freundlichen Menschen in Albanien einen ganzen Urlaub oder Aufenthalt über uneingeschränkt gedacht und nach ein bisschen Übung auch gesagt werden.

Albanien, auf Albanisch Shqipëria, galt vor 1991 als ein Land für Abenteurer – oder man musste als Tourist das vom Staat vorgeschriebene und überwachte Standardprogramm absolvieren. Würde jemand, der noch nie in Albanien oder in einem von mehrheitlich von Albanern bewohnten Gebiet wie dem Kosovo war, gefragt, was er mit dem Begriff Albanien verbindet, ruft das Wort ›Albanien‹ aller Wahrscheinlichkeit nach eher negative Assoziationen wie Mafia, Blutrache, Enver Hoxha, Flüchtlinge, Rückständigkeit, Armut und Ähnliches hervor. Das Ganze gipfelt vielleicht sogar in der Frage, wo denn dieses Albanien überhaupt liegt? Dieses Land als Teil des sogenannten Balkans besitzt keine Metropole und wurde die meiste Zeit von anderen Staaten oder Reichen beherrscht, so dass Albanien bis 1912 auf der Landkarte nicht existierte. Diese jahrhundertelange Fremdherrschaft hatte aber auch ihre positiven Auswirkungen: In Albanien gibt es viele Einflüsse aus anderen Teilen Europas. Und Albanien ist verbunden mit der Geschichte aller es umgebenden Länder. Gerade Albanien ist der ›Balkan‹ oder ›Südosteuropa‹ schlechthin.

Im Jahr 2018 besuchten rund fünf Millionen Menschen Albanien, Tendenz steigend. Im Vergleich mit Griechenland oder Kroatien ist diese Zahl gering, jedoch kann der Maßstab der anderen Länder für Albanien nicht gelten. Bis 1991 war das Land isoliert, eine touristische Infrastruktur für ausländische Besucher gab es fast nicht. In den letzten Jahren ist viel investiert worden, in Straßen, Unterkünfte, Dorftourismus und Cafés. Und die Zahl der Besucher steigt, im südosteuropäischen Vergleich, bisher jährlich am stärksten an. Das hat sich schon herumgesprochen, weshalb auch immer mehr Individualreisende nach Albanien kommen.

Einen großen Anteil daran, dass sich Reisende in Albanien wohlfühlen, haben die Albaner selbst. Die Menschen sind aufgeschlossen, neugierig darauf, woher jemand kommt, und freuen sich, dass man Interesse an ihrem eher unbekannten, manchmal romantisierend verklärten und deshalb als ›wild‹ wahrgenommenen, spannenden und schönen Land hat. Gastfreundschaft ist im Eigenverständnis der albanischen Kultur mit bestimmten Verhaltensweisen verknüpft, es wird kein Unterschied zwischen einem Freund und einem Gast gemacht. So wird Gästen sehr höflich begegnet, sie bekommen eher ungefragt etwas angeboten (zum Beispiel einen Schnaps), und auch alleinreisende Frauen können davon ausgehen, sich ähnlich wie im restlichen Europa bewegen und verhalten zu können.

Herausragende Sehenswürdigkeiten

Städte

Tirana ►

Die quirlige, im wahrsten Sinne bunte Hauptstadt hat sich in den letzten 20 Jahren rasant entwickelt und irgendwie neu erfunden. Mit der Seilbahn geht es hinauf zum Dajti-Gebirge mit toller Sicht über die Stadt bis zur Adria. → S. 120

Berat ▼

Die Stadt heißt umgangssprachlich noch immer albanisches Belgrad, die ›Weiße Stadt‹. Über der UNESCO-Stadt ragt die Burg empor, die noch von albanischen Familien bewohnt wird. Zahlreiche Fresken, unter anderem von Onufri, einem der bedeutendsten albanischen Ikonenmaler, sind hier zu sehen. → S. 184

Gjirokastër ◄

Die ›Stadt aus Stein‹ in Südalbanien steht ebenso auf der UNESCO-Liste. Dies nicht ohne Grund, denn die Lage am Berg und die vielen prachtvollen Häuser verleihen der Stadt ein traumhaftes Flair. Sehenswert sind die teilweise zu besichtigenden ehemaligen Adelshäuser. → S. 233

Dörfer ▲

In den verschiedenen Regionen gibt es sehr sehenswerte Dörfer: Im Südosten die Dörfer Dardhë (→ S. 342) und Rehovë (→ S. 223) mit Steinhäusern und Wandermöglichkeiten in der Umgebung. Im Norden sind es die bekannten Bergdörfer Theth (→ S. 312) und Lepushë (→ S. 311) in den Nordalbanischen Alpen, die romantisch in die Bergwelt eingebettet sind. Von Touristen noch völlig unentdeckt sind die Dörfer in der Umgebung von Peshkopi, dazu gehören Bellovë (→ S. 331), Rabdishtë (→ S. 331) und Radomirë (→ S. 332).

Geschichte

Apollonia und Butrint ▼

Zu den bedeutendsten Ausgrabungsstätten gehören die beiden griechischen Kolonien Apollonia (→ S. 281) und Butrint (→ S. 255), die während der römischen Epoche und zuletzt während der byzantinischen Ära ausgebaut wurden. Butrint ist sehr gut und weitreichend erschlossen und Teil des UNESCO-Weltkulturerbes.

Krujë ▼

Krujë ist eine kleine Stadt nicht weit von Tirana. Hier wird im Skanderbeg-Museum der Nationalheld Albaniens verehrt. → S. 156

Fresken ►

Wer auf der Suche nach abgelegenen, recht unbekannten orthodoxen Kirchen mit gut erhaltenen Fresken ist, findet diese in Südalbanien, besonders in den Regionen von Berat (→ S. 184) und Korçë (→ S. 205). Besonders sehenswerte Freskensammlungen befinden sich in Berat und Korçë selbst.

Natur ▲

Wandern lässt es sich perfekt in den Albanischen Alpen (→ S. 309) im Norden an der Grenze zu Montenegro und dem Kosovo. Dieses Gebirge bietet die besten Wanderwege und Unterkünfte in spektakulärer Landschaft. Bekannt geworden sind Theth (→ S. 312) und das Valbonatal (→ S. 313), aber auch die bisher weniger bekannte Region Kelmend (→ S. 309) ist es wert, erwandert zu werden. In den letzten Jahren sind Wanderungen entlang des Ionischen Meeres und in den Bergen im Hinterland beliebt geworden (→ S. 262). Ornithologen kommen an der Küste in den Naturparks Karavasta (→ S. 183) und Kune-Vain (→ S. 292) und um den Prespasee (→ S. 221) auf ihre Kosten. Wer gern badet, findet tolle Sand- und Kiesstrände an der Albanischen Riviera (→ S. 262).

Das Wichtigste in Kürze

Ein Reiseführer ist kein enzyklopädisches Verzeichnis, es kann keine Garantie auf Vollständigkeit erhoben werden. In diesem Buch werden jedoch neben bekannteren touristischen Zielen auch Ausflüge in abgelegene Orte und Landschaften vorgestellt.

Für **Autofahrer** sind die Entfernungen zwischen größeren Orten und Ausflugszielen meist in Kilometern angegeben. Da die Straßen in sehr unterschiedlichen Zuständen sind, ist es aber sinnvoller, auf die im Buch angegebenen Fahrzeiten zu achten.

Bei den Informationen zu **Überlandbussen** sind nur die größeren Städte mit den Abfahrtszeiten in andere albanische Städte aufgeführt.

Für die **Minibusse**, die Furgons, können keine Abfahrtzeiten genannt werden, da sie nach keinem festen Fahrplan verkehren. Es empfiehlt sich, immer nachzufragen, wann Minibusse am nächsten Tag in etwa und in welchen Intervallen abfahren.

Einreise

Reisende aus der EU und der Schweiz benötigen einen sechs Monate gültigen Reisepass, vorläufigen Reisepass oder Personalausweis beziehungsweise Kinderreisepass. Vorläufige Personalausweise werden bei den Kontrollen nicht akzeptiert.

Ein **Visum** ist bei einem bis zu 90 Tage dauernden Aufenthalt nicht nötig. Bei einem längeren Aufenthalt werden die Ausländer gebeten, sich innerhalb der ersten 30 Tage beim Grenz- und Migrationsdirektorat anzumelden und eine Aufenthaltserlaubnis zu beantragen.

Wer nicht im Hotel wohnt, soll sich theoretisch bei der nächsten Polizeidienststelle anmelden, was aber praktisch niemand tut.

Besondere **Impfungen** sind für Albanien nicht erforderlich.

Sicherheit

Albanien gilt als sicheres Reiseland. Die **Kriminalität** ist vielleicht sogar geringer als in anderen Ländern Europas, weil es Orte mit touristischen Massenaufläufen, die Taschendiebe anlocken, nicht gibt.

Frauen, die alleine oder in Gruppen reisen, können sich relativ sicher fühlen, denn Frauen werden in Albanien in der Öffentlichkeit mit Respekt behandelt. Misshandlungen oder Vergewaltigungen sind in Albanien deutlich seltener als in Mitteleuropa. Auch **LGBTQ+-Reisenden** wird prinzipiell mit der

Herbst in den Albanischen Alpen

Basar in Krujë

für Albanien typischen Gastfreundschaft begegnet. Allerdings sind die Themen Homo-, Bi, Trans-, Asexualität oder queer ein Tabuthema und werden gesellschaftlich nicht von allen akzeptiert (→ S. 81).

In unterschiedlichen Quellen wird weiterhin davor gewarnt, das Dorf **Lazarat** in der Nähe von Gjirokastër zu besuchen. Dort verschanzten sich die Marihuana-Könige Albaniens. Im Juni 2014 wurde das Dorf in mehreren Tagen von der albanischen Polizei erobert. Der Ort ist aber mittlerweile wieder frei zugänglich (→ S. 67).

Da dörfliche Regionen keine medizinische Versorgung anbieten, sollten alle wichtigen und individuell benötigten **Medikamente** mitgenommen werden.

Geld

Die albanische Landeswährung heißt **Lek** (offiziell ALL). Für 1 Euro bekommt man etwa 125 Lek (Stand: März 2019). In touristischen Orten und größeren Ortschaften ist es kein Problem, in **Euro** zu zahlen. Lediglich der Kurs wird für den Kunden zum Nachteil umgerechnet. Deshalb empfiehlt es sich, **Geldautomaten** zu benutzen, die es in allen Städten gibt. **Wechselstuben** sind ebenso in allen Städten und teilweise auch in Hotels zu finden. **Banken** haben meist montags bis freitags geöffnet, und es wird ein Ausweisdokument verlangt. Die Bezahlung mit **Kreditkarten** ist nur in größeren Hotels, teureren Restaurants und Geschäften möglich. Der Bezahlung mit Bargeld wird der absolute Vorrang gegeben.

Reisen im Land

Der Tourismus entwickelt sich kontinuierlich weiter. Bis 1990 war der Fremdenverkehr in Albanien fast nicht vorhanden, da ausländische Besucher Albanien kaum besuchten und die Vorschriften der kommunistischen Partei auch nicht dazu einluden. Seit rund 15 Jahren werden private Pensionen, Gästehäuser, Hotels und Campingplätze eröffnet. Einige Regionen, meistens im Osten des Landes, schließen langsam auf und erkennen ihre Potenziale. Tirana, die Albanische Riviera und die Albanischen Alpen zählen zu den touristisch erschlossensten und meistbesuchten Gebieten im Land.

Autofahren: Fahrten durch Albanien können sich durch schlechte Straßenzustände verlängern, weshalb eine unbekannte Strecke besser bei Tageslicht befahren werden sollte. Fehlende Straßenbeleuchtung oder Löcher in der Straße erschweren das Fahren. Prinzipiell ist jede in der Karte verzeichnete Straße mit einem Auto befahrbar. Wo ein Jeep benötigt wird, wird im Reiseteil darauf verwiesen. Eine Baustelle in Albanien ist nicht unbedingt entsprechend mitteleuropäischen Standards gesichert!

Mietwagen: Wen es in die gebirgigen Gegenden zum Beispiel Nordalbaniens, auf Nebenstrecken oder in die Regionen der Städte Përmet und Gjirokastër zieht, der sollte sich besser einen Geländewagen mieten.

Öffentliche Verkehrsmittel: Zwischen allen Ortschaften fahren **Busse** oder sogenannte **Furgons** (Kleinbusse). Die Busse fahren nach einem festen Fahrplan, die Abfahrtszeiten für alle größeren Städte sind in diesem Buch abgedruckt. Die Klein-

busse fahren in der Regel ab, sobald das Fahrzeug voll ist. Die nicht ganz planbare Abfahrtszeit wird dadurch wettgemacht, dass man schneller ans Ziel kommt als mit einem Überlandbus.
Durrës ist der Knotenpunkt des kleinen albanischen **Eisenbahnnetzes**, das mit keinem anderen Land verbunden ist. die Abfahrtszeiten sind bei den jeweiligen Städten in den Infokäten angegeben. Es verkehren zwischen Durrës und Elbasan am Tag zwei Züge, zwischen Durrës und Fier, Kashar bzw. Shkodër je ein Zug pro Tag.
Körperlich beeinträchtigte Menschen finden in Albanien nur selten barrierefreie Zugänge zu öffentlichen Gebäuden, Restaurants oder öffentlichen Verkehrsmitteln.

Reisezeit

Die besten Jahreszeiten sind Frühling und Herbst. Im **Frühling** blühen zwischen April und Mai die meisten Blumen. Im **Herbst** ist die große Hitze vorbei, und das Meerwasser ist noch bis Anfang November angenehm warm. In den flachen Küstengebieten wird es von Frühling bis Herbst nachts selten kalt. Die Monate **Juli** und **August** sind oft sehr heiß. In den **Hochgebirgen** kann bis Mai Schnee liegen. Dafür ist es im Juli und August dort recht angenehm. Der **Winter** bringt in den Hochgebirgen zwischen November bis manchmal April viel Schnee mit sich, wodurch einige Pässe nicht befahrbar sind.

Telefonieren

Internationale Vorwahl für Albanien: +355 oder 00355
Arzt: 127
Verkehrspolizei: 126
Polizei: 112 und 129
Feuerwehr: 128
Zentrale deutsche Notrufnummer zum Sperren von EC-/Kredit-/Handykarten: +49/116116
Die **Handynetze** benutzen in Albanien immer die Vorwahl 067, 068 oder 069. In abgelegenen Regionen funktionieren Mobiltelefone nicht immer.

Unterkunft

Das Angebot an **Hotels** ist in den meisten Orten sehr überschaubar. Die Preise liegen für ein Doppelzimmer zwischen 30 und 70 Euro, einige internationale Spitzenhotels in Tirana liegen preislich auch darüber.
Hostels bieten unterschiedliche Zimmergrößen an, meistens liegt der Preis zwischen 8 und 12 Euro pro Person mit Frühstück. Ähnlich günstig sind **Privatunterkünfte**. Viele Unterkünfte sind sehr sauber und haben oft Plastikbadeschuhe im Zimmer stehen. In einfachen Unterkünften gibt es häufig eine Duschecke ohne Vorhang oder Tür, so dass das gesamte Badezimmer nass wird. Toilettenpapier und Handtücher in solchen Bädern also immer rechtzeitig sichern!
Das **Campen** ist prinzipiell überall im Land, selbst in den Nationalparks, auch ohne Campingplatz möglich. An touristisch genutzten Routen gibt es ausreichend Campingplätze mit Strom, Wasser und eventuell Verpflegung.
Wer **wild campen** möchte, sollte sich ein wenig umsehen, ob das Stück Land nicht ein Feld sein oder jemandem gehören könnte. Im Zweifelsfall nachfragen, ob das Zelt an der gewünschten Stelle aufgestellt oder das Fahrzeug abgestellt werden darf.

Verständigung

Albanisch ist die offizielle Landessprache Albaniens. Durch längere Auslandsaufenthalte sprechen viele Albaner gut Italienisch, Griechisch, aber nur gelegentlich Deutsch. Die Jüngeren haben Englisch meistens in der Schule gelernt.
Die meisten Menschen sind sehr neugierig, woher die Touristen kommen. Deutschsprachige Länder stehen hoch im Kurs, so dass auch nonverbale Kommunikation oft zum Ziel führt.

Ausführliche Informationen in den Reisetipps von A bis Z, → S. 346.

Entfernungstabelle

	Berat	Durrës	Gjirokastër	Korçë	Krujë	Lezhë	Pogradec	Sarandë	Shkodër	Tirana	Vlorë
Berat		90	157	150	127	163	156	216	198	122	81
Durrës	90		192	203	35	77	166	250	107	36	121
Gjirokastër	157	192		190	256	292	236	61	327	251	128
Korçë	150	203	190		190	238	39	254	261	167	249
Krujë	127	35	256	190		44	163	280	83	29	152
Lezhë	163	77	292	238	44		199	320	35	65	195
Pogradec	156	166	236	39	163	199		335	222	128	210
Sarandë	216	250	61	254	280	320	335		358	282	180
Shkodër	198	107	327	261	83	35	222	358		94	223
Tirana	122	36	251	167	29	65	128	282	94		150
Vlorë	81	121	128	249	152	195	210	180	223	150	

Die meisten Albaner und Albanerinnen sind sehr stolz auf ihr Land, auf die Natur, ihre Sprache, die Flagge, auf Nationalhelden wie Skanderbeg und Mutter Teresa. Gleichzeitig träumen sie oft von einem besseren Leben, viele lebten oder leben deshalb auch im Ausland. Wer Albanien einmal besucht hat, berichtet oft von besonders liebevollen, freundlichen und hilfsbereiten Menschen.

Basarstraße in Gjirokastër

LAND UND LEUTE

Albanien: Zahlen und Fakten

Ländername: Republika e Shqipërisë (Republik Albanien)
Landesfläche: 28 748 km^2
Staatsgrenzen: Griechenland (212 km), Kosovo (112 km), Nordmazedonien (181 km), Montenegro (186 km)
Höchster Berg: Maja e Korabit an der Grenze zu Nordmazedonien (Korab, 2764 m)
Längster Fluss: Drin (285 km)
Große Seen: Skutarisee (teilweise zu Montenegro), Ohridsee (größtenteils zu Mazedonien)
Klima: An der Adriaküste mediterran, im östlichen Gebirge kontinental, besonders im Winter hohe Niederschläge (ca. 1300 mm) und im Hochgebirge sehr kalt
Städte: Tirana, 720 000 Einwohner. Weitere größere Städte: Durrës (205 000), Elbasan (130 000), Vlorë (125 000), Shkodër (115 000), Korçë (85 000), Berat (69 000), Pogradec (40 000), Lezhë (25 000), Gjirokastër (20 000), Krujë (20 000)
Hauptstadt: Tirana
Bevölkerung: 2,86 Mio. Einwohner (2019)
Bevölkerungsdichte: knapp 100 Menschen pro km^2 (Deutschland: 230, Österreich: knapp über 100, Schweiz: 200)
Durchschnittsalter: 36 Jahre (Deutschland 46,8, Österreich 43,8, Schweiz 42,2)
Durchschnittliche Lebenserwartung: 78,3 Jahre (Deutschland 80,7, Österreich 81,5, Schweiz 82,6)
Landessprache: Albanisch (Shqip)
Religionen/Kirchen: Bis zu 70 Prozent der Bevölkerung sind Muslime; 20 Prozent griechisch-orthodox; 10 Prozent katholisch. Die wenigsten Menschen praktizieren ihre Religion in einer Institution; relativ große Toleranz zwischen den religiösen Gruppen
Regierungsform: Parlamentarische Republik
Staatspräsident: Ilir Meta (seit 24. Juli 2017)
Ministerpräsident: Edi Rama (seit September 2013, zweite Amtszeit)
Außenminister: Edi Rama (seit Dezember 2018)

Die albanische Flagge

Parlament: Versammlung der Republik, eine Kammer, 140 Sitze, Präsident: Gramoz Ruçi (PS)
Nationalfeiertag: 28. und 29. November (Proklamation der Unabhängigkeit vom Osmanischen Reich 1912; Ende der deutschen Besetzung 1944)
Unabhängigkeit: 28.11.1912 ausgerufen, 29.07.1913 auf der Londoner Konferenz von den europäischen Großmächten anerkannt
Regierung: Fraktion der Sozialistischen Partei (SP): Im Juni 1991 aus der 1941 gegründeten kommunistischen Partei der Arbeit Albaniens hervorgegangen. Sie strebt ein sozialdemokratisches Modell westeuropäischer Prägung an. Vorsitzender: Edi Rama seit 10.10.2005, 74 Abgeordnete;
Opposition: Demokratische Partei, 43 Abgeordnete; LSI, 19 Abgeordnete; Partei für Gerechtigkeit, Integration und Einheit (PDIU), 3 Abgeordnete; Partei der Sozialdemokratie: 1 Abgeordneter. Die Demokratischen Partei (DP) war die erste, am 18.12.1990 zugelassene demokratische Partei.
Pro-Kopf-Einkommen: ca. 5500 Euro (im Jahr 2018)
Arbeitslosenquote: 14 %
Internetkennung: .al
Autokennzeichen: AL

Quellen: staatl. Statistikinstitut INSTAT, CIA World Factbook.

Geografie

Die Grenzen des heutigen Albanien wurden erstmals auf der Botschafterkonferenz in London 1913 festgelegt, so dass die Form des Landes politisch vorgegeben wurde. Mit der Neuentstehung des Landes 1920 wurde diese Grenze bestätigt. Sprachlich betrachtet, reichen die Siedlungsgebiete der Albaner in die Nachbarländer hinein.

Ein Blick auf die Landkarte zeigt, dass Albanien am westlichen Rand der sogenannten Balkan-Halbinsel liegt. Albanien mit seiner verhältnismäßig kleinen Fläche – die maximale Nord-Süd-Ausdehnung beträgt 340 Kilometer, die größte Ost-West-Distanz ergibt 150 Kilometer, teilt nicht nur im geografischen Sinne viele Spezifika Süd- und Südosteuropas.

Die Lage Albaniens am Adriatischen und Ionischen Meer brachte das Land in die Nähe aller Anrainer des Mittelmeeres. Diese Wege waren vor dem 20. Jahrhundert die schnellsten und für diese Region sehr wichtig.

Klimatisch ist der Küstenraum mediterran geprägt. Bis auf die flachen Gebiete im direkten Hinterland der Adria ist die Landschaft hügelig, bergig bis alpin geprägt, wodurch das Klima in östliche Richtung kontinentaler wird. Diese natürlichen Gegebenheiten erschwerten die Wege in nördliche und östliche Richtung. Der Bau der römischen Via Egnatia, die den Adriaraum Richtung Osten mit Mazedonien und darüber hinaus mit Thessaloniki und Kleinasien verband, war lange Zeit die wichtigste überregionale Landverbindung, die viele neue kulturelle Impulse ins Land brachten. Alle anderen Verkehrswege über Land hatten nur regionale Bedeutung.

Das Dorf Lepushë in den Nordalbanischen Alpen

Landschaften und Gebirge

Der Großteil Albaniens ist von Gebirgen geprägt. Die tiefen, langgezogenen Täler werden seit der menschlichen Besiedlung zur Fortbewegung genutzt. Da in Albanien bis ins 20. Jahrhundert kaum Tunnel gebaut wurden, richten sich die Landstraßen auch noch heute nach dem Verlauf der Täler. Dadurch entstehen mitunter sehr lange Fahrtwege.

Die Berge erreichen oft eine Höhe von 2000 Metern und mehr. Die Hochgebirge sind von Oktober bis April schneebedeckt. Der höchste Berg Albaniens ist der Korab (Maja e Korabit) im Osten des Landes mit 2764 Metern. Viele Gebirge können erwandert werden, die meisten Touristen zieht es in die Nordalbanischen Alpen (→ S. 309) und ins Valbonatal (→ S. 313). Die Berge reichen am Ionischen Meer in Südalbanien bis an die Küste, wodurch ein spannendes Verhältnis von Meer und Gebirge entsteht.

An der Adria ist die Landschaft flach und wird von einigen Hügeln durchzogen. In die Adria münden größere Flüsse wie der Drin oder Shkumbin, die über die Jahrtausende das Geröll und die Erdmassen aus dem Landesinneren mitschwemmten und diese Landschaft formten. Bis ins 20. Jahrhundert waren diese flachen Gebiete sehr feucht und sumpfig, besonders im Sozialismus begann durch die Trockenlegung die verstärkte landwirtschaftliche Nutzung. Heutzutage nutzen viele Albaner diese Region zwischen Vlorë, Tirana und Shkodër zum Hausbau; dies hat zu einer gigantischen Zersiedlung geführt.

Gewässer

Die albanische Westgrenze wird vom Ionischen und Adriatischen Meer gebildet. Aufgrund des am Ionischen Meer häufiger vorkommenden Kieses bleibt das Wasser in Ufernähe klarer als an den Sandküsten der Adria. Die Wasserqualität kann in der Nähe der Städte Durrës und Vlorë durch die Häfen und Einleitungen nicht gereinigter Abwässer beeinträchtigt sein. An der Adriaküste haben sich mehrere Lagunen gebildet, die eine sehr geringe Wassertiefe aufweisen und beliebte Brutgebiete für Vögel sind.

Klarer Bergbach

In ganz Albanien wurde in den 1950er-Jahren mit dem Bau von Wasserkraftwerken begonnen. Auch heute noch entstehen neue Anlagen zur Stromgewinnung, um die gewonnene Energie in die Nachbarländer verkaufen zu können. Besonders in den

Blick über den Skutarisee

1970er und 1980er-Jahren wurden große Staudämme gebaut, die die Flüsse zu Seen formten. Diese Stauseen prägen heute gerade in Nordalbanien die Landschaft. Stellenweise sind sie die einzigen Verkehrswege in den Berglandschaften. Durch die Karstlandschaften versickert viel Oberflächenwasser in tiefere Gesteinsschichten. An einigen Stellen treten Quellen aus dem Felsen hervor, die mitunter große Mengen an Wasser freigeben. Durch die Kalksteine wirken die meisten Flüsse und Seen besonders grün, blau und türkis, da wenig Erdreich in die Wasserläufe gerät.

Zu den großen Seen gehören der Ohridsee, den sich Albanien mit Nordmazedonien teilt, und der Skutarisee, der auch Teil Montenegros ist. Der Ohridsee ist zum Baden sehr geeignet. Der Skutarisee gilt als der größte Flächensee Südosteuropas.

Bisher haben nur zwei Städte, Pogradec und Korçë, ein Abwassersystem geschaffen, alle anderen Städte und Kommunen leiten ihre Abwässer direkt in die Bäche, Flüsse und Meere ein. Ein großes Problem Albaniens ist, dass viele Menschen die Flüsse noch immer als Müllentsorgungseinrichtung betrachten. Was an Müll nicht weggespült wird, bleibt in den Bäumen und Sträuchern am Ufer hängen.

Flora und Fauna

In Albanien wachsen mehr als 3250 verschiedene Pflanzenarten, unter denen Dutzende endemisch sind, also nur in Albanien vorkommen. Die Pflanzen entlang der Küstenregionen sind vom mediterranen Einfluss geprägt, hier gedeihen verschiedene Blumen ebenso wie Oliven und Zitrusfrüchte und immergrüne Hartlaubgewächse. Da die Schwemmgebiete in Küstennähe trockengelegt wurden, dominieren meist Felder das Landschaftsbild.

Die Pflanzenwelt des Binnen- und Gebirgslandes mutet mit Buchen, Eichen und Nadelwäldern mitteleuropäisch an. Das Zentrum eines Dorfes oder einer kleinen Stadt charakterisiert oft eine einzeln stehende Platane, unter der sich die Menschen treffen.

Zu den Kräutern, die in Albanien genutzt werden, gehört Oregano, das auch kleingehäckselt verkauft wird. Obwohl Salbei in großen Mengen gepflückt wird und sich in der Küche bestens verwenden ließe, wird diese Pflanze ausschließlich ins Ausland verkauft, zur Herstellung von Tee und für die Weiterverarbeitung in der Pharmazie. Eine wunderbare Pflanze, die in den Höhenlagen Südosteuropas wächst, ist die umgangssprachlich Eisenkraut genannte Sidritis-Pflanze. Von den 150 verschiedenen Kräutern kommt meistens die Sideritis scardica zur Anwendung. Es wird heiß aufgekocht, ein paar Minuten gekocht und dann entweder gesüßt oder im Falle eines Mitteleuropäers auch ungesüßt als sogenannter Bergtee (*çaj mali*) getrunken. Die Pflanze enthält ätherische Öle (Myristicin, Menthol, Thymol, Carvacrol), Flavonoide, Palmitinsäure und Caryophyllene und einen antibiotisch wirkenden Stoff, so dass bei Erkältung ein natürliches Heilmittel mit entzündungshemmender und antioxidativer Wirkung zur Verfügung steht. Und falls der Wiedereinstieg ins Berufsleben nach der Reise zu stressig sein sollte: Dem Bergtee werden auch stressmindernde Eigenschaften nachgesagt.

Flora und Fauna bei Vlorë

Wer im Herbst durch die südlich von Korçë gelegene Region fährt, sieht am Straßenrand Verkaufsstände mit Kastanien, die in Albanien gern verzehrt werden. Sie sind aber auch ein kleiner Wirtschaftsfaktor für diese Gegend, denn italienische Firmen, die mit Lastwagen die Kastanien abtransportieren, nutzen die antimikrobiellen Eigenschaften der Kastanie in Shampoos, da ein Extrakt der Früchte die Kopfhaut beruhigen soll. Des Weiteren finden Kastanien Verwendung in Duschgels, Fußpflegeprodukten und seit neuestem auch in Sonnenschutzmitteln.

Wasserschildkröte in Butrint

Die Stars unter den Tieren sind in Albanien die Braunbären, Luchse und Wölfe, die für gewöhnlich in freier Wildbahn nicht zu sehen sind. Zu den Bewohnern der Bergwelten zählen Wildkatzen, Gemsen, Füchse, Schakale, Iltisse, Wildschweine, Hirsche und Rehe. Unter den Vögeln gibt es Zugvögel und Vögel, die dauerhaft auf dem Gebiet Albaniens leben; insgesamt kommen etwa 350 Vogelarten vor. Am Prespasee liegen die größten Brutplätze des Krauskopfpelikans in Europa. Am Prespasee sind die Vögel besser zu beobachten als in der Karavasta-Lagune. Neben dem Pelikan gehören der Kormoran und der europäische Stör zu den streng geschützten Tieren in Albanien. Für die gesamte Ostküste der Adria typisch sind Steinadler und Gänsegeier. Typische kleinere Vögel sind wie in Mitteleuropa Krähen, Fasane, Tauben und Spatzen. Ganz im Süden Albaniens, an der Riviera, leben noch einige der sehr seltenen Mönchsrobben, höchstens 450 Tiere sollen im Mittelmeerraum leben.

Klima und Reisezeit

Die Frühjahrsmonate haben überall ihren Reiz. Je nach Niederschlag und einsetzender Wärme beginnt die Blüte der Pflanzen zwischen März und Ende April. Für Wanderungen in den küstennahen Bergen versprechen diese Monate eine bunte Blütenpracht. In den Hochgebirgen Nordalbaniens kann es bis Anfang April viel Schnee geben, wodurch sich eine sicher planbare Reise erst ab Ende April lohnt, da einige Straßen durch die Schneemassen gesperrt bleiben.

An den Küsten Albaniens herrscht mediterranes Klima, im Hinterland entsteht im Sommer durch die hohen Temperaturen und die hohe Luftfeuchtigkeit subtropisches Wetter. Ab Juni bis in den späten August, manchmal auch noch im September, erreichen die Temperaturen ihre Höchstwerte. Wer nicht nur zum Baden in die Küstenregion kommen möchte und Hitze und viel Sonne nicht gut verträgt, sollte die Monate Juli und August meiden. Zudem fahren die meisten Albaner selbst in diesen Monaten in die Küstenorte, wodurch es sehr voll werden kann.

Im Hinterland ab einer Höhe von 300 Metern ist das Klima kontinentaler geprägt und erreicht im Osten des Landes vollends kontinentalen Charakter. Es ist nicht so feucht, aber in den Sommermonaten kann es ebenfalls sehr heiß werden; die Nächte kühlen sich in größeren Höhen ab. Nur in den alpinen Regionen bleiben die Temperaturen im Juli und August meist unter 25 Grad Celsius.

Mediterrane Landschaft an der Albanischen Riviera

Der September und Oktober haben den Vorteil, dass das Meer gut aufgewärmt ist, die Saison langsam zu Ende geht, aber die gesamte touristische Infrastruktur noch funktioniert und die Tage ausreichend lang sind.

Albanien ist prinzipiell auch im Winter zu besuchen, doch sind die Ortschaften sehr ausgestorben, und im gesamten Land wird fast kein Wintersport, im alpinen Sinne sowieso nicht, angeboten. Ski- und Snowboardfahrer kommen eher in Montenegro und Serbien auf ihre Kosten.

Die Niederschlagsmengen sinken in einem normalen Jahr von November bis Juli kontinuierlich, von August bis November steigen sie dann sprunghaft an. Wer einen Aufenthalt mit angenehmen Temperaturen und recht sonnensicherem Wetter wünscht, reist am besten im Mai oder im frühen September.

Umwelt- und Naturschutz

Die Natur in Albanien ist auf den ersten Blick sehr unberührt. Da das Land jenseits der Küste und Mittelalbaniens sehr dünn besiedelt ist, ist die Natur allein schon dadurch geschützt. Die Devise könnte lauten: Je weniger Menschen pro Quadratmeter leben, umso weniger Müll gibt es. Leider ist es gerade in den Ballungszentren, aber auch prinzipiell in allen Ortschaften der Fall, dass Müll auch Teil des Landschaftsbitldes ist. So schwimmen gerade nach ergiebigen Regenfällen in den Flüssen viele Plastikartikel, die allesamt im Meer landen. Zusätzlich wird das Wasser durch die Abwässer belastet, da nur wenige Städte über funktionierende Kläranlagen verfügen. Die anderen Gemeinden leiten ihre Abwässer ungeklärt in die Flüsse ein. Eine Mülltrennung gibt es nicht, nur in Tirana beginnt man mit den ersten Recycling-Projekten.

Da das Land sehr klein und dünn besiedelt ist, besteht keine starke Beeinflussung des Treibhauseffekts, wobei die Werte für Albanien dennoch steigend sind. Ein positives Ergebnis erlangte Albanien durch die bewusste Aufforstung und die dadurch verringerte Erosion. Aufforstungen veranlasst die Forst- und Wasserwirtschaft, die Teil des Umweltministeriums ist.

Ein Plus und Minus für die Umwelt stellt die Wasserkraft dar. Rund 90 Prozent der Energieversorgung kann in Albanien durch die Kraft des Wassers erzeugt werden. Somit gerät kaum Kohlendioxid in die Luft, und auch auf Atomkraftwerke kann das Land verzichten. Leider schneiden die Wasserkraftwerke hässliche Furchen in die Landschaft, und auch heute noch werden an unberührten Wasserläufen, auch in Naturschutzgebieten, neue Kraftwerke errichtet. Die Förderung weiterer erneuerbarer Energien ist in Albanien (noch) kein Thema.

In Tirana gibt es erste Versuche der Mülltrennung

Im Nationalpark Valbonatal

Für bestimmte Projekte oder Regionen setzen sich unterschiedliche Organisationen ein. Ein albanisches Projekt zum Schutz von Vögeln und Säugetieren, das auch das Aussterben von Tierarten dokumentiert, ist die Albanische Gesellschaft zum Schutz von Vögeln und Säugetieren. Ein Teil der Website ist auch auf Englisch lesbar (www.aspbm.org). Von deutscher Seite engagiert sich unter anderem die Stiftung Europäisches Naturerbe für die Schaffung größerer Schutzgebiete zwischen Skutarisee und Adria auf albanischer und montenegrinischer Seite, sowie um den Ohrid-, Prespa- und Kleinen Prespasee. Ziel ist es, die legale und illegale Jagd einzuschränken.

Nationalparks

In Albanien gibt es derzeit 14 Nationalparks und einen marinen Nationalpark. Hinzu kommen fünf Landschaftsschutzgebiete, vier Naturreservate und viele Naturdenkmale. Leider gibt es aufgrund der jahrelangen Unzugänglichkeit zu den Parks nicht umfassend gute Informationen und Karten. Die besten Karten haben Touristen aus ihren Heimatländern mitgebracht, dadurch entsteht so mancher angenehme Kontakt zu anderen Naturliebhabern.

Für die populären Gebiete gibt es einen Wanderführer über Nordalbanien von Christian Zindel und Barbara Hausammann aus dem Huber-Verlag mit dazugehöriger Karte. Der Schwerpunkt liegt auf dem Nationalpark Theth (Parku Kombëtar Theth). Durch eine Kooperation mit der Schweiz ist für die Region Përmet eine Wanderkarte von Meike Gutzweiler und Endrit Shima herausgegeben worden, die vier Regionen abdeckt: das Vjosa-Tal, die Berge Zagoria und Nëmerçka sowie den Nationalpark Hotova-Dangëlli (Parku Kombëtar Bredhi i Hotovës-Dangëlli). Diese Broschüre ist in der Tourismusinformation in Përmet erhältlich (→ S. 229).

EXTRA

Was ist der Balkan?

Um den Begriff ›Balkan‹ werden viele Debatten geführt, von den Menschen aus dieser Region, Touristen, Experten und Wissenschaftlern. Der Balkan kann wahlweise auch Südosteuropa genannt werden. Ist das etwas anders als der Balkan? Die Meinungen gehen auseinander. Politisch korrekt werden die Begriffe ›Westlicher Balkan‹ oder ›Westbalkan‹ verwendet, um das ehemalige Jugoslawien nicht mehr erwähnen zu müssen. Zum Westlichen Balkan wird neben den Ländern Ex-Jugoslawiens noch Albanien gerechnet.

Länder wie Albanien, Bosnien und Herzegowina, Bulgarien, das Kosovo, Nordmazedonien und Serbien werden fast unhinterfragt zum Balkan gezählt, auch im Eigenverständnis. Etwas weniger gern hören Menschen in Griechenland und Kroatien, in Slowenien und Ungarn, dass sie Teil des Balkans seien. Von Rumänien wird immer nur der Teil mit eingerechnet, der dem Osmanischen Reich tributpflichtig war.

Rein begrifflich gesehen ist der Balkan ein Gebirge, das in Bulgarien und zu einem Teil im Osten Serbiens liegt und auf Bulgarisch und Serbisch Stara planina, ›Altes Gebirge‹ genannt wird. Die Osmanen nannten dieses Gebirge Balkan, was ›Steile Gebirgskette‹ bedeutet. Die Bezeichnung dieses ersten größeren Gebirges, das sich den Osmanen auf ihrem Weg Richtung Europa in den Weg stellte, wurde Namensgeber für die dahinterliegenden Regionen. Liebhaber von Verschwörungstheorien interpretieren das Wort Balkan als Verbindung der türkischen Worte ›Bal‹ (Honig) und ›Kan‹ (Blut), wobei Honig für das Süße, den Liebreiz, stehen soll und das Blut für die Familie und die Liebe. Das ist die positive Deutung, es kann aber ebenso das Blut gemeint sein, das in der Hitze eines Konflikts fließt. Das klingt etwas verworren, wird aber gern von einigen Südosteuropäern behauptet.

Die Konnotation mit dem Begriff Balkan ist meistens negativ, häufig wird er mit dem Jugoslawien-Krieg und Rückständigkeit verbunden. Mit dem Wort ›Balkanisierung‹ kann das Auseinanderfallen von Staaten beschrieben werden, es kann aber ebenso für eine Verzweigung stehen. Dieser Begriff muss also nicht zwangsweise für etwas Negatives stehen. Rein positiv besetzt wird der Begriff oft von ›Nichtbalkanesen‹, die den Balkan als eine der letzten geheimnisvollen Regionen in Europa und als Abenteuer sehen. In einigen europäischen Großstädten sind derzeit Partys mit Balkan-Musik beliebt, wobei meistens die Roma-Musik in ihren verschiedenen Nuancen gespielt wird und weniger Musik des aktuellen Mainstreams oder anderer Richtungen.

Eine eindeutige Definition des Balkans gibt es nicht. Typische Charakteristiken der Region sind die geringe Bevölkerungsdichte und ein recht starker Anteil des Agrarsektors. Den ganzen Raum kennzeichnet eine große sprachliche und religiöse Diversität. Neben etwa einem Drittel slawischer Bevölkerung stellen die Rumänen die größte Nation dar. Griechisch und Türkisch werden etwa von je zehn Millionen Menschen gesprochen, Albanisch von über sechs Millionen Menschen. Unter den Religionen sind die orthodoxen Kirchen, die katholische Kirche und der Islam die größten Glaubensgemeinschaften.

Am stärksten scheint der Begriff Balkan mit der Dominanz zuerst von Byzanz und der orthodoxen Kirche und danach vom Osmanischen Reich verknüpft zu sein. Neben den historischen Kirchen, die bereits vor der osmanischen Herrschaft bestanden, der bulgarischen, griechischen, russischen und serbischen Kirche, entwickelte sich im Zuge der Bildung von Nationalstaaten zunächst im 19. Jahrhundert die rumänisch-orthodoxe Kirche, es folgte der Versuch zur Bildung einer albanisch-orthodoxen Kirche im 20. Jahrhundert, und im 21. Jahrhundert wurde die montenegrinisch-orthodoxe Kirche offiziell anerkannt. Südosteuropa oder der Balkan wurden historisch seit dem Mittelalter und dem Untergang von Byzanz und dem serbischen Zarenreich von mehreren Großmächten beeinflusst. Allen voran veränderten die Osmanen einen Großteil dieser europäischen Region: die Kultur, das Essen und die Religion. Ihre Spuren sind auch in Albanien bis heute spürbar.

Die zweite bedeutende Macht waren die Habsburger, die den Osmanen ab dem 19. Jahrhundert die Gebiete in Südosteuropa streitig machten und Albanien bei seiner Gründung 1912 stark unterstützen. Wie so oft geschah dies weniger aus Liebe zu den Albanern als vielmehr aus eigenem Interesse: Der Einfluss Russlands und Serbiens im Adria-Raum sollte verringert werden. Vielleicht ist Wien deshalb das oft beschworene ›Tor zum Balkan‹, immerhin klopften die Osmanen zweimal vergebens an diese Tür. Ein nicht unwesentlicher Einfluss entsteht auch durch die ständige Beobachtung der südosteuropäischen Entwicklungen durch Russland. Für Albanien in kleinerem Ausmaß war die Prägung der Küste durch Venedig entscheidend.

Verschiedene Menschen haben den Versuch unternommen, das Klischee des hinterwäldlerischen, unterentwickelten und barbarischen Balkans zu dekonstruieren. Und tatsächlich ist es nicht mehr zeitgemäß, beispielsweise ein mitteleuropäisches Land direkt mit einem südosteuropäischen Staat zu vergleichen. Es gibt Unterschiede, und dafür gibt es Gründe. Dies kann man lernen, versuchen zu verstehen oder auf eigene Faust ergründen, ob historisch oder gegenwärtig, als Tourist oder Leser.

Auffällig bei den unterschiedlichsten Herangehensweisen tritt die Erkenntnis hervor, dass, wie auch immer der Balkan sich einem darstellt, es sich um etwas Persönliches, Emotionales und nur grob Eingrenzbares handelt. Wer vom Balkan spricht, hat bestimmte Vorstellungen, die sehr unterschiedlich ausfallen können. Zwar haben viele Länder in Südosteuropa eine ähnliche Geschichte, sind von den selben Großreichen geprägt worden und waren bis auf Griechenland nach dem Zweiten Weltkrieg sozialistisch. Dennoch hat jedes Land eine eigene Geschichte, gerade seit dem Zusammenbruch des Sozialismus in Europa, und die wirtschaftlichen Rahmenbedingungen sind äußerst unterschiedlich.

Osmanische Architektur in Gjirokastër

In einem Punkt sind sich aber alle politischen Vertreter der Länder einig: Sie alle wollen der EU beitreten. Griechenland, Ungarn, Bulgarien, Rumänien, Kroatien und Slowenien sind bereits Mitgliedsländer, bei allen anderen gilt: Auch die Zukunftsaussichten der Staaten sind sehr unterschiedlich.

Geschichte

Illyrer

Jedem albanischen Schulkind wird fast ausschließlich eine Version über die Abstammung der Albaner beigebracht, dass nämlich die Illyrer die direkten Vorfahren der Albaner sind. Da es jedoch nicht nur ein Volk der Illyrer gab und sich die verschiedenen Stämme stark unterschieden, ist die Ausrichtung auf ›die‹ Illyrer verwirrend. Die Theorie ist zudem stark umstritten. Sie wird zwar von vielen Historikern, Archäologen und Sprachwissenschaftlern in Albanien anerkannt, außerhalb Albaniens sind aber auch Albanologen zurückhaltender. Es ist weder belegbar, dass die Albaner die direkten Nachfahren der Illyrer sind, noch dass sie als eigenständiger Stamm erst später in der Region des heutigen Albanien sesshaft wurden. Die Grundlage für die Idealisierung und den Rückgriff auf die Illyrer ist nicht klar belegbar. Zu diesem Thema wurde wissenschaftlich schon seit langem nicht mehr überzeugend und ausreichend geforscht (mehr zum Thema unter ›Sprache‹, → S. 92). Zugrunde liegen der ›illyrischen Theorie‹ Ideen oder Muster aus dem 19. Jahrhundert zur Konstruierung der Nationalgeschichte, die bis heute sehr linear gedacht wird. Der albanischen Geschichtsschreibung hilft diese Methode, um sich von anderen Einflüssen und den Vermischungen der letzten Jahrtausende abzugrenzen, um eine reine, eine eigene Geschichte präsentieren zu können. Gleichzeitig möchte man den Nachbarn mit dieser Theorie verdeutlichen, dass die Ansiedlung der illyrischen Albaner bereits vor allen anderen, heute existierenden Nationen erfolgte. Innerhalb albanischer Kreise wird das als Dogma gesehen, alle anderen Theorien über das Verhältnis der Illyrer zu den Albanern werden als nicht gleichberechtigt erachtet.

Das Gebiet Illyriens reichte bis in den heutigen mittleren Bereich der kroatischen Adriaküste, grenzte im Norden an die Donau und beinhaltete im Osten die Gebiete des heutigen Nordmazedoniens und Bulgariens. Die Spuren der illyrischen Besiedlung sind heute in Albanien noch an großen, meist auf Hügeln gelegenen, ehemals befestigten Städten wie Byllis, Zgërdhesh oder Amantia zu entdecken.

Reste der Basilika der illyrischen Siedlung Byllis

Nach der illyrischen Königin Teuta benannte Straße in Shkodër

Zwischen den befestigten Siedlungen lebten die Menschen auch in unbefestigten Dörfern bis in die Bergregionen hinein. Es muss zwischen den griechischen Kolonien und den illyrischen Siedlungen einen regen Handelskontakt gegeben haben, für dessen Funktionstüchtigkeit auf beiden Seiten Münzen geprägt wurden.

Die einzelnen illyrischen Stämme, die nie ein Gesamtreich der Illyrer beherrschten, brachten Herrscherpersönlichkeiten hervor. Darunter waren Bardhyl, Monounios, Mytilos, Agron und seine Frau Teuta. Sie folgte ihm für kurze Zeit auf den Thron. Während ihrer Herrschaft begann der erste römisch-illyrische Krieg 229 vor Christus. Danach kam es auch zu römisch-makedonischen Kriegen.

Am Ende des dritten römisch-makedonischen Konflikts 148 vor Christus ging das Königreich der Illyrer, Eprioten und Makedonier unter und wurde zum festen Bestandteil der Römischen Provinzen.

Antike

Die heute in albanischen Museen ausgestellten Funde stammen meist aus der Zeit der klassischen Antike. Diese umfasst den Zeitraum der griechischen Kolonien an der Küste ab dem 7. Jahrhundert vor Christus. Die im Hinterland gelegenen illyrischen Siedlungen wurden von dieser Kultur beeinflusst. Die älteste griechische Kolonie ist Dyrrhachion, das heutige Durrës. Andere bekannte Orte sind Apollonia und Butrint. In den griechisch beeinflussten Städten wie Apollonia regierte eine kleine, freie Oberschicht über die Mehrheit, was von Aristoteles als Demokratie bezeichnet wurde und nicht im heutigen Sinne demokratisch war. Da nicht überliefert ist, was die Illyrer an Waren nach Griechenland exportierten, wird angenommen, dass es sich um Weizen, Holz und Bodenschätze handelte. Die griechischen Siedlungen begannen sich auszudehnen, bereits vor dem 5. Jahrhundert vor Christus kam es zu ersten Konflikten zwischen Griechen und Illyrern.

Während der römischen Epoche wurden viele illyrische und griechische Siedlungen weiterbenutzt und umgebaut. Eine wichtige Infrastrukturmaßnahme stellte ab dem 2. Jahrhundert vor Christus der Bau der Handelsstraße Via Egnatia (→ S. 33) dar, die die Adria über Mazedonien mit der Ägäis und Kleinasien verband. Die Christianisierungsprozesse erfassten zuerst die Küstenregionen,

Das Odeon in Apollonia aus dem 2. Jahrhundert nach Christus

in denen verstärkt römische Bevölkerung angesiedelt wurde. In die abgelegenen Bergregionen drang die Latinisierung nicht oder nur schwach vor, so dass sich die lokalen Sprachen und die heidnischen Riten bewahren konnten. Durch die Trennung des Römischen Imperiums in ein Ost- und Westreich im Jahr 395 nach Christus gelangte das Gebiet Albaniens in den Einflussbereich Ostroms. Seit dieser Zeit ist Albanien, wie der gesamte Westliche Balkan, gekennzeichnet als Übergangsgebiet zwischen östlicher und westlicher Einflusssphäre, deren Erbe nach dem Schisma von 1054 die orthodoxe beziehungsweise die katholische Kirche antraten. Nach dem Einfall der Westgoten aus Gallien ab 380 folgten weitere Völker, die das Byzantinische Reich schwächten. Am Ende blieb das Volk der Slawen in einem großflächigen Gebiet in Südosteuropa, und die bisherige Staatsstruktur mit dem etablierten Christentum brach zusammen. Dieser Zeitpunkt markiert das Ende der Spätantike.

In die Geschichtsschreibung sind mehrere Illyrer eingegangen, die aus den Illyrischen Provinzen des Römischen Reichs stammten und römische Kaiser wurden. Zu den bekanntesten gehörten Diocletian (regierte 284–305 nach Christus), der aus der Gegend des heutigen Split in Kroatien stammte und als letzter Christenverfolger bekannt ist. Ihm folgte Konstantin der Große (306–337), geboren bei Niš im heutigen Serbien, der im Jahr 313 gemeinsam mit dem oströmischen Kaiser Licinius die Mailänder Vereinbarung beschloss, die die freie Religionswahl gewährte. Während Konstantins Herrschaft wurde Konstantinopel gegründet, das seinen Namen trug. Ein späterer Vertreter der illyrisch-römischen Kaiser war Justinian I. (527–565), der aus der Nähe von Skopje im heutigen Nordmazedonien stammte. Mit ihm endete die Kette von Kaisern aus den Illyrischen Provinzen. Während seiner Regierungszeit ereigneten sich die Völkerwanderungen, die das Gebiet Ost- und Westroms erschütterten und maßgeblich veränderten.

Eine Übersicht über die Ausgrabungsstätten in Albanien findet sich auf der Seite http://archeoparks-albania.com.

Via Egnatia

Die Via Egnatia war für rund 2000 Jahre auf dem Gebiet des heutigen Albanien die wichtigste Fernverbindung. Dieser vormoderne Highway ermöglichte auf einzigartige Weise eine Verbindung verschiedener Regionen des Balkans. Andere Regionen wie Nordalbanien blieben bis in 20. Jahrhundert weitestgehend abgeschnitten von europäischen Fernhandelswegen, wodurch die Entwicklung der Kultur und Technik einen anderen Verlauf nahm. Die Via Egnatia besaß, vom heutigen Italien als Abzweig der Via Appia kommend, auf der östlichen Adriaseite zwei Anfangspunkte: einen in Dyrrhachion (Durrës) und einen etwas jüngeren, zweiten ›Zubringer‹ von Apollonia. Beide Routen trafen im Militärlager Scampa (dem heutigen Elbasan) zusammen. Von diesem Ort aus schlängelte sich die Via Egnatia am Fluss Shkumbin entlang in östliche Richtung nach Mazedonien. Über Lychnidos (Ohrid) und Thessaloniki führte der Weg nach Byzanz (Istanbul).

Die Via Egnatia besaß bis zum Ende der osmanischen Herrschaft in Südosteuropa große Bedeutung. Die etwa in der Hälfte des 2. Jahrhunderts vor Christus gebaute Heerstraße erhielt ihren Namen vom mazedonischen Prokonsul Gnaeus Egnatius, der den Bau beauftragte. Südosteuropa geriet ab dieser Zeit unter römischen Einfluss, wodurch sich in dieser Region viel veränderte. Römische Bevölkerung zog nach Südosteuropa, der Weinanbau verstärkte sich, und das Christentum verbreitete sich. Der Apostel Paulus nutzte die Straße zur Verkündung des Evangeliums. Auch in der nachrömischen Zeit verlor die Verbindung ihre Bedeutung nicht. Als eine der wenigen West-Ost-Balkantrassen wurde sie von Kreuzrittern, Osmanen und Boten benutzt. Die am besten erhaltenen Streckenverläufe sind in Albanien zu finden. Da die Straße wie alle römischen Straßen gepflastert war, sind Abschnitte mit Origi-nalsteinen auch heute noch erhalten.

Die niederländische Stiftung Via Egnatia Foundation (www.viaegnatiafoundation.eu) hat es sich zur Aufgabe gemacht, die Streckenabschnitte instandzusetzen. Dafür ruft die Stiftung zu Geldspenden auf und möchte Touristen wie Albaner für dieses besondere Bauwerk sensibilisieren. Die Bewohner der Dörfer werden ermuntert, den Touristen einfache Unterkünfte anzubieten. Die Stiftung hat einen Reiseführer eigens zur Via Egnatia auf Englisch herausgebracht, der die Strecke zwischen Durrës und Thessaloniki beschreibt. Besonders für Wanderer können die vielen Tipps sehr hilfreich sein, die Streckenabschnitte in Albanien besser kennenzulernen und die Natur zu genießen. Bauliche Überreste finden sich bei Peqin westlich von Elbasan. Eine römische Brücke und eine Festung dokumentieren die Festungsbebauung. Bei Elbasan im Dorf Bradashesh haben sich Überreste der Herberge und Pferdestationen Ad Quintum erhalten.

Brücke der Via Egnatia bei Peqin

Mittelalter

Das Mittelalter war in Albanien wie fast überall in Europa geprägt durch die Dominanz der kirchlichen Institutionen. Interessant ist, dass in Nordalbanien, ähnlich wie in den schlecht zugänglichen Gebieten Bosniens, die Religionen weniger Fuß fassen konnten und stattdessen Gewohnheitsrechte das soziale und gesellschaftliche Leben der Menschen regelten. Verbreitet ist die These, dass durch das Fehlen einer stärkeren kirchlichen Organisation der von den Osmanen mitgebrachte Islam rascher angenommen wurde – einmal abgesehen von den materiellen Vorteilen, die eine Konvertierung zum Islam mit sich brachte (→ S. 84).

Die sich in der Nachfolge Byzanz sehenden orthodox geprägten Großreiche unternahmen Eroberungszüge bis ins heutige Albanien. Schon ab 851 gelang es Bulgarien, sein Territorium weiter nach Westen in Richtung Adria auszuweiten, bevor es im frühen 10. Jahrhundert unter Zar Simeon bis auf Durrës und Gebiete nördlich von Shkodër das ganze Gebiet des heutigen Albaniens beherrschte. Durch die Missionierungsprozesse der damaligen Zeit hält sich bis heute die Verehrung der Heiligen Naum und Kliment in den südosteuropäischen orthodoxen Kirchen, die das Schaffen der Missionare Kyrill und Method weiter voranbrachten.

So teilt die Vorgeschichte Albaniens Grundzüge mit der bulgarischen, denn durch die Niederlage des bulgarischen Zaren Samuil gegen Byzanz endete um 1018 nicht nur die bulgarische Herrschaft in Albanien, auch der bulgarische Staat selbst ging unter.

Nikolaikirche in Mesopotam: die größte byzantinische Kirche in Albanien

1043 erwähnt der byzantinische Geschichtsschreiber Michael Attaleiates zum ersten Mal überhaupt die Volksgruppe der Albaner, die in den nachfolgenden Jahrhunderten in verschiedenen Staatsgebilden lebten.

In jedem der kommenden Jahrhunderte war es möglich, dass einflussreiche albanische Familien in der Hierarchie des Byzantinischen oder Osmanischen Reiches aufsteigen konnten. Aber vor dem 20. Jahrhundert gelang es nie, einen eigenen Staat zu gründen. Eine gewisse Ausnahme bildet das Fürstentum von Arbanón der albanischen Adelsfamilie Arbanón/Arbëri in Mittel- und Nordalbanien. Nach der Eroberung Konstantinopels 1204 durch die Kreuzritter und dem anschließenden Niedergang des Byzantinischen Reiches ergab sich die Möglichkeit, dass sich bis 1216 ein unabhängiges und, wenn man so möchte, albanisches Fürstentum etablierten konnte. Anschließend ging dieses im Despotat von Epirus auf, das ebenso zur Konkursmasse des Byzantinischen Reiches gehörte.

Bis zur Ankunft der Osmanen beeinflussten für kurze Zeit Serbien, das Haus Anjou aus Neapel und die Venezianer die historischen Abläufe in diesem Gebiet. In den venezianischen Küstengebieten setzte sich allmählich der venezianische Dialekt des Italienischen im Amtsverkehr durch. Kirchlich war das Land wie auch in heutiger Zeit im Süden orthodox geprägt, im Norden dominierte die katholische Kirche. Zu den Kuriositäten der damaligen Zeit gehörte, dass der wichtigste albanische Adlige in der zweiten Hälfte des 14. Jahrhunderts, Karl Thopia, sich als Katholik und Anhänger des Papstes ausgab und auf der anderen Seite orthodoxe Kirchen und Klöster gründete. In den Bergen Nordalbaniens dominierte keine der Religionen das Leben der Menschen.

Osmanisches Reich

Der Ankunft osmanischer Truppen im Gebiet des heutigen Albanien gingen mehrere Schlachten verschiedener christlicher Heere gegen die Osmanen voraus. Für die rasche Ausdehnung des osmanischen Machtbereichs wird vorrangig die Schwäche der europäischen Mächte angesehen. Als eine der wichtigsten gilt die Schlacht auf dem Amselfeld im heutigen Kosovo 1389, wo unter Führung der serbischen Truppen verschiedene Kontingente, auch albanische, gegen die Osmanen kämpften. Die Schlacht endete ohne einen klaren Sieger, aber in den folgenden 50 Jahren kehrten die Osmanen schubweise und immer mächtiger werdend in das Gebiet des heutigen Kosovo, Nordmazedoniens und Serbien zurück. Die Osmanen erreichten in diesen Expansionswellen auch das Gebiet des heutigen Albaniens, für ihr Vordringen in Richtung Westen nützte ihnen die Eroberung von Skopje 1392. Viele lokale albanische Machthaber wurden zu Vasallen des Sultans oder flüchteten in die Obhut Venedigs.

Die neue Herrschaft bedeutete gerade für nordalbanische Bauern eine völlige Umgewöhnung. Die meisten lebten bisher ohne einen organisierten, zentralisierten Staat. Das Osmanische Reich führte mit seinem Timar-Spahi-System ab 1431/32 eine Art Landreform und gezielte Steuerpolitik mit festgesetzten Abgaben ein. Jeder Moslem war nahezu steuerbefreit. Dies stellte einen der großen Anreize dar, zum Islam überzutreten. Darüber hinaus behielten die Menschen in Albanien dadurch ihren Besitz. Die städtische Bevölkerung konvertierte schneller, und in der Regel war die zweite Generation der Konvertiten bereits völlig ›osmanisiert‹, wodurch sie zur sozial höheren Schicht zählten.

Christen und Juden mussten hingegen Steuern bezahlen. Besitzlose bezahlten eine Pro-Kopf-Steuer, Menschen mit Eigentum entsprechend ihrem Vermögen. Im Gegensatz zu vielen vorhergehenden Grundherren, die Steuern willkürlich eingezogen hatten, bot die osmanische Verwaltung damit ein sehr geordnetes System an, über das auch Buch geführt wurde. Die unterschiedlichen religiösen Gruppen organisierten sich in einer Selbstverwaltung, dem Millet-System.

Denkmal des albanischen Volkshelden Skanderberg in Tirana

Widerstand unter Arianiti

1432 brachen die ersten Unruhen unter der Führung des einflussreichsten albanischen Fürsten Gjergj Arianiti aus, da sich vor allem die Magnaten in ihrer Eigenverwaltung bedroht sahen. Damit begann der Widerstandskampf der Albaner gegen die Osmanen im 15. Jahrhundert. Hauptziel der Aufständischen war die Ermordung der Spahi, der Reitereinheiten des Heeres und Inhaber der ›Timar‹, Lehnsgüter, die höhere Staatsbeamte in den eroberten Gebieten besaßen. Obwohl Gjergj Arianiti eher aus eigenen Interessen kämpfte, zog er die Aufmerksamkeit der christlichen Welt auf sich. Papst Eugen IV., der neapolitanische König Alfons V., die Dubrovniker Republik sowie der böhmisch-ungarische König und römisch-deutsche Kaiser Sigismund unterstützten die Kampfhandlungen, jedoch ausschließlich verbal. Venedig blieb vorerst neutral. Der Widerstand unter Arianitis Führung brach um 1439 zusammen. In die Geschichtsschreibung sollte sein Quasinachfolger, Gjergj Kastrioti, genannt Skanderbeg, eingehen.

Skanderbeg

Die Kastriotis wurden kurzfristig zur zweiten wichtigen Familie und bauten ihren Einflussbereich in Nordalbanien aus. Sie besaßen die Festung Shufada bei der Drin-Mündung in die Adria, wodurch enge Kontakte mit Dubrovnik geknüpft werden konnten. In östlicher Richtung reichte ihr Einfluss bis Prizren im Kosovo. Als viertgeborener Sohn kam Skanderbeg mit dem Namen Gjergj Kastrioti wahrscheinlich 1405 zur Welt. Sein Vater Gjon war bereits Vasall des Sultans und schickte den Jungen an den Hof in Adrianopolis (Edirne). Dort wurde Gjergj militärisch ausgebildet, islamisch erzogen und erhielt seinen neuen Namen Iskander (Alexander). Er pflegte gute Beziehungen zu Sultan Murad II. und bemühte sich gleichzeitig, in den Gebieten seines Vaters Einfluss zu gewinnen, um in größerer Unabhängigkeit vom Sultan zu herrschen. Ihm gelang es, die Bürgerrechte und -privilegien Dubrovniks und Venedigs zurückzuerhalten. Zwei internationale Koalitionen schienen seiner eigenen antiosmanischen Haltung entgegenzukommen. 1439 wurde in Florenz eine Allianz zwischen der katholischen und der griechisch-orthodoxen Kirche getroffen, die ihre Streitigkeiten beilegen wollten, um gegen die Osmanen eine Einheit zu bilden. Ein Jahr später formierte sich unter dem polnisch-ungarischen König Władysław III. Jagiełło eine internationale antiosmanische Koalition. Ein wichtiger Kämpfer in diesen Reihen war der ungarische Staatsmann und Heerführer János Hunyadi, der im sogenannten ›langen Feldzug‹ den Osmanen in einer Schneise von Ungarn über Serbien bis Sofia viele Niederlagen bescherte. In einer Schlacht bei Niš im November 1443 war Skanderbeg auf osmanischer Seite beteiligt.

Die christlichen Truppen unter Hunyadi siegten, woraufhin Skanderbeg mit Teilen seiner Familie und Kämpfern nach Albanien eilte. Zuerst nahm er die osmanische Festung Krujë ein, danach wurde die antiosmanische Liga von Lezhë am 2. März 1444 gegründet. Skanderbeg forderte alle auf, zum Katholizismus überzutreten und dem Sultan die Gefolgschaft zu kündigen. In der Liga versammelten sich die wichtigsten albanischen Fürsten und einige montenegrinische Fürsten unter der Führung von Stefan Crnojević sowie einige venezianische Beobachter. Alle Fürsten wollten selbstständig bleiben und betrachteten Skanderbeg nicht als Souverän. Doch ihre Einheit ermöglichte, dass die Osmanen in den 40er-Jahren die Osmanen nur Niederlagen auf heutigem albanischem Gebiet hinnehmen mussten.

Innere Strukturveränderungen des Osmanischen Reichs durch die Abdankung Murads II. 1444 und seine erneute Machtergreifung 1446 stärkten Skanderbegs Position zusätzlich. In der christlichen Welt wurde Skanderbeg sehr geschätzt, zumal in ihm eine Hoffnung gesehen wurde, das osmanische Heer aufhalten zu können. Doch der folgende Sultan, Mehmed II., betrieb eine aggressivere Politik. Er eroberte 1453 Konstantinopel und wollte anschließend alle tributpflich-

Bis heute wird er verehrt: Skanderbegmuseum in Krujë

tigen und halbselbstständigen Gebietseinheiten (die Reste des Byzantinischen Reichs) auflösen, um sie direkt dem Sultanat zu unterstellen. Neben Venedig, das die Liga von Lezhë nur bedingt unterstützen wollte, war Alfons V. von Aragon Skanderbegs größte militärische und finanzielle Stütze. Die Gegenleistung war, dass die Fürsten der Liga Alfons Vasallen wurden und Skanderbeg den König von Neapel und Sizilien als Oberhaupt anerkennen musste. Aber auch Alfons V., ähnlich wie der Papst, unterstützte Skanderbeg nur wenig. Und auch Dubrovnik hatte eher nur den Charakter eines politischen Partners. Interessant ist, dass Skanderbeg auch Friedensverträge mit dem Osmanischen Reich schloss. Ab 1460 nutzte Skanderbeg diese Taktik, um die Ressourcen seines Heeres zu schonen. Das Osmanische Reich kam mit diesem Friedensangebot den christlichen Staaten zuvor, damit sich die albanischen Fürsten nicht mit den Christen in einer antiosmanischen Allianz verbinden würden. Die ausgerufenen Kreuzzüge unter dem ungarischen König Matthias Corvinus (ung. Hunyadi Mátyás) und Papst Pius II. führten allerdings zur Auflösung der albanisch-osmanischen Verträge und Skanderbeg schloss sich den christlichen Heeren doch an. Die Kreuzzüge endeten erfolglos.

Nach der Eroberung Bosniens, der Herzegowina und des Peloponnes sahen sich die Osmanen als zukünftige Herrscher in den Gebieten Skanderbegs. Die Unterstützung des Papstes und des neapolitanischen Königs blieben aus, woraufhin sich Skanderbeg sogar wünschte, die Türken mögen nach Rom ziehen und allen Angst einjagen. Die letzte geplante Aktion gegen die Osmanen, bei der sich Skanderbeg mit den venezianischen Gebieten in Albanien verbündete, scheiterte daran, dass Skanderbeg kurz vor dem Einberufen der Liga am 17. Januar 1468 in Lezhë starb und in der dortigen Kathedrale begraben wurde.

Skanderbeg-Gedenkstätte in Lezhë

Skanderbegs Ziel war die Zentralisierung des Staates, in dem er alle Machtposten besetzte und die Ausweitung des kontrollierten Gebietes vorantreiben wollte. Innerhalb der albanischen Adelsfamilien hatte er jedoch viele Gegner, die sich oft Venedig oder dem Osmanischen Reich anschlossen und von diesen gefördert wurden, zwei Neffen Skanderbegs inbegriffen.

Eingliederung in das Osmanische Reich

1478 erfolgte die endgültige Eingliederung der mittelalbanischen Gebiete in das Osmanische Reich. Solange sich die einzelnen kleinen Verwaltungseinheiten im Osmanischen Reich der Hohen Pforte (Synonym für die osmanische Regierung) gegenüber loyal verhielten, besaßen sie weitestgehende Autonomie. Das feinsinnige Kalkül der Osmanen, niemanden zum Islam zu zwingen, ermöglichte es ihnen, dauerhaft Steuern aller Nichtmuslime einzunehmen. Diese Religionspolitik der Osmanen erzeugte die heute vorhandene Vielfalt von Religionen in Südosteuropa, es kann aber nicht von Religionsfreiheit und Toleranz im heutigen Sinne gesprochen werden.

Die Osmanen prägten mit ihrer Kultur die Gebiete Südosteuropas bis in die heutige Zeit. Erst im frühen 14. Jahrhundert begannen die Osmanen, die bislang nomadisch gelebt hatten, in urbanen Zentren sesshaft zu werden. Mit ihrer blitzartigen Ausbreitung über weite Gebiete Europas brachten sie im inneren Balkan die Stadtkultur zur Blüte. Wo städtische Siedlungen bereits bestanden, wurden sie unter den Osmanen ausgebaut, oft mit allen Elementen einer muslimischen Stadt, das heißt, mit Moscheen, Hamams, Medressen, Karawansereien, Basaren und muslimischen Friedhöfen. Beispiele hierfür sind in Albanien besonders die Städte Berat und Gjirokastër. Die Osmanen gründeten kaum neue Städte. Eine der wenigen Ausnahmen war aus militärischer Sicht das albanische Elbasan. In der Volkskultur wurde insbesondere die Kleidung stark durch die osmanischen Gepflogenheiten beeinflusst. Doch auch die Küche hat eine starke Prägung erfahren: Bis in heutige Zeit sind in den Speisen Südosteuropas osmanische Einflüsse wahrnehmbar.

Für den Herrschaftsausbau der Osmanen war entscheidend, dass sie recht flexibel vorgingen. Dabei wurde von Fall zu Fall entschieden, wer mit Vorteilen versehen wurde und welche Gebiete direkt dem Sultan unterstellt werden (Albanien nach 1478) oder semi-autonome Gebiete (beispielsweise Montenegro) blieben. Das entscheidende Kriterium blieb die dauerhafte Anerkennung des Sultans, wodurch der Frieden gesichert blieb.

Die Muradie-Moschee in Vlorë

Denkmal für Ali Pascha Tepelena in Tepelenë

Niedergang des Osmanischen Reichs

Nach der zweiten Belagerung Wiens 1683 durch die Osmanen begann ihre Macht in Europa zu schrumpfen. Österreich(-Ungarn) nutzte als Nachbarreich die Schwäche, um neben Russland die Entwicklung der Länder Südosteuropas im 18. und 19. Jahrhundert am stärksten zu steuern. Ende des 18. Jahrhunderts wurden zwei Adelsgeschlechter sehr bedeutend innerhalb des Osmanischen Reiches. In Nordalbanien erlangte der Clan Bushati die Errichtung eines autonomen Paschaliks Shkodër, im Süden Albaniens und heutigen Norden Griechenlands riss Ali Pascha Tepelena (→ S. 247) die Macht an sich. Der Hochmut des letzteren brachte die Bushatis zu Fall, und zum letzten Mal begann der osmanische Sultan, mit eiserner Hand zu regieren.

Die Liga von Prizren und der Weg zur Nation

Im 19. Jahrhundert kam, wie überall in Europa, auch unter Albanern die Idee auf, einen Nationalstaat zu gründen. Ein Problem für die Gründer der albanischen Nation war, dass die albanischsprachige Bevölkerung unterschiedlichen Konfessionen angehörte. In der Gebietsverwaltung des Osmanischen Reiches bewohnten Albaner vier Vilâyets (Großprovinzen), in denen die jeweiligen Religionen den beginnenden Unterricht dominierten, dazu in ihren jeweiligen Sprachen (Griechisch, Türkisch/Arabisch und Italienisch). Aber gerade das Merkmal Sprache ließ sich auch gut benutzen, um über das Albanische eine gewisse nationale Einheit zu kreieren. Beschleunigt wurde diese Entwicklung durch den Berliner Kongress 1878, der die beiden Staaten Montenegro und Serbien völkerrechtlich anerkannte. Diese beiden Länder und auch Griechenland waren bestrebt, das Gebiet des heutigen Albanien, das noch Teil des Osmanischen Reiches war, unter sich aufzuteilen. Die Schwäche des Osmanischen Reiches blieb unter den albanischen Eliten nicht unbemerkt, und sie formierten sich zur Liga von Prizren, zusammengesetzt aus osmanischen Verwaltungsoffizieren und muslimischen Grundbesitzern, katholischen Stammes- und orthodoxen Gemeindeführern.

Die Zeitspanne vom Gründungsakt dieser Liga bis zur Unabhängigkeit 1912 wird als Rilindja bezeichnet. Eingewoben in den ideologischen Aufbau eines albanischen Staates wurden literarische Ideen, wie die von Pashko Vasa generierte Leitidee ›Der Glaube des Albaners ist das Albanertum‹ und historische Elemente, mit denen der Mythos der eindeutigen Abstammung von den Illyrern und das Heldentum Skanderbegs bis heute beschworen werden.

Seit dem 19. Jahrhundert versuchten gerade albanische Forscher, innerhalb dieser Argumentation die Geschichte des Landes zu rekonstruieren. Bestimmt wird dieser Ansatz dadurch, dass man versucht, sich von anderen Geschichtsschreibungen, gerade der Nachbarländer, abzugrenzen. Alle Nachbarn besaßen ein antikes oder mittelalterliches Staatswesen, auf das sie im 19. Jahrhundert zurückgreifen konnten; die Pioniere Albaniens mussten eine andere Theorie konstruieren. Albanien war stets fremdbeherrscht, aber die Sprache geht auf das Illyrische zurück. Und wer Illyrer ist, so die Theorie, darf sich mit dem ›Privileg‹ auszeichnen, als erster auf dem Balkan gewesen zu sein. Diese Linie stellt eine von zwei Historiografien dar, deren Arbeit viel Nützliches für die Erforschung der Geschichte der Region brachte. Ihr haftet aber auch ein wenig der Geschmack der dauerhaften Rückbesinnung, des Anspruchsgehabes und einer Komplexbearbeitung an. Die zweite Linie betont, dass es von den Illyrern keine schriftlichen Nachweise gibt, aber griechische Quellen zum Beispiel illyrische Namen nennen. Die Wissenschaftler dieses Zweigs stammen nicht aus Albanien und gehören international zu anerkannten Kennern Südosteuropas. Sie unterstreichen lediglich, dass es schwer ist, alles auf die Eindeutigkeit hin beweisen zu können. Diese beiden Linien stehen sich gerade jetzt im 21. Jahrhundert diametral gegenüber. Es gibt sogar Äußerungen der ersten Gruppe, Vertreter der zweiten Gruppe hätten die Arbeit älterer Generationen zerstört. Solche Anschuldigen gehören in keinen wissenschaftlichen Diskurs, der durch Argumentation lebt.

1881 wurde die Liga von Prizren zerschlagen. Ähnlich wie bei den Nationsbildungsprozessen der Nachbarländer lebte die Idee zur Nationsbildung in der Diaspora fort. Wichtige Zentren für Albaner waren Istanbul, Bukarest und die USA. Bischof Fan Noli ließ sich 1908 vom russisch-orthodoxen Bischof in New York zum Oberhaupt der autokephalen (eigenständigen) albanisch-orthodoxen Kirche ernennen, um den griechischen Einfluss im heutigen Südalbanien einzugrenzen.

Im Nachhinein wird das Osmanische Reich in Albanien meist negativ bewertet. Ähnlich wie in anderen europäischen Ländern wird die osmanische Epoche auch in der Belletristik gern als bösartig dargestellt. Das Motiv der Unterdrückung, der Verwahrlosung und des Altmodischen wird oft im Zusammenhang mit dem Osmanischen Reich verwendet. Die Stereotypen von Raubzügen, bei denen christliche Jungs massenhaft an den Hof des Sultans verschleppt werden und die restliche Bevölkerung zwangsislamisiert wurde, halten sich in ganz Südosteuropa sehr zäh.

In der Zwischenkriegszeit wurde der Nationalismus erstmals staatlich gesteuert. Nach dem Vorbild anderer Staaten begann in Albanien die Vergabe mythisch-historischer Vornamen wie Gent, Ilir oder Teuta. Auch heute noch sind die Namen illyrischer Regenten in Albanien verbreitet.

EXTRA

Die kurzzeitigen Dynastien in Albanien

Seit der Staatsgründung Albaniens 1912 kennzeichneten verschiedene kurzzeitig eingesetzte oder selbsternannte Adlige das monarchistische Machtbestreben. Zuvor hatte dies, einmal abgesehen von Skanderbegs Fürstentitel und den verschiedenen einflussreichen Familien vor und während der osmanischen Ära, keine Rolle gespielt.

Gleich nach der Ausrufung der Unabhängigkeit wurde von den Großmächten der preußische Prinz und Offizier Wilhelm zu Wied als Fürst von Albanien vorgeschlagen. Besonders Österreich-Ungarn hatte sich dafür eingesetzt, da es einen Besitzanspruch auf das Gebiet durch Serbien und Italien befürchtete. Durch die Inthronisierung eines Preußen erhofften sich die Großmächte eine größere Kontrolle über Albanien. Zudem wurde es als Vorteil angesehen, dass der protestantische Prinz keine der Religionen der Albaner vertrat, also quasi neutral sei. Der erste albanische Ministerpräsident Ismail Qemali trat daraufhin gemäß den internationalen Bestimmungen am 22. Januar 1914 zurück.

Wilhelm zu Wied kam mit einem Schiff am 7. März in Durrës an, das er als seine Residenz wählte. Bis heute gibt es viele Spekulationen, warum gerade diese Stadt ausgesucht wurde. Ein Grund könnte die Küstenlage von Durrës sein: Im Falle eines Konflikts könnte internationale Hilfe schnell herbeieilen, und die fürstliche Familie könnte möglichst rasch fliehen. Das tat sie auch nach gerade einmal 200 Tagen im Amt. Nach Ausbruch des Ersten Weltkrieges und aufgrund der geringen Akzeptanz des Fürsten in der albanischen Gesellschaft und dem Ende der finanziellen Unterstützung durch Wien, zog die Familie es vor, am 3. September mit dem Schiff das Land zu verlassen. Bis zu seinem Tod 1945 im rumänischen Bukarest, in dem Teile seiner Familie lebten, verzichtete Wilhelm zu Wied nie auf seinen Titel: Fürst von Albanien. Sein Grab befindet sich in der protestantischen Kirche Bukarests. Der albanische Senat versuchte danach erfolglos, dem Sohn des osmanischen Sultans die ›albanische Krone‹ anzubieten, und einige Muslime ließen die osmanische Flagge wehen.

König Zog I.

1928 krönte sich Präsident Ahmet Zogu, der das Demokratie-Modell als für Albanien untauglich befunden hatte, zum sogenannten König aller Albaner (Mbret i Shqiptarëvet) und rief eine konstitutionelle Monarchie aus. Zogu erhob Anspruch auf die Regentschaft über alle

Albaner, auch in anderen Ländern. Der zu Zeiten seiner Präsidentschaft angewandte absolutistische Regierungsstil wurde nun mit einem Titel gekrönt. Damit hatte Albanien seinen ersten und einzigen König mit dem offiziellen Namen Zog I. Mit der Realität hatte dies allerdings wenig zu tun.

Zogu stammte aus einer einflussreichen Adels- beziehungsweise Clanfamilie. Im neu gegründeten Albanien erhielt er 1920 die Funktion des Innenministers, bevor er 1922 Ministerpräsident wurde. Er war der siebte in diesem Amt seit Ende 1920. In den 20er- und 30er-Jahren waren Schießereien in den Parlamenten Südosteuropas durchaus üblich. Auch Zogu wurde getroffen, doch er überlebte das Attentat. 1925 wechselte er ins Amt des Präsidenten und versuchte eine Demokratie nach US-amerikanischem Vorbild aufzubauen, verbot jedoch zugleich die politische Opposition. In den folgenden Jahren machte sich Albanien völlig abhängig von Italien, und die Selbstkrönung zum König von Albanien hatte eher zeremonielle Bedeutung, da Zogu Mussolini vollkommen untergeben war. Spurte der König nicht, stellte Italien die finanzielle Unterstützung ein, um danach wieder gönnerhaft aufzutreten. Alle anderen Großmächte zeigten hingegen kein Interesse mehr für Albanien.

Die Königsfamilie sollte ein neues, modernes Albanien repräsentieren. Zogus Schwester war die Vorsitzende des albanischen Roten Kreuzes, andere kümmerten sich um Schulen und Krankenhäuser, und alle Damen des Hofes trugen Kleidung der neuesten westlichen Modekreationen. Selbst stilisierte sich Zog I. zum ›Nachfolger Skanderbegs‹ oder zum ›König Retter‹. Er hatte jahrelang eine Liebesaffäre mit einer sich als Baronin ausgebenden Wienerin, bevor er 1938 die ungarische Gräfin Geraldine Apponyi heiratete, die dadurch zur Königin Albaniens wurde. Von Hitler gab es als kleines Hochzeitsgeschenk einen Mercedes Benz Kompressor 540 K Cabriolet.

Nach der Okkupation Albaniens durch Italien im April 1939 floh die Familie mit ihrem Mercedes nach Griechenland und lebte danach abwechselnd in Großbritannien und Ägypten. Nach dem Sturz des ägyptischen Königs Faruq 1952 blieb Zogu bis zu seinem Tod 1961 in Frankreich, wo er in der Nähe von Paris begraben lag. Symbolisch aufgeladen, wurden im Rahmen der 100-Jahr-Feiern der Staatsgründung Albaniens 2012 die Überreste Zogus nach Tirana umgebettet und im neu errichteten Mausoleum der Königsfamilie beigesetzt.

Ein letzter interessanter Vertreter mit Anspruch auf eine Krone Albaniens ist König Zogus Sohn Leka Zogu, der 1939 in Tirana geboren wurde, kurz danach ins Ausland gebracht wurde und seine schulische Ausbildung in England und der Schweiz durchlief. Als Geschäftsmann aus Südafrika reiste er 1993 für einen Tag nach Albanien mit einem selbsterstellten Pass des ›Königreiches Albanien‹ als ›König Leka I.‹ ein. Da er den offiziellen albanischen Pass ablehnte, musste er am Folgetag wieder abreisen. 1997 versuchte er in Albanien noch mal sein Glück, nachdem die Bevölkerung in einem Referendum für die Republik und gegen die Monarchie gestimmt hatte. Er akzeptierte das Ergebnis nicht und wollte mit bewaffneten Begleitern das Gegenteil erreichen. Schüsse fielen, Leka Zogu verließ wiederum fluchtartig das Land und wurde in Abwesenheit verurteilt. Nachdem er 2002 von der Regierung amnestiert worden war, erhielten er und seine Familie 2006 den ehemaligen Königspalast in Tirana zurück.

Staatsgründung 1912

Ein wichtiges Datum in der heutigen albanischen Geschichtsschreibung ist die Ausrufung der Unabhängigkeit Albaniens vom Osmanischen Reich am 28. November 1912. Bis heute wird der Tag gefeiert als Tag der Flagge (Dita e flamurit). Die Entstehung des Staates Albanien ist eines von vielen Ereignissen im Verlauf des Ersten Balkankrieges von 1912. Die Länder Bulgarien, Griechenland, Montenegro und Serbien schlossen sich zusammen, um die Osmanen aus Europa zu vertreiben. Dies gelang ihnen bis auf jenes Gebiet, das heutzutage den europäischen Teil der Türkei bildet. Da die griechischen, montenegrinischen und serbischen Truppen im Kampf gegen die Osmanen auf das heutige Gebiet Albaniens vordrangen, wurde auf der Londoner Botschafterkonferenz von bedeutenden Großmächten, allen voran Großbritannien und Österreich-Ungarn, die Unabhängigkeit Albaniens am 16. Dezember 1912 bestätigt. Damit sollte hauptsächlich das Vorrücken Serbiens an die Adriaküste gestoppt werden.

Im Londoner Vertrag, geschlossen am 30. Mai 1913 verzichtete das Osmanische Reich auf seine Gebiete, die heutzutage in Albanien liegen, wodurch vorerst die Existenz des albanischen Staates gesichert wurde. Heutzutage betrachten die meisten Albaner die Formung des Staatsgebietes zu jener Zeit als Fehler, da viele Albaner außerhalb der Grenzen des Landes leben. Damit ist Albanien allerdings keine Ausnahme unter den Staaten Südosteuropas, da alle Länder zum Teil starke Minderheiten besitzen, Grenzen nicht entlang ethnischer Gruppen verlaufen und im schlimmsten Fall die Bevölkerung deshalb vertrieben oder sogar ermordet wurde. Direkt nach dem Ersten Weltkrieg, als viele Gebiete Europas neu aufgeteilt wurden und viele Staaten (wieder-)entstanden, berieten erneut nicht die Albaner über ihren neuen Staat, sondern die Großmächte. Auf der Pariser Frie-

Die albanische Flagge auf der Festung Rozafa in Shkodër

denskonferenz 1919/1920 engagierte sich besonders Italien in dieser Frage, um entweder die kleinstmögliche Besetzung mit dem Hafen Vlorë oder die gesamte Okkupation Albaniens zu erreichen. Aber auch das neugegründete Königreich der Serben, Kroaten und Slowenen (ab 1929 Jugoslawien) erhob Anspruch auf das Gesamtgebiet, wenn auch eher als Idee, das Land in seine politische Sphäre einzubinden. Bis 1921 hielt das Königreich einige nordalbanische Orte besetzt, und durch den Boykott der zukünftigen Tiranaer Regierung hatte es sich als Verbündeter Albaniens disqualifiziert. Durch die griechische Minderheit im Süden des Landes bestärkt, forderte Griechenland die Städte Gjirokastër, Korçë und Sarandë für sich ein.

Am Ende war es dem Einsatz Großbritanniens zu verdanken, dass Albanien am 17. Dezember 1920 anerkannt wurde, was von der Pariser Konferenz am 9. November 1921 von allen Großmächten bestätigt wird. Das Interesse Londons war allerdings eher ein wirtschaftliches, das Ziel war die Erschließung der albanischen Erdölressourcen.

Albanien im Zweiten Weltkrieg

Im Frühjahr 1939 wurde Albanien von italienischen Truppen aus der Luft und von See angegriffen und besetzt, die Königsfamilie und ein Großteil der Regierung flohen. Die politische Interaktion Italiens der gesamten 30er-Jahre, wobei Albanien finanziell und ideologisch unterstützt beziehungsweise quasi annektiert wurde, führte von 1939 bis zur Kapitulation Italiens 1943 dazu, dass Albanien eine Art italienisches Protektorat wurde. Zu Kriegsbeginn kollaborierten der einflussreichste Teil der albanischen Bevölkerung sowie das Marionettenparlament mit den Besatzern. Vereinzelte Demonstrationen, wie Ende 1939 in Tirana, forderten das Ende der Besatzung. Kommunistische Gruppierungen spielten bis zu Beginn des Zweiten Weltkrieges kaum eine Rolle. Am 8. November 1941 wurde die KP Albanien gegründet, der Überfall Deutschlands auf die Sowjetunion war einer der Auslöser. Als Sekretär der KP wurde Enver Hoxha gewählt. Viele Kontakte bestanden zu den jugoslawischen Partisanen. Partisanen- und Widerstandsgruppen, denen sich ab 1943 immer mehr Menschen anschlossen, kämpften bis 1943 gegen die italienischen, danach bis Kriegsende gegen die deutschen Besatzer. Die Partisanenverbände blieben klein, vorrangig Bauern aus dem Süden versprachen sich Landgewinn durch die Beteiligung an den Kämpfen. Die italienische Regierung verfolgte vor allem die Erhöhung der landwirtschaftlichen Produktion und Effektivität, wovon Italien selbst profitieren sollte. Deutschland suggerierte der Bevölkerung, sie lebe in einem unabhängigen Staat. Bis heute ist noch von einigen Zeitzeugen zu hören, dass die Deutschen unter der Bevölkerung ein recht hohes Ansehen besaßen und durch ihre Disziplin und Strenge auffielen. Die stärker werdenden Partisanen wurden von den Deutschen massiv angegriffen. Die Volksbefreiungsarmee (UNÇ), die die kommunistischen Ideen aufgriff, versammelte zu Kriegsende die meisten Widerstandskämpfer. Mit der Einnahme Shkodërs am 29. November 1944 galt das Gebiet Albaniens befreit, und damit endete der Krieg in Albanien, in dem 28 000 Menschen ihr Leben verloren.

Sozialistische Volksrepublik Albanien

Diese Periode der albanischen Geschichte ist besonders wechselvoll und bis in die heutige Zeit prägend. Politische und gesellschaftliche Strukturen haben Spuren hinterlassen, sichtbare Überbleibsel sind die meist minderwertigen Wohngebäude. Die Anerkennung Albaniens, auch im Westen, erfolgte sofort 1945. An die Spitze der kommunistischen Ein-Parteien-Regierung stellte sich Enver Hoxha. Wichtige Maßnahmen der KP waren die Verstaatlichung der Banken, des Verkehrswesens, der Landwirtschaft und der Industrie respektive deren Aufbau. Eine Währungsreform ersetzte den bis 1947 gültigen Franken gegen Lek, das Eigentum von Emigranten oder als Staatsfeinden deklarierten Menschen wurde konfisziert. Im Januar 1946 wurde die Volksrepublik Albanien ausgerufen. Bereits 1946 wurde eine Bildungsreform verabschiedet, in der ein vierjähriger Schulbesuch für alle verpflichtend wurde. Die hohe Analphabetenrate sollte verringert werden, indem für alle Personen bis zum 40. Lebensjahr Unterricht vorgeschrieben wurde. Mit diesen Maßnahmen wollte die Partei auch mehr Menschen mit ihren Programmen erreichen.

Bündnis mit der Sowjetunion

Bis 1948 zeigte Jugoslawien unter der Führung Titos großes Engagement beim Aufbau der Landwirtschaft und einigen Industriebereichen Albaniens. Nicht uneigennützig, denn Albanien sollte Jugoslawien als ein günstiger Markt für Rohstoffe dienen. Des Weiteren sicherte man sich die Souveränität des Nachbarn und schloss ein Bündnis zur militärischen Hilfe. Jugoslawien verfolgte den Plan der Inkorporierung Albaniens in den eigenen Staat, Albanien sollte die siebente jugoslawische Republik werden. Nach dem historisch nicht klar zu erklärenden Bruchs zwischen Jugoslawien und der Sowjetunion 1948 entschied sich Enver Hoxha für ein Bündnis mit Stalin. Schon in den Vorjahren hatten sich auch die Beziehungen zu wichtigen Großmächten wie Großbritannien oder den USA verschlechtert, die ihre Botschafter aus Albanien zurückzogen. Aber auch mit Griechenland gab es schwerwiegende Probleme.

Eingang zum ehemaligen Textilkombinat Stalinwerk in Tirana

1955 trat Albanien dem Warschauer Pakt bei. Diese Allianz dauerte nicht lange, denn mit der Offensive des Warschauer Paktes in der Tschechoslowakei 1968 endete auch die Mitgliedschaft Albaniens in diesem Militärbündnis. Der Angriff auf die Tschechoslowakei verstärkte Hoxhas Ängste vor einem Überfall der Sowjetunion auf Albanien. Nach Stalins Tod 1953 konnte sich die albanische Führung für die Forde-

Bunker bei Shkodër

rungen des neuen Parteichefs Nikita Chruschtschow als Aufgabe innerhalb des Rates für gegenseitige Wirtschaftshilfe (RGW) sowieso nicht mehr erwärmen, der von Albanien die Produktion von Zitrusfrüchten und eine verstärkte Förderung von Chrom, Eisen, Kohle, Asphalt und Erdöl forderte. Doch profitierte Albanien von der ›internationalen Hilfe‹ der Sowjetunion und aller Sowjet-Satelliten zur Stärkung der eigenen Wirtschaft. Darüber hinaus erhielten viele Albaner die Möglichkeit, an sowjetischen Universitäten und Fachschulen zu studieren, um den Aufbau der Industrie in Albanien zu fördern. Dazu gehörte die Textilbranche genauso wie der Bergbau, aber auch die Förderung klassischer Musik und die Ausbildung junger Musiker in der Sowjetunion. Die Landwirtschaft blieb weiterhin ein schwacher Sektor, und auch die besten Fünfjahrespläne erzielten die gewünschte Umformung des Landes von einer Agrar- zu einer Industriegesellschaft nicht, wobei die Leistung und Produktivität der Industrie im Vergleich zur Vorkriegszeit massiv zunahmen. Enver Hoxha machte für die Misere in der Landwirtschaft die ›Verräter des Staates‹, ›Klassenfeinde‹ und ›jugoslawische Agenten‹ verantwortlich. Denn die politische Führung Albaniens begegnete ähnlich wie in anderen europäischen sozialistischen Ländern der aus Moskau geforderten Entstalinisierung mit Stalinismus.

Albanien und China

Um seiner befürchteten Absetzung zu umgehen und die Diktatur zu sichern, begab sich Enver Hoxha vor dem Bruch mit der Sowjetunion auf die Suche nach einem neuen Partner. Weltpolitisch hatten sich die Rahmenbedingungen geändert. Nachdem die Sowjetunion unter Chruschtschow 1956 die Tauwetterphase eingeleitet hatte und den Personenkult um Stalin abschaffen wollte, empfand der chinesische Staatspräsident Mao Zedong dies als Angriff auf sich und seinen Maoismus, der sich neben Marx und Engels auch auf Stalin bezog. Aufgrund weiterer wirtschaftlicher und militärischer Streitfragen zwischen der Sowjetunion und China kam es 1960 zum Abbruch der bilateralen Beziehungen. Die Sowjetunion zog alle Fachkräfte und Ressourcen aus China zurück. Diese weltpolitische Rah-

Für mehr Anbauflächen wurden in den 1970ern Hügel terrassiert

menbedingung beeinflusste die Entscheidungen der albanischen Regierung stark. Anfang des Jahres 1961 wurde China neue Schutzmacht Albaniens. Die Sowjetunion stellte unverzügliche jedwede Unterstützung ein. Die bisherigen großen Finanzspritzen des RGW wurden eingestellt. Damit die albanische Wirtschaft, die von Im- und Exporten mit der Sowjetunion abhängig war, nicht zusammenbrach, wurde der Außenhandel zügig auf den chinesischen Markt umgestellt. Interessanterweise blieb jedoch die Tschechoslowakei weiterhin der zweitwichtigste Handelspartner Albaniens. Von China schaute sich Albanien die sogenannte ›Kulturrevolution‹ ab, mittels derer die Bevölkerung völlig neu erzogen werden sollte. Ein Mittel waren öffentliche ›Kritikwände‹, an denen die ›Vergehen‹ eines Vorgesetzten, Kollegen oder Nachbarn für alle sichtbar angebracht werden konnte. Das konnte mangelnde Disziplin und Ordnung betreffen, aber auch das Aussehen junger Menschen, die in den 70ern in Albanien keine langen Haare und keine Schlaghosen tragen durften. Noch mehr Menschen als vorher wurden inhaftiert und das System der Geheimpolizei ›Sigurimi‹ verstärkt (→ S. 136). Viele in- und ausländische Autoren landeten auf den Listen verbotener Bücher. Um die ›Ziele des Sozialismus‹ zu erreichen, mussten meistens Jugendliche unfreiwillig in den ›freiwilligen‹ Massenbrigaden in der Landwirtschaft oder auf dem Bau arbeiten. Das Hauptziel der ›Kulturrevolution‹ war die Zerstörung ›bourgeoiser‹ und ›revisionistischer‹ Kreise sowie der Religionen. Einschneidend für die Religionsgemeinschaften in Albanien war der

22. November 1967, als Radio Tirana verkündete, Albanien sei nun der erste atheistische Staat der Welt. In den Jahren bis 1990 galt die Devise: ›Religion ist ein Gift, das die revolutionären Aktivitäten der Massen lähmt und den gesellschaftlichen Fortschritt behindert.‹ Aber nur von Atheismus zu sprechen, würde diese Weltauffassung in ein falsches Licht rücken. In Albanien betrieb man eher eine Religionsfeindlichkeit und -hetze. Es gab Angriffe auf die Mitglieder der Religionsgemeinden, die verurteilt, inhaftiert oder umgebracht wurden. Nach 1967 wurden viele Kirchen und Moscheen abgerissen, geschlossen oder zu Zweckbauten wie Turnhallen, Jugendklubs oder Ähnlichem umgebaut.

Wie in anderen sozialistischen Ländern sollte der Kontakt nach außen gemieden werden. Deshalb war das Empfangen nichtalbanischer Rundfunksender verboten. Viele Menschen hielten sich jedoch nicht daran und richteten ihre Antennen gen Italien, Griechenland oder Jugoslawien. Auch der Besitz eines Autos war nicht erlaubt. Der intensive Kontakt zwischen Tirana und Peking brachte für Albanien ähnliche Formen der Unterstützung hervor wie in den Jahren bis 1961 mit der Sowjetunion. Chinesische Fachkräfte kamen nach Albanien, und es wurde stark in die Weiterentwicklung der Industrie investiert. Gleichzeitig profitierten albanische Fachkräfte vom Wissensaustausch mit China und konnten an chinesischen Hochschulen studieren. 1970 konnte die Stromversorgung bis ins letzte Dorf gebracht werden, weshalb der 25. Oktober zum ›Tag des Lichts‹ und als ›Volksfeiertag‹ oder das ›Licht der Partei‹ erklärt wurde. In den 70ern begann Albanien auch mit den gigantischen Staudammprojekten wie der Aufstauung des Drins in Nordalbanien, mit denen die Energieunabhängigkeit gewährleistet werden sollte. Albanien litt weiterhin unter einer uneffektiven Landwirtschaft. Ernteausfälle, die schon in den vorhergehenden Dekaden von den Schutzmächten ausgeglichen werden mussten, wurden auch von China übernommen. Um mehr landwirtschaftlich nutzbare Flächen zu gewinnen, wurden Berge von Hand terrassiert.

Diese Jahre waren gekennzeichnet von den innerpolitischen Säuberungsaktionen, die ab 1973 die Jugendverbände und ab 1974 die Armee betrafen. Die letzte Stufe richtete sich 1975 und 1976 gegen alle, die eine Öffnung des Landes ansprachen. Betroffen von den Strafmaßnahmen waren meist gleich die ganze Familie oder ein Clan. Für die in Ungnade gefallenen Menschen wurden auch oft Umzüge in andere Regionen des Landes angeordnet, eine Form der Entwurzelung. Diese vernichtenden Aktionen brachten neue Eliten hervor, die sich von der bisherigen reinen Partisanengruppe abhoben, da sie nicht mehr mit dem Erringen des frühen Sozialismus im Zusammenhang standen.

Für Touristen gab es ab 1975 eine Verordnung, die ausländischen Gästen bestimmte Dinge und Verhaltensweisen für den Aufenthalt in Albanien vorschrieb. Damit sollte, wie es damals hieß, Provokation vermieden werden. Männer durften wie Albaner selbst auch, keine langen Haare, keine auffallend großen Koteletten und asymmetrische Bärte tragen. Die für Albaner verbotenen Schlaghosen wurden toleriert, Miniröcke bei Frauen fielen allerdings unter das Verbot. Lediglich bei ausländischen Diplomaten, Politikern und Sportlern wurden Ausnahmen gemacht. Das Mitbringen ›konterrevolutionärer‹ Literatur wurde bestraft. 1976 wurde eine neue Verfassung verabschiedet, die das Land als sozialistische Volksrepublik definierte. In dieser Zeit begannen durch die Angst vor jedweder

Bedrohung die Bauarbeiten an den Betonbunkern, die auch heute noch zu sehen sind. Es wurden knapp 175 000 Ein- oder Mehrpersonenbunker errichtet, die in den letzten Jahren verstärkt gesprengt werden.

Die Annäherung der beiden nach außen völlig isolierten Staaten China und Albanien hatte verschiedene Gründe: China sah es als Auszeichnung, einem ehemaligen europäischen Sowjet-Satelliten zur Seite zu stehen und damit eine Einflusssphäre in Europa zu erhalten. Dass China keine Gebietsansprüche auf Albanien stellte, machte für die Führung in Tirana die Koalition scheinbar ungefährlich. Doch Chinas Öffnung und Kontakte zu den USA und Jugoslawien verursachten erneute Verunsicherung bei der albanischen Führung. China antwortete mit einer Drosselung der Finanzhilfen, woraufhin der Bruch der albanisch-chinesischen Beziehungen eingeläutet und mit der völligen Einstellung chinesischer Unterstützung 1978 beendet wurde.

Langsame Öffnung

Albanien war bis 1990 fast vollständig isoliert, und es begann der wirtschaftliche Niedergang bei gleichzeitig verstärkt optimistischeren Sprüchen der Partei. Die Instandhaltung und Erneuerung der Technologie, gerade in den Erdöl-, Chrom-, Nickel- und Eisensektoren, konnte nicht mehr durchgeführt werden. Diese Industriezweige bildeten die Grundlage der albanischen Exportindustrie. Die Urbarmachung der Böden galt nun als eine der Prioritäten, um zumindest die Lebensmittelversorgung sicherstellen zu können.

1985 starb Enver Hoxha, es schloss sich eine zögerliche Öffnung des Landes an, wobei der Kampf gegen vermeintliche innere und äußere Feinde weitergeführt wurde. Immerhin kam es zu zwei Amnestien politisch Inhaftierter. Es waren nun auch freiere Stile in der Mode erlaubt; Männer begannen, sich die Haare länger wachsen zu lassen. Aus jener Zeit stammt auch die Sitte, die bei Männern noch heute zu sehen ist, längere Fingernägel am kleinen Finger zu tragen. Diese Nägel drückten Protest gegen die Zustände und die Unterdrückung in Albanien aus oder wurden nur als modisch empfunden.

1982, als Hoxha schon nicht mehr selbstständig laufen konnte – er litt lebenslang an Diabetes – wurde Ramiz Alia als sein Nachfolger bestimmt. Als Wiederaufnahme der internationalen Beziehungen können der ›Urlaub‹ des deutschen Politikers Franz Josef Strauß (→ S. 52) und seine beiden nachfolgenden Besuche in Albanien sowie die Annäherung an Griechenland gelten.

Die großen politischen Umbrüche von 1989 betrafen Albanien nicht direkt, und die Führung sah noch keine Gefahr für ihr Regime. Die Erschießung des rumänischen Staatspräsidenten Nikolae Ceauşescu und seiner Frau Elena versetzen die Partei dann aber doch in Alarmbereitschaft. So wurde 1990 das Strafgesetz geändert: Die Religionsausübung stand nicht mehr unter Strafe, und die Gründe, die zur Todesstrafe führen konnten, wurden immerhin minimiert. Doch die Hoffnung der Partei, durch die Aufnahme politischer Gespräche mit den Nachbarstaaten, die Vergabe von Pässen und die Liberalisierung des Nachrichtenwesens die Menschen weiter an sich zu binden, war unrealistisch. Die ersten Demonstrationen fanden in Shkodër statt. Im Juli 1990 kam es zu Protesten in Tirana, woraufhin sich viele Menschen in den Botschaften in Sicherheit brachten. Am

Einige Schriftzüge haben die Zeiten überdauert: Es lebe der Marxismus-Leninismus

Ende des Jahres entschloss sich Alia nicht für die blutige Niederschlagung der Demonstrationen, sondern für einen Dialog mit den Organisatoren der studentischen Bewegungen, die den Hauptimpuls für die Proteste gaben. Aus ihren Reihen gingen nach 1990 wichtige Politiker hervor.

Trotz der Gesprächsbereitschaft der Partei entlud sich die angestaute Wut der Bevölkerung, die unter Armut und Isolation litt. Öffentliche Gebäude, die Statuen von Lenin und Enver Hoxha und auch ein Großteil der Industrieanlagen wurden zerstört. Aus Angst vor möglichen Racheakten des Staates oder aus purer Verzweiflung flohen Tausende von Menschen aus Albanien, entweder nach Griechenland, wo viele Albaner die griechische Staatsbürgerschaft erhielten, oder nach Italien. Die Bilder von überfüllten Booten, die die Adria überquerten, gingen um die Welt. Studenten in Tirana organisierten derweil ein illegales Konzert, um am 8. Dezember 1990 des zehnten Todestages von John Lennon zu gedenken. Um die Proteste zu minimieren, wurden ab dem 11. Dezember 1990 andere Parteien neben der Partei der Arbeit zugelassen, die den Weg für die anstehenden ersten freien Parlamentswahlen ebneten. Am 14. Dezember bildete sich um Sali Berisha die erste Partei unter dem Namen Demokratische Partei (Partia Demokratike e Shqipërisë, kurz PD). Wenige Monate später wurde er ihr Vorsitzender.

Über die gesamte Zeit der verschiedenen Stadien des sozialistisch regierten Albaniens kam es zu massenhaften Verfolgungen, Bespitzelungen, Denunziationen, Morden und Todesstrafen. Mit den politischen Umbrüchen von 1991 erhielten Menschen Entschädigungen, und es entstanden verschiedene Foren zur Aufarbeitung der Verbrechen. In Tirana gibt es mittlerweile einige Orte und Museen, an denen sich die Besucher über diese Jahre informieren können. Landesweit ist aber die Aufarbeitung und der Zugang zu ehemaligen Internierungslagern oder Gefängnissen schwer oder kaum möglich.

EXTRA

Franz Josef Strauß

Die deutsche Außenpolitik nahm in den 1980er-Jahren zuweilen eigenwillige Züge an. Der damalige bayerische Ministerpräsident Franz Josef Strauß besuchte Albanien dreimal. Erstmalig stattete er 1984 dem Land einen Privatbesuch ab. Er wurde dennoch offiziell begrüßt, auch wenn sich Enver Hoxha vertreten ließ.

Strauß suchte aus mehreren Gründen die Nähe zu den albanischen Politikern. Albanien besaß seit 1978 keinen Bündnispartner mehr. Strauß selbst verachtete die Sowjetunion und wusste um die Distanz der albanischen Führung zu dieser. 1980 unterlag er als Unionskandidat dem amtierenden Bundeskanzler Helmut Schmidt (SPD) und versuchte nun, als bayerischer Politiker Außenpolitik zu betreiben. Die deutsche Wirtschaft profitierte von Strauß' Beziehungen zu Albanien: Das Versandhaus Quelle kaufte fortan Textilien aus Albanien, und die Salzgitter AG bezog Chrom aus Albanien. Im Gegenzug wurden nach dem nächsten Besuch 1986 mit Millionen aus dem Bonner Haushalt Busse für Tirana und Maschinen für die Landwirtschaft gekauft. Nach Enver Hoxhas Tod 1985 wurde Strauß nun offiziell von Nexhmije Hoxha begrüßt, der Ehefrau Enver Hoxhas und dessen Nachfolgerin. Da die Verfassung Albaniens die Aufnahme von Krediten verbot, deklarierte die albanische Regierung die Zahlungen als Reparationszahlungen für deutsche Verbrechen während des Zweiten Weltkriegs. Nach seinem dritten und letzten Besuch 1987 nahmen Albanien und die Bundesrepublik Deutschland im September 1987 offiziell diplomatische Beziehungen auf.

Ein Klassiker, der heute immer wieder gern mit leicht abweichendem Inhalt in Albanien über Franz Josef Strauß erzählt wird, ereignete sich während eines Besuchs in Berat. Das Protokoll sah vor, dass das Mittagessen in der ehemaligen Kirche des heiligen Georg auf der Festung eingenommen werden sollte, die nach 1967 zu einem Gebäude für Staatsempfänge umgebaut wurde. Das Mittagessen bereiteten die besten Köche Berats zu, die in ganz Albanien bekannt waren. Sie hatten ein Lamm gebraten und Salate dazu gereicht, woraufhin Strauß gesagt haben soll: »Schaffen sie mir das grüne Zeug weg!« Auf dem Tisch standen Rot- und Weißwein sowie verschiedene Raki-Sorten aus Trauben, Kornelkirschen, Brombeeren, Pflaumen, Walnüssen und den Früchten des Erdbeerbaums. Nachdem er alles probiert hatte, meinte er: »Mir gefällt dieser Schnaps.« Während des Essens fragte er die Leute, aus welchen Früchten der Schnaps gebrannt werde und wo sie wachsen. Die Leute zeigten ihm die Berge gegenüber der Festung. Er zeigte sich äußerst beeindruckt: »Dieser Raki ist sehr gut, ihr solltet alle Hügel und Berge damit bepflanzen.« Als er am nächsten Morgen aufwachte, hatte er einen Kater. Er fragte wieder: »Wo sagtet ihr, wächst diese Pflanze?« »Auf den Bergen dort«, war die Antwort. Strauß daraufhin: »Setzt diese Berge in Brand, diese Pflanze soll vernichtet werden!«

Die Familie Strauß besuchte auch nach Franz Josef Strauß' Tod 1988 Albanien. Monika Hohlmeier, die Tochter und bayerische Politikerin, reiste mit ihren beiden Brüdern 1994 nach Tirana, um bei der Einweihung des Franc-Jozef-Shtraus-Platzes mitzufeiern. Sie waren begeistert von den Menschenmengen, die die Einweihung jubelnd begleiteten. Ein Denkmal wie für amerikanische Politiker gibt es allerdings für Franc Jozef Shtraus noch nicht.

Albaniens Weg nach 1990

Der Aufbau eines demokratischen Staates in Albanien war geprägt von einer Mischung aus Verunsicherung, Massenflucht und Unzufriedenheit. Eine Entwicklung, die in den meisten Staaten Mittel- und Osteuropas anders verlief, im ehemaligen Jugoslawien jedoch noch weit gravierendere Folgen hatte. Aber die ersten zukunftsweisenden Schritte wurden getan. Albanien deklarierte sich als säkularer Staat, in dem es zu den ersten freien, demokratischen Wahlen kam und die Religionen ihre Berechtigung bekamen. Viele Menschen wurden aus den Gefängnissen entlassen, erhielten aber danach keine ausreichende Unterstützung.

In den ersten Monaten des Jahres 1991 kam es zu weiteren Demonstrationen. Am 20. Februar wurde symbolträchtig das große Enver-Hoxha-Denkmal auf dem Skanderbeg-Platz in Tirana gestürzt. Das Zentrum der gelenkten Demokratisierung blieb die Universität Tirana. Bis zu den ersten Wahlen werden im ersten Quartal viele internationale Beziehungen aufgenommen, so zu Deutschland und den USA.

Die ersten Wahlen

Am 31. März 1991 wurden in Albanien die ersten demokratischen Wahlen abgehalten. Da die Partei der Arbeit noch das Monopol über die Medien besaß, konnte sie die Wahlen für sich entscheiden. Viele Menschen kannten die Personen aus dieser Partei und trauten nur ihnen die Kraft für Veränderungen zu. Die Demokratische Partei wurde zweitstärkste Macht. Unter den neuen Parteien befindet sich auch Omonia, die Vertretung der griechischen Minderheit. Aufgrund des Sieges der Partei der Arbeit kam es im Land jedoch zu Ausschreitungen.

In den kommenden Monaten wurde eine neue Verfassung erarbeitet, die von der Staatsbezeichnung ›Sozialistische Volksrepublik Albanien‹ nur die Republik und Albanien stehen ließ, bis heute der offizielle Titel des Landes. Nach der Hoxha-Statue wurde dann Anfang Juni die Lenin-Statue, die vor der Nationalgalerie in Tirana stand, gestürzt, da der US-Außenminister anreiste und sich nicht provoziert fühlen sollte.

Durch die Massenfluchten und die schlechte wirtschaftliche Lage spitzte sich die Lage immer mehr zu. Die Industrieproduktion war im Vergleich zum Vorjahr um 60 Prozent gesunken, und die Erdölförderung kam fast gänzlich zum Erliegen. In der Land- und Forstwirtschaft kam es zu Engpässen, bis hin zu fehlendem Papier für den Zeitungsdruck. Immer wieder gab es Unruhen und Plünderungen von Lebensmittelgeschäften und Lagern.

In der Zwischenzeit war 1991 die Witwe Hoxhas, Nexhmije Hoxha, wegen Veruntreuung von Staatsgeldern verhaftet und anschließend zu elf Jahren Haft verurteilt, von denen sie fünf Jahre absaß. Die Bilder, die in den Medien von Albanien gezeigt wurden, bestimmten das Image des Landes in den folgenden Jahren. Die Stereotype von Kriminalität, Unruhe, Armut, Korruption und Chaos prägten die Einschätzungen und Vorstellungen über den Westlichen Balkan, da zur gleichen Zeit Jugoslawien begann, auseinanderzufallen und damit die gesamte Region destabilisiert wurde.

Häuser als Altersvorsorge: Zersiedelte Küste zwischen Vlorë und Shkodër

Da das Land am völligen Abgrund stand, werden Neuwahlen ausgerufen. Aus dieser Wahl ging die PD als klarer Gewinner hervor. Seit dem Sieg der PD 1992 bestimmen sie und die Sozialistische Partei (Partia Socialiste e Shqipërisë, kurz PS), die Nachfolgepartei der Partei für Arbeit, das politische Leben in Albanien.

Bis 1997 vertrat Sali Berisha als Staatspräsident das Land nach außen. Er wurde zur prägenden Figur der Partei und eines der bekanntesten Gesichter der Nachwendezeit Albaniens. Die PD versteht sich als antikommunistisch. Die Politiker setzen sich dafür ein, dass in Albanien der Demokratisierungsprozess eingeleitet wurde und die freie Marktwirtschaft das bestimmende Wirtschaftsmodell darstellt. Unterstrichen wird der Geist einer neuen Epoche durch die von der PD initiierte Umsetzung des Grabes von Enver Hoxha vom Heldenfriedhof auf den Städtischen Friedhof im Westen Tiranas. Gegen Mitglieder der ehemaligen Partei der Arbeit wurden Strafprozesse organisiert und hohe Haftstrafen verhängt.

Arbeit fanden die Menschen durch die neue politische Ausrichtung trotzdem nicht, und so waren die Leute gezwungen, ihr Geld in Griechenland und Italien zu verdienen. Damit konnte die finanzielle Situation der Familien, die in Albanien geblieben waren, verbessert werden. Zu dieser Zeit begann der massive Bau neuer Häuser, mit dem sich die Menschen für die Zukunft absichern wollen.

Pyramidenskandal

Das Geld wurde in den 1990ern oft zu Hause bar aufbewahrt, da das Bankwesen nicht ausreichend entwickelt war. Genau diese Schwachstelle nutzen Investmentbanken und lockten die Menschen, ihr Geld bei ihnen anzulegen. Versprochen wurden hohe Zinsen, zum Ende des Jahres 1996 sogar 50 Prozent. Einige Menschen verkauften sogar ihr Haus, in der Hoffnung, schnell an Geld zu gelangen. Obwohl der Internationale Währungsfond (IWF) vor den als unsicher eingestuften Investmentbanken warnte, hielt die Hoffnung auf rasche Gewinne die Leute weiter im Bann.

Nach und nach verkündeten die Banken ihren Bankrott, ohne dass das eingezahlte Geld, geschweige denn die Zinsen, an die Einleger zurückgezahlt wurden. Da der Staat erst sehr spät eingriff, wird vermutet, dass er seine Finger im

Spiel hatte und der IWF letzten Endes die Regierung zum Handeln gezwungen hat. Bis heute sind die genaueren Umstände dieser Massenverarmung nicht geklärt. Da die versprochenen Zinsmodelle nach dem Ponzi-Schema aufgebaut waren, sprach man von ihnen als Pyramidenfirmen. Der Zusammenbruch ging als ›Pyramidenskandal‹ beziehungsweise ‹Lotterieaufstand‹ in die Geschichte ein.

Viele Albaner standen vor dem Nichts. Ab Januar 1997 brachen erneut Unruhen aus, die sich gegen alles Staatliche richteten. Kasernen wurden geplündert, Menschen versorgten sich mit Waffen. Viele Menschen starben, Schätzungen sprechen von 1000 bis 1200 Toten. Das Land wurde abgeriegelt, die Familie des Präsidenten floh nach Italien. Der ehemals international geförderte Sali Berisha wurde nun vom Ausland stark kritisiert. Ausländische Beobachter befürchteten 1997 sogar einen Auseinanderfall Albaniens. Es kam erneut zu Massenfluchten, besonders nach Italien. Die Stimmung in Italien war aufgeheizt, und die Präsidentin der italienischen Abgeordnetenkammer Irene Pivetti fordert sogar, die Flüchtlinge einfach ins Meer zu schmeißen. Italien ging einen harten Weg, mit allen Mitteln wollte man Flüchtlinge daran hindern, ins Land zu gelangen. Ein italienisches Marineschiff rammte im März 1997 ein albanisches Flüchtlingsboot, wobei 108 Menschen starben. Italien konnte seine Kontrolle bis auf albanisches Hoheitsgebiet ausdehnen. Bis heute ist auf der Insel Sazan vor Vlorë ein italienischer Militär- und Zollposten stationiert, auch um die Schmuggel- und Drogengeschäfte in den Griff zu bekommen.

Im Sommer 1997 kam es zu vorgezogenen Parlamentswahlen. Wie zu erwarten war, siegte die Sozialistische Partei (PS) als Teil des Mitte-Links-Bündnisses. Sie bestimmten bis zum Sommer 2005 die Politik im Land. Neuer Präsident wurde Rexhep Meidani, das Amt des Ministerpräsidenten bekleidete Fatos Nano. 1998 drohte durch die Ermordung eines Abgeordneten der PD ein erneuter Bürgerkrieg, der aber abgewendet werden konnte.

Wahlen 2005 bis 2017

Da Albanien dem Sumpf der Korruption nicht zu entkommen schien, gingen die Menschen wieder auf die Straße, 2005 kam es wiederum zu Neuwahlen. Das Blatt wendete sich, und die PD wurde wieder stärkste Partei im Parlament. Fatos Nano trat zurück, neuer Parteichef der PS wurde Edi Rama, der zur damaligen Zeit als Bürgermeister Tiranas tätig war und 2013 Ministerpräsident wurde. Doch von 2005 bis 2013 erarbeitete Sali Berisha, nun nicht mehr als Präsident, sondern als Ministerpräsident die Pläne für Albanien. Während seiner Regierungszeit wurden Menschen aus Nordalbanien stark bevorzugt, da er selbst aus dem Norden stammt. Er sah dieses Vorgehen als gerechtfertigt an, da während der Jahre des Sozialismus die Südalbaner den Vorrang erhalten hatten, entsprechend der Herkunft Hoxhas aus Gjirokastër. Die vielen Neubausiedlungen am Rand von Tirana stammen alle aus der Zeit bis 2013. In ihnen leben viele Nordalbaner, denen in Tirana ein besseres Leben versprochen wurde.

Aus den Parlamentswahlen 2009 ging Sali Berisha von der Demokratischen Partei (PD) als Sieger hervor, 2013 löste ihn Edi Rama von der Sozialistischen Partei (PS) als Ministerpräsident ab. Auch 2017 konnte die PS die Mehrheit der Stimmen erlangen.

Edi Rama

Edi Rama könnte als Multitalent bezeichnet werden, der Mann, der in Albanien viel verändert und bewegt hat. Seine Kraft ist auch physisch vorhanden. Mit einer Größe von 2,02 Metern spielte er den späten 80er-Jahren im Basketball-Nationalteam. Aber seine Kraft muss auch psychisch groß sein. Er studierte Kunst, arbeitete im Sozialismus als Lektor an der Akademie der Künste in Tirana. Nach der Scheidung von seiner ersten Frau ging er 1994 nach Paris und wurde durch Ausstellungen berühmt. Nach dem Tod seines Vaters kehrte er 1998 nach Albanien zurück und bekam durch den sozialistischen Ministerpräsidenten Fatos Nano das Amt des Ministers für Kultur, Jugend und Sport zugeteilt. Er löste 2005 Fatos Nano als Vorsitzenden der Sozialistischen Partei Albaniens (PS, Partia Socialiste e Shqipërisë) ab, nachdem die Partei gegen die Demokratische Partei von Sali Berisha verloren hatte. In der Zwischenzeit hatte er seinen ehemaligen Vornamen Edvin in Edi ändern lassen.

Ein bedeutender Abschnitt war seine Zeit als Oberbürgermeister von Tirana von 2000 bis 2011. Er versuchte, die Stadt attraktiver und lebensfreundlicher zu gestalten. Jemand sagte einmal, Tirana trage nun Lippenstift. Er griff auf seine Leidenschaft, die Kunst, zurück. In seiner Rolle als Politiker setzte er durch, dass die EU Mittel für Farben zur Verfügung stellte, so dass die Hauptstadt immer bunter wurde. Pastellfarben kommen im Farbspektrum nicht vor: Es darf grell sein, poppig. Das erste Haus wurde orange gestrichen und verursachte in Tirana einen Verkehrsstau. Der EU-Beauftragte wollte die Aktion sofort stoppen, da er meinte, dass die Malaktion nicht europäischen Standards entspräche. Diplomatisches Geschick ermöglichte die Fortsetzung. Weiterhin gehörten zu den Initiativen Ramas die Zerstörung illegal errichteter Gebäude und der Versuch, ein größeres Bewusstsein für das Müllproblem in der Bevölkerung zu schaffen. Zur Stadtaufhübschung gehörte auch das Anlegen neuer Parks. Nach einer kurzen Zeit legten Umfragen offen, dass der Großteil der Hauptstädter die Veränderungen als positiv bewertet.

Nachdem 2011 die Wahl zur Verlängerung des Oberbürgermeisteramtes nicht gelungen war, gewannen Edi Rama und die Sozialistische Partei SP bei den Parlamentswahlen 2013. Rama siegte über seinen nordalbanischen Kontrahenten Sali Berisha, der seit 1997 die Macht an sich hatte binden können. Mit dem zweiten Wahlsieg 2017 ist die Sozialistische Partei im Parlament alleinregierend und verfolgt weiter den EU-Kurs. Für die Wahlen 2013 nutzten Edi Rama und seine Partei die Erfahrungen und Kenntnisse des ehemaligen britischen Premierministers Tony Blair, der, wie wenig später in Serbien, als Berater auftrat. Gleich nach dem Wahlsieg stattete Rama Blair in London einen Besuch ab, und am ersten informellen Regierungstreffen in Tirana nahm Blair ebenfalls teil. Angeblich nahm Blair für seine Dienste kein Geld und engagierte sich rein freiwillig. Die beiden verbindet bis in die heutige Zeit ein fast freundschaftliches Verhältnis, und auch informelle Treffen kommen von Zeit zu Zeit vor.

In der Funktion als Ministerpräsident setzt Rama Strategien um, die er bereits in seiner Zeit als Oberbürgermeister nutzte. In vielen albanischen Städten werden die Hauptplätze oder -straßen neu gestaltet, indem mehr Grün angepflanzt, neues Pflaster verlegt und stellenweise der Verkehr umgelenkt wird.

Politik und Wirtschaft

Durch die Studentenproteste im Dezember 1990 entstand ein Mehrparteiensystem, und die ersten freien Wahlen 1991 beendeten das seit dem Zweiten Weltkrieg bestehende sozialistische Einparteiensystem. Damit wurde Albanien eine parlamentarische Demokratie, deren gesetzgebende Instanz das Parlament ist, das alle fünf Jahre den Präsidenten wählt. Regierungschef ist der Ministerpräsident, der alle vier Jahre direkt vom Volk gewählt wird.

Parteien und Präsidenten

Das politische Geschehen dominieren seit 1991 zwei große ›Volksparteien‹, die Sozialistische Partei PS und die Demokratische Partei PD. Sehr interessant ist bei der Verteilung der Wählerstimmen: In Südalbanien wählt die Mehrheit die PS, in Nordalbanien stimmen die meisten für die PD. Die Zugehörigkeit zu einer sozialen Schicht oder der Bildungsgrad sind nicht ausschlaggebend für das Wahlverhalten. Der fortwährend Dualismus zwischen Süd- und Nordalbanien, den Volksgruppen der Tosken und Gegen, spiegelt sich auch in den Wahlergebnissen wider (→ S. 77).

Die beiden großen Parteien unterscheiden sich eher in historischer als in programmatischer Hinsicht. Die PS gilt als eine Nachfolgepartei der Kommunistischen Partei, die PD versteht sich als die Gralshüterin der demokratischen Bewegungen von 1990, die mit zum Ende der Volksrepublik Albanien beitrugen.

Vor den Wahlen am 28. Juni 2009 wurde das albanische Wahlsystem sogar gemeinsam von PS und PD erarbeitet und geändert; die alte Verknüpfung aus Mehrheits- und Verhältniswahlrecht wurde durch ein reines Verhältniswahl-

Parlamentsgebäude in Tirana

recht ersetzt. Die Wahl ist eine Listenwahl, die Wähler stimmen daher für eine der von den kandidierenden Parteien aufgestellten Liste; personalisierte Komponenten gibt es nicht.

Das albanische Parlament besteht aus einer Kammer mit 140 Sitzen. Diese werden durch Entsendungen einer bestimmten Anzahl an Abgeordneten, gestaffelt nach Bevölkerungsanzahl, aus den zwölf Wahlkreisen besetzt.

Am 25. Juni 2017 konnte die Sozialistische Partei (PS) mit Premierminister Edi Rama (→ S. 56) an der Spitze zum zweiten Mal in Folge die Wahlen gewinnen. Mit knapp 50 Prozent siegte die Partei vor der Demokratischen Partei (PD) mit knapp 30 Prozent, die selbst in den nordalbanischen Städten, wo sie bisher stark aufgestellt war, herbe Verluste hinnehmen musste. Die PS hat 74 Mandate im Parlament erzielt und ist somit alleinregierende Partei, wozu mindestens 71 Sitze nötig sind. Die Wahlbeteiligung lag allerdings bei nur 45 Prozent. Viele im Ausland lebende Albaner waren ebenfalls stimmberechtigt, ungefähr 3,5 Millionen Menschen konnten ihre Stimmen abgeben.

In Albanien hat sich durch den Sieg der PS im Jahr 2013 viel geändert. 2015 beschloss das Parlament, die Akten der während des Sozialismus tätigen Geheimpolizei Sigurimi zu öffnen und Einsicht zu gewährleisten. Bisher wurde die Geschichte der albanischen Staatssicherheit nicht aufgearbeitet, und es liegen keine Zahlen vor, wie viele Menschen im Überwachungsapparat mitgearbeitet haben. Ein Zeichen für den bewussten Beginn der Aufarbeitungsprozesse sind die Eröffnungen der beiden Bunk'Art-Museen in Tirana (→ S. 140). Diese Ausstellungen entstanden unter Mitwirkung Edi Ramas und dienen der Sozialistischen Partei als Mittel, sich bewusst der Vergangenheit zu stellen, da die Nachfolgepartei der Partei der Arbeit von ihren Gegnern als die Partei der alten Kommunisten verunglimpft wird.

Die Zukunft Albaniens: Kinder in Berat

Korruption und Kriminalität

Wie stark der internationale Antikorruptionstag am 9. Dezember im Land wahrgenommen wird, sei dahingestellt. Laut Analysen wie der des international anerkannten Netzwerkes Transparency International wird er durch die meisten albanischen Institutionen sicher nicht in den Vordergrund gestellt. Das Land belegt Platz 99 von den 180 verglichenen Staaten weltweit (Stand: Januar 2018) und sticht in Gesamteuropa neben Ländern der Region wie Bosnien und Herzegowina und dem Kosovo hervor und wird nur noch von Russland und der Ukraine übertroffen.

Außerhalb des Landes werden albanische Politiker oft mit dem Thema der Korruption und organisierten Kriminalität konfrontiert. Albanien wurde aufgefordert, die öffentliche Verwaltung und Justiz zu reformieren, so auch im November 2016 bei einem Treffen von Edi Rama mit Kanzlerin Angela Merkel in Berlin. Durch eine Reform sollen Korruption, organisierte Kriminalität und Drogenkriminalität bekämpft werden, die Menschenrechte, Anti-Diskriminierung und Eigentumsrechte verbessert, die Wahlrechtsreform und das Gesetz zur Dekriminalisierung durchgesetzt werden.

Der Fortschrittsbericht der EU vom November 2016 besagte, dass alle Reformen und Prioritäten nur sehr schleppend vorangebracht und gerade im Falle von Korruption und organisierter Kriminalität eher Zuwächse verzeichnet werden. Daraus zog der Rat der EU-Außenminister am 13. Dezember 2016 den Schluss, die Verhandlungen über den EU-Beitritt Albaniens noch nicht zu eröffnen.

Der Fortschrittsbericht von 2018 brachte keine neuen Ergebnisse; EU-Kommissar Johannes Hahn warf Albanien allgemein fehlendes Reformtempo vor.

Edi Rama möchte Albanien nicht als besonders korruptes Land sehen und wehrt sich, allerdings ohne Gegenargumente, gegen eine angeblich stereotypische Darstellung Albaniens und des Balkans in den Medien.

Außenpolitik und internationale Bündnisse

Der nächste geplante Schritt ist die Zugehörigkeit zur EU. Unter Berisha wurde 2009 der Antrag für die Mitgliedschaft abgegeben. Im Juni 2014 wurde Albanien als offizieller EU-Beitrittskandidat zugelassen. Damit erhielt das Land den gleichen Status wie Serbien und Montenegro und ist Ländern wie Bosnien und Herzegowina oder Kosovo bereits weit voraus.

Einen Rahmen zur Artikulierung der verschiedenen Interessen der Länder des Westlichen Balkans und auch zur Förderung ihrer Infrastruktur finden Länder wie Albanien auf den Westbalkan-Konferenzen, die seit 2013 von der EU organisiert werden. Albanien tritt neben Serbien sehr im Vordergrund auf. Auf der Konferenz 2016 in Paris wurde beiden Ländern weiterhin eine Beitrittsperspektive in Aussicht gestellt. Tatsächliche Beitrittsgespräche sollen, ebenso mit Nordmazedonien, aber nicht vor 2019 begonnen werden.

Im Zeitraum von 2014 bis 2020 werden durch das EU-Heranführungsinstrument IPA (Instrument for Pre-Accession Assistance) rund 700 Millionen Euro zur Förderung von Demokratie, Regierungsführung, Rechtsstaatlichkeit und Schutz der

Mit dem Bunk'Art2-Museum in Tirana wird begonnen, die Geschichte der albanischen Geheimpolizei aufzuarbeiten

Grundrechte, Umwelt- und Klimaschutz, Verbesserung der Transportinfrastruktur, der Wettbewerbsfähigkeit und der Bildungs-, Beschäftigungs- und Sozialpolitik bereitgestellt.

Beziehungen zum Kosovo und zu Serbien

Ein großes Thema der albanischen Außenpolitik ist seit vielen Jahren das Kosovo. Während der Unruhen im Kosovo flohen ab 1998 Kosovo-Albaner vorrangig in die Nachbarländer und nach Westeuropa. Bis 1999 stieg die Zahl der geflüchteten Kosovo-Albaner durch die gezielte Vertreibung auf bis zu 450 000 Menschen an. Die deutsche Regierung unter Gerhard Schröder unterstrich die Notwendigkeit, den Großteil der Geflüchteten in den Nachbarländern zu versorgen. Die meisten Flüchtlinge kehrten ab 2000 wieder ins Kosovo zurück.

Die Kontakte des Kosovos zur albanischen Regierung und Wirtschaft sind sehr eng, und das Kosovo wird von Albanien unterstützt. Die Unterstützung gilt aber vorzugsweise den Kosovo-Albanern, nicht den verbliebenen Serben im Kosovo. Nichtsdestotrotz haben sich die albanisch-serbischen Beziehungen in den letzten Jahren verbessert, auch wenn es immer wieder zu Rückschlägen kommt. Die albanische Regierung unter Edi Rama pflegt sehr gute Beziehungen zur serbischen Regierung unter Aleksandar Vučić, seit 2017 im Amt des Präsidenten.

Durch die starken Interventionen der USA seit den 1990er-Jahren auf dem gesamten Westlichen Balkan und deren Unterstützung für die kososo-albanische Unabhängigkeitsbewegung UÇK im Kosovo ist auch der Kontakt zwischen Tirana und Washington enger geworden. Mehrheitlich empfinden die Albaner die USA als Freundesland, das ihnen internationale Hilfe zukommen lässt.

NATO-Beitritt

Der NATO-Beitritt war eines der vorrangigen Ziele Albaniens. Gleichzeitig mit Kroatien wurde Albanien am 1. April 2009 in das Militärbündnis aufgenommen. Der Nordatlantik-Pakt verfolgt die Strategie, die gesamte Adriaküste in der NATO zu vereinen, durch die Aufnahme Montenegros im Juni 2017 wurde die Lücke zu Kroatien geschlossen. Die Begeisterung der Menschen über die Aufnahme war und ist riesig, da die NATO die Operationen im Kosovo und für die Kosovo-Albaner seit den späten 1990er-Jahren positiv unterstützt(e) und diese Ereignisse in Albanien große Priorität besitzen.

Flüchtlinge

Die Flüchtlingsströme über die sogenannte Balkanroute in den Jahren 2015 und 2016 verliefen nicht über Albanien, wobei das Land aber einige Flüchtlinge aufnahm. Gleichzeitig betonte der deutsche Innenminister Thomas de Maizière, dass es für Albaner und die Menschen vom Westlichen Balkan keine Chance auf Asyl in Deutschland gibt und diese Länder als ›sichere Herkunftsländer‹ deklariert werden.Die deutsche Bundesregierung gibt jedoch Menschen vom Westbalkan die Chance, ohne Deutschkenntnisse bis zum Jahr 2020 durch die ›Westbalkanregelung‹ eine Arbeit in Deutschland aufzunehmen. Planungen für die Zeit nach 2020 sind noch nicht bekannt. 2018 kam es zu einer Veränderung der Balkanroute. Auf der sogenannten südlichen Route versuchen Menschen aus außereuropäischen Ländern von Griechenland aus, über Albanien, Montenegro und Bosnien-Herzegowina in Länder der EU zu gelangen.

Wirtschaft

In den Jahren bis 2010 kennzeichneten positive Wachstumsprozesse die an sich sehr schwache Wirtschaft. Nach 2010 wuchs die Wirtschaft weiter, wenn auch geringer. Die größten Investitionen von Albanern und Ausländern gab es im Baugewerbe, gut sichtbar an den vielen leerstehenden Neubauten in den größeren Städten. Weniger sichtbar sind die vielen Näherinnen im Land, die oft in Heim-

Erdölförderung bei Ballsh

arbeit im Auftrag großer internationaler Modedesigner Kleidung und Schuhe herstellen. Einen erheblichen Zuwachs bekam in den letzten Jahren der Tourismus, von dem immer mehr Menschen leben können. Die ehemaligen Industriezweige, die die Bodenschätze des Landes bargen und weiterverarbeiteten, liegen bis auf die Erdölindustrie größtenteils brach, und eine Wertschöpfung oder das Interesse ausländischer Investoren sind bisher nicht vorhanden.

Beim Reisen durch das Land fällt auf, dass es wenig LKW-Verkehr auf den Straßen gibt. Es werden kaum Güter bewegt, und die Versorgung mit Lebensmitteln oder anderen Produkten ist lokaler ausgeprägt als im Rest Europas. Die Landwirtschaft spielt eine größere Rolle, jedoch wurde in den letzten Jahren wenig investiert. Für den Export werden vor allem Heilkräuter gepflückt und ins Ausland verkauft; Albanien ist beispielsweise der weltweit größte Salbei-Exporteur.

Um die Wirtschaft zu stärken, ist es ausländischen Investoren seit 2016 möglich, Boden oder Immobilien für eine Zeit von 30 bis 99 Jahren für einen symbolischen Euro zu erwerben, wobei die Höhe der Investitionen mindestens 50 Millionen Euro betragen muss. Bis Ende Februar 2017 meldeten sich laut Wirtschaftsministerium 22 Firmen an.

Die albanische Wirtschaft hängt jedoch sehr stark von äußeren Faktoren ab. Viele Menschen arbeiten im Ausland, verdienen dort ihr Geld und schicken einen Teil davon nach Albanien oder bauen sich ein Haus vom Ersparten. Seit der größeren Krise in Griechenland verschlechterte sich auch die wirtschaftliche Situation vieler Albaner, die mittlerweile aus Griechenland wieder nach Albanien zurückgekehrt sind.

Um einen kleinen Eindruck vom Lohnniveau zu bekommen, seien hier monatliche Durchschnittslöhne aus dem öffentlichen Sektor genannt, alle Angaben stammen vom Albanischen Amt für Statistik aus dem Jahr 2015. Demnach

Wasserkraftwerke sind die wichtigsten Stromerzeuger

beträgt der Monatslohn für höhere Beamte und Manager um die 80 000 Lek (knapp 600 Euro), für Spezialisten rund 60 000 Lek (über 400 Euro), für Techniker und Fachkräfte knapp 50 000 Lek (um die 350 Euro) und für Büroangestellte gute 40 000 Lek (über 300 Euro). Der Durchschnittslohn für Arbeiter liegt unter 40 000 Lek. Ein Verkäufer bekommt im Angestelltenverhältnis keine 30 000 Lek (220 Euro).

Auch in Albanien gibt es einen festgeschriebenen Mindestlohn. Er wird mit 26 000 Lek im Monat angegeben, etwa 200 Euro.

Energiewirtschaft

Zur Energieversorgung Albaniens tragen fast ausschließlich Wasserkraftwerke bei. Begonnen wurde mit dieser Technik in den 1950er-Jahren. In den letzten Jahren haben viele albanische und ausländische Investoren kleinere Anlagen gebaut, der gewonnene Strom wird in das bestehende Netz eingespeist. Die Stromproduktion liegt über dem Bedarf in Albanien, ein Teil der Energie wird daher in die Nachbarländer verkauft. Die Region profitiert meistens durch den Ausbau oder zumindest die Instandhaltung der Straßen, die für die Betreiber wichtig ist. Die ausländischen Investoren besitzen die Kraftwerke in der Regel die ersten 25 Jahre, danach gehen die Anlagen an den albanischen Staat über.

Eines der größten internationalen Projekte ist der Bau der Trans Adriatic Pipeline (TAP), die 2020 in Betrieb gehen soll. Die TAP ist ab Kipoi in Griechenland bis San Foca in Italien 878 Kilometer lang. Verbunden mit der Transanatolischen Pipeline (TANAP) soll Erdgas vom Kaspischen Meer in Aserbaidschan über Georgien und die Türkei bis nach Italien gelangen. Europa errichtet sich damit einen vierten Korridor der Erdgasversorgung, der die Energieversorgung Europas verbessern und die Abhängigkeit vom russischen Gas minimieren soll. Hinter dem Projekt mit Firmensitz in der Schweiz stehen sechs verschiedene Firmen, darunter die britische BP und die norwegische Statoil. In Albanien hat die TAP eine Länge von 105 Kilometern. Die Röhre durchzieht das Land von Korçë über Çorovodë und Berat bis Fier, wo eine Speicheranlage gebaut wird. Lokale Baufirmen und Spezialisten werden in das Projekt integriert, und Arbeitsplätze entstehen. In einigen Regionen konnten die Straßenverhältnisse maßgeblich verbessert werden, wie in den Dörfern um Korçë und Berat, wovon wiederum der Tourismus profitieren kann. Es regt sich aber auch Protest im Land, denn durch den Bau sind Felder und Plantagen nicht mehr nutzbar, und die Besitzer werden unzureichend entschädigt.

Gesundheits- und Sozialwesen

Jeder Albaner besitzt eine staatliche Krankenversicherung. Leider greift diese jedoch im Krankheitsfall nicht umfassend, denn für die Untersuchung mit Geräten müssen die Patienten immer einen eigenen Anteil zahlen. Krankenhäuser gibt es im gesamten Land, jedoch sind einige abgelegene Regionen stark unterversorgt. Prinzipiell können die Krankenhäuser alle Behandlungen und Operationen durchführen, und auch alle Medikamente stehen zur Verfügung. Viele Menschen, die jedoch eine dringende Behandlung oder eine schwierige Operation durchführen

Privatklinik in Tirana

lassen müssen, suchen sich ein Privatkrankenhaus oder lassen die Operation im Ausland durchführen. Die anfallenden Kosten müssen die Patienten vollkommen selbst tragen.

Der Eintritt ins Rentenalter liegt derzeit bei knapp 61 (Frauen) und beziehungsweise 65 Jahren (Männer), jährlich erhöht es sich um einen Monat für Frauen und um zwei Monate für Männer. Um eine volle Rente beziehen zu können, muss man knapp 36 Jahre gearbeitet haben. Die Rentenzahlung ist in Albanien in einen Mindest- und Höchstbetrag gestaffelt. In städtischen Gebieten erhalten die Rentner prinzipiell eine höhere Rente als in den ländlichen Regionen. Menschen auf dem Dorf bekommen mindestens 9800 Lek (knapp 80 Euro), ihr Maximum ist schon bei knapp über 12 000 Lek (95 Euro) erreicht. Die Stadtbewohner steigen bei etwas über 15000 Lek (120 Euro) ein und erhalten höchstens rund 27 000 Lek (215 Euro). Nur ehemalige Militärangehörige bekommen eine höhere Rente. Die Absicherung für Arbeitslose ist unzureichend, die monatliche Unterstützung liegt bei 8000 Lek (etwas über 60 Euro). Da in Albanien damit gerechnet wird, dass der Familienzusammenhalt funktioniert, zieht sich der Staat stark aus seiner Verantwortung, Arbeitslose zu unterstützen, zurück.

Bildungswesen

Das Bildungswesen entwickelte sich in Albanien parallel zur Nationsbildung. Ab dem späten 19. Jahrhundert gab es die ersten albanischen Schulen im Osmanischen Reich, besonders in Korçë in Südostalbanien. Die Bürger dieser Stadt verfügten über viele Kontakte nach Mittel- und Westeuropa sowie in die USA, was diese Entwicklung begünstigte.

Eine obligatorische Schulausbildung, auch für Mädchen, wurde aber erst 1928 eingeführt.

Das sozialistische Schulsystem folgte dem sowjetischen Modell. Das bedeutete, vorrangig Facharbeiter aus-

Klassenzimmer in einem Dorf

Abschlussfeier der ersten Klasse in Apollonia

zubilden, die bewusst überqualifiziert wurden, um die besondere Förderung durch den sozialistischen Staat präsentieren zu können. In den Nachkriegsjahren wurde auch die hohe Zahl der Analphabeten durch Erwachsenenkurse gesenkt. Nachdem das Land sich mit China verbündet hatte und als atheistisch deklariert worden war, setzte der Schulunterricht Ideen der Kulturrevolution um. Die albanische Variante favorisierte dabei den Kampf gegen die Religionen und den Traditionalismus der Gesellschaft. Das sozialistische Bildungssystem verschaffte erstmals in der albanischen Geschichte auch bäuerlichen Kreisen den Bildungsaufstieg.

Durch die politische Wende von 1991 kam es im Bildungswesen, wie in allen anderen Bereichen, zu Engpässen. Es fehlten nicht nur Lehrer, während der Aufstände von 1991 und 1997 wurden auch Schulen mutwillig zerstört, ähnlich wie die Fabriken im Land. Für diese wilden Jahre spricht ein verabschiedetes Schulgesetz von 1995, das die Garantie für das Leben der Lehrer und Schüler übernahm. Nachfolgend wurden die bis dato geltenden ideologisch ausgerichteten Schulfächer abgeschafft.

Alle Schüler durchlaufen gegenwärtig eine neunjährige Schulausbildung. Danach kann eine dreijährige Mittelschulzeit folgen, die zur Allgemeinen oder Fachhochschulreife führt. Laut Veröffentlichungen von Pisa-Studien aus den Jahren 2009 und 2012 zählen die Lese- und Mathematikkompetenzen der albanischen Schüler im weltweiten Vergleich zu den schlechtesten. Albanien belegt in Europa den letzten Platz, wobei die Schüler nach eigenen Angaben zu den glücklichsten gehören. Auf dem Land sind in den kleineren Klassen mit durchschnittlich 15 Schülern die Leseresultate schlechter als in den allergrößten städtischen Klassen mit bis zu 44 Schülern. Das wird auf die unterschiedlichen Qualifikationen des Lehrpersonals zurückgeführt.

Für die beiden Minderheiten der Griechen und Mazedonier gibt es eigene Schulen, in denen die Kinder in der Muttersprache unterrichtet werden. Diese zeigten anhand der Pisa-Studien keine Schwierigkeiten im Umgang mit Lernkompetenzen und der albanischen Sprache, erzielten im Durchschnitt sogar bessere Ergebnisse. Im Gegensatz zu anderen europäischen Ländern schaffen viele Kinder aus armen Familien keinen Schulabschluss. Immer wieder traten Korruptionsfälle auf, bei denen Lehrer Geld für bessere Noten annahmen.

Nach der Wende wurde in Albanien nie ein Religionsunterricht eingeführt, außerhalb der Schule können Kinder Religionsschulen besuchen. Häufig im Land anzutreffen sind muslimische Medressen, in denen Arabisch, Grundkenntnisse des Türkischen, islamische Geschichte sowie das Lesen und Singen des Koran gelehrt werden.

Neben den staatlichen, kostenfreien Einrichtungen gibt es auch private Träger von Kindergärten und Schulen, in denen die Lerngruppen bedeutend kleiner sind und die Schüler wesentlich bessere Ergebnisse erzielen. Die Abschlussprüfungen müssen von allen Schülern an öffentlichen Schulen abgelegt werden.

Da das Land den EU-Beitritt anstrebt, wurde bildungspolitisch der Bologna-Prozess umgesetzt. An den Hochschulen sind die Studienfächer nach dem Bachelor- und Mastersystem aufgebaut, Promotions- und Postgraduierten-Studiengänge können sich anschließen, und erste EU-Förderprogramme greifen. Als weitere Förderer treten die Weltbank, aber auch private Stiftungen wie die Soros-Stiftung auf, um beispielsweise Schul- und Lehrmaterialien zu erstellen.

Derzeit werden unter der sozialistischen Regierung die Finanzierung und der Bau von 150 Schulen im Land besprochen, um besonders das Schichtsystem abzuschaffen: Wegen des Lehrer- und Schulmangels müssen die Kinder in zwei Turnussen unterrichtet werden, was für Schüler, Lehrer und Eltern eine große Belastung darstellt. Vom sogenannten Eine-Millarde-Dollar-Programm verspricht sich die Regierung nicht nur Verbesserungen in der Bildung, sondern auch bessere Berufschancen für die Schulabgänger.

Nichtregierungsorganisationen

Wer sich für Initiativen und die Tätigkeiten von Nichtregierungsorganisationen interessiert, findet auf der Seite www.thealbaniancrowd.org viele nützliche Informationen. Eine NGO, die sich als Bürgerbewegung versteht, ist die 2003 gegründete ›Mjaft!‹, was ›Es reicht!‹ bedeutet. Sie versteht es als ihre Aufgabe, die Arbeit des Parlaments zu beobachten und auszuwerten, um der Öffentlichkeit ein transparenteres Bild der politischen Aktivitäten zu bieten und gleichzeitig gegen Korruption aufzutreten. Die ›Mjaft! wird von ausländischen Institutionen wie Botschaften sowie von Einzelpersonen, unter ihnen Ismail Kadare (→ S. 109), finanziell unterstützt.

Die Deutsch-Albanische-Freundschaftsgesellschaft (DAFG), deren Mitglieder überall in Deutschland zu finden sind, bemüht sich seit nun fast 50 Jahren um eine geistige, kulturelle und toleranzfördernde Verbindung zwischen Deutschland und Albanien und versucht, verschiedene Vereine und Organisationen sinnvoll zu verknüpfen.

Auf der Seite www.startnext.com, einer Plattform für Start-ups und Crowdfunding, wird ein Projekt vorgestellt, das sich im Valbonatal in Nordalbanien einsetzt, um das Wandern sicherer zu machen. Sie gründeten eine Bergwacht, die verirrte oder verletzte Wanderer oder Kletterer retten kann. Gleichzeitig wird Geld für eine neue Schule gesammelt.

Das österreichische ›Projekt Albanien, Verein für Entwicklungshilfe – Pfarrer Franz Winsauer‹ engagiert sich in Nordalbanien für die Förderung von Frauen, zusätzlichen Schulunterricht für Kinder und für eine verbesserte medizinische Grundversorgung. Wie alle NGOs ist auch dieses Projekt von Spenden abhängig (www.spendeninfo.at/projekt-albanien+2500+1114237).

Aktuelle Debatten in der albanischen Gesellschaft

Ein Dauerbrenner in den albanischen Medien ist Haschisch, seit etwa vier Jahren erreichen Nachrichten über Marihuana-Anbau und -Handel auch das Ausland. Der derzeitige Ministerpräsident Edi Rama versuchte, gegen den Anbau vorzugehen. Ein Schritt war die Stürmung des Dorfes Lazarat bei Gjirokastër im Jahr 2014, wo die Menschen hinter hohen Mauern die Pflanzen züchteten und ihre Wirtschaftserfolge sogar mit Panzerfäusten und Granatwerfern verteidigten. Mittlerweile ist die ehemalige Hanfhauptstadt kein unzugängliches Bollwerk mehr.

Letztendlich ist der Haschischhandel keine rein albanische Angelegenheit, sondern Teil europaweiter Mafiageschäfte. Die Schlagzeilen über kiloschwere Funde reißen dennoch nicht ab. Hauptabsatzmarkt ist Italien, wo die albanische Mafia fest verankert ist. Die Regierung lobt sich selbst für das Vorgehen in Lazarat, aber der Anbau in anderen Regionen läuft weiterhin auf vollen Touren. Ein Stück weit zum Glück, denn sonst würden die Menschen nichts verdienen und wahrscheinlich ihre Dörfer verlassen. Man nimmt stark an, dass die Polizisten und staatlichen Behörden mit Provisionen von bis zu 20 Prozent am Verdienst beteiligt werden. Die ganze Region profitiert demnach vom Anbau.

Korruption

Im Rechtssystem, das in Vorbereitung auf die EU-Mitgliedschaft verbessert werden soll, spricht man von bis zu einer neunzigprozentigen Korrumpierung des gesamten Verwaltungsapparates. Wie in vielen anderen Staaten Südosteuropas kam es nach dem Zusammenbruch der sozialistischen Systeme zu einer Neuverteilung von Geldern, Eigentum und Macht. Stellenweise blieben Personen aus früheren Zeiten in Spitzenpositionen, ihnen gelang der Aufstieg zum Politiker oder sie wurden eine Größe in der Wirtschaft.

Die direkte Abhängigkeit von einer Partei erweist sich in Südosteuropa als bedeutendes Hindernis in der Selbstentfaltung der Menschen. Ganze Teams können durch einen Parteiwechsel im Parlament ausgetauscht werden, oder Menschen verlieren durch einen Machtwechsel ihre Arbeit. Die Arbeit, die man ausübt, sichert wiederum eine bestimmte politische Macht, die sich bei der nächsten Wahl der Stimmen ihrer abhängig gemachten Parteimitglieder sicher sein kann.

Nicht so zuversichtlich klingt dazu eine Äußerung Edi Ramas: »Wenn ich die gegenwärtige Situation damit vergleiche, wo wir eigentlich sein wollten, ist das nicht gut.« Um gegen die weit verbreitete Korruption anzugehen, werden seit 2016 sogenannte Vetting-Prozesse durchgeführt, eine Art Generalüberprüfung. Angestrebt wird die Verbannung von Korruption und Unprofessionalität im Justiz-, Strafverfolgungs- und Parlamentssystem. Richter, Staatsanwälte und Politiker sind von den Prüfungen betroffen und müssen genaue Angaben zu ihrem Eigentum machen.

Bisher gibt es weltweit noch nicht viele Studien über Vetting, so dass der albanische Fall quasi eine empirische Studie darstellt.

Call-Center

Viel diskutiert wird die Arbeit vieler junger Menschen in Call-Centern. Seit 2012 stieg die Zahl ausländischer Call-Center-Firmen, die fast ausschließlich aus Italien kommen. Am 1. April 2017 wurde in Italien ein Gesetz verabschiedet, das besagt, dass der Ort des Call-Centers vonseiten des Anrufers lokalisiert werden muss. Falls dies verschwiegen wird, drohen Geldstrafen in Höhe von 150 000 Euro.

Durch diese Regelung sind in Zukunft womöglich viele Arbeitsplätze in Albanien gefährdet, weil nicht klar ist, wie beispielsweise italienische Kunden reagieren werden, wenn sie wissen, dass ihr Gesprächspartner im Ausland sitzt. Das ist insofern dramatisch, da die jungen Menschen in Albanien stärker von der Arbeitslosigkeit betroffen sind und in den Call-Centern oft überdurchschnittlich gut, bis zu 1000 Euro im Monat, verdienen. Die Firmen verlegen den Vermutungen nach ihre Firmensitze nach Rumänien, wo ähnliche Sanktionen aufgrund der EU-Mitgliedschaft nicht möglich sind.

Beziehungen zu anderen Staaten

Die Beziehungen der südosteuropäischen Staaten untereinander sind nicht unbedingt durch gutgemeinte Kommunikation und wachsendes Verständnis gekennzeichnet. Die Devise lautet für jeden Staat: Wir sind die Besten, schuld sind die anderen. So laufen die Diskussionen mit und über Griechenland und auch zur griechischen Minderheit in Albanien immer wieder heiß. Die Dimensionen dieser Auseinandersetzungen sind regional und werden zum Glück oft nur verbal ausgetragen, so dass in Mitteleuropa darüber auch kaum berichtet wird.

Interessant ist, dass die Menschen Südosteuropas in den einzelnen Ländern sehr unterschiedlich zur idealen Besetzung des US-Präsidentenamtes eingestellt waren. In Albanien, wo mehrheitlich Muslime leben, besitzen die USA prinzipiell ein gutes Ansehen. Die meisten Menschen zeigten sich bestürzt über die Niederlage von Hillary Clinton. Ihr Mann, der ehemalige US-Präsident Bill Clinton, hat ein sehr gutes Image, da er 1999 aktiv in den Kosovo-Konflikt eingriff und bei den Kosovo-Albanern als Held gefeiert wird. Mit dem neuen Präsidenten Donald Trump scheint der Kurs der USA zu russlandfreundlich. Historisch gesehen engagierte sich Russland aus eigenem Interesse für die Schwächung Albaniens und die Stärkung Serbiens, mit dem Ziel, einen Zugang zur Adria zu bekommen.

Bevölkerung und Kultur

Eine Kenntnis, dass es die Albaner als Volk gibt, existiert seit dem 11. Jahrhundert. Sie lebten damals in Gebieten, die sich Epirus und Mazedonien nannten und zum Einflussbereich des Byzantinischen Reichs gehörten. Der griechische Wissenschaftler Ptolemäus erwähnte in seinen Dokumentationen den Ortsnamen Albanopolis, was auf den Namen des illyrischen Stammes Alban zurückzuführen sein soll. Als gesichert kann dies aber nicht angesehen werden. Die nächste Erwähnung findet sich in einer Geschichtsschreibung des byzantinischen Historikers Michael Attaleiates von 1043. Dieser Zeitpunkt gilt als Geburtsstunde der neuzeitlichen Albaner.

Die Eigenbezeichnung der Albaner lautet Shqiptar (Aussprache: Schtschiptar), was sicher viele an einen Buchtitel Karl Mays erinnert, ›Durch das Land der Skipetaren‹. Dieses Wort ist erst ab dem 17. Jahrhundert in Gebrauch. Entsprechend wird das Land Shqipëri (in etwa Schtschipöri) genannt. Der Ursprung dieses Wortes ist bis heute nicht bekannt. Lange hielt sich die Annahme, das Wort gehe auf ›shqipe‹ zurück, was Adler bedeutet. Daraus ergaben sich poetische Bezeichnungen für die Albaner, wie Söhne des Adlers oder Adlervolk. Diese Bedeutung wird auch im modernen Albanien aufgegriffen, weshalb der meistverkaufte einheimische Energydrink ›Eagle‹ heißt; den gleichen Namen benutzt eine Telekommunikationsfirma. Die plausiblere Bedeutung für dieses Ethnonym führt zum Begriff ›Shqiptoj‹ mit der Bedeutung ›sich klar ausdrücken‹, ›verständlich sprechen‹. Damit wird angezeigt, dass die Sprecher des Albanischen untereinander gut kommunizieren können. Den Wechsel des Nationsnamens haben die Nicht-Albaner nicht mitvollzogen und sagen weiterhin Albaner und Albanien. Albaner, die schon vor dem 17. Jahrhundert außerhalb des heutigen Albaniens lebten, gerade in Griechenland und in Süditalien, blieben ebenfalls bei der alten Bezeichnung, im griechischen Sprachraum ›Arvanites‹ (Αρβανιτες) und in Italien ›Albanese‹.

Souvenirs werden gern mit dem Doppeladler geschmückt

Kultur ist auch der Umgang mit den Menschen

Die Gastfreundschaft in Albanien zeigt, wie der Umgang mit Besuchern idealerweise aussehen kann. Die Menschen sprechen auch Fremde an, fragen nach ihrer Herkunft und ob ihnen Albanien gefiele. Tendenziell sind die Menschen in Südalbanien etwas offener und direkter. Im nächsten Schritt trifft man sich auf einen Kaffee oder Schnaps, entweder in einem Café oder zu Hause. Falls ein Treffen im Café stattfindet, wird gern die gesamte Rechnung von den Einheimischen übernommen. Die Rechnungen werden vom Restaurant oder Café ohnehin für einen Tisch zusammen ausgestellt. Dass jeder einzelne seinen Teil Rechnung selbst bezahlt, wird ›deutsch bezahlen‹ genannt.

Wer in den Städten und Gegenden außerhalb Tiranas unterwegs ist und ein Café besucht, wird schnell merken, dass alle weiteren Gäste oft ausschließlich Männer sind. Konditoreien in den größeren Städten sind von diesem Phänomen nicht betroffen. In vielen Gebieten Südosteuropas, in denen das Osmanische Reich etwa 500 Jahre die Kultur prägte, leben Frauen nach wie vor eher im Privaten.

Kommunikation

Einige Dinge in Albanien laufen grundsätzlich anders als in Mitteleuropa. Das beginnt bei der Körpersprache: Wenn Albaner ihren Kopf mehrfach kurz schütteln, bedeutet dies nicht zwangsläufig ein ›Nein‹, sondern drückt Zustimmung oder auch Bewunderung aus. Ein ›Po‹, das Albanische ›Ja‹, wird von einer leichten horizontalen Kopfbewegung von links nach rechts begleitet und ähnelt, wenn auch nicht so stark in der Ausprägung, viel mehr der Geste für unser ›Nein‹. Oft kann man auch beobachten, dass bei einem ›Jo‹, also einem ›Nein‹, mit dem Kopf geschüttelt wird. Der etwas geduldigere Beobachter vermag eine Verneinung auch am Hochziehen der Augenbrauen und/oder einem Zungenschnalzer auszumachen. Wird die Stirn gerunzelt, drücken Albaner in der Regel völlige Ablehnung aus. Bei Unsicherheiten lieber noch einmal nachfragen!

Es geht ein wenig geruhsamer zu in Albanien

Wie fast überall in Südosteuropa wird auch in Albanien gern geraucht. Es ist oft zu beobachten, dass zu Beginn eines Gesprächs, bei Sympathie-

Männersache: Typische Cafészene

bekundungen oder aber schwierigen Situationen erst einmal gemeinsam eine Zigarette geraucht wird. Wer Nichtraucher ist, wird nicht ausgegrenzt, Raucher werden in einer Gruppe aber schneller aufgenommen.

Zeit

Im Vergleich mit Mitteleuropa spielt Zeit in Albanien eine andere Rolle. Schon allein, da Albanien keine wirtschaftlichen Zentren im mitteleuropäischen Sinn besitzt, darf die Zeit etwas langsamer vergehen. Gerade bei Treffen, Begegnungen und Besuchen nehmen sich Albaner mehr Zeit. Das mag in einigen Situationen anstrengend erscheinen. Doch meistens lohnt es sich, geduldig zu bleiben, da dadurch unerwartet positive Situationen entstehen können und die Menschen natürlich auch mehr über sich preisgeben. Es kommt immer wieder vor, dass Touristen auf der Straße angesprochen werden, ob sie nicht mit den Albanern nach Hause kommen und einen Kaffee trinken möchten. Wer mag, nehme sich die Zeit dazu.

FKK und Sauna

Alle, die das Nacktsein am Strand oder in der Sauna lieben, werden sich in Albanien umgewöhnen und mit Bikini oder Badehose bekleiden müssen. Es ist in den Augen der meisten Albaner völlig unnatürlich, die Intimbereiche zu zeigen. Sollte es in einem Hotel eine Sauna geben, die auch von Albanern genutzt wird, dann sollte das Höschen auch anbehalten werden.

Aberglauben

Immer wieder sind in ganz Albanien an den Häusern aufgehängte Plüschtiere zu sehen. Pink Panther oder Miss Piggy sollen helfen, böse Geister und den bösen Blick vom Haus fernzuhalten – auch wenn sie häufig etwas lädiert sind und die Art, wie sie aufgehängt sind, den Eindruck erwecken können, ungewollte Wesen eher anzuziehen als zu vertreiben. Stellenweise sind aus dem gleichen Schutzbedürfnis statt der Kuscheltiere Knoblauchzehen und -zöpfe an den Türen der

Häuser angebracht, um die Shtriga zu verscheuchen. Das sind Hexen, die meistens im Wald leben, als alt und hässlich erdacht werden und in früheren Zeiten Menschenfleisch auf ihrem Speiseplan hatten.

Sieht ein Bektaschi einen Hasen, kann dies die Assoziation mit Unglück hervorrufen. Der Übetrlieferung nach soll man sofort nach Hause gehen, um Schlimmes zu vermeiden. Den Bektaschi-Gläubigen ist der Verzehr von Hasenfleisch, ebenso wie übrigens Juden und Aleviten, untersagt.

Einladung

Im Haus angekommen, ist es üblich, die Schuhe vor der Haus- oder Wohnungstür auszuziehen. Einem Gast wird auch häufig freigestellt, die Schuhe anzulassen. Daraufhin wird gern ein Kaffee, zu Hause meist ein Kaffee nach türkischer Art, in verschiedenen Süßigkeitsstufen angeboten. Dazu oder danach folgt ein Schnäpschen, auf Albanisch Raki, meistens der Traubenobstler Raki rrushi. Die Obstler werden auch gern zu anderen Gelegenheiten in stärkerem Maße getrunken, als dies in den deutschsprachigen Ländern üblich ist. So ein Schnäpschen ist also nicht nur für die angeblich bessere Verdauung nach einem fettigen Essen gut. Apropos fettiges Essen: Meistens bei Männern ist zu beobachten, dass sie nach einem Essen, bei dem die Hände fettig wurden, den letzten Schluck Raki in ihren Händen verreiben und damit auf eine Serviette oder das Händewaschen verzichten.

Auch wenn derzeit viele Albaner mit der politischen und wirtschaftlichen Situation nicht zufrieden sind, haben Besucher oft das Gefühl, sehr freundliche und auch recht zufriedene Menschen anzutreffen. Gerade in Tirana erweckt das Leben auf den Straßen, in den Cafés und den Läden den Eindruck einer lebenslustigen Bevölkerung; die Atmosphäre hat etwas von Aufbruchstimmung.

Gesprächsthemen

Eine Frage, die in ganz Südosteuropa den ersten Platz im gesellschaftlichen Small-Talk einnimmt, ist die Frage nach der Heirat. Es gilt auch heute noch in allen südosteuropäischen Kultur- und Religionskreisen als wichtig und tugendhaft, verheiratet zu sein oder die Heirat zu planen. Singles werden eher bemitleidet, und es wird ihnen Mut zugesprochen, dass sich schon noch alles zum Besseren wenden werde. Vehemente Heiratsverneiner werden als kulturelle Außenseiter betrachtet. Gerade unverheiratete Frauen, egal welchen Alters, stehen gern im Fokus des Interesses. Man fragt sich, was mit ihnen los ist und wie man mit ihnen umgehen soll.Gern wendet sich das Gespräch den Errungenschaften der deutschsprachi-

Freundlicher Gruß am Wegesrand

Kuscheltiere sollen den bösen Blick abwenden

gen Länder zu, deren Wirtschaft, Ordnung und Lebensstandard als unübertrefflich gerühmt werden. Stellenweise erkennt man in den Geschichten der Albaner sein eigenes Land kaum wieder. Lange Diskussionen können darüber geführt werden, mit dem Ergebnis, dass jede Seite bei ihrer Meinung bleibt. Unter älteren Albanern hört man immer wieder, wie sie begeistert von den deutschen Soldaten im Zweiten Weltkrieg sprechen, auch wenn sie Besatzer waren und viele Gräueltaten verübten. Die italienischen Soldaten werden dagegen meist schlecht dargestellt. Zumindest in Nordalbanien gibt es eine plausible Erklärung dafür. Laut dem Gewohnheitsrecht, dem Kanun (→ S. 320) wurden die Geiselerschießungen der Albaner durch die Deutschen nicht als Ehrverletzung betrachtet. Im Gegensatz dazu verletzten die italienischen Soldaten durch ihre angeblich häufigen Vergewaltigungen die Ehre der albanischen Männer.

Das Geben eines Ehrenwortes, ob im Haus oder unterwegs, ist eine alte Sitte in Albanien und wird auch heute noch gern betont. Umschrieben wird dieser kulturelle Vorgang mit dem Begriff ›Besa‹ und hat insbesondere in Nordalbanien Tradition. Besa war Teil des Gewohnheitsrechts, das als heilig betrachtet wurde. Häufig beschweren sich die Albaner heute darüber, dass die Menschen zwar viel versprechen, aber oft nicht mehr zu ihrem Wort stünden.

Autos und Fahrstil

Unübersehbar ist die hohe Anzahl an Mercedes-Wagen. Es wird gesagt, dass die Autos dieser Marke besonders robust sind und auch die steilen, nicht asphaltierten Straßen gut meistern können. Neben dieser Fahrzeugmarke kommen auch alle anderen Typen vor, allen voran aber deutsche Fabrikate. Immer beliebter werden auch SUVs. Die Liebe zum Auto äußert sich auch darin, dass das gute Stück häufig geputzt wird.

Überall im Land befinden sich an den Straßen Wascheinrichtungen, die mit ›Lavazh(o)‹ beschriftet sind. Die überaus große Affinität zu Autos liegt vielleicht auch darin begründet, dass der Besitz eines Autos im Sozialismus verboten war. Nur wenige Pkw waren in Albanien zugelassen, in der Regel für die Bürgermeister, wichtige Direktoren und Politiker. Diese ehemalige verbotene Frucht macht neugierig, und natürlich sind die Wagen auch Prestigeobjekte.

Was die Fahrkultur anbelangt, so sind Mitteleuropäer wahrscheinlich überrascht, wie spontan der Fahrstil sein kann, das Motto des (Willens-)Stärkeren wird hier gelebt; trotzdem kommt es überraschend selten zu Unfällen.

Sehr beliebt in Albanien: Mercedes

Folklore

In Albanien wird gern das Folkloristische zur Schau gestellt. Das sieht in Katalogen hübsch aus und kann auch für einen heiteren Folkloreabend sorgen. Im Alltag ist das Tragen von Trachten jedoch nicht mehr anzutreffen, und auch die traditionelle Musik der verschiedenen Regionen ist selten zu hören, mit Ausnahme der nordalbanischen Berge. Folkloreaufführungen zeigen nicht nur die durchaus beeindruckenden Tanz- und Sangeskünste und bieten einen Blick in eine andere Zeit, sondern es soll auch gezeigt werden, dass die albanische Gesellschaft ihren eigenen Weg geht, der als möglichst unverfälscht präsentiert werden soll.

Müll

Das Thema Müll dringt in den letzten Jahren vermehrt in das Bewusstsein der Presse und Gesellschaft. In Tirana selbst wird ein System zur Mülltrennung geplant, in allen anderen Landesteilen dagegen nicht. Aber groß ist die Debatte darum, ob Albanien weiterhin Müll aus anderen Ländern aufkaufen soll: Einerseits wird damit Geld verdient, andererseits können die Müllberge nicht mehr abgearbeitet werden.

»Wer angesichts der Plastiktüten, die fast überall herumliegen oder als Blüten der Bäume im Wind flattern, ein Problem empfindet, sollte einfach so tun, als gehöre dies in die Landschaft«. Die österreichische Journalistin Adelheid Wölfl, die bedeutendste Reporterin des ›Wiener Standards‹ für den Westlichen Balkan, zitierte eine Freundin mit ähnlichen Worten, den ›plastiksackerlfreien Blick‹ zu entwickeln.

Wer sich immer weiter von den Siedlungen der Menschen entfernt, wird weniger oder sogar gar keinen mehr Müll sehen.

Mann-Frau-Rolle

Shqiptari do pushkën, sa do gruan –
Der Albaner liebt seine Frau so wie sein Gewehr.

Jorgo Panajoti, Agron Xhagolli (ed.):
Fjalë të urta të popullit shqiptar (Tirana 1983)

Wer sich eine Weile in Albanien aufhält, wird merken, dass auf den meisten Straßen und Plätzen des Landes eher Männer zu sehen sind als Frauen. Das gleiche gilt für Cafés, Bars und Kneipen. Eine absolute Ausnahme ist landesweit Tirana und im Speziellen das Ausgehviertel Bllok. Hier verhalten sich vorrangig junge Frauen ebenso wie in den meisten Teilen Europas, sie sitzen mit anderen Frauen und auch Männern zusammen, trinken oder arbeiten am Laptop.

Cafés und Kneipen im restlichen Land sind eher Männerklubs. Die meisten Albaner würden ein Mädchen oder eine Frau in einer Kneipe als gesellschaftlich unkorrekt ansehen, natürlich wird dies auch mit entsprechenden Wörtern umschrieben. Wer in einem Café Frauen Bier trinken sieht, womöglich noch aus der Flasche, kann sich ziemlich sicher sein, dass es sich nicht um Albanerinnen handelt.

Bei Hochzeiten entscheiden sich nicht alle Albanerinnen und Albaner freiwillig für die bessere Hälfte. In den ländlichen Gegenden entscheiden in seltenen Fällen immer noch die Eltern, wer mit wem am besten zusammenpasst. Häufig zieht nach der Heirat die Frau zur Familie des Mannes. Einige Frauen ergreifen angesichts einer arrangierte Ehe die Flucht, manchmal auch ins Ausland.

Kein Kann, sondern eine Selbstverständlichkeit im albanischen Leben: die Hochzeit

In der Frage der Erziehung verhält es sich in Albanien recht ähnlich wie auch in den restlichen Ländern Südosteuropas. Zwar sind viele Mädchen kleine Prinzessinnen und werden gern in Rosa präsentiert. Kleine Jungs sind allerdings die wahren Prinzen. Sie gelten als die Stammhalter der Familie und müssen deshalb stärker behütet werden. Das Machotum wird gepflegt, da traditionelle Rollenbilder in der Gesellschaft vorherrschen und er sich darin frei entfalten darf. Ein Mann ist das Oberhaupt der Familie, der Beschützer, er soll stark sein und entscheidet, was gut und was weniger gut ist. Die Folgen solch patriarchalischer Strukturen zeigen sich zum Beispiel, wenn Männer arbeitslos werden, weniger verdienen als eine Frau oder eine andere sexuelle oder gesellschaftliche Orientierung haben. Die Unzufriedenheit darüber, dem gesellschaftlichen Bild des Mannes nicht zu entsprechen, führt oft zu Ersatzbefriedigungen wie hohen Alkoholkonsum. Die Geschlechterrollen werden auch in den Schulen nicht infragegestellt, Debatten oder Aufklärung darüber gibt es kaum.

Im Alltag treten die albanischen Frauen den Männern gegenüber resolut und nicht etwa demütig auf. In der sozialistischen Zeit wurde die öffentliche Rolle der Frauen gestärkt. Es existierte ein Frauenverband mit vielen Mitgliedern, aber wenig Macht. Immerhin steigerte sich der Anteil der erwerbstätigen Frauen, das war bis in die 1980er-Jahre gerade auf dem Land nicht immer der Fall. Aus unterschiedlichen Gründen entschieden sich Frauen, als ›Schwörende Jungfrauen‹ (→ S. 320) zu leben, da laut Aussagen einiger oft kein Unterschied zwischen einer Frau und einem Tier gemacht wurde.

Nach der politischen Wende zogen sich viele Frauen, die von der Arbeitslosigkeit genauso wie die Männer betroffen waren, ins Private zurück, ohne wieder eine Arbeit zu suchen. Frauen, die heutzutage arbeiten, erfüllen oft beide Rollen, die der Geldverdienerin und die der Hausfrau. Leider gibt es zurzeit keine Angaben darüber, wie viele Frauen in Albanien Spitzenpositionen in der Wirtschaft, Kultur und anderen Sektoren einnehmen. Im albanischen Parlament sind Frauen mit knapp 18 Prozent vertreten. Damit liegt diese Quote leicht unter denen der Nachbarländer. Zum Vergleich: In Deutschland und in Österreich haben die Frauen im Bundestag/Nationalrat einen Anteil von knapp über 30 Prozent. Nach den Parlamentswahlen 2009 tauchten Fragen auf, wie viele Frauen überhaupt als mündige Wählerinnen auftreten und eine andere Partei wählen (dürfen) als ihr Ehemann oder Vater.

Immer wieder kommt es vor, dass Frauen während der frühen Schwangerschaft von ihren Männern oder Schwiegermüttern gezwungen werden, den als weiblich diagnostizierten Fötus abzutreiben. In Albanien ist seit den 1950er-Jahren bis heute zu beobachten, dass mehr Jungen als Mädchen geboren werden. Es wird davon ausgegangen, dass Mädchen auch illegal abgetrieben werden, denn das Geschlecht lässt sich halbwegs sicher erst ab der 13. Woche feststellen – legal darf in Albanien ein Abbruch nur bis zur 12. Woche durchgeführt werden. Oft wird argumentiert, dass diese Fälle meistens in Nordalbanien oder bei Albanern, die aus dem Norden stammen, auftreten. Erklärt wird es fast immer mit der alten Tradition, dass ein Mann die Familie ernährt und verteidigt. Es gibt Diskussionen, ob die Ermittlung des Geschlechts abgeschafft werden soll. Eine Maßnahme, bei der die ›Verschleierung‹ des Weiblichen einmal nützlich wäre.

Bevölkerungsgruppen

Fast niemandem in Mitteleuropa ist bewusst, dass in Albanien zwei unterschiedliche albanische Volksgruppen leben: im Süden die Tosken, im Norden die Gegen. Die Grenze zwischen beiden verläuft grob gesehen am Fluss Shkumbin.

Griechen

Die größte Minderheit stellen die Griechen, die meistens in den Dörfern südlich von Gjirokastër, entlang der Grenze zu Griechenland und der Küste vom Süden über die gesamte Riviera bis zum Llogara-Pass, sowie in kleinen Gruppen bis Korçë ansässig sind. Laut der letzten Volkszählung leben knapp 25 000 von ihnen in Albanien. Durch die historische Entwicklung ergeben sich zwischen Albanern und Griechen immer wieder Reibungspunkte. Es ist durchaus typisch, über das Verhältnis zu den Griechen in Albanien und Griechenland lang und breit zu diskutieren. Die Form eines Minderwertigkeitskomplexes, ob nun begründet oder nicht, ist dabei immer wieder spürbar. Einige Albaner ließen sich wohl gräzisieren, um damit leichter an einen griechischen Pass zu gelangen, der in der gesamten EU Arbeitsfreizügigkeit gewährt. Vertreten werden die Griechen in Albanien von der Organisation ›Omonoia‹.

Roma und Balkan-Ägypter

Eine weitere große Minderheit sind die Roma, über deren Anzahl keine verlässlichen Angaben vorliegen. Schätzungen gehen davon aus, dass 30000 bis 150 000 Roma in Albanien leben. Beim letzten Zensus 2011 gaben zwar nur 0,3 Prozent der Bevölkerung an, Roma zu sein, was etwa 9000 Menschen entsprechen würde. Da Roma aber sozialen und gesellschaftlichen Benachteiligungen unterworfen sind, verschweigen wohl viele ihre Zugehörigkeit zu einer der Roma-Gruppen.

Südlich von Gjirokastër lebt eine griechische Minderheit

In Albanien teilt man sie in Roma und Balkan-Ägypter ein. Die Balkan-Ägypter haben sich der Mehrheitsbevölkerung angepasst, leben aber trotzdem in prekären Verhältnissen. Die Roma sind wie überall in Europa am stärksten von Arbeitslosigkeit betroffen, werden als nicht integrierbar angesehen, und die Strategien des Staates ermöglichen auch keine Verbesserung der Lebenssituationen. Roma leben oft am Rand der Ortschaften in stellenweise slumähnlichen Behausungen.

Andere Minderheiten

Eine sehr interessante Minderheit sind die Aromunen, die in der Gegend von Korçë und entlang der griechischen Grenze bis Sarandë und mittlerweile auch in Tirana leben. Sie sprechen untereinander eine (balkan-)romanische Sprache, die eine Varietät des Rumänischen darstellt. Sie werden meistens als diejenigen betrachtet, die nach der slawischen Besiedlung Südosteuropas im 7. Jahrhundert die Sprache der römischen Bevölkerung beibehielten und meistens als Hirten lebten.

Eine mazedonische Minderheit existiert in den Dörfern am Prespa- und Ohridsee sowie entlang der Grenze zu Nordmazedonien. Sie spielen ebenso wie die wenigen Montenegriner am Skutarisee keine wahrnehmbare Rolle im Rest des Landes.

An der Grenze zum Kosovo leben in den Gemeinden um das Dorf Shishtavec Goranen. Diese stehen in engem Kontakt zu den Goranen im Kosovo. Sie identifizieren sich stark mit dem albanischen Staat, sehen sich oft als albanische Staatsbürger. Untereinander sprechen sie Goranisch, eine dem Mazedonischen sehr ähnliche Sprache. Der Hauptunterschied zu den Mazedoniern ist, dass sie Muslime und keine Orthodoxen sind. Ihre Sprache fördern sie selbst sehr wenig und erhalten auch von Albanien keine Unterstützung. In der Schule lernen sie Albanisch, es wird kein Goranisch-Unterricht angeboten. Im Gegensatz zu den Mazedoniern, die die mazedonische Variante des kyrillischen Alphabets benutzen, verwenden die Goranen das albanische Alphabet, um ihre Sprache in geschriebener Form wiederzugeben.

Roma-Frauen

Mazedonisch-orthodoxe Kirche im Dorf Pustec am Prespasee

Albaner außerhalb Albaniens

Siedlungsgebiete mit albanischer Bevölkerung gibt es in allen Nachbarländern. Allen Regionen ist gemein, dass die Menschen einen engen Bezug zu Albanien besitzen. Das wird allerorts mit dem Hissen der albanischen Flagge bekundet, die für Albaner im Ausland eine große symbolische Bedeutung besitzt und auch die nationale Andersartigkeit oder den Wunsch nach Großalbanien ausdrücken kann.

Kosovo

Die größte Bevölkerungsgruppe außerhalb Albaniens gibt es im Kosovo. Diese ehemalige Teilrepublik Jugoslawiens erklärte 2008 ihre Unabhängigkeit von Serbien. Mithilfe starker internationaler Unterstützung existiert daher eine Art zweites Albanien. Der junge Staat kämpft mit vielen Problemen wie Arbeitslosigkeit, den Folgen des Krieges von 1998/99, der Armut und den Spannungen zwischen Albanern und den nur noch knapp 100 000 Serben.

Nordmazedonien

In Nordmazedonien liegt der Anteil der albanischen Bevölkerung laut Schätzungen bei etwa 25 Prozent, das sind rund 250 000 Albaner. Das Verhältnis zwischen Albanern und Mazedoniern im Land ist schwierig und sehr angespannt, was die innerpolitischen Entscheidungen Anfang 2017 wieder bestätigten. Nach dem Bürgerkrieg 2001, der nie als einer der Jugoslawien-Kriege dargestellt wird, wurden durch den Ohrid-Rahmenvertrag der albanischen Minderheit mehr Rechte zugesprochen. Ab 20 Prozent Bevölkerungsanteil dürfen die Behörden und Schulen auch Albanisch als offizielle Sprache benutzen. Bei einigen jüngeren Albanern führt diese Maßnahme mittlerweile sogar dazu, dass sie kein Mazedonisch mehr sprechen können. Die albanische Bevölkerung konzentriert sich im Westen Nordmazedoniens um den Ohridsee, um Debar und Gostivar bis Skopje. Zu einem Zentrum der Albaner entwickelte sich Tetovo, in dem es eine albanischsprachige Universität gibt. In Tetovo sind auch die beiden albanischen Parteien Nordmazedoniens angesiedelt. Die Mehrzahl der Albaner in Nordmazedonien ist muslimisch, was an den vielen neu gebauten Moscheen zu sehen ist, die in Abgrenzung zur orthodoxen nordmazedonischen Bevölkerung in den letzten Jahren massenweise entstehen.

Griechenland und Montenegro

In Griechenland gibt es zwei albanische Gruppen, die bereits lange hier siedeln. Unter den Arvaniten werden die griechisch-orthodoxen Albaner verstanden, die meisten leben in Südgriechenland. Sie werden auf maximal 200 000 Menschen geschätzt, die überwiegend griechisch assimiliert leben. Im Norden Griechenlands an der Grenze zu Albanien leben die Çamen. Sie sind konfessionell etwa halb griechisch-orthodox und halb muslimisch. Die Muslime wurden zwar vom griechisch-türkischen Bevölkerungsaustausch 1923 ausgeschlossen, aber nach dem Zweiten Weltkrieg nach Albanien vertrieben. Die vermuteten etwa 20 000 christlichen Çamen werden offiziell nicht wahrgenommen; in Griechenland gibt es keinen Minderheitenstatus für die albanische Bevölkerung. Die letzte Gruppe von Albanern in Griechenland sind zumeist Arbeitsmigranten aus Albanien, die seit 1990 ins Land kommen. Wegen der wirtschaftlichen Schwäche Griechenlands und günstigeren Arbeitskräften aus dem arabischen Raum haben sich viele Albaner entschieden, wieder nach Albanien zurückzukehren.

Einen kleinen Anteil machen die Albaner in Montenegro aus. In und um die Stadt Ulcinj (albanisch: Ulqin) stellen sie die Bevölkerungsmehrheit, sind meistens muslimisch und geben dem Küsten- und Ferienort ein eigenes Kolorit.

Italien

Auch in Süditalien und im Norden Siziliens gibt es eine kleine Diaspora von Albanern, die bereits im 11. Jahrhundert und verstärkt während der osmanischen Zeit Südosteuropas hierher umsiedelten. Sie werden Arbëresh genannt und sind in Italien seit 1999 als Minderheit geschützt. Aus einer einflussreichen Arbëresh-Familie stammte Giovanni Francesco Albani, der von 1700 bis 1721 unter dem Namen Clemens XI. Papst war. Im heutigen Italien finden Albaner Arbeit, weshalb Italien neben Griechenland als wichtigstes Auswanderungs- oder Migrationsland für Albaner in Südeuropa gilt. Laut italienischem Innenministerium leben knapp 100 000 Albaner in Italien.

Weitere Auswanderungsländer sind die Staaten Mittel- und Westeuropas, die Türkei und die beiden Amerikas, in die Albaner seit dem 19. Jahrhundert bis heute auswandern. Mindestens ebensoviele Albaner wie in Albanien (2,9 Millionen) leben im Ausland. Schätzungen gehen von weltweit zwischen sechs bis sogar maximal zehn Millionen Albanern aus.

LGBTQ+

Alle Themen, die Homo-, Bi-, Trans-, Asexualität, Intersex oder queer betreffen, sind auf dem gesamten Westlichen Balkan nach wie vor Tabuthemen. Sie werden kaum sichtbar, da öffentliche Orte, Debatten in den Medien oder Verarbeitung im künstlerischen Bereich fast nicht vorkommen. Für Menschen in Albanien, die einer sexuellen oder mentalen Minderheit angehören, gibt es außerhalb Tiranas keine Zentren oder öffentlichen Orte, an denen ein Treffen möglich ist. Und selbst in der Hauptstadt stoßen Reisende auf keinerlei Symbole, die vielleicht ein Café oder einen Club kennzeichnen. Die Akzeptanz anderer Lebensstile, auch als eher ungewöhnlich angesehener Verhaltensweisen und Lebensarten, wächst in den städtischen Kulturen langsam, wobei auf dem Land und in Nordalbanien überwiegend Vorurteile oder Unwissenheit das Denken der Menschen bestimmen.

In der albanischen Kultur und Geschichte gibt es nicht viele Zeugnisse zu Themen der Sexualität. Bei zwei bekannten Persönlichkeiten wird ein schwuler Kontakt vermutet. So schreibt der britische bisexuelle Reisende und Schriftsteller Lord Byron in einem Brief 1809 an seine Mutter über Ali Pascha Tepelena (→ S. 247), dass er im Palast des Paschas mehrmals mit Früchten und anderen Köstlichkeiten versorgt wurde, ihm der Pascha äußerlich sehr gut gefiele und dass er ihn auch nachts besuchen kann. Der britisch-südafrikanische Schriftsteller William Plomer veröffentlichte 1936 eine Biografie über Ali Pascha mit dem Titel ›The Diamond of Jannina‹. In diesem Buch schreibt er über die Albaner: »Halb Hirten, halb Krieger [...] waren [sie] homosexuellen Praktiken sehr ergeben und darüber sogar ziemlich ungeniert.« Im 19. Jahrhundert berichtet der österreichische Vizekonsul Johann Georg von Hahn, der oft als Begründer der Albanologie angesehen wird, in seinen ›Albanesischen Studien‹ über die ›Knabenliebe‹ in Nord- und Mittelalbanien. Diese wurde als ›rein‹ bezeichnet, da es keine Berührungen, sondern aus Verehrung gegenüber dem schönen Jugendlichen höchstens einen Kuss auf die Stirn gab. Der Liebhaber schenkte dem Jüngeren oft Leckereien und teure Geschenke und ließ für ihn Kleidung anfertigen. Die Gegen, also die Nordalbaner, setzen in ihren Ausführungen diese enthaltsame Form der Homosexualität den angeblich ›fleischlichen und lüsternen‹ Begierden der Tosken, also der Südalbaner, entgegen. Die Verhaltensregeln schrieben auch vor, dass, falls der Liebhaber Nebenbuhler besitze, er dem »Liebling [...] unter den gräßlichsten Drohungen [...] untersagt [...], den Nebenbuhlern Gehör zu geben, [...]«. Die Altersspanne der Jugendlichen betrug

Graffiti in Korçë

12 bis 16, höchstens 17 Jahre. Nach der Trennung kam es oft zu Racheakten, wobei die Älteren sogar die Jungen geschändet oder ermordet haben sollen.

In den südalbanischen und kosovarischen, muslimisch geprägten Städten soll den Überlieferungen nach die Liebe zwischen zwei Männern akzeptiert gewesen sein. Von den Menschen aus den mittel- und nordalbanischen Regionen ist diese offen gelebte, stärker sexuelle Begierde mit Argwohn betrachtet worden.

Es ist offensichtlich, dass sich schriftlich und der Zeit entsprechend wissenschaftlich dem Thema von außen angenommen wurde. Während des 20. Jahrhunderts war das Thema tabu, auch im Sozialismus. Traditionell war das Leben von Homosexualität in Südalbanien und den mehrheitlich muslimisch geprägten Städten sichtbarer. Im Norden fanden homosexuelle Beziehungen im Verborgenen statt, wobei die starke Trennung der Geschlechter als Motor für verstärkt sexuelle, gleichgeschlechtliche Kontakte angesehen wird.

Eine andere Form, mit dem Geschlecht relativ variabel umzugehen, sind die Schwörenden Jungfrauen (→ S. 320). Diese wechseln ihre gesellschaftliche Rolle von der einer weiblichen zu einer männlichen. Sie beginnen Männerkleidung zu tragen, und durch ihr Gebaren bekommen sie auch männlichere Züge. Diese Sonderform des Statuswechsels findet man vereinzelt noch heute in Nordalbanien.

Rechtlich stellt Homosexualität seit 1995 in Albanien keinen Straftatbestand mehr dar. Bis heute können allerdings Menschen gleichen Geschlechts auf keinem Amt Albaniens die eingetragene Partnerschaft erlangen, von einer Heirat ganz zu schweigen. Die Öffentlichkeit nimmt aber auch in Albanien zunehmend das Thema stärker wahr. Im September 2016 fand der bisher dritte Pride oder Christopher Street Day in Tirana statt. Die Beteiligung an dieser Manifestation ist im Vergleich zu Ländern in Mittel- oder Westeuropa sehr gering, aber immerhin ist sie möglich. Eine der Organisationen, die sich für die Rechte und Verbesserung der Lebensbedingungen der LGBTQ+-Gemeinde engagiert, ist Pink Embassy (www.pinkembassy.al). Diese NGO (Nichtregierungsorganisation) veranstaltete bereits zweimal das ›Festival of Diversity‹, das immer am Internationalen Tag gegen Homophobie, Transphobie und Biphobie am 17. Mai stattfand.

Im Ausland fand bisher der albanische Dokumentarfilm ›Ska ndal‹ der Regisseure Elton Baxhaku und Eriona Çami von 2014 Zugang zu einem kleinen Publikumskreis. Der Titel des Films ist ein albanisches Wortspiel. Zum einen liest man darin ›Skandal‹, zum anderen ›Es gibt keinen Halt mehr‹. Noch im gleichen Jahr wurde der Film auf dem Internationalen Filmfestival in Sarajevo gezeigt und bewegte das Publikum, das in Bosnien und Herzegowina ähnliche Situationen erlebt. Die Regisseure begleiten mehrere Menschen in ihrem Leben und schildern ihre persönlichen Erfahrungen mit Sexualität und Ausgrenzung in Albanien. Die Vorbereitungen zum ersten Pride von Tirana werden erzählt und welche Ängste damit verbunden waren. Das größte Problem der Protagonisten ist das Zusammenleben mit ihren Eltern und wie und ob sie ihnen über ihre Sexualität etwas sagen können und dürfen. Eine junge Frau meint, sie habe lange Zeit nur eine Lesbe gekannt, nämlich sich selbst im Spiegel. Der Film zeigt eine Fernseh-Talkshow, die im albanischen Fernsehen ausgestrahlt wurde, und in der einem Vertreter der LGBTQ+-Bewegung von einem Politiker sehr unsachlich mit dem Tod gedroht wird. Leider ist der Film nicht in den internationalen Verleih gekommen.

Religionen

In Albanien wird gern behauptet, dass die Religionen friedlich miteinander auskommen und die Beziehungen untereinander von größter Toleranz geprägt sind. Ein Grund mag sein, dass die Geschehnisse in den benachbarten Nachfolgestaaten Jugoslawiens diese Toleranz verstärkt haben, auch wenn natürlich die Religionen den Krieg in Jugoslawien nicht hervorgerufen haben. Hört man einigen Menschen genauer zu, dann sind Ressentiments anderen Gruppierungen gegenüber aber durchaus spürbar, interessanterweise gerade auch unter den verschiedenen orthodoxen Christen. Es geht oft darum, ob sich die Gemeinde der griechisch-orthodoxen Kirche oder eher der albanisch geprägten orthodoxen Kirche zuwenden soll, und aus den unterschiedlichen Einstellungen entstehen Voreingenommenheit und Abgrenzung. Wiederum scheinen Gläubige des Bektaschi-Ordens orthodoxen Christen näher zu stehen als den muslimischen Sunniten, da sie Schweinefleisch und Alkohol nicht verschmähen und die Frauen sich nicht verschleiern. Doch der Reichtum an Mythen ist groß und wird gern genährt.

Die schwierigste Phase erlebten die Religionen von 1967 bis 1990. Der sozialistische Präsident Enver Hoxha deklarierte Albanien zum ersten de facto atheistischen Staat der Welt. Die Religion der Albaner war seinen Worten zufolge ab sofort Albanien. Damit griff er die Worte von Pashko Vasa auf, einem Schriftsteller und Politiker des 19. Jahrhunderts, der nicht die Moscheen und Kirchen im Mittelpunkt des Lebens der Albaner sehen wollte, sondern das Albanertum. Interessant ist, dass auch Hoxha mit seiner Aussage den Nationalismus an die erste Stelle setzt, noch vor den Sozialismus und Kommunismus. Alle Religionen und das Ausüben bestimmter Praxen wurden verboten. Alle Gotteshäuser wurden geschlossen, zu profanen Zwecken umgenutzt, teilweise oder vollständig zerstört. Zwischen 1967 und 1976 konnten Menschen bereits verhaftet werden, weil sie eine Bibel oder einen Koran besaßen. Es zeigte sich, dass orthodoxe Südalbaner weniger unter dem Regime litten als Muslime und besonders Katholiken im Norden Albaniens. Nach 1990 war zu beobachten, dass die massive Landflucht zu einer stärkeren Vermischung der unterschiedlichen Religionen führt. Ein sichtbares Zeichen für dieses neue Nebeneinander symbolisieren in Tirana die Neubauten der katholischen Kirche, der orthodoxen Kirche, des Hauptsitzes der Bektaschi und der neueste Bau, die Hauptmoschee.

Kathedrale und Bleimoschee in Berat

Die Religionsgemeinschaften konnten sich nach 1991 offiziell neu bilden. Sie unterscheiden sich stark in ihren Strukturen, ihren Beziehungen nach außen, den Mitgliederzahlen und externen Geldgebern.

Eine Figur, die den Albanern das ›Albanertum‹ näher bringt, ist Mutter Teresa. Sie wird auch von muslimischen und christlich-orthodoxen Eliten als nationale Persönlichkeit verehrt. Und wie Skanderbeg war sie katholisch. Die Ethnologin Stephanie Schwandner-Sievers sieht in der beschworen Religionstoleranz ausschließlich ein nationalistisches und kein pluralistisches Element zur Stärkung der Identität.

Von der einstmals stolz verkündeten atheistischen Grundstruktur des sozialistischen Albaniens ist nicht viel geblieben: Nur knapp über zwei Prozent der Bevölkerung geben an, keiner Religionsgruppe anzugehören. Nach dem Gesetz sind alle Glaubensgemeinschaften gleichberechtigt, an öffentlichen Schulen gibt es daher auch keinen Religionsunterricht.

Islam

Die meisten Menschen im heutigen Albanien definieren sich als Muslime. In einer Volkszählung von 2011 wurde ihr Anteil mit knapp 60 Prozent ermittelt. Neben Bosnien und Herzegowina, Teilen Bulgariens und dem europäischen Teil der Türkei leben auch in Albanien seit über 500 Jahren Muslime mitten in Europa. Es ist interessant, dass bei allen Debatten um den Islam in Europa die europäisch geprägten Muslime kaum Erwähnung finden. Dies mag daher rühren, dass sie in Gebieten leben, in denen es andere Religionen oder religionsfreie Gruppen gibt, und dass sie dem Westen in vielerlei Hinsicht näher stehen als etwa später eingewanderte Muslime.

In der Zeit der osmanischen Herrschaft konvertierten Menschen aus unterschiedlichen Gründen zum Islam: Sie waren beispielsweise von der Steuer befreit und konnten gesellschaftlich und sozial aufsteigen. Ähnlich wie in Bosnien und Herzegowina ist auch in Albanien in den bergigen Regionen der Anteil an Muslimen hoch. Eine mögliche Erklärung ist, dass es den anderen Religionen vor der Herrschaft der Osmanen nicht gelang, diese Gebiete vollständig zu missionieren beziehungsweise unter ihre Verwaltung zu stellen.

Betende in der Ethem-Bey-Moschee in Tirana

Für viele Albaner ist die osmanische Epoche bis heute negativ behaftet. Obwohl die albanische Kultur und Gesellschaft gerade durch diese Großmacht stark geprägt sind, wird der Einfluss des Osmanischen Reichs als Nachteil gesehen, und Personen wie der Schriftsteller Ismail Kadare betonen gern, dass Albanien christliche Wurzeln besitzt und die Menschen zum Islam gezwungen wurden. Historisch gesehen gab es tatsächlich eine Zwangsislamisierung, jedoch erst im 17. und 18. Jahrhundert aufgrund kriegerischer Auseinandersetzungen des Osmanischen Reiches mit Venedig, Österreich und Russland.

Die Muslime haben durch die Entwicklung der Weltpolitik seit dem 19. Jahrhundert im Land an Prestige verloren. Seit 1923 vertritt die Albanische Muslimische Gemeinschaft (Komuniteti Musliman Shqiptar) die Muslime im Land. Albanien ist neben dem Kosovo das einzige Land in Europa, in dem die Muslime mit weit über 50 Prozent die Mehrheit der Bevölkerung darstellen.

Die Moscheen der sunnitischen Richtung sind in Albanien meistens geöffnet. Außerhalb des Gebetsraumes müssen die Schuhe ausgezogen werden. Wenn im Bereich vor den Türen Teppiche liegen, dann dürfen auch diese nicht mit Schuhen betreten werden. Frauen benötigen eine Kopfbedeckung, von Mütze über Schal bis Tuch ist alles erlaubt. Meistens ist in einer Moschee ein Mann, der aufpasst, manchmal ein bisschen erzählt und oft sehr freundlich ist. Fotografieren ist immer erlaubt.

Die bedeutendsten Feste im Islam sind das Fastenbrechenfest und das Opferfest. Sie richten sich nach dem islamischen Mondkalender. Die Fastenzeit beginnt im Monat Ramadan täglich mit der Morgendämmerung und endet mit dem Sonnenuntergang. Während dieser Zeit sind für die nach diesen Regeln lebenden Muslime Essen, Trinken, Rauchen und Geschlechtsverkehr verboten. Ausgenommen sind Kinder, Alte, kranke und schwache Menschen sowie Reisende, Schwangere, Frauen nach der Entbindung und menstruierende Frauen.

Bektaschi

Etwa zwei Prozent der albanischen Bevölkerung gehören der islamisch-alevitischen Ordensgemeinschaft der Bektaschi an, andere Quellen sprechen von fast 20 Prozent.

Der Orden wurde im 13. Jahrhundert von Hadschi Bektasch Veli in Anatolien gegründet und breitete sich während des Osmanischen Reiches bis nach Südosteuropa aus, wo er den Missionierungszwecken diente. Über die Anfänge des Ordens in Albanien ist jedoch nicht viel bekannt. Ursprünglich mehrheitlich in Mittelalbanien verbreitet, traten viele Menschen in Südalbanien im späten 18. und frühen 19. Jahrhundert während der Herrschaft von Ali Pascha Tepelena (→ S. 247) zum Bektaschitum über, da Ali Pascha zu dieser Religionsgemeinschaft konvertiert war. Während der Nationalfindungsphase und im Verlauf der Staatsgründung sah sich die Bektaschi-Gesellschaft als wichtiges Glied der Nationsbildung und vertrat die Parole ›Ohne Religion gibt es keine Nation‹.

Durch ihre tolerante Einstellung gegenüber allen anderen Religionen eignete sich die Bektaschi-Gesellschaft besonders, um die unterschiedlichen Religionen und Traditionen im neuen Nationalstaat vereinen zu können, da sie im Gegensatz zu den auf das Arabische und Osmanische Reich ausgerichteten Muslimen auch ein Interesse an der lokalen Sprache und den örtlichen Gegebenheiten zeigte. Die Bektaschi beten am Tag nur zweimal und legen keinen Wert darauf, ob sie ihre Köpfe dabei gen Mekka richten.

Nach Gründung der Türkei 1923 verbot Atatürk die Bektaschi in seinem Land, daher wurde der Hauptsitz des Ordens nach Tirana verlegt. Mit Beginn

Tekke des Bektaschi-Zentrums in Tirana

der Herrschaft von Enver Hoxha wurden viele bekannte Bektaschi hingerichtet. Die Bektaschi konnten sich nach 1991 am schlechtesten reorganisieren, da sie auf keine ähnliche Organisation im Ausland zurückgreifen konnten.

Ihre Gebetshäuser sind leicht an der intensiven grünen Farbgebung zu erkennen, meist sind die Kuppeln grün gestrichen. Die Gebäude sind oft klein und werden als Tekken (albanisch: *teqe*) bezeichnet, die mit Teppichen ausgestattet sind. Diese Tekken sowie das Ordensgelände sind häufig geöffnet, die Mitarbeiter stets sehr freundlich. Es handelt sich bei ihnen meistens um Derwische (*varf*), die an ihrer weißen Kleidung und Kopfbedeckung zu erkennen sind. Die wichtigsten Gebäude sind Türben (*turba*), meist achteckige Gebäude, in denen sich die Gräber wichtiger Baba, Vorsteher des Ordens, befinden. Bei der Besichtigung einer solchen Stätte, meistens beim Verabschieden, bekommen Besucher Bonbons geschenkt. Die verschiedenen islamischen Bruderschaften wie die Bektaschi oder Halveti benutzen Tekken, die ähnlich wie Medressen funktionieren. In ihnen wurden islamische Schriften abgeschrieben, besprochen und ab der zweiten Hälfte des 19. Jahrhunderts auch gedruckt. Die mündliche Verbreitung des mystischen Islams, die durch Sohbet, ein Gespräch zwischen dem Lehrer und seinen Schülern, und religiöse Gesänge (*zikr*) stattfindet, war und ist Hauptbestandteil ihres Tuns. Dabei werden feste Formeln ständig wiederholt. Im Verständnis der Bruderschaften tritt der Lehrer bei Gott als Fürsprecher für die Gläubigen ein und kann Wunder (*keramet*) bewirken.

Am bekanntesten sind die Derwische der Orden, sie leben in der Tekke und führen ein mönchartiges Leben. Sie sind nach einer Probezeit, zeremoniellen Reinigungen und dem Glaubensbekenntnis vom Muhib, der untersten Stufe der klerikalen Ordnung des Ordens, zum Derwisch aufgestiegen. Innerhalb dieser Mönchskaste gibt es Gruppen, die nach dem Zölibat leben. Jede Tekke wird von einem Baba, einem ›Vater,‹ geleitet, der einem Gjysh, einem ›Großvater‹, unterstellt ist, der mehrere Tekken in einem Verwaltungskreis betreut.

Christentum

Das Christentum breitete sich in Südosteuropa schon sehr zeitig aus, da die Illyrischen Provinzen zum Römischen Reich gehörten. Bereits 58 nach Christus sollen in Dyrrachium (Durrës) die ersten christlichen Familien gelebt haben. Um diese Zeit kam möglicherweise der Apostel Paulus auf seinen Reisen auf der Via Egnatia durch die Gegend. Im Römerbrief (Römer 15:19) steht: »So habe ich von Jerusalem an im Umkreis bis nach Illyrien die Frohbotschaft von Christus zu Ende geführt.« Die Spaltung zwischen dem orthodoxen und katholischen Glauben begann mit der Trennung in das Ost- und Weströmische Reich 395 und fand seinen Abschluss im christlichen Schisma 1054. Bis heute verläuft diese Grenze durch Albanien. Im Nordwesten Albaniens leben seitdem die meisten Katholiken.

Der Einfluss des Adria-Raums und Missionierungen aus Dalmatien führten zur Ausbreitung des Katholizismus, zu dem sich heutzutage rund zehn Prozent der Albaner bekennen. Dem katholischen Kulturkreis ist vielen Quellen zufolge die Pflege der albanischen Kultur und besonders der Sprache zu verdanken. Religiöse Schriften und Gebetsbücher wurden auch in der osmanischen Epoche neben Latein auf Albanisch verbreitet.

In der Zeit nach dem Sozialismus traten einige ehemals muslimische Familien zum katholischen Glauben über. Da der Katholizismus mit anderen Ländern in Süd-, Mittel- und Westeuropa verbunden wird, erschien diese Glaubensrichtung moderner.

Seit 2007 ist der in New York geborene Charles Brown Erzbischof der Katholischen Kirche Albaniens mit Sitz in Tirana. In den letzten Jahren konnte sich gerade die katholische Kirche internationaler Aufmerksamkeit erfreuen. Zweimal besuchte Mutter Teresa Albanien und 1993 das erste Mal Papst Johannes

Ikonostase einer orthodoxen Kirche

Paul II. Während seines Besuchs weihte er die Kathedrale von Shkodër ein und ernannte vier neue, albanische Bischöfe. Im Gegensatz zur orthodoxen Kirche, die keine Orden besitzt, setzen sich die zahlreiche katholische Orden für karitative Zwecke im Land ein.

Obwohl es in heutiger Zeit gerade im Osten und Süden Albaniens sehr viele orthodoxe Kirchen gibt, wird die Zugehörigkeit der Menschen zur Orthodoxie mit lediglich knapp sieben Prozent angegeben. Nach dem Schisma 1054 entstand in Albanien eine Grenze zwischen den beiden Kirchen. Das nördliche Albanien wurde von Venedig und somit von der katholischen Kirche dominiert. Der Süden behielt seinen byzantinischen Charakter und blieb bis zum Niedergang des Osmanischen Reichs im Zuständigkeitsgebiet der griechisch-orthodoxen Kirche. Im Zuge der Nationalbildung im 19. Jahrhundert wurden verschiedene Versuche unternommen, die orthodoxe Kirche zu einer albanischen, eigenständigen, sogenannten autokephalen Kirche auszubauen. Durch die fehlende politische Kraft im Land entstand die erste autokephale albanische Kirche 1919 in den USA mit dem Priester Fan Noli an der Spitze, der in Eigenregie der Albaner zum Bischof ernannt wurde. Durch den Patriarchen von Konstantinopel erfolgte die Anerkennung erst 1937. Seit 1991 ist Anastasios Yannoulatos Erzbischof und damit Oberhaupt der albanisch-orthodoxen Kirche mit Sitz in Tirana. Im Land wird heiß debattiert, ob ein Grieche wie er nicht schnellstmöglich durch einen albanischen Bischof ersetzt werden sollte.

Kirchen in eher untouristischen Orten sind leider häufig verschlossen. Manchmal hat man Glück, und es ist eine Telefonnummer angegeben. Falls nicht, dann hat oft jemand in der Nachbarschaft den Schlüssel zur Kirche und ist meistens bereit, sie den Besuchern zu öffnen.

Judentum

Das Judentum spielt heutzutage keine große aktive Rolle. Doch wird in Albanien immer wieder daran erinnert, dass das Land während der faschistischen Besatzung durch Italien und Deutschland während des Zweiten Weltkriegs das einzige Land war, das die Juden nicht verfolgte, dass viele Albaner Juden versteckten und jüdische Flüchtlinge aus anderen europäischen Länder eine Zuflucht in Albanien fanden. Die kleine, vor dem Krieg etwa 200 Mitglieder zählende jüdische Gemeinde wuchs nach dem Krieg auf etwa 2000 Menschen an. Am 27. Januar 2017, dem Gedenktag der NS-Opfer, verlieh der albanische Präsident Bujar Nishani mehreren Familien und Einzelpersonen, die in dieser Zeit Juden geholfen hatten, insgesamt 35 Medaillen für ihre Verdienste. Israel ehrt in der Gedenkstätte Yad Vashem 73 Albaner als ›Gerechte unter den Völkern‹, Nichtjuden, die sich für das Leben von Juden einsetzten. Eine weitere enge Verbindung zwischen Albanien und Israel knüpft das Shalom Center Albania in Tirana, das für albanische Kinder eine Schule nach israelischem Modell betreibt.

Die ersten Berichte über jüdische Bewohner stammen aus dem 12. Jahrhundert. Mit Sicherheit lässt sich sagen, dass in den größten städtischen Siedlungen ab dem 16. Jahrhundert Juden lebten. Sie gehörten meistens den Sepharden an, die im 15. Jahrhundert nach Pogromen in Spanien Zuflucht im Osmanischen Reich fanden.

Mutter Teresa und die katholische Kirche

Mutter Teresa wurde am 26. August 1910 als Anjezë Gonxhe Bojaxhiu in Skopje (damals Osmanisches Reich, heute Nordmazedonien) geboren. Die Herkunft ihrer Eltern wird in Nordalbanien oder im Kosovo vermutet. 1928 trat sie als 18-Jährige in den jesuitennahen Orden der Loreto-Schwestern ein, in dem sie zur Missionarin ausgebildet wurde. Nach einem zweimonatigen Aufenthalt in Irland begann sie ein Jahr später die Arbeit als Novizin im indischen Darjeeling unter dem Schwesternamen Teresa, zur Erinnerung an die heilige Therese von Lisieux. Bei einer Zugfahrt von Kalkutta nach Darjeeling empfing sie eine ›göttliche Eingebung‹ und traf die Entscheidung, einen Missionsorden zu gründen. 1950 gründete sie den Frauenorden der ›Missionarinnen der Nächstenliebe‹, 1952 wurden Kinderhäuser und Hospize eröffnet, in denen ungewollte Säuglinge, Arme, Obdachlose und Kranke der Slums Hilfe bekamen. Internationale Bekanntheit erlangte sie 1979 mit der Verleihung des Friedensnobelpreises.

Mutter-Teresa-Denkmal vor der Kathedrale in Tirana

Am 5. September 1997 starb Mutter Teresa in Kalkutta, wo sie in ihrem Kloster beigesetzt wurde. Nach ihrem Tod wurde sie ungewöhnlich schnell von Papst Johannes Paul II. für ein ihr zugeschriebenes Wunder seliggesprochen. Am 4. September 2016 sprach Papst Franziskus den ›Engel der Armen‹ vor einer Menschenmasse in Rom heilig. Sein gesamtes Pontifikat stellte der Papst 2016 unter das Thema Barmherzigkeit, und Mutter Teresa gab durch ihre Arbeit mit Armen und Kranken ein geeignetes Bild ab. Bei den Albanern, ob katholisch oder nichtkatholisch, war die Freude über die Heiligsprechung ›ihrer‹ Mutter Teresa riesig. Für viele Albaner bedeuten derartige Geschehnisse, dass ihr Land positiver wahrgenommen wird.

Der katholischen Kirche ist es ein Anliegen, Aufmerksamkeit auf Albanien zu lenken, da sie im Sozialismus besonders stark gelitten hatte. Viele Kirchen waren zerstört und katholische Priester ermordet worden. Während des Sozialismus spielte Mutter Teresa in Albanien offiziell keine Rolle. Heute finden sich in allen katholischen Kirchen Albaniens und auf einigen Plätzen Statuen von ihr, und der Flughafen Tiranas trägt ihren Namen. 1991 weihte Mutter Teresa in der Kreishauptstadt Shkodër im katholischen Norden Albaniens die katholische Stadtkirche ein, die im Sozialismus zerstört worden war.

Noch zu Lebzeiten wurde Mutter Teresa vorgeworfen, dass in den Hospizen keine hygienischen Standards beachtet wurden und sie die Sorge um die Kranken nutze, um ihre Missionierungsziele zu erreichen. Mutter Teresa reagierte darauf so: »Taten der Nächstenliebe sind immer ein Mittel, um Gott näher zu kommen.« Doch gab sie den Menschen in den Armenvierteln Kalkuttas die Chance, überhaupt versorgt und behandelt zu werden. Besonders nach ihrem Tod kamen viele Diskussionen auf, wie Spendengelder vom Orden verwendet wurden.

Die Kathedrale in Shkodër ist das wichtigste katholische Zentrum Albaniens. In ihr fand die erste Messe nach dem Ende des Sozialismus statt. Am 5. November 2016 wurden an dieser Stelle 38 Personen seliggesprochen, die nun als Märtyrer verehrt werden. Sie alle wurden auf unterschiedliche Art zwischen 1945 und 1974 gefoltert und ermordet. Vor ihrem Tod sollen alle gesagt haben: »Es lebe Christkönig, es lebe Albanien. Wir verzeihen denjenigen, die uns töten.« Ein Seitenaltar in der Kirche ist den 38 Märtyrern gewidmet.

Die katholische Kirche erinnert besonders in Shkodër an die Zeit ihrer Unterdrückung nach dem Zweiten Weltkrieg. Das Diözesanmuseum der Kathedrale (→ 302) und die Franziskanerkirche (→ S. 297) vermitteln Besuchern ein eindrucksvolles Zeugnis. Während des Sozialismus und besonders zwischen 1967 und 1990 erfanden gerade die Katholiken Methoden, ihren Glauben im Geheimen zu praktizieren. So beteten beispielsweise Menschen in Nordalbanien heimlich eine Wand an, in die sie Kreuze oder Statuen Heiliger eingemauert hatten. Sie selbst wussten genau, an welcher Stelle sich ein solcher Gegenstand befand. So konnten sie das ihnen Heilige vor der Konfiszierung bewahren und gleichzeitig nach außen säkularisiert wirken. Religion war zur illegalen Privatangelegenheit geworden und das Privatleben vom öffentlichen Leben abgetrennt. Noch 1990 begannen die Menschen, sakrale Gegenstände auszugraben und freizulegen. In einigen Orten trafen sie sich, um große Mengen an Statuen und liturgischen Utensilien für die neue Ausstattung ihrer Kirchen zu sammeln.

Sprache

Das Albanische ist die Amtssprache in Albanien und dem Kosovo. Sprecher des Albanischen leben außerdem in Nordmazedonien, Serbien, Montenegro, Kroatien, der Türkei, Rumänien, Italien und Griechenland.

Der Englischunterricht ist in den Schulen Albaniens nach 1991 obligatorisch geworden. In den größeren Städten können einige Menschen gut Englisch sprechen, auf dem Land eher nicht. Da viele Albaner nach 1991 in Griechenland oder Italien gearbeitet haben oder dies noch tun, sprechen viele Albaner Italienisch und im Süden auch oft Griechisch. Deutsch wird von nicht vielen Menschen gesprochen. Verständigung ist aber auch Kommunikation mit dem Gesicht, der Mimik und Körpersprache. Die meisten Menschen in Albanien mögen Touristen und freuen sich über jede nette Geste oder freundliche Verständigung.

Schriftsprache

Als erstes, noch erhaltenes umfangreiches Schriftstück gilt die albanische Übersetzung des Missale Romanum. Die Übersetzung wurde vom albanischen katholischen Priester Gjon Buzuku im 16. Jahrhundert angefertigt. Er übersetzte das Messbuch in den albanischen Dialekt Gegisch und verwendete dafür eine einheitlich lateinische Orthographie.

Begleitend zum aufkommenden Nationalismus des 19. Jahrhunderts entstand die albanische Literatur. Im späten 19. Jahrhundert erschienen die ersten albanischsprachigen Zeitungen. Je nach Religionszugehörigkeit der Schreiber wurde Albanisch entweder mit lateinischen, griechischen oder arabischen Buchstaben geschrieben. Um diesem verwirrenden Zustand ein Ende zu setzen und um sich auf eine einheitliche Schreibung zu verständigen, kamen 1908 albanische Gelehrte zum Kongress von Monastir zusammen. Sie beschlossen, dass Albanisch von nun an nur noch mit lateinischen Buchstaben geschrieben werden sollte. Man einigte sich auf eine streng der albanischen Lautsprache entsprechenden Schreibung. Abgesehen von den zwei Sonderzeichen Ë/ë und Ç/ç, die sich be-

Albanisch-mazedonische Beschilderung am Prespasee

Selbstbedienung

reits damals auf der französischen Schreibmaschinentastatur befanden, sollten alle Laute, die keine Entsprechung im lateinischen Alphabet hatten, mit Buchstabenkombinationen ausgedrückt werden. Das Problem der verschiedenen albanischen Dialekte, die der Schriftsprache zugrunde lagen, konnte erst nach weiteren 60 Jahren gelöst werden.

1972 wurde die letzte Reform der Sprache und Rechtschreibung durchgeführt. Maßgeblichen Anteil daran hatte Eqrem Çabej, der sich seit der Zeit nach dem Zweiten Weltkrieg mit der Standardisierung der Literatursprache, des Hochalbanischen, beschäftigte und im gleichen Jahr eines der Gründungsmitglieder der Albanischen Akademie der Wissenschaften wurde. Bei dieser Sprachregulierung wurde die südalbanische Dialektgruppe bevorzugt. Dies hatte politische Gründe: Enver Hoxha stammte aus Gjirokastër, und die Südalbaner dominierten zu jener Zeit die Partei. Die Sprecher Nordalbaniens sahen sich benachteiligt und bedauerten die mit dieser Regelung einhergehende Nichtachtung der Tradition schriftstellerischer Werke mit gegischen Elementen.

Albanisch und Illyrisch

Albanisch ist eine indogermanische Sprache. Sie gilt als isoliert, das heißt, es gibt keine heute existierende Sprache, die eng mit Albanisch verwandt ist. Die Sprache untergliedert sich in zwei Dialekte, das Toskische im Süden und das Gegische im Norden.

Sprachwissenschaftliche und anthropologische Forschungen auf dem Balkan gelten wegen der vielen verschiedenen Völker und Sprachen als ein generell schwieriges Unterfangen. Die meisten von ihnen standen periodisch in mehr oder weniger engem Kontakt zu ihren Nachbarn. Daher lassen sich in diesem Teil der Welt noch schwerer als anderswo haltbare Hypothesen zur Herkunft und Entwicklung von Sprachen und Siedlungsgebieten machen. Die Hypothese, dass die Albaner direkt von den Illyrern abstammen und dass das moderne Albanisch eine Weiterentwicklung des Illyrischen ist, so wie es in den meisten touristischen

Publikationen behauptet wird, scheint in diesem Licht sehr überraschend. Nach dieser Hypothese sind die modernen Albaner direkte Nachfahren der antiken Illyrer. Albanisch wird daher als Fortsetzung der antiken ausgestorbenen Sprache Illyrisch gesehen. Diese Hypothese scheint auf den ersten Blick verlockend, da sich neben sprachlichen Beweisen auch archäologische anführen lassen.

So findet sich zum Beispiel der Ortsname ›Scodra‹ schon in den Beschreibungen der vorrömischen Historiker als illyrische Siedlungen. Aus dieser Bezeichnung hat sich der Ortsname Shkodër entwickelt. Ebenso werden die in Albanien verbreiteten Vornamen Teuta und Gent(h)ios angeführt, die durch die vorrömischen Historiker als illyrisch bekannt sind.

Um die linguistischen Erkenntnisse zu unterstützen, kann die Archäologie Funde von unterschiedlichem Alter präsentieren, die belegen, dass das moderne Siedlungsgebiet der Albaner kontinuierlich seit der Zeit der Illyrer besiedelt gewesen ist.

Jedoch hält diese Beweisführung einer kritischen Betrachtung nur schwer stand. Das Hauptproblem stellt die Spärlichkeit der Daten dar. Während das moderne Albanisch eine vollständig dokumentierte Sprache ist, wurde bisher kein vollständiger illyrischer Satz gefunden, die überlieferten Quellen weisen nur wenige Wörter auf, darunter größtenteils Orts- und Gewässernamen sowie Personennamen. Diese Nennungen stammen von den vorrömischen Historikern, die bestimmte Orte als illyrisch beschrieben. Jedoch verwendeten sie den Begriff ›illyrisch‹ auch für alles sprachlich und kulturell Unbekannte, so dass nicht klar ist, ob es überhaupt je eine homogene illyrische Kultur und Sprache gegeben hat.

Ein weiteres Problem stellt der Lautwandel dar. Wäre das heutige Albanisch tatsächlich die Nachfolgesprache des Illyrischen, dann hätten die illyrischen Wörter, die man durch die vorrömischen Geschichtsschreiber kennt, einen Lautwandel mitmachen müssen, der im Laufe der Zeit in jeder Sprache stattfindet und innersprachlichen Gesetzmäßigkeiten folgt. Dass Scodra sich aber zu Shkodër entwickelt hat, passt nicht zu den Gesetzmäßigkeiten des Sprachwandels im Albanischen. Ebenso müssten die Vornamen Teuta und Gent(h)ios heute anders lauten. So sind die Wörter mit Sicherheit illyrisch, aber vermutlich eher durch eine Entlehnung in die Sprache gelangt. Hätten die Albaner schon immer in ihrem heutigen Territorium gelebt, müsste die Sprache auch viel mehr Lehnwörter des Griechischen enthalten, da die Griechen mit ihrer Kultur und demnach auch Sprache Südosteuropa lange dominierten.

Auch die archäologischen Funde lassen sich nur schwer als Beweis für die Abstammung der Albaner von den Illyrern heranziehen. Denn nur weil nachweisbar ist, dass die Region kontinuierlich besiedelt war, kann damit nicht bewiesen werden, dass dort auch immer dasselbe Volk siedelte. Vielleicht sind die Albaner erst später hinzugekommen und dort sesshaft geworden, wo noch Illyrer siedelten? Vielleicht haben sie sich dabei kulturell an die Illyrer angepasst und begonnen, Wörter in ihre Sprache aufzunehmen. Das wäre vorstellbar, da die Wissenschaft davon ausgeht, dass viele kleinere, relativ mobile Völker in den Bergen des Balkans lebten und auf der Suche nach Weide- und Landwirtschaftsflächen immer wieder in anderen Territorien siedelten. Vielleicht sind die Albaner auf diese Weise im heutigen Albanien erst sesshaft geworden?

Architektur

In Albanien lassen sich die Spuren fast aller Kulturkreise vorfinden, die das Land beherrschten und beeinflussten. Für Liebhaber antiker und byzantinischer Architektur und Kultur gibt es in Albanien vieles zu entdecken.

Im Gegensatz zu den Nachbarländern wird der illyrischen Periode und deren Relikten mehr Raum eingeräumt, da dies für die Identitätsstiftung des albanischen Nationalstaates stark im Vordergrund steht. Es erscheint deshalb merkwürdig, dass gerade diese Orte schlechter ausgeschildert und schlechter mit Informationen versehen sind als andere antike Stätten. Ein Grund ist womöglich, dass den Touristen die hellenistischen Ausgrabungsstätten bekannter sind und auf den bedeutenden Fundstätten mehr Architektur erhalten blieb.

Illyrische Bauten

Illyrische Befestigungsanlagen, Siedlungen und Städte sind im ganzen Land verstreut. Ähnlich wie die hellenischen waren die illyrischen Stämme singulär organisiert und sich untereinander potenziell feindlich gesinnt. Mit dem 4. Jahrhundert vor Christus begann der griechische Typus der Stadtstruktur mit Häusern und Anlagen die illyrischen Städte zu prägen. Meistens lagen die Siedlungen auf Bergkuppen, von denen aus sie verteidigt werden konnten. Die Architektur ist für die Betrachtung der illyrischen Zeit sehr wertvoll, da es keine schriftlichen Quellen der Illyrer gibt. In illyrischen Anlagen befinden sich keine Tempel, was darauf hinweisen kann, dass die Illyrer ihre Götter auch im Freien oder anderen Gebäuden angebetet haben könnten. Beeindruckende Beispiele sind die Anlagen von Antigonea, Byllis oder Phoinike (→ S. 244, 278, 250).

Mit dem Christianisierungsprozess ab dem 4. Jahrhundert finden sich sowohl in den illyrischen und hellenistischen als auch in den römischen Anlagen frühchristliche Kirchenbauten. Bis in die heutige Zeit haben sich die sehr schönen, bunt gefassten Fußbodenmosaike mit Tier- und Pflanzendarstellungen erhalten, so zum Beispiel in Butrint (→ S. 255) oder der Basilika von Lin (→ S. 219).

Hellenistische und römische Anlagen

Aus der antiken Epoche sind die hellenistischen Bauwerke die Hauptanziehungspunkte für Touristen. Die bedeutendsten Anlagen in Albanien sind Apollonia und Butrint (→ S. 281, 255). In der Zeit bis etwa zum Jahr 30 vor Christus entstanden Anlagen mit Tempeln und öffentlichen Gebäuden. Ein Teil dieser ehemaligen Stadtstrukturen konnte ausgegraben und der Öffentlichkeit zugänglich gemacht werden. Die römische Epoche hinterließ ebenso städtische Gebäude. Einen erheblichen Unterschied gegenüber der hellenistischen Epoche stellt die Ausweitung des Römischen Reiches ins Hinterland dar. Dadurch begann der intensive Ausbau von Verkehrswegen und sich anschließender Infrastruktur. Zeugnisse dieser Zeit sind die Überreste der Via Egnatia (→ S. 33).

In der Spätphase des Byzantinischen Reiches konzentrierte sich die Bautätigkeit auf die Verbesserung der Festungsanlagen, um in den Jahrhunderten der Völkerwanderung nicht unterzugehen. Parallel dazu entstanden die frühchristlichen Kirchen und Klöster, von denen die meisten als Teil archäologischer Aus-

Ausgrabungen in Antigonea

grabungen erhalten sind und deren Fußbodenmosaike die Kunst der Antike aufnehmen und heute an verschiedenen Orten noch gut erhalten sind. Am Ende der umbruchsreichen Phase stand die Beherrschung des Gebietes durch Bulgarien für über 100 Jahre, danach die Wiedereingliederung ins Byzantinische Reich. Die Architektur folgte auch unter der bulgarischen Herrschaft weitestgehend oströmisch-byzantinischen Formen.

Religiöse Bauwerke

In der Baukunst für religiöse Gebäude dominieren heute durch die osmanische Periode geprägte Gebäude, sie entstanden vom 15. bis 19. Jahrhundert. Den Hauptanteil machen Moscheen aus.

Eine Moschee, die auf dem Balkan vor den politischen Wenden von 1990 und 1991 gebaut wurde, lässt sich eindeutig daran erkennen, dass sie nur ein Minarett besitzt, das an der südwestlichen Ecke vor dem Haupteingang steht. Der Gebetsraum mit der Gebetsnische (Mihrab) sowie die Predigerkanzel und

Die Bleimoschee in Shkodër

Die Michaelskirche in Vithkuq stammt aus dem 17. Jahrhundert

Treppe (Minbar) sind stets nach Osten ausgerichtet, Richtung Mekka. Unter diesen älteren Moscheen gibt es zwei Grundtypen. Der erste ist ein quadratischer Grundbau für den Gebetsraum, der von einer Kuppel überspannt wird. Im Inneren ist diese Kuppel rund, am Außenbau mehr-, meistens achteckig. Zu dieser Kategorie zählen die älteste in Albanien erhaltene Moschee dieses Typs, die Iliaz-Bej-Mirahori-Moschee (Xhamia e Iliaz Bej Mirahorit) in Korçë von 1494 und auch die Bleimoschee (Xhamia e Plumbit) bei Shkodër aus dem Jahr 1774. Zum zweiten, älteren Moscheentyp zählen Bauten, deren Innenräume von geraden Holzdecken abgeschlossen werden. Beispiele hierfür sind die Königsmoschee (Xhamia e Mbretit) in Elbasan von 1492 sowie mehrere Moscheen in Berat, darunter die Königsmoschee, im selben Jahr erbaut wie die Moschee in Elbasan.

Einfachere sakrale Gebäude aus der osmanischen Zeit sind Tekken (*teqe*), die meistens als ›Klöster‹ für mystische schiitische Bruderschaften dienten. Eines der schönsten Beispiele ist die Tekke der Halveti-Derwische (Teqeja e Helvetive) in Berat.

Alle neueren Moscheen im Land lassen sich meist an ihrer recht einfachen und gleichen Bauart erkennen. Zum Teil besitzen sie zwei Minarette. Die neue Hauptmoschee in Tirana, die die größte in ganz Südosteuropa werden soll, besticht gar mit vier Minaretten und mehreren Kuppeln und Küppelchen.

Christliche Bauwerke reichen von der frühbyzantinischen Zeit über die sogenannte postbyzantinische Epoche (17. bis 19. Jahrhundert) bis hin zu modernen Entwürfen. Das Spektrum reicht von den orthodoxen Bauten, die traditionell im Süden und Osten des Landes vorkommen, bis zu katholischen Gotteshäusern im Norden Albaniens. Besonders sehenswert sind die vielen orthodoxen Kirchen in den Dörfern Vithkuq und Voskopojë sowie in Berat. Unter den katholischen Kirchen sind die in Shkodër, dem historischen Zentrum des Katholizismus in Albanien, herausragend. Während der osmanischen Herrschaft wurden die Christen diskriminiert, ihre Kirchen mussten immer kleiner als Moscheen gebaut werden und durften oft keinen Glockenturm besitzen.

Die orthodoxen Kirchen folgen im Stil der byzantinischen Baukunst. Charakteristisch für den Außenbau sind das Schächtelmauerwerk, eine Kombination aus Ziegel- und Naturstein. Die Ziegel können sehr unterschiedlich angeordnet sein, wobei mit den verschiedenen geometrischen Formen gespielt wird. Bei den Kirchen, die vor der osmanischen Epoche gebaut wurden, wurde dem Bau meist eine Kuppel aufgesetzt. Während der Herrschaft der Osmanen war es ab dem 17. Jahrhundert erlaubt, Kirchen zu bauen, doch durften die Bauten keine Kuppeln tragen. Ein zusätzliches Dach versteckte sie, im Innenraum sind die Kuppeln zu sehen.

Nach der Deklarierung Albaniens zum ersten atheistischen Staat im Jahr 1967 wurden viele sakrale Objekte zerstört und abgerissen. Die Gebäude, die stehenblieben, wurden geschlossen oder umfunktioniert. Nach 1990 konnten die Moscheen und Kirchen teilweise rekonstruiert werden, und trotz des großen Zerstörungswahns ist heute eine beachtliche Anzahl bemerkenswerter Sakralbauten zu besichtigen.

Verteidigungsbauten

Burgen und Festungen in Albanien stammen aus der illyrischen Zeit und aus dem Mittelalter wie jene in Krujë oder Petrela. Während des Kampfes verschiedener Teilfürsten unter Skanderbeg besaßen die mittelalterlichen Anlagen eine wichtige militärische Funktion zur Abwehr der Osmanen.

Die Osmanen besserten ältere Festungen aus, so etwa Ali Pascha im 19. Jahrhundert im südlicheren Albanien. Aber auch neue Anlagen wie die Festung Porto Palermo an der Riviera entstanden unter den Osmanen.

Im Sozialismus dienten einige Anlagen militärischen Zwecken, oder sie wurden wie in Gjirokastër als Gefängnis genutzt. Charakteristisch für viele ehemalige Festungsanlagen, die die Zentren heutiger Städte (zum Beispiel Elbasan oder Tepelenë) bilden, ist, dass sie bewohnt sind und die Entwicklung der Städte durch den Bau moderner Wohngebäude weiterschreitet.

Profanbauten

Bei den Profan- und Wohngebäuden herrscht in den meisten Städten eine Mischung aus unterschiedlichen Stilen vor. Wohngebäude aus der osmanischen Zeit sind in größerem Umfang nur in Berat und Gjirokastër erhalten. In allen anderen Städten sind Objekte aus der Zeit vor dem 20. Jahrhundert eher selten anzutreffen. Eine Ausnahme bildet noch die Stadt Shkodër, in der in den letzten Jahren viele Gebäude restauriert wurden.

Viele neue Häuser sind unbewohnt und als Altersvorsorge gedacht

Aus der Zwischenkriegszeit finden sich in fast allen Städten Albaniens große Verwaltungsgebäude wie Rathäuser, aber auch Hotels, die vom itali-

Wohnhäuser aus der sozialistischen Zeit in Berat

enischen Stil beeinflusst oder von italienischen Architekten gebaut wurden, wie etwa die Regierungsgebäude in Tirana. Rathäuser wurden erst nach 1912 gebaut, da es für die Stadtgesellschaft im Osmanischen Reich keine Gebäude dafür gab, denn die Einwohner waren keine Bürger im mittel- und westeuropäischen Sinn.

Die unübersehbare Masse an Wohngebäuden entstand nach Ende des Zweiten Weltkriegs bis 1990. Sie zeichnen sich durch eine einfache Bauweise aus und bestehen meist aus fünf Geschosszonen. Im Sozialismus gab es eine klare Aufteilung der Bewohner. Im Erdgeschoss wohnten die sogenannten Degradierten, Menschen, die das Regime benachteiligte. Im ersten Obergeschoss lebten die Begünstigten des Staates, alle darüber waren mehr oder weniger ›Normale‹. Heute sind in den Erdgeschosswohnungen meistens Geschäfte untergebracht, so dass fast niemand mehr ›ganz unten‹ wohnt. In Tirana begann unter dem damaligen Bürgermeister Edi Rama (→ S. 56) eine Kampagne zur bunten Bemalung der Häuser. Die lustigen Ergebnisse dieser Aktion haben sich über die Hauptstadt hinaus nur spärlich verbreitet. In den meisten Städten dominiert immer noch das Grau der Nachkriegsbauten.

Seit 1990 entstehen in den Städten recht hohe Betongebäude mit Balkonen, die die klassische Moderne imitieren, jedoch den Stil schlecht nachahmen und stellenweise sehr verkitscht wirken. Im ganzen Land entstehen neue Privathäuser. Diese werden, je nachdem wie lange das Geld reicht, fertiggestellt oder auch nicht. Interessant zu beobachten ist, dass die meisten Häuser vom obersten Geschoss an bewohnt werden und der Ausbau nach unten verläuft. Etliche Häuser stehen leer, da die Menschen im Ausland arbeiten und die Gebäude als Altersvorsorge errichten, um später in ihnen den Lebensabend zu verbringen. Auch bei diesen Häusern geht der Trend zu eigenwilligen Kompositionen und bunten Skulpturen. Besonders Tier-Kleinplastiken grüßen häufig an der Toreinfahrt oder vom Haus.

Kunst

Die ältesten Kunsthandwerksfunde stammen aus der Zeit der Illyrer. In den Museen sind aus dieser Zeit Schmuck, Alltagsgegenstände, Vasen, Werkzeuge und Waffen zu sehen. Die Kunst der Illyrer wurde ähnlich der Architektur stark von den europaweiten und dann auch griechischen Entwicklungen beeinflusst. Die Menschen verfügten über Kenntnisse in der Bronzeverarbeitung. Wie überall in Europa wurden ab etwa 2000 vor Christus Schmuck und Waffen hergestellt. Die Waffen wurden oft als Grabbeigaben entdeckt. Die Keramik der damaligen Zeit, die sich im Gegensatz zu anderen Nutzgegenständen in größeren Mengen erhalten hat, war einfach.

In der späteren Bronzezeit wurde in Südost-Albanien aufwendig verzierte Keramik mit hellen Farben hergestellt, die nach ihrer Herkunftsregion Devoll-Keramik genannt wird. Die kulturelle Entwicklung des Gebietes, auf dem das heutige Albanien liegt, ist maßgeblich von den griechischen Kolonien am Ionischen und Adriatischen Meer ab dem 7. Jahrhundert vor Christus beeinflusst worden. Diese Kolonien waren ein fester Bestandteil der hellenistischen Welt, die Gegenstände nicht nur importierten, sondern auch selbst herstellten. Wichtige Zentren dieser Welt waren Dyrrhachion (Durrës), Apollonia und Butrint. Gerade in Durrës werden heute noch bei Bauarbeiten Mosaike, Gefäße oder Statuen geborgen. Die verwendeten Materialien reichten von Bronze und Gold über Kalkstein bis Marmor. Ein wunderschönes Beispiel für ein Fußbodenmosaik ist eine großflächige Darstellung eines Frauenkopfes mit vollen, roten Lippen, das aus Durrës stammt und im Nationalhistorischen Museum in Tirana zu sehen ist. Von den Malereien aus den Siedlungen ist nichts erhalten.

Die spätbyzantinische Phase markiert den Übergang zwischen Antike und Mittelalter. Für die Gestaltung der Fußböden wurden in der antiken Tradition großflächige Mosaikbilder mit symbolischen Darstellungen geschaffen, die zum Teil noch gut erhalten sind.

Kopien byzantinischer Mosaike

Ikonen

Die für die orthodoxen Kirchen typischen Ikonen wurden in der noch nicht gespaltenen Kirche vom Zweiten Konzil von Nicäa ab 787 zugelassen, ihre Anbetung war damals aber noch verboten. Es begann die lange Phase der Ikonenmalerei, die in Albanien mit den Künstlern vom 16. bis 18. Jahrhunderts ihren Höhepunkt fand. Auch in der Buchkunst wurde Großartiges geschaffen, wie der aus dem 6. Jahrhundert erhaltene Codex Purpureus Beratinus, der purpurfarbene Kodex von Berat.

Die Ikonenmalerei wurde die wichtigste Kunst für die Ausgestaltung der Kirchen. Die Ikonen wurden mit natürlichen Farben auf feuchtem Putz aufgetragen, den die Farbe durchtränkt. Fresken befinden sich in vielen orthodoxen Kirchen. Die Ikonenmalerei wurde auch im Osmanischen Reich wiederbelebt und erlebte eine Blüte. Einer der bekanntesten Ikonenmaler dieser Zeit war Onufri, der hauptsächlich in Berat und Umgebung tätig war. Nach Onufri ist auch einer der wichtigsten Kunstpreise benannt, der jedes Jahr an Künstler vergeben wird. Die Werke der Gewinner sind im Anschluss in der Nationalgalerie in Tirana zu sehen. Ein weiteres großes Zentrum für Ikonenmalerei war das Gebiet um Korçë.

Hinter der Malerei blieb im orthodoxen Kulturkreis die Bildhauerei weit zurück, sie galt nicht als eigene Kunstgattung und wurde nur als dekorierendes Element aufgefasst. In noch vielen Klöstern ist die technisch sehr aufwendige Schnitzkunst zu bewundern, mit der die Ikonostasen, Kanzeln und Stühle verziert sind.

Muslimische Kunst

Mit der Herrschaftsausbreitung der Osmanen kamen andere Ideologien und auch neue Impulse für die Kunst nach Europa. Im Gegensatz zur christlichen Kunst darf in muslimischen Gebäuden kein Lebewesen mit Augen dargestellt werden. Bei der Bemalung von Moscheen oder Tekken kann man Pflanzen entdecken und ab dem 18. Jahrhundert auch Stadtansichten, in denen jedoch keine Menschen vorkommen.

Die osmanische Kultur bewirkte eine starke Förderung der Kalligrafie, die dem Anbringen von Koranauszügen in den Moscheen dient. Das Kunsthandwerk erfuhr eine Bereicherung durch die ornamentale Schmückung von Gefäßen und Nutzgegenständen aus Kupfer. Bis heute hat das Weben besonderer Teppiche aus Wolle seine Bedeutung behalten. Der Qilim (Kelim) ist ein direkter Kulturtransfer aus dem östlichen Osmanischen Reich, der sich auf dem gesamten Balkan etabliert hat.

Malerei im 19. und 20. Jahrhundert

Im 19. Jahrhundert verschaffte besonders der britische Maler Edward Lear den albanischen Landschaften und Städten Bekanntheit. Seine Bilder aus Albanien von 1848 gehören zur Sammlung der Harvard University in den USA und sind im Internet unter https://hollisarchives.lib.harvard.edu/repositories/24/archival_objects/658064 zu finden. Aber noch viele andere ausländische Künstler interessierten sich für die Lebensbereiche der Albaner, darunter viele französische Maler wie Eugène Delacroix, der ganz Südosteuropa bereiste.

Slawische Heilige auf einer Ikone in der Kathedrale der heiligen Maria in Berat

Malererien in der Ethem-Bey-Moschee in Tirana

In Albanien selbst dominierten religiöse Themen die Malerei. 1883 entstand die erste Darstellung Skanderbegs eines albanischen Malers, Jorgj Panariti. Zum Ende des 19. Jahrhunderts wurden viele Stadt- und Landschaftsansichten sowie Szenen mit folkloristischen Elementen produziert. Die albanischen Kunstzentren der Jahrhundertwende lagen in Shkodër und Korçë. Im österreichisch-venezianisch geprägten Shkodër ließ sich in der Mitte des 19. Jahrhunderts der Italiener Pietro (alb.: Pjetër) Marubi nieder. Er begann 1858 zu fotografieren, sein erstes Bild zeigte einen albanischen Kämpfer für die nationale Sache. Später dokumentierte er fotografisch die gescheiterten Bestrebungen der Liga von Prizren (→ S. 40).

In den beiden damaligen ›Kunstmetropolen‹ begann 1911 mit der Vorführung ausländischer Filme die Geschichte der albanischen Kinematografie. Die ersten richtigen Kinos entstanden 1918 in Tirana und vier weiteren Städten. Bis nach dem Zweiten Weltkrieg wurden meistens dokumentarische Filme präsentiert.

Mit der Unabhängigkeit Albaniens nutzen die Maler die neuen Impulse aus den westlichen Ländern. Einer der Hauptvertreter war Kolë Idromeno aus Shkodër, der als Begründer des albanischen Realismus gilt und viele seiner Kollegen nachhaltig beeinflusste.

Gleich nach dem Krieg wurde in Tirana im April 1945 eine erste große Kunstausstellung mit dem Namen ›Erste moderne Ausstellung‹ organisiert, die die Fürsorge der neuen Parteiführung um die Kunst demonstrieren sollte. Ihrem Namen wurde die Ausstellung nicht gerecht, da keine Werke der tatsächlich neuen Kunst mit abstrakten Zügen ausgestellt wurde. Bewusst wurden realistische Darstellungen präsentiert. Ein Besuch der Nationalgalerie in Tirana lohnt sich für all diejenigen, die eine Vorstellung vom Schaffen in der Zeit der albanischen Volksrepublik von 1944 bis 1990 erhalten möchten, da diese Werke den Großteil der Sammlung ausmachen.

Beim Spaziergang durch Tirana oder bei der Zeitungslektüre stößt man immer wieder auf den Namen des exzentrischen Edi Rama (→ S. 56). Der Künstler, ehemalige Bürgermeister von Tirana und derzeitige Ministerpräsident des Landes initiierte die bunte Bemalung der Hausfassaden Tiranas. Er sorgte auch dafür, dass die Kunststudenten der Akademie regelmäßig Künstler aus anderen Ländern treffen, um neue Impulse aufnehmen können.

Bildhauerei

In der Bildhauerei machte sich Odhise Paskali (1903–1985) einen Namen, so als Mitautor des Skanderbeg-Denkmals von 1968 in Tirana, Büsten von Enver Hoxha oder dem albanischen Mahnmal auf dem Gelände der österreichischen KZ-Gedenkstätte Mauthausen. Der zweite Name, der im Zusammenhang mit den bildhauerischen Werken aus der sozialistischen Zeit genannt wird, ist Janaq Paço (geb. 1941), dessen Bronzestatue mit der Darstellung Skanderbegs seit 1959 in Krujë zu sehen ist.

Durch die Vorgaben des Sozialistischen Realismus waren in keiner Kunstgattung Abstraktionen erlaubt. Nach 1990 war das Kunstgeschehen von internationalen Strömungen bestimmt.

Film

Das Kino in Albanien entwickelte sich erst nach dem Zweiten Weltkrieg zu einer bedeutenderen Kunstform, als das Filmwesen verstaatlicht wurde. Die erste große Produktion war die Verfilmung von Skanderbegs Leben im Jahr 1953, die in Zusammenarbeit mit der Sowjetunion erfolgte. Der erste ausschließlich albanische Film wurde 1957 gedreht. In den 60er-Jahren war der Stolz der albanischen Filmindustrie die Produktion eines Spielfilms pro Jahr. In den 70ern wurde die Leistung auf höchstens sechs Filme jährlich und in den 80er-Jahren auf 14 Filme erhöht.

Von den Nachwendeproduktionen schaffte es ›Mein Freund der Feind‹ (2004) des Regisseurs Gjergj Xhuvani (geb. 1963) in das deutsche Fernsehprogramm. Der Film thematisiert die deutsche Besatzung während des Zweiten Weltkriegs in Albanien, eine der Hauptrollen spielt Peter Lohmeyer.

Skanderbeg-Denkmal von Odhise Paskali in Tirana

Literatur

Von der albanischen Literatur ist im nichtalbanischen Sprachraum sehr wenig oder gar nichts zu vernehmen. Das liegt zum einen daran, dass albanische Prosa oder Lyrik selten übersetzt wird, zum anderen trägt aber auch der kleine albanische Literaturmarkt nicht gerade zur Verbreitung der heimischen Literatur bei.

Lange vor den ersten albanischen schriftlichen Überlieferungen stammen die Informationen über das heutige Gebiet von Albanien aus antiken Quellen. Ähnlich wie die Architektur, die Kunst, die Landwirtschaft und später das Christentum wurde die Region zuerst von griechischen, dann hellenistischen und letzten Endes von römischen Autoren beschrieben und damit literarisch beeinflusst.

Die albanische Literatur entwickelte sich sehr langsam und zögerlich ab dem 15. Jahrhundert. Bis ins 19. Jahrhundert entstanden fast ausschließlich Werke mit christlichem und später muslimischem Inhalt. Die katholischen Werke widersetzten sich der islamischen Kultur schon allein durch die gelegentliche Benutzung des Albanischen. Kostandin Kristoforidhi übersetzte in der zweiten Hälfte des 19. Jahrhunderts das Neue Testament für beide albanischen Dialektgruppen, Gegisch und Toskisch.

In der muslimisch geprägten Kultur entstanden bereits Gedichte, die die Liebe oder, wie Muçi Zade 1725, den Kaffee beschrieben. Seine Textzeile ›Herr, lass uns nicht ohne Kaffee‹ (›Imzot, mos na lerë pa kahve‹) kennzeichnet den Stellenwert des neuen Erfrischungsgetränks. Als Schrift wurde in den katholischen Regionen das lateinische Alphabet, in der islamischen Literatur die arabischen Schriftzeichen verwendet.

Da das Osmanische Reich in seiner immer schwächer werdenden Position die Verbreitung von Literatur in seinen Provinzen fürchtete und verbot, trafen sich die Intellektuellen in Zentren außerhalb des albanischen Sprachraums. Dazu gehörten Rumänien, Italien, die USA und Istanbul. Gerade im Zentrum des Reiches, in Istanbul, konnten Albaner ungehinderter ihrer publizistischen Arbeit nachgehen als zu Hause. Die albanische Exilliteratur besitzt jedoch schon weit längere Traditionen. Im heutigen Italien konnte wesentlich mehr gedruckt und geäußert werden als im osmanischen Teil Europas. Die Erinnerung an den Kampf der Christen gegen die Osmanen unter Skanderbeg wurde besonders in Süditalien am Leben erhalten. Marin Barleti (1450–1512) ließ zwischen 1506 und 1510 in Rom die Skanderbeg-Biographie (›Historia de vita et gestis Scanderbegi Epirotarum principis‹) drucken, die neben vielen europäischen Sprachen 1533 auch ins Deutsche übersetzt wurde.

19. Jahrhundert

Im 19. Jahrhundert knüpft Jeronim (ital.: Girolamo) De Rada (1814–1903) an den Skanderbeg-Kult an. In seinen weiteren Werken ließ er die real noch nicht vorhandene Landkarte Albaniens zumindest literarisch entstehen und unterstützte von Italien aus die Rilindja-Prozesse (→ S. 41), die Nationsbildung Albaniens. Durch die kulturellen Beziehungen zum restlichen Europa entstanden in Italien albanischsprachige Werke, die den großen europäischen Stilrichtungen zugeschrieben werden. Zu den Romantikern gehörten Schriftsteller, die Lyrik, aber auch andere Gattungen hervorbrachten. Andere standen an der Schwelle zur modernen albanischsprachigen Literatur wie Zef Skiroi (ital.: Giuseppe Schirò, 1865–1927), der mit seinen neoklassischen Werken patriotische Denkanstöße für die Albaner im Osmanischen Reich lieferte.

Im Osmanischen Reich wurde die albanischsprachige Literatur während der Zeit der Rilindja (→ S. 41) durch die romantische Bewegung in Europa geboren. Die Voraussetzungen waren schlecht. Den Muslimen im Osmanischen Reich wurden nämlich Druckereien verboten, und im Gegensatz zu den christlichen Gemeinden wurde die Ausbildung eines Schulwesens, das auch die nationalen Bestrebungen unterstützte, nicht verfolgt, da die Religion als alleiniger Bildungsträger angesehen wurde.

Die Schriftsteller der Rilindja-Bewegung setzen sich zum Ziel, den Kampf um Sprache und Unabhängigkeit kulturell zu unterstützen. Die wichtigsten Vertreter, die auch politisch auftraten, waren die Frashëri-Brüder. Als Schriftsteller tat sich Naim Frashëri (1846–1900) hervor, der Gedichte in den von seinem Bruder Sami verlegten albanischsprachigen Zeitungen in Istanbul veröffentlichte. Seine Bücher erschienen hingegen meistens in Bukarester Druckereien, wo durch ihn auch die ersten albanischen Lehrbücher für Grundschulen erarbeitet wurden. Diese waren im Osmanischen Reich verboten, auch wenn Naim Frashëri als Direktor der Zensurbehörde im osmanischen Ministerium für Volkserziehung die Verbote gelegentlich entschärfen konnte. Am Ende der osmanischen Herrschaft konnten knapp nach der Jahrhundertwende die ersten albanischen Theaterstücke aufgeführt werden.

20. Jahrhundert

Mit der Unabhängigkeit 1912 und 1920 änderten sich die Rahmenbedingungen für den Literaturbetrieb, da Albanisch den Rang der offiziellen Sprache erlangte. Die Themen der Literatur änderten sich zunächst wenig, doch verbesserte sich die Stilistik der Werke. Im Zusammenhang mit den Prozessen der Sprachenpolitik kam es zu Anstrengungen, eine neue vereinheitlichte schriftliche Hochsprache zu kodifizieren und verschiedene Institute für Sprache und Literatur zu gründen. Die albanische Nationalbibliothek in Tirana (Biblioteka Kombëtare e Shqipërisë) wurde im Dezember 1922 eröffnet und fungiert als Hauptsammlungsort aller Schriften auf Albanisch.

Aus der kleinen Menge von Autoren der Zwischenkriegszeit ragt der orthodoxe Geistliche Fan Noli (1882–1965) hervor. Anfänglich übersetzte er albanische Werke ins Griechische, ging dann in die USA und wurde zum ersten Bischof der unabhängig werdenden albanisch-orthodoxen Kirche. Er war Herausgeber verschiedener albanischer Zeitungen in den USA. Seine Hauptleistung für die Entwicklung der albanischen Literatursprache waren Übersetzungen einiger Stücke Shakespeares sowie des ›Don Quixote‹ von Miguel de Cervantes. Völlig desillusioniert von den Entwicklungen Albaniens nach 1920 und seiner kurzzeitigen Funktion als Ministerpräsident, veröffentlichte er nach dem Zweiten Weltkrieg Gedichte, in denen seine Enttäuschung zum Ausdruck kommen.

Der Franziskaner Gjergj Fishta (1871–1940) aus Nordalbanien ging als der wichtigste Vertreter der Zwischenkriegsautoren in die Literaturgeschichte ein.

Höhepunkt seines Schaffens war das Epos ›Laute des Hochlands‹ (Lahuta e malcís), in dem er den albanischen Kampf um die Unabhängigkeit des 19. und frühen 20. Jahrhunderts beschreibt. Das Werk ist eine albanische Antwort auf das Epos ›Der Bergkranz‹ des montenegrinischen Fürsten Petar Njegoš Petrović. Trotz der vielfältigen südslawischen Inspirationen, die der Autor erfuhr, ist das Werk in hohem Maße antimontenegrinisch. Durch seine kraftvolle Sprache erlangte Fishta den Beinamen ›Albanischer Homer‹. Er trug dazu bei, dass nachfolgende Schriftsteller den nordalbanischen, gegischen Dialekt in ihren Schriften stärkten. Nach dem Zweiten Weltkrieg wurden Fishtas Leistungen für die albanische Literatur aufgrund seiner katholischen Religionszugehörigkeit degradiert. Die Rehabilitierung des Autors erfolgte besonders in Nordalbanien erst nach 1990.

In den 1930er-Jahren begründeten einige Schriftsteller die albanische Moderne durch politisch links orientierte Gedichte und existenzialistische Prosa und nahmen Impulse aus der westlichen Welt stärker auf. Mit dem Übergang zum Sozialismus ab 1944 flohen viele Schriftsteller aus Albanien. Die nordalbanischen, katholischen Autoren wurden in den Säuberungsaktionen unter Enver Hoxha und Mehmet Shehu besonders hart bestraft. Die Werke, die nach 1945 entstanden, waren Zwangsehen aus Literatur und marxistisch-leninistischer Lehre. Im Nachkriegstheater dominierte die während des Zweiten Weltkriegs entstandene Form des Partisanentheaters, die Stücke wurden auch in den Gefängnissen gespielt. Die Ensembles der Partisanentheater bildeten nach dem Krieg die Grundlage für die Wiedereröffnung der Theater in den Städten.

Der politische Bruch mit der Sowjetunion 1961 beendete auch die ausschließliche Produktion maßgeschneiderter Werke des Sozialistischen Realismus sowjetischer Prägung und führte zu Themenerweiterungen, besonders in der Prosa. Der als bedeutendster Schriftsteller Albaniens gefeierte Ismail Kadare (geb. 1936) begann in dieser Zeit mit der Veröffentlichung seiner Bücher. Ismail Kadare schrieb zahlreiche Bücher, von denen auch viele wurden ins Deutsche übersetzt. Von keinem anderen albanischen Autoren steht eine größere Werkschau zur Verfügung, Kadare ist auch der einzige Schriftsteller Albaniens, der international bekannt wurde. Die Auswahl verschiedener historischer Themen und die Rahmenhandlungen in den Werken Kadares ermöglichen den Lesern eine Annäherung an die albanische Geschichte und Mentalität.

Herrenzimmer in Ismail Kadares Geburtshaus in Gjirokastër

Aus der gleichen Generation wie Kadare stammt Dritëro Agolli (1931–2017), dessen Werk nicht umfassend ins Deutsche übersetzt worden ist. Er war ein Vertreter des Sozialistischen Realismus, in der Volksrepublik hatte er den Vorsitz des Schriftsteller- und Künstlerverbandes inne. Agolli machte im Gegensatz zu Kadare auch nach 1990 keinen Hehl aus seiner Überzeugung.

Das Schreiben im Exil gehörte auch bis 1990 zu einem großen Teil zur Kultur der albanischen Literatur. Viele Autoren emigrierten nach Deutschland oder in die USA. Der Schriftsteller Martin Camaj (1925–1992) arbeitete von 1971 bis 1990 als Professor für Albanologie an der Ludwig-Maximilians-Universität München. Ein anderer Autor war Arshi Pipa (1920–1997), der bis zu seinem Tod in Washington lebte und viele Studien über die albanische Literatur veröffentlichte, die auf Englisch zugänglich sind. Pipa ist in Albanien kaum bekannt.

Denkmal für Martin Camaj vor der Universitätsbibliothek in Shkodër

Nach der Wende kam es zu einer Öffnung des Literaturmarktes, und die ehemals nur drei Verlage bekamen starke Konkurrenz. Es folgte auch eine Debatte, wer die Deutungshohheit besitze, sich mit Themen aus der Zeit zwischen 1944 und 1990 literarisch auseinanderzusetzen. Einige Stimmen unterstrichen dabei sehr die Repressionen, die sie erleiden mussten. Es setzte auch eine Kritik an den Schriftstellern ein, die vor 1990 erfolgreich waren. In den Fokus geriet dabei besonders Ismail Kadare, der auch von Arshi Pipa aus den USA heftig angegriffen und als ›Hofschreiber Hoxhas‹ bezeichnet wurde. Vielleicht steckte hinter den Anfeindungen auch Neid, da alle albanischen Exilautoren im Gegensatz zu anderen südost,- mittel-, und osteuropäischen Autoren, unter ihnen Dževad Karahasan, Pavel Kohout oder Alexander Solschenizyn, weder im Exil noch im Nachwende-Albanien große Erfolge feiern konnten.

Ein in Albanien bekanntes Opfer der Internierung unter Hoxha ist bis heute der sehr agile Menschenrechtler und Schriftsteller Fatos Lubonja (geb. 1951). Seine Berichte aus den Straflagern wurden bisher nur ins Englische übersetzt.

Zeitgenössische Literatur

Zur gegenwärtigen Generation albanischer Schriftsteller gesellen sich auch albanischsprachige Autoren aus anderen Ländern wie der 1970 im Kosovo geborene Beqë Cufaj, der nach dem Studium nach Deutschland zog. Die Erfahrungen aus beiden Ländern verarbeitet er in seinen Werken, die zum Teil auf Deutsch vorliegen. Cufaj veröffentlicht auch in deutschsprachigen Zeitungen und seine Beiträge erscheinen im deutschsprachigen Rundfunk. Ein sehr lesenswertes Buch ist ›projekt@party‹, in dem er das Vorgehen der ausländischen Vertreter und internationalen Organisationen im Kosovo beschreibt, ohne dass er das Land im Buch jemals nennen würde.

Auf Deutsch liegt auch das Buch ›Das Dorf der verfluchten Kinder‹ von Kim Mehmeti (geb. 1950) vor. Mehmeti ist ein albanischsprachiger Autor aus Nordmazedonien, der in diesem Buch Erfahrungen aus dem Zusammenleben von Albanern und Mazedoniern in einem abgelegenen Bergdorf auf sehr bedrückende Weise beschreibt. In Italien lebt und schreibt Mimoza Ahmeti (geb. 1963), die sich für die Rolle der Frauen interessiert und sich dafür einsetzt, dass diese im heutigen Albanien eine beachtete Stellung einnehmen. Auf Deutsch liegt ihr Roman ›Milchkuss‹ vor.

Ein großartiges Netzwerk für Literatur und Bücher ist ›Traduki‹ mit Sitz in Berlin geworden. Es fördert Übersetzungen von Belletristik, Sachbüchern sowie Kinder- und Jugendliteratur aus Südosteuropa, Griechenland ausgenommen. Es gibt den literarischen Werken und Schriftstellern aus Ländern wie Albanien, Bulgarien, Rumänien und allen Nachfolgestaaten Ex-Jugoslawiens die Möglichkeit, verstärkt auf dem deutschsprachigen Buchmarkt in Erscheinung zu treten. Traduki bemüht sich, die Autoren aus den verschiedenen Ländern miteinander in Kontakt zu bringen. Als große Plattform dient dafür jedes Jahr die Leipziger Buchmesse. Sie tritt als aktiver Partner in dem Netzwerk auf, neben den Kultur- und Bundesministerien aller genannter Länder sowie Vertretungen aus Deutschland, Liechtenstein, Österreich und der Schweiz.

Nichtalbanische Autoren

Nichtalbanische Autoren begannen im 19. Jahrhundert über Albanien zu schreiben. Allen voran waren es britische Reisende, die die ersten literarischen Zeugnisse lieferten. Lord Byron (1788–1824) besuchte 1809 Albanien und schwärmte in Briefen und in seinem Reisetagebuch ›Childe Harold's Pilgrimage‹ von den Menschen, Landschaften und Städten Albaniens.

Bis heute wird die britische Autorin Edith Durham (1863–1944) in Albanien und im Kosovo verehrt, da sie im frühen 20. Jahrhundert ein intensives und aus albanischer Sicht sehr positives Bild des Landes und seiner Menschen zeichnete. Ihre Schriften sind bis heute noch sehr gut zu lesen. Sie galt zu Lebzeiten als Pionierin, die die bis dahin unbekannte Bergwelt Nordalbaniens bereiste und viele Artikel für britische Zeitungen schrieb, in denen sie sich für die Staatsbildung Albaniens einsetzte.

Unter den deutschsprachigen Autoren ist der österreichische Diplomat Johann Georg von Hahn (1811–1869) für das 19. Jahrhundert bedeutend. Während seiner Aufenthalte im Osmanischen Reich lernte er Albanisch und gilt als Begründer der Albanologie. Er verfasste die ›Albanesischen Studien‹ und brachte griechische und albanische Märchen heraus.

Lord Byron in albanischer Kleidung

Ismail Kadare

Neben Skanderbeg und Mutter Teresa ist Ismail Kadare (geb. 1936) eine der bekannten albanische Persönlichkeiten. Als Schriftsteller hat er international Bekanntheit erlangt, so gewann er 2005 den Man Booker International Prize und ist Ritter der französischen Ehrenlegion; seine Bücher werden den Touristen in den wenigen Buchläden Albaniens oder auf dem Flughafen von Tirana angeboten, meist auf Englisch.

Geboren wurde Kadare in der südalbanischen Stadt Gjirokastër, in der auch Enver Hoxha zur Welt kam. Kadare selbst meint, besonders stolz auf die Bücher zu sein, die er im Sozialismus schrieb, da er damit den meisten Mut bewiesen habe. Auf der Oberfläche des Erzählten mag das etwas verwundern, denn Kadare gilt als Erzähler historischer Stoffe. Tief taucht er in die Geschichtswelt Albaniens ein und lässt kaum eine Nuance des Geschehenen aus. Wichtig ist aber das, was zwischen den Zeilen steht oder noch vielmehr, wie die historischen Umstände als Parallele zur sozialistischen Sphäre verstanden werden können. Es sind meist Geschichten, die in einem autoritären Setting angesiedelt sind, in denen Rückständigkeit, Unterdrückung, Freiheitskampf und die Suche nach Auswegen die Handlungen bestimmen. In den meisten Werken reisen Autor und Leser zurück in die Zeit des Osmanischen Reiches, zu dem Albanien bis 1912 gehörte.

Zu den letzten Übersetzungen ins Deutsche gehören drei Erzählungen, die unter dem Titel ›Schleierkarawane‹ neu veröffentlicht wurden, und der Roman ›Die Dämmerung der Steppengötter‹ (1978), in der Kadare einen starken autobiografischen Bezug herstellt. Es geht um die Maximen des Maxim-Gorki-Instituts in Moskau, an dem die sowjetischen Schriftsteller auf Linie gebracht wurden. Auch Kadare hatte am Institut studiert. In dem Roman geht es um das Schriftstellerdasein und den Kampf zwischen Ideologie und Individualität. Die Steppen sind sinnbildlich die Weiten Russlands und die Götter die Erschaffer des Sowjetreichs. Abhängigkeit, das gesellschaftliche Auf und Ab, Angst und Missgunst sind Themen des Romans ›Der Schandkasten‹ (1978), der eine stark literarisierte Bearbeitung vom Tod des albanisch-osmanischen Verwalters Ali Pascha Tepelena (→ S. 247) ist, den Sultan Mahmud II. 1822 köpfen ließ. Im Roman ›Die Pyramide‹ (1992) entflieht der Erzähler ins Reich der Pharaonen nach Ägypten, um wieder eine Parallele zu Albanien zu schaffen. Mit dem Roman ›Der zerrissene April‹ (1980) lieferte er fast eine Detailstudie der Sitten und Regeln der Blutrache in Nordalbanien.

Allen Geschichten und Erzählungen ist gemein, dass sie ein beengendes und düsteres Bild der Zustände zeichnen und einige der Hauptcharaktere in ihrem existenziellen und dialektischen Kampf um gesellschaftlichen Einfluss und Selbsterkenntnis ringen. Umbruchszeiten, die der Autor selbst erlebte, finden sich auch in seinem Oeuvre. Sie lesen sich sehr spannend, da das Geschehene nicht zeitlich allzu weit entfernt liegt und der autobiografische Anteil des Autors spürbar ist. Eines dieser Werke ist ›Der große Winter‹ (1977), in dem Kadare vom Bruch zwischen Albanien und der Sowjetunion erzählt. Kadare lässt seine eigenen Erfahrungen während seines Aufenthaltes am Maxim-Gorki-Institut während dieser Jahre einfließen. Im Buch ›Albanischer Frühling‹ (1991) offenbart der Autor in Form von journalistischen Berichten seine Gedanken zum Geschehen um das Jahr 1990, als in Albanien das sozialistische Regime zusammenbrach und Kadare im Pariser Exil lebte.

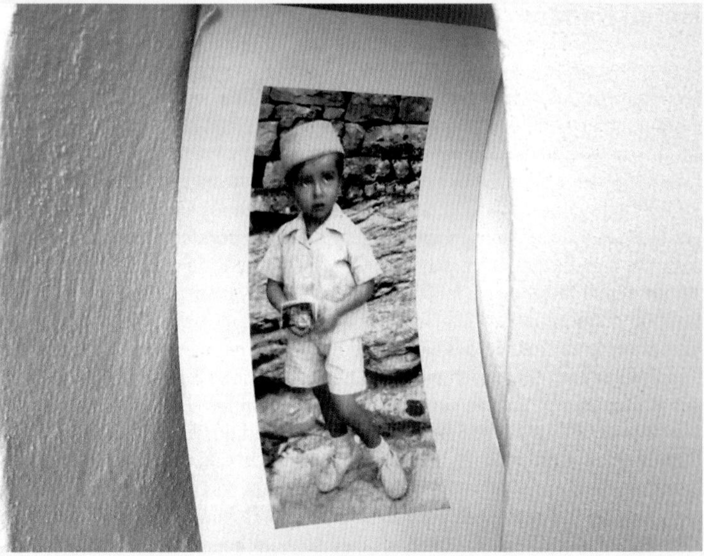

Kinderbild von Ismail Kadare

Kadares Werke wurden in beiden deutschen Staaten gedruckt und gelesen, obwohl die DDR nach dem Bruch Albaniens mit der Sowjetunion eher zurückhaltend auf alles Albanische reagierte. Nach Hoxhas Tod 1985 versuchte dessen Ehefrau Nexhmije Hoxha einen Kreis jüngerer Autoren um sich zu gruppieren, die im Ausland auf den größeren Literaturtreffen die Bedeutung Kadares schmälern sollten. Dieser begann der Staatschefin mit seinen zwar impliziten, jedoch scharfen Beobachtungen, unangenehm zu werden.

In den Jahren nach der Wende wurden diese Jungautoren, unter ihnen Besnik Mustafaj (geb. 1958,) in mehrere Sprachen übersetzt, aber sie alle verfassten laut dem kosovarisch-deutschen Schriftsteller Beqë Cufaj ›kraftlose Literatur‹. Nachdem Kadare sogar seine sämtlichen Verleger in Deutschland verloren hatte, besann man sich wieder auf ihn; mittlerweile werden seine Werke regelmäßig auf Deutsch veröffentlicht.

In gewisser Hinsicht ist Kadare ein typischer südosteuropäischer Schriftsteller seiner Zeit. Er nutzt gern das Historische, um seine Geschichten zu erzählen. Ähnlich arbeitete auch der mehr als 40 Jahre ältere Ivo Andrić (1892–1975) in Jugoslawien. Für seine Leistungen wurde Andrić mit dem Literatur-Nobelpreis geehrt. Kadare wurde immer wieder als würdiger Kandidat gehandelt, bekam diese Auszeichnung aber nie.

Kadares Geburtshaus in Gjirokastër wurde kürzlich renoviert und eröffnet. Die unterschiedlichen Ausstellungen beziehen sich auf Kadares Leben und Werk. Zusätzlich gibt es im Nationalhistorischen Museum in Tirana eine kleine Ausstellung zur Entwicklung des albanischen Schrift-, Zeitungs- und Buchwesens des späten 19. und frühen 20. Jahrhunderts.

Musik

Entsprechend der beiden großen Dialektgruppen, den Gegen im Norden und den Tosken im Süden, unterscheiden sich auch die Musikstile der beiden Landesteile stark voneinander. Die ›Grenzlinie‹ folgt grob dem Verlauf des Flusses Shkumbin.

Im Norden wurden die Lieder von der Lahute begleitet, einem einsaitigen Streichinstrument, das für ausländische Ohren ungewohnte und oft wenig angenehme Klänge hervorbringt. Die Themen der Lieder umkreisen die Tapferkeit der Männer, ihr Kampfverhalten und ihre Ehre. Sowohl inhaltlich als auch melodisch ist diese Musik mit den Klängen der traditionellen Lieder Montenegros und Ex-Jugoslawiens verwandt, die das einsaitige Instrument ›Gusla‹ nennen. Wer sich einen Eindruck verschaffen möchte, findet im Internet viele Videos mit Lahuta-Spielern. Vom Norden aus Richtung Osten verbreitete sich die Verwendung eines zweisaitigen Zupfinstruments, der Langhalslaute Çiftelia. Die größere Variante dieser Laute ist die Sharki. Musik, die mit diesen Lauten gespielt wird, verrät sehr stark ihre Herkunft aus dem Osmanischen Reich. Doch die albanische Musik erhielt auch aus anderen Regionen Impulse, aus Anatolien, Persien, manchmal sogar aus Nordafrika. Ein weiteres für die Gegen typisches Instrument war die Fyell, eine Flöte. Sie wurde meistens von Hirten benutzt.

Der Gesang der beiden Volksgruppen unterscheidet sich ebenfalls: Während die Gruppen im Norden entweder eine gemeinsame Stimme im Chor finden oder einen Solointerpreten hervorheben, wird im Süden ein mehrstimmiger Gesang, bevorzugt, den noch heute vielen Gesangsgruppen praktizieren. In Gruppen von mindestens vier Personen singt jeder Sänger einen eigenen Teil, wobei alle synchron singen und sich das ›Durcheinander‹ zu einem Ganzen entwickelt. In der Region des Küstenortes Himarë werden die eigentlich a cappella gesungenen Lieder auch von einem Instrument mit dem Namen Dyare begleitet, das den Wind imitieren soll.

Außerhalb Albaniens wurde diese Musik zuerst in Frankreich bekannt, wo 1934 in Paris die ersten Aufnahmen mit damals bekannten Musikern gemacht wurden. Die UNESCO setzte die iso-polyphonischen Gesänge 2005 auf die Liste der Meisterwerke des mündlichen und immateriellen Erbes der Menschheit. In und um Himarë und Gjirokastër ist es möglich, diese Musik zu hören, denn viele Gesangsgruppen pflegen das Erbe. Wer die Gesänge mit nach Hause nehmen möchte, kann sich im Land CDs kaufen.

Wie überall in Europa wurde auch in Albanien, im Norden wie im Süden, Dudelsack gespielt. Im Bereich der Pop-Musik ist das Repertoire breit gefächert. Sehr gern werden seit den letzten Jahren Elemente der traditionellen Musik und, wie überall in den Ländern des ehemaligen Osmanischen Reiches, orientalische Klangwelten eingespielt. Die Botschaften der Interpreten sind meist in einem ähnlichen Bereich anzusiedeln. In den Texten stehen Liebe und Musik hoch im Kurs, aber auch der Patriotismus und die Schönheit der Heimat werden gern besungen. Und auch im albanischen Rap gibt es weniger harte Formulierungen, wie sie in anderen Ländern üblich sind. Wer in die Welt der Lieder der letzten Jahre und Jahrzehnte eintauchen möchte, kann bei einer der vielen Hochzeits-

Obststand am Straßenrand

und Familienfeiern zuhören. Es ist auch üblich, dass eine Band auftritt und der Geräuschpegel sehr hoch werden kann und Unterhaltungen unmöglich macht. Und vielleicht kommt die Einladung zum Mittanzen?

Im April 2017 verstarb der Liedermacher Françesk Radi, der in den 1970er-Jahren verboten wurde, da er Lieder über die Liebe ohne politische Botschaften sang. Nach der Wende wurde er erneut mit seinen von der italienischen Schlagermusik beeinflussten Melodien beliebt und erfolgreich.

Essen und Trinken

Das Essen in Albanien ist abwechslungsreich, sehr gut und für Mitteleuropäer äußerst günstig. Die Ähnlichkeiten mit anderen Küchen Südosteuropas und der türkischen sind nicht zu übersehen und herausschmeckbar.

Unter Albanern fällt das Frühstück nicht besonders üppig aus. In Unterkünften bekommen die Gäste meistens ein Omelett oder Rührei mit Käse, Tomaten, Gurke und Käse. Dazu werden Brot, Butter und Marmeladen angeboten. Ab der Mittagszeit bis zum Abendessen kann warmes Essen gegessen werden. Es ist üblich, gemeinsam mehrere kleinere Gerichte zu bestellen, jeder bedient sich dann von Tellern oder Platten auf der Tischmitte selbst. Dadurch erhält man einen guten Überblick, was die Küche bietet. Es kommt eher selten vor, dass man eine Hauptspeise auf einem eigenen Teller serviert bekommt.

In der klassischen, albanischen Küche werden nicht viele Gewürze eingesetzt, und die meisten Speisen sind sehr mild. Es wird viel Gemüse verwendet, das auch ohne Fleisch serviert wird. Die Nachspeisen sind meistens sehr süß.

Getränke

Geht man mit Einheimischen in ein Restaurant oder ist man bei jemandem eingeladen, ist es üblich, zunächst einen Kaffee zu trinken. Dieser Kaffee ist zu Hause und außerhalb Tiranas oft ein türkischer Kaffee, *Kafe turke*. Etwas anders als in anderen südosteuropäischen Ländern wird der türkische Kaffee immer gleich vom Mokkakocher in eine Tasse umgeschüttet, und in der Regel bekommt man keinen Löffel, um den Kaffeesatz besser absinken zu lassen. Die Frage nach dem Löffel löst Befremden aus und gelegentlich den Vorwurf, die albanische Kultur nicht zu achten. Bei Stromausfall, was immer mal vorkommen kann, ist der türkische Kaffee die ersehnte Rettung, er wird dann auf einem Gaskocher zubereitet. Im Restaurant kann man meist auch alle anderen international bekannten Kaffeesorten bestellen. Bei Cappuccino wird oft nachgefragt, ob er mit Instantpulver oder mit ›richtigem‹ Kaffeepulver gewünscht wird. Das Instantpulver ist oft schon gesüßt, deshalb Obacht beim Nachsüßen. Zum Kaffee ist es nahezu unumgänglich, einen Schnaps, in Albanien meistens einen Obstler, zu trinken. Als Sammelbegriff dient hier das Wort *Raki*. Um zu spezifizieren, welche Sorte gemeint ist, muss zum Beispiel *Raki rrushi* bestellt werden, um den Traubenobstler zu bekommen, den die meisten Einheimischen gern trinken.

Da Albanien ein Gebirgsland ist, finden sich immer wieder Wasserquellen, an denen die eigene Flasche gut und kostenfrei aufgefüllt werden kann. Wer unsicher ist, ob es sich um Trinkwasser handelt, sollte einfach nachfragen. In eini-

Bier Marke Tirana

gen Orten kommt das Leitungswasser direkt aus den Bergen, zum Beispiel in Krujë. In vielen größeren Städten und in Tirana sollte das Leitungswasser nie getrunken werden. Wirklich frisches Wasser wird nur selten aus dem Hahn kommen, da das Wasser die meisten Stunden am Tag in Rückhaltebehältern in den Häusern aufbewahrt wird und nur selten frisch ist.

Eine Besonderheit ist Tee. Generell sind die Länder Südosteuropas Kaffeetrinkernationen. Tee gilt häufig als Mittel gegen verschiedenen Krankheiten. In Griechenland, Nordmazedonien und auch in Albanien ist auf den Märkten und in den Cafés Bergtee (*çaj mali*) zu finden (→ S. 24). Das in den Bergen gepflückte Eisenkraut wird als Hausmittel betrachtet, das beruhigend wirken soll.

Man mag denken, dass in einem mehrheitlich muslimisch geprägten Land Alkohol zumindest verpönt sein müsste. Nicht so in Albanien! Die Kultur ist wohl prägender als die Religion, dazu kommt die Nähe zur christlichen Umgebung, so dass Alkohol erlaubt ist. Bier (*birra*) bekommt man allerorts, die albanischen Marken sind ›Tirana‹, ›Elbar‹ und das wohl beste ›Korça‹. Frauen trinken fast nur in Tirana öffentlich Bier. Einheimischer Wein ist zu empfehlen; in den Restaurants gibt es auch Wein aus den Nachbarländern Griechenland, Italien und Kosovo zu trinken.

Salat und Vorspeisen

Menschen, die kein Fleisch essen, können oft aus einer größeren Auswahl vegetarischer Speisen auswählen. Als Salat kommt fast immer der sogenannter Griechische Salat (*sallate greke*) auf den Tisch, er besteht aus Gurke, Tomate, Paprika, Oliven und Schafskäse. Ein weiterer leckerer Salat ist der Wildkräutersalat (*sallate me lakra te egra*).

Dem Salat folgen die Vorspeisen: Dips mit Joghurt (*kos*) und Gemüse, Vorspeisenteller (*meze*) mit Aufstrichen, Käse und Brot.

Griechischer Salat

Eine Delikatesse: gegrillte Schafsköpfe

Hauptgerichte und Nachtisch

Hauptgericht oder Snack ist beispielsweise gebratenes Hackfleisch (*qofte*), mit Käse, Spinat und manchmal Hackfleisch gefüllte Teigtaschen (*byrek*) und Fleisch vom Grillspieß, in etwa dem Döner ähnlich (*sufllaqe*). Die Menschen in Albanien essen gern Brot zum Hauptgericht. In fast allen Restaurants mit albanischem Essen sind *Fërgesë Tirane* oder eine Abwandlung davon zu bekommen. Dabei werden Paprika und Tomaten mit salzigem Schafskäse in einer Form gebacken. Durch den Käse erhält das Gericht einen sehr würzigen Geschmack und ist auch für Vegetarier geeignet.

Typisch für den gesamten Balkan ist auf Holzkohle gegrilltes Fleisch. Von Schwein bis Lamm ist alles dabei. Der Kopf vom Lamm wird in Albanien als Delikatesse betrachtet und dem geschätzten Gast auch gern angeboten. Die Grundregel lautet: Ist das Auge geplatzt, ist der Schädel fertig. Auch Innereien stehen hoch im Kurs (*fërgesë verore*, *tavë dheu*, *tavë kosi*).

An der Küste gibt es unterschiedliche Salzwasserfische und Meeresfrüchte, im Hinterland eher Karpfen und Forellen. Froschschenkel werden auch häufiger angeboten, meist gegrillt.

Da viele Albaner seit 1990 in Italien und Griechenland gelebt haben, sind Rezepte aus beiden Ländern mitgebracht worden. Überall in Albanien sind Pizzerien und italienische Restaurants und an fast jeder Ecke ein Schnellimbiss mit griechischen Snacks zu finden.

Albaniens Landwirtschaft beliefert Märkte und Geschäfte gerade im Sommer und Herbst mit wunderbarem Obst und Gemüse, und auch Gewürze findet man auf den Basaren.

Süße Nachspeisen sind verschiedene Formen von Baklava (*bakllava*, *kadaif*, *sheqerpare*, *shëndetlie*), der Kuchen *Trileçe* mit Milch oder Reispudding (*syltjash*).

EXTRA

Rezepte

Qofte

Qofte ist die albanische Bouletten- oder Ćevapčići-Variante.

Zutaten: 2 Knoblauchzehen, 800 g Rinderhack, 400 g Kalbshack, 250 ml Fleischbrühe, 300 g fein gehackte Zwiebeln, Salz, Pfeffer, Rosenpaprika, Majoran, edelsüßer Paprika

Zubereitung: Den zerdrückten Knoblauch unter das Hackfleisch mischen und mit Salz, Pfeffer und Majoran würzen. Unter Zugabe der heißen Fleischbrühe die Masse vermengen und daraus Röllchen formen. Das geht am besten zwischen leicht befeuchteten Handflächen. Nun die Zwiebeln unter Zugabe des Paprikapulvers glasig anbraten. Danach die Fleischröllchen in die Pfanne geben und braten, bis sie durchgegart sind und braun werden. Serviert wird die Leckerei mit den Zwiebeln und zum Beispiel einem frischen Salat. Die Qofte lassen sich auch sehr gut auf dem Grill zubereiten.

Joghurt mit Roter Bete

Joghurt mit Roter Bete eignet sich sehr gut als Dip zu Qofte und passt perfekt zu gegrilltem Fisch oder Gemüse; auch als Brotaufstrich ist er ein Genuss. Allein die rosa-pinke Farbe ist beeindruckend.

Zutaten: 1 große Rote Bete, Joghurt (10% Fettgehalt), Zitrone, Salz, Pfeffer

Zubereitung: Die Rote Bete kann gekocht oder roh verwendet werden, beide Varianten finden sich in der albanischen Küche. Die Rote Bete möglichst fein reiben, mit dem Joghurt vermischen und mit Zitronensaft, Salz und Pfeffer abschmecken.

Fërgesë e Tiranës

Der albanische Gemüseauflauf ist ein typisches Gericht aus Tirana und wird vielerorts im Land angeboten.

Zutaten (für 2 Personen): 2 Tomaten, 5 Paprika, ½ TL Mehl, 200 g weißer Käse, in Albanien *Djath i bardhë*, außerhalb Albaniens kann Feta genommen werden, Öl, Salz, Pfeffer

Zubereitung: Den Ofen auf 200 °C vorheizen. Die Paprika in kleine Würfel schneiden und in Öl bei mittlerer Hitze dünsten, bis sie etwas weich werden. Tomaten und Käse ebenfalls in kleine Würfel schneiden. Den Käse und das Mehl in der Butter auf dem Herd schmelzen lassen, bis eine cremige Soße entsteht. Mit Pfeffer und Salz abschmecken. Das Gemüse mit der Käsesoße vermischen und in eine mit Öl ausgestrichene Auflaufform geben. 15–20 Minuten backen.

Gemüsevariationen

Gliko, süß eingelegte Früchte, und Schnaps

Trileçe

Sehr häufig gibt es in Albanien Kuchen und Süßes. Eine besondere Nachspeise ist dieser Milch-Biscuit-Karamell-Kuchen.

Zutaten: 8 Eier, 8 EL Zucker, 6 EL Mehl, 4 EL (gestrichen) Maismehl, 1 Dose gezuckerte Kondensmilch, 300 ml Kondensmilch, 10 % Fett, 400 ml Sahne, 500 ml Milch, 2 Packung Vanillezucker, 300 g Karamell-Soße (Dessert-Soße)

Zubereitung: Backofen auf 190° C vorheizen. Die Eier trennen und das Eiweiß steifschlagen, dabei langsam den Zucker zugeben. Zuerst das Eigelb, dann das Mehl (gesiebt) unter die Masse heben. Den Teig in die gefettete Form (ca. 25 x 30 cm) füllen und 30 Minuten backen. Beim Backen mehrmals nach dem Kuchen sehen, denn die Backzeit variiert von Herd zu Herd. Er ist fertig, wenn er goldbraun ist. Während der Teig im Ofen ist, wird die Milchsoße vorbereitet. Dazu die gezuckerte und die ungezuckerte Kondensmilch, Sahne, Milch und Vanillezucker vermengen. Wer ein paar Kalorien sparen will, ersetzt die Sahne durch Milch. Den Kuchen aus dem Ofen holen und mehrmals mit einem Zahnstocher einstechen. Nun den noch heißen Kuchen mit der Milchmischung übergießen. Wenn der Kuchen abgekühlt ist, muss er für mindestens zwölf Stunden im Kühlschrank ruhen. Dabei saugt der Teig die Milchmischung immer mehr auf. Kurz vor dem Servieren wird der Kuchen mit der Karamellsoße bestrichen.

Die mit Abstand lebendigste und westlichste Stadt Albaniens bietet neben einigen Museen vor allem Abwechslung durch das Nachtleben und Shoppingangebot, das es so in Albanien kein zweites Mal gibt. In den letzten 15 Jahren ist viel passiert: Die Stadt platzt aus allen Nähten und beeindruckt durch ihre bunten Fassaden und die Lebensfreude der Einwohner.

Blick auf Tirana

TIRANA UND UMGEBUNG

Tirana

Tirana ist die einzige wirkliche Großstadt Albaniens. Es geht recht turbulent zu, die Hauptstadt ist offener und kosmopolitischer als die anderen Städte des Landes. Auf den Straßen, die von engen, unübersichtlich wirkenden Gässchen bis zu breiten Alleen reichen, gibt es viel zu entdecken. Nur wenige Gebäude sind älter als 100 Jahre, an vielen Ecken wird heftig gebaut, viele Häuser sind bunt angemalt. Ein mehrtägiger Aufenthalt lohnt sich, um richtig in die Stadt einzutauchen und den vielen sehenswerten Museen einen Besuch abzustatten. Von Tirana aus kann man Tagesausflüge mit einem Auto oder Bus in Orte der näheren Umgebung wie Krujë (→ S. 156), Elbasan (→ S. 168) oder Durrës (→ S. 175) unternehmen.

Geschichte

Als Gründer Tiranas gilt Sulejman Pascha Bargjini, der ab 1614 eine Moschee, ein Hamam und Versorgungseinrichtungen bauen ließ. Die Stadt hatte bis ins 19. Jahrhundert die Funktion eines Marktfleckens an den Karawanenstraßen.

Die große Stunde für Tirana schlug 1920. Auf dem Kongress von Lushnja wurde Tirana zur Hauptstadt erkoren und 1925 als solche bestätigt. Andere Städte wie Durrës, Hafenstadt und damals größte Stadt Albaniens, oder Vlorë, Hauptstadt von 1912 bis 1920, gingen leer aus.

Das Stadtbild sollte der neuen Rolle Tiranas angepasst werden. Der erste Regulierungsplan von 1923 stammt aus der Feder von Estref Frashëri, wonach die ersten Abrisse kleiner Gebäude erfolgten und neben vielen neuen Objekten das Parlamentsgebäude entstand. In der Zwischenkriegszeit kam es durch Vermittlung des albanischen Königs Zog I. zu vielen Entwürfen und Realisierungen durch italienische Architekten. Der urbanistische Grundplan für Tirana mit dem Skanderberg-Platz als zentralem Ort wurde vom römischen Architekten Armando

Ministeriumsgebäude im italienischen Stil

▲ Karte S. 121

Brasini entworfen. Nachdem nicht alle Architekten die Entwürfe umsetzen konnten, gelang es ab 1929 den Mussolinitreuen Florestino Di Fausto und Vittorio Morpurgo, die wichtigsten Gebäude am Skanderbeg-Platz zu errichten. Di Fausto machte sich außerhalb Italiens einen Namen durch die Errichtung monumentaler Gebäude in Tripolis in Libyen, das von 1934 bis 1943 italienische Kolonie war. In Tirana realisierte Di Fausto die sechs Gebäude für Ministerien im Neorenaissancestil, das ehemalige Rathaus, an dessen Stelle heute das Nationalhistorische Museum steht, und die großen weiterführenden Hauptachsen. Alle

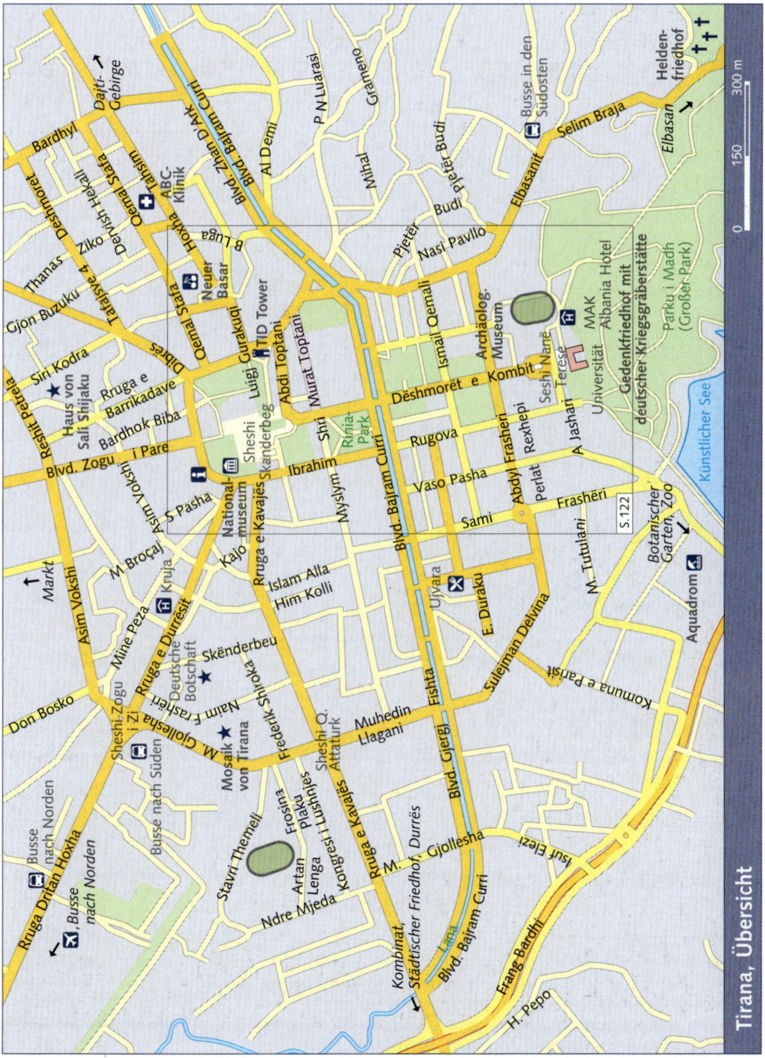

Tirana, Übersicht

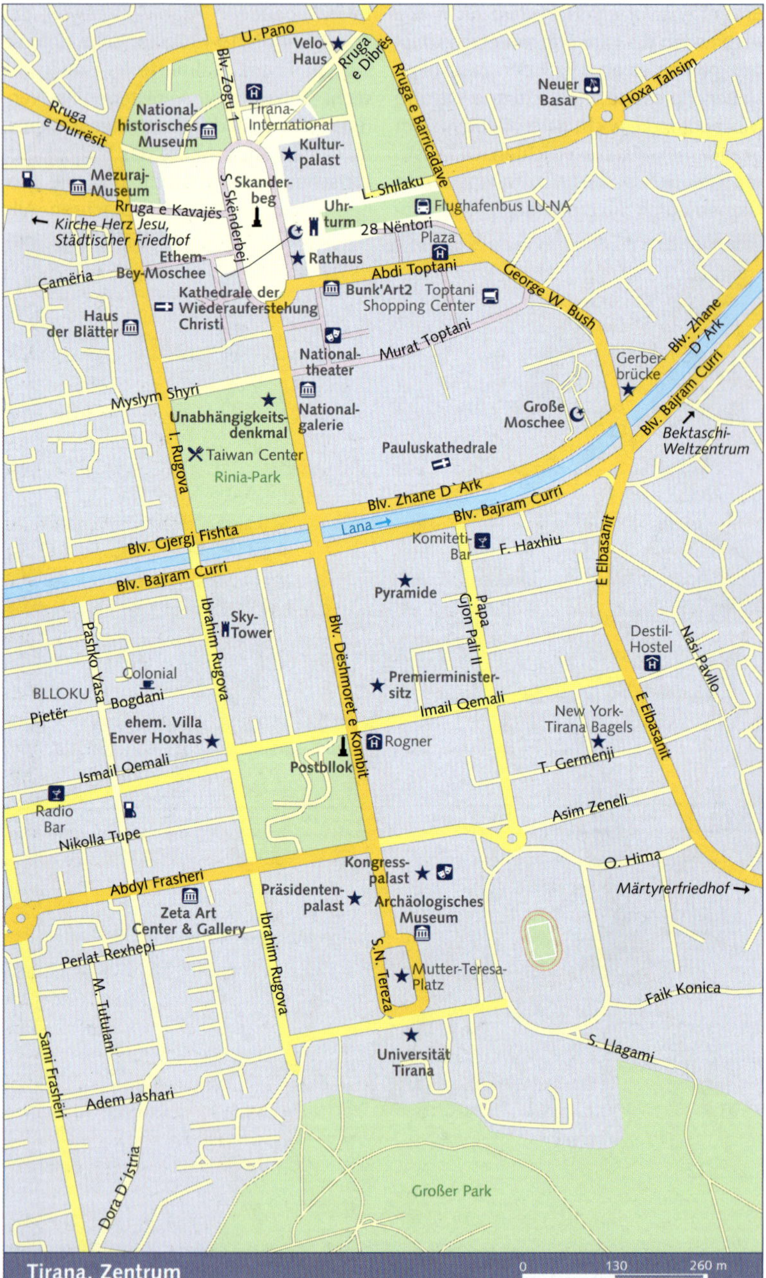
U. Pano
Velo-Haus
Rruga e Dibrës
Blv. Zogu 1
Rruga e Barricadave
Neuer Basar
Hoxa Tahsim
Rruga e Durrësit
Nationalhistorisches Museum
Tirana-International
Kulturpalast
Mezuraj-Museum
Skanderbeg
S. Skënderbej
L. Shllaku
Rruga e Kavajës
Uhrturm
Flughafenbus LU-NA
← Kirche Herz Jesu, Städtischer Friedhof
28 Nëntori
Plaza
Ethem-Bey-Moschee
Rathaus
Çamëria
Abdi Toptani
George W. Bush
Kathedrale der Wiederauferstehung Christi
Bunk'Art2
Toptani Shopping Center
Haus der Blätter
Murat Toptani
Blv. Zhane D`Ark
Nationaltheater
Gerberbrücke
Myslym Shyri
Nationalgalerie
Blv. Bajram Curri
Unabhängigkeitsdenkmal
Große Moschee
Bektaschi-Weltzentrum
I. Rugova
Taiwan Center
Pauluskathedrale
Rinia-Park
Blv. Zhane D`Ark
Blv. Bajram Curri
Lana
Blv. Gjergj Fishta
Komiteti-Bar
F. Haxhiu
E Elbasanit
Blv. Bajram Curri
Pyramide
Papa Gjon Pali II
Sky-Tower
Ibrahim Rugova
Blv. Dëshmoret e Kombit
Destil-Hostel
Nasi Pavllo
Pashko Vasa
Colonial
BLLOKU
Bogdani
Premierministersitz
Pjetër
Imail Qemali
E Elbasanit
New York-Tirana Bagels
ehem. Villa Enver Hoxhas
Rogner
Ismail Qemali
Postbllok
T. Germenji
Radio Bar
Asim Zeneli
Nikolla Tupe
O. Hima
Kongresspalast
Abdyl Frasheri
Präsidentenpalast
Archäologisches Museum
Märtyrerfriedhof →
Zeta Art Center & Gallery
Ibrahim Rugova
S.N. Tereza
Perlat Rexhepi
Mutter-Teresa-Platz
M. Tutulani
Faik Konica
Sami Frashëri
Universität Tirana
S. Llagami
Adem Jashari
Dora D´Istria
Großer Park
Tirana, Zentrum
0
130
260 m

weiteren öffentlichen Gebäude sind im neoklassizistischen Stil gehalten, die administrativ wichtigsten Gebäude wurden mit albanischem Marmor verkleidet. Am Rand gab es durchgehend Fußwege, und Bäume säumten die Straßen. Der italienische Einfluss ist bis heute unübersehbar. Durch den gezielten Ausbau erhielt Tirana im Osten ein neues Krankenhaus mit 300 Betten, das zur damaligen Zeit als eines der modernsten auf dem ganzen Balkan galt. Die Verbreitung des Kinos war in Südosteuropa vor dem Zweiten Weltkrieg nicht groß, aber auch an drei Kinos wurde bei der Stadtplanung gedacht. Ein Flughafen, Hotels, eines davon das ›Dajti‹-Hotel, und Fabriken bestimmten nun die größer werdende Stadt, die 1938 schon 38 000 Einwohner zählte.

Das Land war im Grunde bereits ein italienisches Protektorat, als 1939 die italienischen Truppen einfielen, denen ab 1943 die Deutschen folgten. Die Gestapo trieb ihr Unwesen auch in Tirana; ihr ehemaliges Hauptquartier ist heute ein Museum (→ S. 140). Mit der Befreiung vom Faschismus begann in Albanien unter Führung der Kommunistischen Partei ein Kult um die Partisanen und Antifaschisten, und die neue Staatsform hinterließ bleibende Spuren im Stadtbild. Auf einem Rundgang zum Erbe der sozialistischen Architektur und Kunst kann dieser Abschnitt der Tiranaer Stadtgeschichte sehr gut nachvollzogen werden (→ S. 132).

Die Jahre nach 1990 brachten für Tirana und seine Bewohner viele Veränderungen. Die Stadt droht durch die Landflucht der Albaner aus allen Nähten zu platzen. 1990 hatte die Stadt noch rund 250 000 Einwohner, heute sind es über 600 000, im dicht besiedelten Umland erreicht die Region sogar eine Einwohnerzahl von 800 000 Menschen. Besonders während der Regierungszeit Sali Berishas (2005–2013) wurde vielen Menschen aus Nordalbanien eine bessere Zukunft in der Hauptstadt versprochen, wodurch die Bewegung vom ländlichen Raum nach Tirana noch stärker zunahm. Die Infrastruktur ist nicht mitgewachsen. Am besten lässt sich dieser Prozess entweder in den zentrumsnahen, kleinen und engen Straßen oder in den neuen Vierteln am Stadtrand beobachten. Die Straßen in Zentrumsnähe wurden mit kleinen privaten Häusern zugebaut, die von hohen Mauern umgeben sind. Weder verkehrspolitisch noch städtebaulich ergibt so etwas viel Sinn. Gegenwärtig werden Maßnahmen ergriffen, die Straßen zu verbreitern, die hohen Mauern abzureißen und durch niedrigere Eingrenzungen zu ersetzen.

Der ehemalige Bürgermeister Tiranas und spätere Ministerpräsident Edi Rama (→ S. 56) sorgte dafür, dass mit viel bunter Farbe eine lebhafte Häuserlandschaft entstanden ist, die zum Markenzeichen Tiranas geworden ist.

In Tirana treffen sich Albaner aus allen Teilen Albaniens und des Kosovos. Städtebaulich zeigt sich diese Entwicklung im Neubau religiöser Gebäude aller wichtigen Religionen, also des Katholizismus, der Orthodoxie, des Islams und des Bektaschi-Ordens.

Rund um den Skanderbeg-Platz

Der **Skanderbegplatz** (Sheshi Skënderbej) wurde 1930 als zentraler Platz mitsamt den breiten, sich an ihn anschließenden Straßen angelegt. Noch im Sozialismus war er das eigentliche Zentrum der Stadt. Die Bevölkerung hat sich allerdings mittlerweile das Block-Viertel (Blloku) erobert, das zum Mittelpunkt des städtischen Lebens wurde.

Von 2016 bis 2017 wurde der Skanderbeg-Platz völlig umgebaut und verkehrsberuhigt. Ein ehrgeiziges Projekt verwan-

Ethem-Bey-Moschee, Uhrturm und Rathaus

delt den ehemals verkehrsreichen Ort in eine parkähnliche, autofreie Zone. Die verschiedenen Steine aus allen Regionen Albaniens sollen die nationale Einheit symbolisieren. Nun genießen Kinder an heißen Sommertagen die Abkühlung aus 100 Wasserstrahlen, Baumgruppen und Ruheplätze ziehen die Menschen an. Am Abend füllt sich der Platz, gelegentlich gibt es Shows oder Musikinstallationen. Das **Skanderbeg-Denkmal** in der Mitte des Platzes zeigt den Volkshelden (→ S. 163) zu Pferd. Es wurde 1968 aufgestellt, um an den 500. Todestag Skanderbegs zu erinnern. Der Bildhauer Odhise Paskali – hier hat er mit Andrea Mano und Janaq Paço zusammengearbeitet – ist verantwortlich für sehr viele solcher Denkmäler.

Um den Platz gruppieren sich fast ausschließlich öffentliche Gebäude. Das **Nationalhistorische Museum** (→ S. 132) im Norden des Platzes ist leicht an seinem großen Wandmosaik zu erkennen. In acht Pavillons wird die Geschichte Albaniens dargestellt. Auf der Ostseite steht der **Kulturpalast** (→ S. 132). Für Besucher ist sicher das auf der südöstlichen Seite des Palastes gelegene **Nationaltheater** am interessantesten, das aber nach den großen Rekonstruktionen voraussichtlich erst 2020 wiedereröffnet wird. Aufgeführt werden internationale und klassische Stücke. Direkt neben dem Kulturpalast stehen auf der Ostseite die Relikte Tiranas aus dem 19. Jahrhundert. Um die Ethem-Bey-Moschee und den Uhrturm gruppierten sich ursprünglich der Markt und das Zentrum des Ortes, bevor ab 1930 der Skanderbeg-Platz angelegt wurde. Die **Ethem-Bey-Moschee** (Xhamia e Et'hem Beut, → S. 128) ist eines der schönsten Beispiele für bunt bemalte islamische Gotteshäuser.

Der **Uhrturm** (Kulla e Sahatit) neben der Moschee wurde von Haxhi Ethem Bey und den damals reichsten Familien Tiranas zwischen 1821 und 1822 gebaut. Heute fast nicht mehr vorstellbar ist, dass der 35 Meter hohe Turm bis 1970 Tiranas höchstes Gebäude war. 2010 wurde der Turm mit Geld der US-Botschaft saniert, und es wurde ein kleines Museum eingerichtet. Zu den Öffnungszeiten kann man von der Balustrade des Turms auf die Umgebung herunterschauen.

Im Süden des Skanderbeg-Platzes liegen die Regierungsgebäude, die verschiedene Ministerien und das heutige **Rathaus** Tiranas beherbergen. Der italienische Architekt Vittorio Morpurgo brachte mit diesen gelb-rötlichen Gebäuden mit grünen Fensterläden die Architektursprache seiner eigenen Heimat nach Tirana. An einigen Gebäuden wurden Darstellungen von Skanderbeg mit seinem Ziegenhelm angebracht, um ein albanisches Element einzufügen. Im Gebäude des Innenministeriums befand sich bis zum Zusammenbruch der Volksrepublik die Hauptstelle

▲ Karte S. 122

der albanischen Staatssicherheit Sigurimi. Hinter diesen Gebäuden befindet sich das erst im November 2016 eingerichtete Museum **Bunk'Art2** (→ S. 140). Der Eingang ist ein alter Bunker und somit leicht zu entdecken.

■ Neuer Basar

Vom Skanderbeg-Platz ist es nur ein kurzer Spaziergang in östliche Richtung über die Rruga Luigj Gurakuqi zum **Neuen Basar** (Pazari i Ri). Zwar lassen sich in der ganzen Stadt kleinere Obst- und Gemüsestände finden, doch ist hier alles besonders ansprechend aufgebaut. Die Produktpalette wird in den umliegenden Geschäften durch Bäckereien, Fleisch- und Fischgeschäfte sowie Blumenhändler erweitert.

Weiter südlich schließt sich eine von Tiranas wenigen Fußgängerzonen an. Auf der **Shëtitorja Murat Toptani**, die im Oktober 2011 eingeweiht wurde, befinden sich einige Cafés und Souvenirläden, die sogenannte **Burg von Tirana** und das **Nationaltheater**. Am östlichen Ende der Murat Toptani gibt es einige architektonisch herausstechende neue Gebäude. Direkt an der Promenade steht das **Toptani Shopping Center** mit seiner geschwungenen Fassade. Hinter dem Komplex steht eines der spektakulärsten Hochhäuser ganz Südosteuropas, der **TID Tower**, mit 85 Metern das höchste Bauwerk Albaniens. In dem Gebäude hat das **Plaza Hotel** sein Domizil gefunden. Der 2007 begonnene Bau nach Plänen eines belgischen Architekturbüros ist nach langem Stillstand schließlich 2016 fertiggestellt worden. Ein Blick vom Fuß des Gebäudes an der Fassade entlang nach oben zeigt die Raffinesse dieser Konstruktion. Das Haus wird nach oben ein Stück breiter, und die vorgehängten plastischen Elemente scheinen die gesamte Fassade in Bewegung zu versetzen. Am Eingang an der Rruga 28 Nëntori wurde die Fassade des Hotels eingeschnitten und mit Gold angestrichen, um das **Grab von Kapllan Pascha** einzubinden, einem osmanischen Verwalter von Tirana Anfang des 19. Jahrhunderts. Dieses Grab ist das einzige Überbleibsel eines im Zweiten Weltkrieg zerstörten Friedhofs.

Der Neue Basar

Der ehemalige Hauptsitz der faschistischen Partei, heute die Universität von Tirana

Hinter der Rruga George W. Bush gelangt man auf einer weiteren autofreien Straße in Richtung des Flusses Lana zur **Gerberbrücke** (Ura e Tabakeve). Heute ausschließlich als Fußgängerbrücke genutzt, war sie seit dem 18. Jahrhundert Teil der Karawanenstraße, die Tirana mit dem östlichen Hochland verband. Die Brücke erhielt ihren Namen von den in der Nähe arbeitenden Gerbern.

Bei einem Spaziergang zurück führt der Weg parallel zum Flüsschen Lana. An der Ecke Rruga George W. Bush/Bulevardi Zhan D'Ark entsteht die **Große Moschee** (Xhamia e Madhe, → S. 128), die größte Moschee Südosteuropas. Auf dem Boulevard am Fluss folgt die katholische **Pauluskathedrale** (Katedralja e Shën Palit), ein Neubau von 2002 (→ S. 129).

■ Rinia-Park

Diese Parkanlage wurde in ihrer heutigen Form von Edi Rama angelegt, als er noch Bürgermeister Tiranas war. Das einzige Gebäude im Park ist das **Taiwan Center**. Es umfasst ein Casino, Café und Restaurant und erfreut sich großer Beliebtheit. Am Staatsfeiertag und 100. Jahrestag der Unabhängigkeit Albaniens vom Osmanischen Reich, dem 28. November 2012, wurde das **Unabhängigkeitsdenkmal** eingeweiht, in Erinnerung an Albaniens unabhängiges Jahrhundert und die schwierigen Zeiten und vielen Kriege. Symbolisch bricht ein nordalbanischer Wohnturm (Kulla) auf, und der Blick ins Innere wird frei. Im Inneren sind ein albanischer Adler und eine Gravur der Unabhängigkeitserklärung zu sehen. Die Außenverkleidung der Stahlkonstruktion besteht aus Bronze, die Platten im Inneren sind aus Messing. Die beiden Münchner Architekten Kai Kiklas und Visar Obrija, der aus dem Kosovo stammt, gewannen den Wettbewerb um die Gestaltung dieses Denkmals. Gegenüber dem Park liegt die sehenswerte **Nationalgalerie** mit einer umfangreichen Sammlung von Gemälden aus der sozialistischen Epoche Albaniens (→ S. 134). Zwischen dem Skanderbeg-Platz und dem Rinia-Park steht die orthodoxe **Kathedrale der Wiederauferstehung Christi** (Katedralja e Ringjalljes së Krishtit, → S. 130). Der Zufall wollte es, dass die 2012 eröffnete Kathedrale neben der Parteizentrale der Sozialistischen Partei (Partia Socialiste e Shqipërisë) liegt, die aber heute anders als vor 1991 als tolerant angesehen werden kann.

▲ Karte S. 122

Block-Viertel

Südlich des Flusses Lana schließt sich das Block-Viertel (Blloku) an. Bis in die 90er-Jahre kannten die normalen Albaner dieses Viertel nicht, denn es war Mitgliedern des Politbüros vorbehalten. Nach dem Systemwechsel eroberten sich die Einwohner diesen Teil der Stadt zurück, der mit vielen Restaurants, Bars und Geschäften vor allem bei jungen Menschen beliebt ist.

Rund um den Mutter-Teresa-Platz

Der **Premierministersitz** (Selia e Kryeministrisë) auf dem Bulevard Dëshmoret e Kombit wurde im Auftrag der albanischen Königsfamilie (König Zog I.) vom italienischen Architekten Gherardo Bosio ab 1936 gebaut. Da die königliche Familie 1939 nach der italienischen Okkupation Albaniens nach Griechenland floh, erlebte sie die Fertigstellung des Gebäudes nicht mehr. Seit 1945 dient das Gebäude als Sitz des Premierministers. Rechts neben dem Eingang zieren noch Insignien des Sozialismus, Reliefs von Arbeitern und Bauern, den Bau.

Das Südende des Hauptboulevards, der heutige Mutter-Teresa-Platz (Sheshi Nënë Tereza), wurde mit dem Hauptsitz der faschistischen Partei bebaut. In diesem Gebäude ist heute die **Universität Tirana** untergebracht. Auf der Ostseite des Platzes folgen Gebäude mit Kolonnaden, die zum Stadioneingang führen, erbaut im italienischen Stil der 1930er-Jahre. Etwas versteckt liegt dahinter das **Archäologische Museum** (→ S. 138). Auf der westlichen Seite wurde ein Konzertsaal hinzugefügt, das heute die **Kunstakademie** beherbergt. Dieser Platz ist in seiner Gestaltungsweise altrömischen Plätzen nachempfunden worden.

Mutter Albanien auf dem Märtyrerfriedhof

Die bunten Farben von Tirana

Im Osten und Süden Tiranas

Es lohnt sich aus mehreren Gründen, in den Osten der Stadt zu fahren. Eines der eindrucksvollsten modernen Museen entstand in einem vor der Öffentlichkeit im Sozialismus geheim gehaltenen Bunker. **Bunk'Art** (→ S. 140) präsentiert die Geschichte der totalitären Regimes im Zweiten Weltkrieg und im Sozialismus, unterstützt durch Geräusch- und Videoinstallationen sowie Kunstwerken. Gleich nebenan befindet sich die **Talstation der Seilbahn** auf das Hausgebirge von Tirana, den **Dajti** (→ S. 151).

Ganz neu wurde östlich des Zentrums das **Weltzentrum der Bektaschi** eröffnet, das durch seine zentrale Halle, die Tekke und hochwertige Baumaterialien besticht (→ S. 131).

Im Süden von Tirana liegen einige ruhigere Gebiete. Im **Großen Park** suchen die meisten Großstädter Erholung, am Stausee sind vielfältige Spielplätze entstanden. An einer der höchsten Stellen des Parks liegt ein kleiner Gedenkfriedhof, der an gefallene deutsche Soldaten aus der Okkupationszeit von 1943 und 1944 erinnert. Neben dem Großen Park liegt der **Märtyrerfriedhof Varrezat e Dëshmorëve** mit einer großen Figur der **Mutter Albanien** in der Mitte. Von hier aus bietet sich ein toller Blick auf die Stadt. Dieser Friedhof ist gleichzeitig ein Stück Geschichte des Landes seit dem Ende des Zweiten Weltkriegs. Er wurde ursprünglich für Partisanen angelegt, die im Zweiten Weltkrieg gegen die Besatzungsmächte kämpften. Nach seinem Tod wurde Enver Hoxha auf dieser Anlage beigesetzt, nach der Wende jedoch auf den zweiten, den Städtischen Friedhof umgebettet.

Religiöse Gebäude

■ Ethem-Bey-Moschee

Die Ethem-Bey-Moschee (Xhamia e Et'hem Beut) blieb sowohl von den Umbauplänen der italienischen Architekten als auch im Sozialismus unberührt, zu dieser Zeit wurde sie sogar unter Denkmalschutz gestellt. Der Bau der Moschee begann laut einer Inschrift 1794 unter Molla Bey und wurde 1821 durch seinen Sohn Haxhi Ethem Pascha beendet. Ab 1967 blieb auch diese Moschee verschlossen, wurde aber nicht umgenutzt. Noch bevor das Regime fiel, wurden die Türen am 18. Januar 1990 geöffnet und der erste Gottesdienst abgehalten. Er steht symbolisch für die Wiederbelebung der religiösen Traditionen in Albanien. Der kleine Innenraum der Ethem-Bey-Moschee fasst nur etwa 60 Gläubige, weshalb auch der Vorraum für Gebete genutzt wird. Um die Straßengeräusche zu dämpfen, sind große Glasscheiben zwischen die Pfeiler eingezogen worden. Im Verlauf der Umbauarbeiten des Skanderbeg-Platzes und der Atheismus-Kampagne verlor die Moschee ihren Brunnen und die Waschräume, die eigentlich zwingend zu einer Moschee gehören. Besonders sehenswert sind die **Malereien** in der Ethem-Bey-Moschee. In Südosteuropa und besonders in den albanisch geprägten Gebieten sind Moscheen mit Darstellungen orientalischer Städte und Pilgerorte wie Mekka und üppig rankenden Pflanzen und prallen Früchten typisch. In diese realistisch anmutende Malerei mischen sich Einflüsse des Barock und der venezianischen Malerei, die neben Portraits und Genredarstellungen besonders Stadtansichten, sogenannte Veduten, hervorbrachten.

Der Moscheeverwalter achtet sehr genau darauf, dass kein Schuh den Teppich berührt. In Fächern können die Schuhe abgestellt werden. Fotografieren ist erlaubt, oft wird sogar für die Besucher das Licht angeschaltet. Üblicherweise trinkt der Moscheeverwalter bis um zehn Uhr seinen Kaffee, weshalb nach dem Morgengebet bis zu dieser Zeit die Türen meist verschlossen sind. Bis 2020 bleibt die Ethem-Bey-Moschee aufgrund von Renovierungsarbeiten geschlossen.

■ Große Moschee

Pläne für eine große Hauptmoschee gab es in Tirana bereits seit 1920, die alte Ethem-Bey-Moschee war schon immer zu klein. In den Wohnvierteln gibt es viele, aber kleine Moscheen. Nach dem politischen Wandel 1991 sollte mit den Bauarbeiten einer neuen Moschee begonnen werden. Der Grundstein wurde schon vorsorglich am Parlament gelegt, doch der Neubau wurde abgelehnt. In

▶ Karte S. 122

Wandmalereien in der Ethem-Bey-Moschee

der Zwischenzeit bekam Tirana eine neue orthodoxe und katholische Kirche. Als Edi Rama (→ S. 56) noch Bürgermeister war, wurde diskutiert, ob eine neue Moschee am Skanderbeg-Platz gebaut werden soll. Unter den Projekten war auch ein futuristischer Bau der britisch-irakischen Architektin Zaha Hadid (1950–2016). Es dauerte bis 2013, bis die Regierung, die Stadt Tirana und die Muslimische Gemeinschaft Albaniens (Komuniteti Mysliman i Shqipërisë) eine Vereinbarung für den Bau der Großen Moschee (Xhamia e Madhe) trafen, wie sie genannt wird. Im Mai 2015 wurde im Beisein des albanischen Präsidenten Bujar Nishani und des türkischen Präsidenten Recep Tayyip Erdoğan der Grundstein zum Neubau einer Moschee gelegt. Neben der Muslimischen Gemeinschaft tritt auch das türkische Präsidium für Religionsangelegenheiten (Diyanet İşleri Başkanlığı) als Geldgeber auf, insgesamt fließen aus der Türkei 30 Millionen Euro für den Neubau nach Albanien. Für Erdoğan ist Albanien ein fester Bestandteil der islamischen Welt. Doch werden die islamischen Gebote in Albanien nicht ganz so streng befolgt: Kaum jemand besucht die Gottesdienste, viele Albaner mögen Schweinefleisch, und Alkohol wird auch nicht verschmäht. Mit der Großen Moschee wird nicht nur ein Raum für die mehrheitlich muslimischen Einwohner Tiranas gebaut, sondern mit dem Auftreten des türkischen Präsidenten wird auch die historische Verknüpfung mit dem Osmanischen Reich zelebriert und der neue türkische Einfluss sichtbar gemacht.

Die Konstruktion der Großen Moschee (auch Namazgja-Moschee) erinnert an die Bauweise in der Türkei. Bis zum Zweiten Weltkrieg besaßen Moscheen auf dem Balkan immer nur ein Minarett auf der rechten Seite. Um den Neubau in Tirana gruppieren sich vier Minarette mit 50 Metern Höhe. Für die Gläubigen sind zwei Gebetsräume vorgesehen, die 2000 und 2500 Menschen aufnehmen. Neben der Moschee entsteht ein **Museum des Zusammenlebens**, das die religiöse Koexistenz der verschiedenen Religionen in Albanien vorstellen möchte und wahrscheinlich auch die ›atheistischen‹ Jahre von 1967 bis 1990, als viele Gläubige verfolgt und umgebracht wurden, der Öffentlichkeit präsentieren wird.

Die Große Moschee soll bis Ende 2019 fertiggestellt sein. Verfolgt man die bisherigen Bautätigkeiten, so bestehen kaum Zweifel, dass dies gelingen wird.

Pauluskathedrale

Die katholische Gemeinde hatte in Tirana vor dem Zweiten Weltkrieg mehrere Kirchen. Neben der wichtigsten, der Kirche Herz Jesu, wurde eine Franziskanerkirche errichtet. Alle älteren Kirchengebäude wurden 1967 geschlossen und zweckentfremdet. Bei der Pauluskathedrale (Katedralja e Shën Palit) handelt sich um einen Neubau, der 2002 der Gemeinde übergeben wurde. Sie trägt

Fenster der Pauluskathedrale

den Namen des Apostel Paulus, da er bei seinen Reisen auf der Via Egnatia (→ S. 33) in den Illyrischen Provinzen des Römischen Reiches gepredigt haben soll. Die große Statue am Eingang der Kathedrale zeigt Paulus. Die zweite Statue auf dem Vorhof der Kathedrale ist Mutter Teresa (→ S. 89) gewidmet. Anlässlich eines Besuchs Johannes Paul II. 1993 überließ der albanische Staat das Grundstück der katholischen Kirche zum Bau der neuen Kathedrale. Erst ein Jahr zuvor war der Bischofssitz von Durrës in die Hauptstadt verlegt worden. Im Inneren des einfachen Kirchenraumes fallen besonders die bunten Fenster ins Auge, auf denen unter anderem Papst Franziskus dargestellt ist, der Albanien 2014 besucht hatte. Ein Kreuz im Inneren ist aus Fotografien von albanischen Priestern zusammengesetzt, die unter dem sozialistischen Regime gefoltert worden sind.

■ Kirche Herz Jesu

Während der Dauer von zehn Jahren, nämlich bis zur Eröffnung der neuen Kathedrale 2002, nutzte der Bischof die Kirche Herz Jesu (Kisha e zemrës së shenjtë të Krishtit) in der Rruga e Kavajës. Das Gebäude musste durch die Nutzung als Kino ›Rinia‹ ab 1967 rekonstruiert werden.

Die Kirche wurde 1939 vom italienischen Architekten Giovanni Santi im neuromanischen Stil fertiggestellt. Die albanische Königin Geraldine, selbst Katholikin, beteiligte sich finanziell am Bau, den Altar schenkte Papst Pius XII., die Fenster stammten von Maja Jacomoni, der Ehefrau des italienischen Statthalters. Francesco Jacomoni regierte als Minister unter König Zogu von 1936 bis zur Okkupation Albaniens durch Italien 1939, danach war er bis 1943 offiziell Vizekönig Albaniens. Seine Inhaftierung in Italien nach Ende des Krieges dauerte nur bis 1946. In den 60er-Jahren veröffentlichte er seine Memoiren unter dem Titel ›La politica dell'Italia in Albania‹.

■ Kathedrale der Wiederauferstehung Christi

Sehr auffällig ist der Neubau der orthodoxen Kathedrale der Wiederauferstehung Christi (Katedralja e Ringjalljes së Krishtit) zwischen Skanderbeg-Platz und Rinia-Park. Die alte orthodoxe Kirche Tiranas von 1865 stand ursprünglich an der Stelle des heutigen Kulturpalastes am Skanderbeg-Platz. Orthodoxe Kirchen sind in Südosteuropa meist recht kleine Gebäude. Zentral gelegene, wichtige Neubauten können jedoch auch größere Ausmaße annehmen. So zählt diese 2012 vollendete Kirche zu einer der größten der Region. Der Neubau wurde nicht nur deswegen beschlossen, weil Tirana Sitz des Erzbischofes ist, sondern auch aufgrund des Zuzugs vieler Südalbaner. Die orthodoxen Zentren Albaniens liegen in Korçë, Gjirokastër, Berat und an der Riviera. Ähnlich wie bei den großen Neubauten der anderen Religionen soll

► Karte S. 122

durch dieses Gebäude der Hauptstadtstatus Tiranas unterstrichen und der größer gewordenen Gemeinde ein adäquates Kirchengebäude geboten werden. Der Innenraum fasziniert durch die große, mit Mosaiken ausgelegte **Kuppel**, die einen großen Christus Pantokrator (Weltenherrscher) zeigt.

Die Kathedrale ist Sitz des Erzbischofs Anastasios Yannoulatos von Tirana und ganz Albanien, dem Oberhaupt der albanisch-autokephalen Kirche (→ S. 88), der in dem Gebäude nebenan wohnt, der sogenannten **Heiligen Synode**. Ergänzt wird das Ensemble durch einen frei stehenden, etwas eigenwillig konzipierten **Glockenturm** und zwei Kapellengebäude.

Gräber im Bektaschi-Zentrum

Bektaschi-Zentrum

Eine Sehenswürdigkeit besonderer Art ist das Bektaschi-Weltzentrum (Qendra Botërore Bektashiane) in der Rruga Dhimiter Karmada. Das ein bisschen versteckt gelegene Zentrum wurde im September 2015 feierlich eröffnet. Nachdem

Kuppel der Kathedrale der Wiederauferstehung Christi

die Türkei den Bektaschi-Orden (→ S. 85) verboten hatte, wurde seit 1925 das Zentrum der Glaubensgemeinschaft in Tirana geleitet. Zum Gesamtkomplex gehören die obligatorische **Tekke** (*teqe*), ein **Museum** und ein kleiner **Laden** mit Andenken. Die Tekke ist mit Marmor verkleidet und im Inneren bunt bemalt. Das kleine Museum an der Rückseite der Tekke ist sehr nett gestaltet, allerdings ist alles nur auf Albanisch beschriftet. Der Bau konnte durch Spenden ermöglicht werden, der albanische Staat beteiligte sich nicht. Auf dem Gelände begegnet man möglicherweise auch Derwischen in weißer Ordenskleidung, die sich meistens sehr darüber freuen, dass Besucher Interesse an ihrer Religion haben. Am Eingang zur Tekke stehen zwei **Statuen**, die von Imam Ali und Hadschi Bektash. Dem zweitgenannten ist im Außenbereich des Areals noch ein Denkmal gewidmet. Er lebte im 13. Jahrhundert in Anatolien und gilt als Namensgeber des Ordens. Außer von den Bektaschi-Gläubigen wird er auch von den Aleviten verehrt, die allerdings in Albanien nicht vertreten sind.

Das sozialistische Tirana

Die Jahre von 1945 bis 1990 haben Tiranas Stadtbild massiv geprägt. Man schloss an urbanistische Pläne aus der Zeit vor dem Zweiten Weltkrieg an und nutzte die großen, breiten Straßen als Bühne der Bautätigkeit. Viele Gebäude sind bis heute kaum verändert erhalten. Viele der heute bunten Wohnblocks im direkten Umkreis der Innenstadt wurden im Sozialismus gebaut. Der sowjetische Stil erfreute sich zwar keiner großen Zustimmung, so wie vorgefertigte Neubauten (*parafabrikate*) auf der Welt allgemein kaum Anhänger haben. Viele von ihnen sind immer noch grau oder wirken von außen wenig gepflegt. Doch zumindest in Tirana sind die meisten Wohnblocks durch die Farbkampagne Edi Ramas heute bunt angemalt.
Bis 1990 entstanden neue Wohngebiete häufig in Nachbarschaft zu den Fabriken wie Textil- oder Ziegelfabriken. Im Westen der Stadt trägt noch heute ein Wohnviertel den Namen der damaligen Jahre – Kombinati. Im Gegensatz dazu entwickelte sich der Osten der Stadt während des Sozialismus nicht so rasant.

■ Velo-Haus

Ein Haus mit einer sehr interessanten Geschichte steht an der Ecke Rruga e Dibrës und Rruga Bardhok Biba, sehr nah am Skanderbeg-Platz gelegen. Der Architekt dieses Gebäudes ist Maks Velo. Der Maler wurde 1935 geboren und galt im Sozialismus als Feind, da er abstrakt malte und damit gegen die Staatsdoktrin des verordneten Sozialistischen Realismus verstieß. Mit dem fünfstöckigen Wohngebäude von 1973 schuf er ein für die damalige Zeit ungewöhnliches Gebäude. Einzelne Baukörper treten aus der Fassade hervor, so dass das Haus wie zusammengesetzt erscheint. Maks Velo wurde 1978 zu einer Gefängnisstrafe verurteilt. Zwei Jahre zuvor hatte er sich von seiner Frau Luciana Nuraçi scheiden lassen, da er sie verdächtigte, für die Sigurimi (→ S. 136) zu arbeiten. In diesem Haus wohnte bis zu seiner Emigration nach Frankreich Albaniens bekanntester Schriftsteller, Ismail Kadare (→ S.109).

▸ Karte S. 122

■ Kulturpalast

Bei den großen repräsentativen Gebäuden aus der sozialistischen Epoche ist noch der Geist der italienischen Architekten der Zwischenkriegsjahre zu spüren, allesamt wurden sie aber von albanischen Architekten entworfen. Mit Hilfe der Sowjetunion sollte der Kulturpalast (Pallati i Kulturës) am Skanderbeg-Platz errichtet werden. Den Grundstein legte 1959 der sowjetische Parteichef der KPdSU, Nikita Chruschtschow. Da die Beziehungen zur Sowjetunion aber 1961 abgebrochen wurden, wurde das Gebäude mit seinen großen Säulen in Eigenregie des albanischen Staates bis 1963 zu Ende gebaut. In diesem Gebäude befinden sich das **Opernhaus** und die **Nationalbibliothek**.

■ Nationalhistorisches Museum

Fassaden der Farbkampagne Edi Ramas

Ein-Personen-Bunker als Denkmal

Am Skanderbeg-Platz wurde 1975/76 das repräsentative Hotel ›Tirana International‹ gebaut und 1981 daneben das Nationalhistorische Museum (Muzeu Historik Kombëtar). Sein unübersehbares, 400 Quadratmeter großes **Wandmosaik** ist ein wunderbar erhaltenes Zeugnis des Sozialistischen Realismus. Der rote Stern, der ursprünglich über dem Kopf der zentralen Frauenfigur zu sehen war, ist zwar entfernt worden, trotzdem besitzt das Mosaik noch seine sozialistische Symbolik. Auf der linken Seite zeigen Figuren aus der Geschichte den Weg in das neuzeitliche Albanien. Auf der rechten Seite und links neben der zentralen Frauengestalt werden die sozialistischen Arbeiter und Kämpfer dargestellt. Das Bild heißt ›Shqipëria‹ (Albanien), weshalb die Freiheitskämpferin in der Mitte die albanische Flagge trägt.

Auf dem Zierfries im Erdgeschoss fallen noch weitere sozialistische Symbole auf, wie Zeichen für den Frieden oder die Industrie.

Die große Statue des Staatspräsidenten Enver Hoxha vor dem Museum wurde während der Demonstrationen im Februar 1991 umgestürzt und zerstört.

Hoxha-Villa

Folgt man der Rruga Ibrahim Rugova weiter in Richtung Süden, gelangt man geradewegs in das Block-Viertel (Blloku), heute das eigentliche Zentrum der Stadt und das Ausgehviertel schlechthin. Im Sozialismus war genau das Gegenteil der Fall: Niemand außer den Parteiobersten und der Staatssicherheit hatte zu diesem Viertel Zutritt; es war vollständig von bewaffneten Wachen abgesperrt. An der Ecke Rruga Ibrahim Rugova und Rruga Ismail Qemali steht eine verschachtelt gebaute Villa. In ihr wohnte der ehemalige Staatspräsident Enver Hoxha mit seiner Familie. Seine Frau Nexhmije Hoxha äußerte in einem ›Spiegel‹-Interview von 2004 Unverständnis darüber, dass ihr das neue Regime das Haus weggenommen hat. In einem Teil der Villa befindet sich heute die Regierungsresidenz.

Postbllok

Gleich neben dem Block-Viertel gegenüber dem Regierungsgebäude liegt der Postbllok (Checkpoint) mit einem Denkmalensemble aus Beton, das an die Iso-

Die Villa von Enver Hoxha

Die Pyramide, heute ungenutzt

lierung des Landes während der Hoxha-Jahre erinnern soll. Der Schriftsteller und ehemalige Dissident Fatos Lubonja und der Künstler Ardian Isufi haben einen Ein-Personen-Bunker, wie sie überall in Albanien standen, dahinter Betonkonstruktionen der Stollengänge aus dem Arbeitslager Spaç (→ S. 323), in dem politische Gefangene zwischen 1968 und 1990 inhaftiert waren, und ein Stück der Berliner Mauer zusammengestellt.

Kongresspalast

Ein kleines Stück in Richtung Süden liegt am Bulevard Dëshmorët e Kombit auf der linken Seite der Kongresspalast (Pallati i Kongreseve), der einen sehr eindrucksvoll gestalteten Eingangsbereich mit floralen Formen besitzt.

Der Palast diente von 1986 bis 1990 als Versammlungsort für Veranstaltungen der Partei der Arbeit. Seither wird das Gebäude für unterschiedliche Ausstellungen und Fernsehshows gebraucht.

▸ Karte S. 122

Pyramide und Nationalgalerie

Ein Stück Hoxha-Ära befindet sich am Bulevard Dëshmorët e Kombit in nördlicher Richtung. Die riesige Betonpyramide von 1988 war für kurze Zeit das Enver-Hoxha-Museum. Vor einigen Jahren sollte die Pyramide noch abgerissen werden, mittlerweile gibt es Pläne zur Umnutzung in ein Jugend- und Bildungszentrum. Somit bleibt ein Gebäude der Architektin Pranvera Hoxha, der Tochter Enver Hoxhas, und ihres Ehemanns Klement Kolaneci erhalten. Noch weiter nördlich am Bulevard liegt die **Nationalgalerie** (Galeria Kombëtare e Arteve) von 1976. Ein Besuch ist sehr empfehlenswert, denn nirgends in Albanien gibt es so viele Bilder im Stil des Sozialistischen Realismus zu sehen. Hinter dem Museum sind **Statuen** deponiert, die früher im Straßenraum aufgestellt waren. Lenin wechselte so seinen Platz vom Vorplatz des Museums auf den Hinterhof und bekam einige Kämpfer, Arbeiter sowie Stalin an die Seite gestellt. Der Kopf mit abgeschlagener Nase gehörte zu einer Enver-Hoxha-Statue. Dieses Relikt ist eine Rarität, da die meisten Hoxha-Statuen im öffentlichen Raum zerstört wurden.

Das Grab von Hoxha auf dem Städtischen Friedhof

Sockel des ehemaligen Stalindenkmals, im Hintergrund das Textilwerk ›Stalinwerk‹

Hoxha-Grab

Nach der politischen Wende wurde das Grab Enver Hoxhas vom Heldenfriedhof (Varrezat e Dëshmorëve) auf den Städtischen Friedhof (Varrezat e Sharrës) verlegt. Zum Haupteingang gelangt man von der Rruga Llazi Miho über die Rruga Taxhedin Baholli, in der die bunten Plastikblumen für die Gräber verkauft werden. Das Grab Enver Hoxhas ist schlicht wie alle anderen Gräber, über seinem Namen ist der rote Stern dargestellt. Das Grab ist recht einfach zu finden: Am Haupteingang biegt man sofort links ab und nimmt den nächsten Weg nach rechts oben, an den großen Zypressen vorbei. Die Abteilungen des Friedhofs sind nummeriert. Die Überreste Hoxhas liegen in der 6. Abteilung von unten gesehen in der 9. Reihe, dort ist es das 2. Grab. Meistens ist dieses Grab mit mehr Plastikblumen dekoriert als die übrigen Grabstellen.

Kombinat

Das Viertel um den Friedhof heißt Kombinat. Mit den Stadtbussen gelangt man vom Skanderbeg-Platz bis in dieses Planviertel aus den 1950er-Jahren. In der Stadtplanung zwischen 1945 bis 1990 gab es in Tirana einen inneren und einen äußeren Ring. Bis zum äußeren Ring wurden die Gebäude meistens fünfgeschossig gebaut, außerhalb des äußeren Rings entstanden Häuser mit zwei- bis vierstöckigen Häusern. Das Viertel Kombinat liegt außerhalb des Rings. Die zwei- bis dreistöckigen Häuser an der Rruga Llazi Miho, der Hauptstraße des Viertels, verfügten bereits in den 1950er-Jahren über Bäder mit Badewannen, die von der Sowjetunion geliefert wurden. Die Einheitlichkeit der Häuser und des urbanistinischen Konzepts wirkt fast beruhigend im ansonsten sehr wild gewachsenen Tirana der Nachwendezeit.

In Kombinat waren verschiedene Fabriken angesiedelt, deren Palette von der Lebensmittelverarbeitung über Holzbearbeitung bis zur Textilherstellung reichte. Das Textilwerk trug den Namen ›Stalin‹, weshalb auf dem Platz vor dem repräsentativen Werkseingang eine große Stalin-Statue stand, von der noch der hohe Sockel erhalten geblieben ist. Vom Platz am Textilwerk zweigen breite, von Baumreihen gesäumte Straßen ab.

EXTRA

Sigurimi, die albanische Variante der Stasi

Hinter dem niedlich klingenden Wort ›Sigurimi‹ (Sicherheit) verbarg sich die albanische Staatssicherheit. Sie hatte zwischen 1944 und 1991 verschiedene Aufgaben, dazu gehörte die Überwachung der Staatsgrenzen. Da sich Albanien nach dem Bruch mit Jugoslawien bereits ab 1948 in der Region zu isolieren begann und der Bruch mit dem letzten Bündnispartner China ab 1978 zur weltweiten Isolation führte, wurde der Sicherung der Grenzen besonders viel Bedeutung beigemessen, albanische Staatsbürger sollten an der Flucht ins Ausland gehindert werden. Offiziell flohen zwischen 1945 und 1990 etwa 14 000 Menschen, knapp 1000 wurden beim Fluchtversuch getötet.

Die zweite Aufgabe an den Grenzen bestand darin, Ausländer aus dem Land fernzuhalten; sie wurden oft als Agenten verdächtigt. Gerade aus Jugoslawien und den USA befürchtete die Staatsführung eine dauerhafte Bedrohung durch Geheimdienste.

Die bekannteste Arbeit der Sigurimi war aber die Überwachung der eigenen Bevölkerung, es kam zu umfangreichen Inhaftierungen in Gefängnisse und Strafgefangenenlager. Direkt nach dem Krieg reichten die Gefängnisse für die Inhaftierungen nicht aus, so dass Anführer nichtkommunistischer Gruppen, Intellektuelle, Bürgerliche sowie Eigentümer von Geschäften und Ländereien in Häusern und öffentlichen Gebäuden eingesperrt wurden.

Mit der Installierung der Macht änderte sich das System für Gefängnisse. In allen größeren Städten wurden neue Hafteinrichtungen gebaut. Bis 1990 existierten im Land 110 Strafarbeitslager. Das bekannteste Lager war Spaç, das heutzutage besichtigt werden kann (→ S. 323). Die Gefangenen wurden in zwei Gruppen geteilt. Die erste Gruppe waren die politischen Gefangenen, die auch als interne Feinde bezeichnet wurden. Ihre Zahl wird für die Gesamtzeit auf bis zu 34 000 Menschen geschätzt, betroffen waren meistens Männer. Knapp 1000 Menschen starben durch die schlechten Bedingungen. Zu der anderen Gruppe gehörten die ›normalen‹ Gefangenen, die bis heute auch als ›Kriminelle‹ bezeichnet werden. Dabei ist nicht klar, inwiefern sie als kriminell definiert wurden, damit das Regime einen Grund hatte, sie einzusperren. Hauptziel der Inhaftierung war ein Umerziehungsprogramm, das mit Folter, Erniedrigung, Zwangsarbeit und schlechten Lebensbedingungen einherging.

Die Sigurimi baute ein Netzwerk von Informanten auf, die zur Bespitzlung der Bevölkerung angesetzt wurden. Die ›Schnüffler‹ sind bekannt geworden unter der

Eingang zum Bunk'Art

Bezeichnung ›80-Lek-Leute‹. 80 Lek war die Höhe der Prämie für jede erbrachte Leistung. Der Begriff ist symbolisch zu verstehen, denn es gab unterschiedliche Zahlungen entsprechend der Relevanz der gelieferten Informationen.

Eine gezielte und dauerhafte Aufarbeitung der Geschichte der Sigurimi fand in Albanien bisher nicht statt. Von staatlicher Seite wurde im April 2015 immerhin ein Gesetz verabschiedet, wonach die noch vorhandenen Akten öffentlich zugänglich gemacht werden sollen. Dieser Schritt wurde im Zuge der EU-Beitrittsgespräche gemacht und war für die Verhältnisse auf dem westlichen Balkan sehr fortschrittlich, da selbst EU-Mitglieder wie Slowenien und Kroatien noch nichts unternommen haben, um diese Kapitel ihrer Landesgeschichte zu beleuchten. Bisher tat sich allerdings in Albanien noch nichts. Es wird davon ausgegangen, dass alle im öffentlichen Leben stehenden Menschen, die womöglich mit der Staatssicherheit zusammengearbeitet haben, für die Vernichtung ihrer Akten gesorgt haben. Die Beseitigung vieler Unterlagen begann bereits 1980 im Auftrag des Innenministeriums. Schätzungen gehen davon aus, dass überhaupt nur noch ein Viertel aller Akten existiert. Immer wieder ist zu spüren, dass ehemalige Gefangene, die sich heute zu Wort melden, als Aufschneider oder Lügner angesehen werden, die ihre Erfahrungen nicht öffentlich machen sollten. Dahinter steht eine Tabuisierung der eigenen Geschichte, die nicht recht zum heutigen Selbstverständnis des Landes passt.

Für die Opfer wurden bereits in den letzten Jahre Entschädigungen gezahlt. 2017 soll ein Gesetz verabschiedet werden, das es möglich macht, im Gegensatz zu den bisherigen Fällen die Form der Misshandlung und Inhaftierung genau zu prüfen. Wer weiterhin Anspruch auf Entschädigungen hat, bekommt abzüglich der bereits gezahlten Beträge eine monatliche Summe ausgezahlt. Wer nach den neuen Überprüfungen noch kein Geld erhalten haben sollte, wird bevorzugt behandelt. Berücksichtigung findet der Zeitraum vom 30. November 1944 bis zum 1. Oktober 1991. Die ersten, die die Zahlungen erhalten sollen, sind Menschen zwischen 73 und 80, die Freiheitsentzug, Internierung, Verbannung und Isolierung erleiden mussten: für jeden Tag der Inhaftierung in Gefängnissen, Lagern oder Krankenhäusern 2000 Lek. Opfer, die bis 1954 inhaftiert waren, erhalten pro Hafttag 1000 Lek. Ist ein ehemaliger Häftling bereits verstorben, haben die Familienangehörigen ersten und zweiten Grades Anspruch auf die Entschädigung, die maximal acht Jahre gezahlt wird. Für die Entschädigungszahlungen stellt die Regierung ein Budget von 18 Millionen US-Dollar zur Verfügung. Bisher sind knapp 21 000 Anträge eingegangen. Die geschätzte Gesamtsumme für die anfallende Wiedergutmachung wird auf 435 Millionen US-Dollar geschätzt.

In Albanien wurde im Vergleich zu vielen anderen ehemals sozialistischen Ländern bereits viel für die öffentliche Wahrnehmung der Verbrechen des sozialistischen Regimes getan. Die vorhandenen Ausstellungen haben begleitende Texte auf Englisch. In Tirana informieren die sehr professionell erarbeiteten Ausstellungen Bunk'Art und Bunk'Art2 (→ S. 140) über die Einschränkungen des Privatlebens und die Überwachungsmethoden des Staates. Im Arbeitslager Spaç wurde erreicht, dass die Anlage nicht weiter zerstört und aus den Gebäuden nichts mehr entwendet wird. Auf Tafeln sind dort viele Informationen über das Lager und die einzelnen Gebäude zu finden. Ein kleines, kaum beachtetes Museum über das Leben im Sozialismus und die Unterdrückung der Menschen befindet sich in Shkodër (→ S. 302).

Wandmosaik ›Albanien‹ mit sozialistischer Symbolik am Nationalhistorischen Museum

Museen

Ein **Archäologisches Museum** (Muzeu Arkeologjik) gibt es zwar, doch ist ein Besuch nicht wirklich lohnenswert, da die Ausstellung selbst antiquiert anmutet. Sie ist schlecht aufgebaut und präsentiert ihre Schätze hinter Vitrinen, die nicht ausreichend beschriftet sind. Die Zeitspanne der Exponate reicht von 8000 vor Christus bis ins Mittelalter.

Lohnender ist die Sammlung im Nationalhistorischen Museum.

▶ Karte S. 121/122

■ Nationalhistorisches Museum

Der beeindruckende Bau des Nationalhistorischen Museums (Muzeu Historik Kombëtar) am Skanderbeg-Platz lohnt sich für einen Besuch auf alle Fälle. Leicht zu erkennen am großen Wandrelief ›Albanien‹ (→ S. 132) erwartet die Besucher eine Präsentation zu unterschiedlichen geschichtlichen Epochen auf dem Gebiet des heutigen Albaniens, die einzelnen Themenbereiche werden als ›Pavillons‹ bezeichnet. Das Museum ist chronologisch aufgebaut und möchte den Eindruck einer linearen Geschichte von den Illyrern bis in das heutige Albanien vermitteln.

Im Erdgeschoss befindet sich der **Pavillon der Antike**. Die Ausstellungsgegenstände umfassen Funde illyrischen, griechischen und römischen Ursprungs. Neben einem großen Mosaik der sogenannten ›Schönen aus Durrës‹ sind viele Statuen und Gebrauchsgegenstände, meist aus Butrint und Apollonia, sowie Übersichtskarten zu sehen. Im Erdgeschoss sind alle Ausschilderungen ne-

ben Albanisch auch in Englisch. Auf den nächsten beiden kommenden Stockwerken sind die Ausschilderungen sehr variabel, mal nur auf Albanisch, manchmal auf Französisch oder dann wieder auf Englisch.
Der erste Stock ist dem **Mittelalter und Skanderbeg** gewidmet. Neben vielen mittelalterlichen Waffen, einer überlebensgroßen Statue von Skanderbeg sowie der Kopie seines Helms und Schwerts sind unterschiedliche Modelle und Bilder mittelalterlicher Festungen und Kirchen zu sehen. Es folgt eine kleine **Ausstellung zur albanischen Nationalbewegung des 19. Jahrhunderts**.
Leider ist die sich anschließende **Ausstellung über die Gewaltopfer zwischen 1944 und 1990** nur auf Albanisch ausgeschildert. Die Artefakte, auch Kleidungsstücke, stammen von ehemals Inhaftierten und Hingerichteten.
Im obersten Stockwerk folgen **Pavillons zum Thema Volkskunde**, die noch einmal andere Aspekte des Nationalbildungsprozesses des 19. und frühen 20. Jahrhunderts beleuchten. Neben Haushaltsgegenständen sind Zeitungen und Bücher ausgestellt, die das albanische Kulturleben im späten 19. Jahrhundert zu verändern begannen. Zwei große Daten werden genannt: der Berliner Kongress 1878 und das Scheitern der albanischen Politiker, einen eigenen Staat zu gründen, sowie 1912, das Jahr der Staatsgründung Albaniens. Die letzten Räumlichkeiten geben mittels Statuen einen Überblick, wer das erste Parlament vertrat. In einer Nische wird anhand von Bildern gezeigt, wie die junge Hauptstadt Tirana nach 1920 ausgebaut wurde. Gegenüber wird das Leben von **Mutter Teresa** vorgestellt.
Es folgt eine ikonographische **Ausstellung zur Ikonenkunst**, in der viele Exponate aus dem südalbanischen Raum eingefügt wurden; diese Räume sind in Rot gehalten. Ein Exkurs zum antifaschistischen Widerstand während des Zweiten Weltkriegs schließt sich an.

■ Nationalgalerie

Kunsthistorisch interessierte Menschen sollten einen Blick in die Nationalgalerie (Galeria Kombëtare e Arteve) werfen. In dem recht kleinen Gebäude werden auf zwei Stockwerken Kunstwerke vom späten 19. Jahrhundert bis zum Ende des Sozialismus in Albanien gezeigt. Thematischer Schwerpunkt dieser Dauerausstellung ist der Sozialistische Realismus aus den Jahren 1945 bis 1990. Da werden große Bauprojekte von muskulösen Arbeitern umgesetzt, und die Kinder werden an die Verteidigung der geliebten Heimat herangeführt. Soviel Optimismus und Rot sieht man nur selten. Ergänzt wird das Programm durch meist interessante Wechselausstellungen.

■ Zeta Art Center & Gallery

Um gegenwärtige Kunst zu sehen, lohnt sich ein Blick in die Zeta Art Center & Gallery im Block-Viertel. In der Galerie soll albanische und internationale Kunst ihren Raum finden. Für ausländische Künstler gibt es auch ein Artists-in-Residence-Projekt.

■ Mezuraj-Museum

Das Mezuraj-Museum (Muzeu Mezuraj) wurde 2007 als erste private Kunstsammlung Tiranas eröffnet. Neben archäologischen Exponaten werden Skulpturen des Bildhauers Adnan Bushati, der 1957 in Shkodër geboren wurde, ausgestellt. Einen Großteil der Sammlung machen albanische Maler des 20. und 21. Jahrhunderts aus. Der Künstler Helidon Haliti (geb. 1968) mit seinen farbenprächtigen Bildern wird dabei vom Museum in den Mittelpunkt gestellt.

Bunk'Art2

Gleich hinter den Ministeriumsgebäuden am Skanderbeg-Platz führt ein großer Bunker in die unterirdischen Anlagen. Am 17. November 2016 eröffnete unter starker Mitwirkung des Ministerpräsidenten Edi Rama dieser Ort, der die Arbeit und die Verbrechen der Polizei und der Staatssicherheit Sigurimi beleuchtet (→ S. 136). Die Ausstellung setzt den Schwerpunkt auf Bilder, Originalobjekte und Tonaufnahmen aus der Zeit zwischen 1944 und 1990. Erweiterung findet das Thema durch die Präsentation des Polizeiwesens seit 1912. Die heutige Sozialistische Partei nutzt derartige Objekte, um sich kritisch mit der Vergangenheit auseinanderzusetzen und um sich vom Vorwurf zu befreien, die direkten Nachfolger der Kommunistischen Partei zu sein, der von Seiten der sogenannten Demokraten und der Demokratischen Partei erhoben wird.

Im Bunk'Art

▲ Karte S. 121/122

Haus der Blätter

Genau gegenüber der neuen orthodoxen Kathedrale befindet sich das im Mai 2017 eröffnete Haus der Blätter (Shtëpia e Gjetheve), dort, wo im Zweiten Weltkrieg die deutsche Gestapo Verhöre durchführte. Nach dem Krieg diente das Gebäude der Sigurimi als Ort für Verhöre. Dadurch entstand die Idee, in dem lange Zeit ungenutzten Gebäude ein Museum einzurichten, das die Methoden und die Geräte des Überwachungsstaates ausstellt, erklärt, um kommenden Generationen einen Einblick in die Zeit des Sozialismus zu geben.

Bunk'Art

Etwas versteckt in den östlichen Vororten Tiranas liegt das sehr spannende Ausstellungsgelände Bunk'Art, der Vorgänger von Bunk'Art2, ebenfalls auf Initiative Edi Ramas entstanden. Das Hauptgewicht der Ausstellung ist die Präsentation des Terrors durch Militär und Geheimdienste während des Zweiten Weltkrieges und des Sozialismus; anhand vieler Informationen auf Albanisch und Englisch wird versucht, diese grausamen Zeiten zu präsentieren. Wer in Albanien war, verbindet den Sozialismus nicht zuletzt mit den vielen Bunkeranlagen im Land. Hier räumt die Ausstellung mit einem Klischee auf: Häufig wird behauptet, dass es bis 750 000 Bunker im Land gab. Geplant waren immerhin 700 000 Bunker, realisiert wurden allerdings ›nur‹ 168 000 (Unterlagen aus kommunistischer Zeit nennen dagegen fast 175 000).

Bereits die Anfahrt zur Ausstellung ist spektakulär. Zu Fuß oder mit dem Auto geht es durch einen längeren Tunnel, bevor man eine Art Hof erreicht. Am Kartenhäuschen gibt es ein paar Informationen. Es folgt eine riesige, halb unterirdische Atombunkeranlage, die der sozialistischen Regierung im Falle eines

Tunnel der unterirdischen Schutzanlage im Shijaku-Haus

Angriffs auf Albanien als letzte Bastion dienen sollte. Original erhaltene Räume Enver Hoxhas und der obersten Regierungsleitung, wie deren Büros und Schlafzimmer und Toiletten sind zu besichtigen. In einem Wohnzimmer läuft im Fernseher das ehemalige albanische Staatsfernsehen, das nur einen Sender besaß. Mit seinem täglichen, sehr spärlichen Programm zwischen 18 und 22.30 Uhr war er für die Menschen eher kein Fenster zur Welt. Für Erheiterung sorgt vielleicht der Anblick von Hoxhas roter Toilette, auf der er aber wohl nie Platz nahm. In einer Art **Bunkercafé** am Ende des Museums lässt sich die Atmosphäre noch einmal in Ruhe erleben.

Mosaik von Tirana

Nicht mehr ganz im Zentrum und etwas versteckt zwischen Wohnhäusern liegt in der Nähe des Ringes Rruga Muhamet Gjollesha das Mosaik von Tirana (Mozaiku i Tiranës). Zuerst erkennt man in einer kleinen Grünanlage ein weißes Häuschen, in dem die Verwaltung ihren Sitz hat. Die Mosaike sind im Vorhof zu sehen. Bereits vor Tiranas Gründung im 17. Jahrhundert wurde in diesem Gebiet gesiedelt. 1972 entdeckte man während Bauarbeiten die Mosaikfußböden, auf denen Fische und Vögel dargestellt sind. Sie sind die Reste einer frühchristlichen Kirche aus dem 4. oder 5. Jahrhundert. Als Vorgänger dieser Kirche vermutet man eine römische Villa aus dem 1. Jahrhundert.

Haus von Sali Shijaku

Das Haus von Sali Shijaku (Shtëpia e Sali Shijakut) nördlich des Skanderbeg-Platzes wurde 1973 als Kulturdenkmal proklamiert. Schon allein der Fakt, dass es in Tirana nur wenig erhaltene bauliche Substanz aus der osmanischen Zeit gibt, macht dieses Haus zu etwas Besonderem. Es steht in einem schönen Garten, in dem es sogar ein kleines Café gibt. Das Innere des Hauses und der Garten wirken wie eine Oase inmitten der von Autos und Lärm geprägten Stadt. Die Familie ist stolz auf ihr Anwesen.

Im Innenraum ist ein hoher Raum zu erleben, der als Galerie für die Werke des Künstlers Sali Shijaku (geb. 1933) dient. Seine Werke sind auch in der Nationalgalerie zu sehen. Thema ist meist der Partisanenkampf gegen die Italiener. Porträtiert wird oft Vojo Kushi (1918–1942), der in Albanien nach dem Krieg als Nationalheld gefeiertt wurde. Das Haus wurde von der deutschen Wehrmacht besetzt, die Familie wiederum versteckte hier mehrere Partisanen. Die Bilder erzählen somit auch die Geschichte des Hauses.

Die Familie bietet auch Übernachtungsmöglichkeiten in drei Doppelzimmern an. Zum Grundstück gehört noch eine unterirdische Schutzanlage, wie sie in Albanien oft gebaut wurde. Verschiedene Gegenstände liegen in den Gängen und Räumen herum und vermodern langsam.

Tirana-Informationen

Allgemeine Informationen

Vorwahl: +355/(0)4

Offizielle Touristeninformation, Zyra e Informacionit Turistik, Rr. Ded Gjo Luli 4, etwas versteckt, direkt hinter dem Nationalhistorischen Museum; Mo–Fr 8–16. Die Mitarbeiter sind nett und reichen Besuchern einen kostenlosen Stadtplan. Außerdem gibt es etwa zehn kostenlose, informative Broschüren. Ansonsten gibt es aber kaum Nützliches zu erfahren.

Post, Rr. Çamëria, in der Nähe des Skanderbeg-Platzes; Mo–Sa 8–17 Uhr.

An-, Ab- und Weiterreise

■ Mit dem Flugzeug

Flughafen Mutter Teresa (Aeroporti Ndërkombëtar i Tiranës Nënë Tereza, Airport Road, Albanien, TIA), Rinas, 17 km nordwestlich der Stadt, Tel. +355/4/2381600. Direktverbindungen mit Frankfurt, München, Wien und einigen anderen großen europäischen Städten.

www.tirana-airport.com

Ein Bus von **LU-NA** fährt jede volle Stunde von 8 bis 19 Uhr, zusätzlich um 21 und 23 Uhr vom Flughafen ins Zentrum, Straße Rruga Ludovik Shllaku (250 Lek/1,85 Euro). Zurück fährt der Bus von den Haltestellen in der Rruga Ludovik Shllaku gegenüber dem Hotel ›Plaza‹ zwischen 7 und 18 Uhr jede

Am Flughafen Tirana

Stunde, zusätzlich 20 und 22 Uhr. **Taxis** kosten je nach Zielort zwischen 2000 bis 3000 Lek (15–22 Euro), die Fahrt bis ins Zentrum dauert etwa eine halbe Stunde. Am Flughafen gibt es viele internationale und albanische **Mietwagenfirmen**.

Wahlweise lohnt es sich, nach Flügen in die Nachbarstaaten zu schauen. Recht günstig fliegt man nach Skopje (Nordmazedonien, SKP), Podgorica (Montenegro, TGD) und Prishtinë (Priština. Kosovo, PRN), von wo aus Busverbindungen nach Albanien bestehen. Eine Alternative ist ein **Flug nach Korfu** (Griechenland, CFU) und weiter mit der Fähre nach Sarandë.

■ Mit dem Auto

Mit dem Auto ist die Anreise nach Tirana aus allen Himmelsrichtungen aus problemlos. Von Durrës führt eine autobahnähnliche Straße in etwa 40 Minuten nach Tirana.

■ Mit dem Bus

Busse von **Eurolines** fahren zweimal wöchentlich von Dortmund nach Bari (Italien) und von dort mit der Fähre nach Durrës und Tirana (mehrere Zwischenhalte, Fahrzeit ca. 32–45 Std. www.eurolines.de.

Die **Agentur Iliria** bietet einmal pro Woche eine Verbindung von Kassel über München und Bari nach Durrës, Tirana an (Endstation ist Prishtinë/Priština im Kosovo). Die Fahrt von Kassel nach Tirana dauert fast 48 Stunden. www.iliria-agentur.com

Gute Busverbindungen gibt es in die Nachbarländer.

■ Albanische und internationale Busse

▸ **Busterminal für den Südosten**, Rr. Arben Broci, Höhe Qyteti Studenti.

Nach Belsh: 6.30, 7.30 Uhr

Bilisht: 4.30, 5.30, 6, 7, 8.30, 9.30, 10.30 Uhr

Cerrik: 6.30 Uhr

Elbasan: 5.45–22.15 Uhr ca. jede halbe Stunde

Ersekë: 3, 6, 8.30 Uhr
Gramsh: 5.30, 7, 9 Uhr
Korçë: 4, 5, 5.45, 6, 6.30, 7, 7.15, 8, 8.45, 9, 9.30, 10, 10.15, 11 Uhr
Leskovik: 5.10, 6.30 Uhr
Librazhd: 6, 6.30, 8.40, 13 Uhr
Maliq: 5.45 Uhr
Peqin: 6.45 Uhr
Pogradec: 5, 5.45, 6.30, 7.30, 8.15, 8.30, 9, 9.30, 9.45, 10.30 Uhr
Prrenjas: 5.30, 7 Uhr

▸ **Busterminal für den Norden**, Rr. Dritan Hoxha, Tel. +355/(0)67/4110096.
Nach Bajram Curri: 6, 8, 10, 12, 14 Uhr
Bulqizë: 6.30, 7, 8, 9, 10, 12, 13, 14, 16
Burrel: 7, 8, 9, 10, 11, 12, 13, 14, 15, 16, 17 Uhr
Buzëmadh: Do 12.30, Fr und So 6.30 Uhr
Dibër: 6, 8, 10, 11, 13, 14, 16, 17 Uhr
Fushë Arrëz: 5, 8, 12, 14 Uhr
Fushë Krujë: 6.30–19.30 Uhr stündlich
Has: 12.30, 13.30, 14.30, 15.30, 16.30 Uhr
Klos: 6.50, 13.30 Uhr
Koplik: 6.30, 12 Uhr
Krujë: 10, 11, 13, 15, 17, 18 Uhr
Kukës: 7, 9, 11, 13, 16, 18 Uhr
Mirditë: 6.15, 7.30, 9, 10, 11, 12, 13, 14, 15.30, 17 Uhr
Pukë: 5, 6, 7, 10, 13 14, 16 Uhr
Shkodër: 7, 8, 9, 10, 11, 11.45, 12.30, 13.15, 14, 14.45, 15.30, 16.15, 17 Uhr
Vau i Dejës: 18 Uhr

▸ **Busterminal für den Süden**, am Doganës-Kreisverkehr (auch: Sheshi Shqiponja).
Ballsh (über Fratar): 14.30 Uhr
Ballsh (über Patos): 6.15, 7.45, 12, 13, 14, 15, 16 Uhr
Berat: 5.40, 6.30, 7.15, 7.45, 8.15, 8.50, 9.20, 9.50, 10.20, 11, 12, 12.40, 13.10, 13.40, 14.10, 14.40, 15.10, 15.40, 16.15, 17 Uhr
Cërrik: 13.50 Uhr
Delvinë: 7.30, 10.30, 13, 14.50 Uhr
Divjakë: 6, 7, 8, 9, 10, 11.30, 13.10, 14.45 Uhr
Durrës: 6–21.15 alle 20 Min.
Fier: 5–19.30 alle halbe Stunde

Eine der seltenen Infotafeln

Fratar: 14.30 Uhr
Gjirokastër: 5, 6.45, 8, 9, 10, 12, 13, 14.30, 15.30, 18.30, 20.30 Uhr
Himarë: 5.30, 7.30, 8.30,12.30, 13, 18 Uhr
Kavajë: 7, 8.30, 10, 12,13.30, 14, 15, 17 Uhr
Konispol: 9.30, 11 Uhr
Kuçovë: 6.45, 9, 10.45, 11.45, 12.45, 13.45, 14.30, 15.15, 16.15, 17.15 Uhr
Libohovë: 5.45, 13 Uhr
Lushnjë: 5.40–16.15 alle halbe Stunde
Manze: 9, 11, 13, 15 Uhr
Memaliaj: 14, 15, 16.45, 17.45 Uhr
Orikum: 10 Uhr
Patos: 6.15, 7.45, 10.40 Uhr
Peqin: 6.45, 13 Uhr
Permet: 5.30, 6.30, 7.30, 8.15, 9, 11.30, 12.30, 14, 15.30, 17 Uhr
Poliçan: 7.05, 10.35, 12.15, 14 Uhr
Roskovec: 12.15, 14.15, 5.15 Uhr
Rrogozhine: 6.30, 7.30, 9, 13, 14, 15 Uhr
Sarandë: 5.30, 7.30, 8.30, 9.45,12.30, 14.15,16, 22 Uhr
Sarandë/über Küste: 6.15, 21 Uhr
Shijak: 7, 10, 11, 12, 14, 15, 16, 17
Skrapar: 6, 11.10, 13, 14.30, 16.10 Uhr
Sukth: 7.20, 8, 9.30, 11, 12, 13, 14, 15, 16, 17, 18, 20 Uhr
Tepelenë: 7, 11, 13, 14 Uhr
Ura Vajgurore: 11 Uhr
Vlorë: 5–17.30 Uhr alle halbe Stunde

Mit dem Zug

Westlich von Tirana liegt der Ort **Kashar**, von dem aus eine tägliche Zugverbindungen nach Durrës angeboten wird. Zwischen Tirana und Kashar fahren Busse. **Tirana–Durrës**: 6.55 Uhr (Ankunft (7.38 Uhr); **Durrës–Tirana**: 16.35 Uhr (Ankunft 17.17 Uhr).

Unterwegs in Tirana

Stadtbusse

15 Buslinien verkehren im Stadtgebiet. Die meisten Busse fahren über einen Punkt in der Innenstadt, meistens den Skanderbeg-Platz. Die Orientierung fällt nicht leicht, da die Linien nur theoretisch Nummern besitzen, die an den Bussen aber nicht angeschrieben sind. An der Fahrtzielanzeige stehen nur die beiden Endhaltestellen. Bisher gibt es nur eine einzige Linie, die die Haltestellen im Fahrgastraum anzeigt – jedoch ohne die nächste Haltestelle hervorzuheben, was nur bedingt hilfreich ist. Wer sicher gehen will, den richtigen Bus zu erwischen, sollte in seiner Unterkunft nachfragen. Eine Fahrt kostet 40 Lek (ohne Umsteigemöglichkeit), Fahrscheine verkauft der Fahrer.

Fahrrad

Es gibt mehrere Fahrradverleihe in Tirana, ein Projekt mit Bike-Sharing-Stationen ist **Ecovolis** (auf facebook)

Cycle Albania, Rr. Bardhok Biba, +355/(0) 67/3080000. Fahrradverleih und mehrtägige Gruppenreisen. www.cyclealbania.com

Unterkunft

Soweit nicht anders angegeben, finden sich alle Hotels auf der Karte S. 145.

Hotels

Hotel Plaza, Rr. 28 Nëntori; 190 Zimmer und Suiten auf 23 Stockwerken, DZ 100–200 Euro (Frühstück 20 Euro/Pers.). 2016 eröffnetes Hotel im TID Tower, mit Spa-Bereich. www.plazatirana.com

Hotel Tirana International, Tel. +355/(4)/2234185; 170 Zimmer und Suiten, DZ 100–130 Euro. Saniertes einstiges Vorzeigehotel aus den 70ern, direkt am Skanderbeg-Platz. www.tiranainternational.com

Hotel Rogner, Bulevardi Dëshmorët e Kombit,Tel. +355/(0)4/2235035; 178 Zimmer, und Suiten, 90–170 Euro. Österreichische Kette, sehr gute Zimmer und ausgewähltes Frühstücksangebot. www.hotel-europapark.com

The Rooms, Rr. Sami Frashëri 56, Kompleksi ›NOBIS‹, Tel. +355/(0)69/6055725, +355/(0)4/5550501; 14 Zimmer, 90–125 Euro. Neben dem Großen Park. www.therooms-hotel.com

Hotel Boutique LAS, Rr. Liman Kaba 16, Tel. +355(0)68/4008410, 11 Zimmer, 60–150 Euro. Außenpool mit Sonnenterrasse, 500 Meter vom Großen Park entfernt. hotel_las@yahoo.com

Hotel Dinasty, Rr. e Kosovarëve 31, H.1, Tel. +355/(0)4/2258132, +355/69/209446367; 28 Zimmer, 60–140 Euro, 10–23 Uhr. 7-stöckiges Gebäude im Grünen. www.dinastyhotel.al

Hotel Monarc, Kreuzung Rr. Xhorxh Bush und Blv. Zhan D'Ark 15/2, Tel. +355/(0)4/2274511; 12 Zimmer, 60–130 Euro. Eleganz und Luxus, Restaurant auch mit traditioneller Küche. www.monarc.al

Vila Alba, Rr. Xhorxhi Martini, 10, Tel. +355/(0)4/2255937; 24 Zimmer, 60–120 Euro. Stilvolles neues Boutique-Hotel in der Innenstadt. www.vila-alba.com

Classic Hotel, Rr. Sulejman Delvina 61, H.2, Tel. +355/(0)4/2233151; 14 Zimmer, 50–70 Euro. 15 Min. zu Fuß vom Skanderbeg-Platz, elegant ausgestattete Zimmer. http://classichotel.al

Diplomat Fashion, Blv. Bajram Curri 36 H.1, Tel. +355/(0)4/2235090; 26 Zimmer, 50–80 Euro. 10 Min. vom Zentrum entfernt, im sogenannten Fashionstil, womit an Hotels der Modestädte New York, Mailand und Paris erinnert wird. http://diplomathotels.al

Theranda Hotel, Rr. Andon Zako Cajupi, Villa 6 & 7, Tel. +355/(0)4/2273766/689; 15 Zimmer, 40–80 Euro. Sehr gut ausgestattet, in zentraler Lage beim Blockviertel. www.therandahotel.com

Sar'Otel, Rr. Kostandin Kristoforidhi 1, Tel. +355/(0)4/4533000; 19 Zimmer, 30–90 Euro. Im Herzen der Stadt seit 1938, mit Terrasse. www.sarotel.com

Pik Loti Hotel, Rr. Petro Nini Luarasi 15, Tel. +355/(0)4/2376050; 7 Zimmer (EZ, DZ und Familie), 25–45 Euro. 5 Min. vom Zentrum entfernt. www.hotelpikloti.com

B&B Tirana Smile, Rr. Bogdaneve, Pallati ENIL, 1. Stock, Tel. +355/(0)4/2243460, +355/(0)68/4061561; 4 geräumige Zimmer, ab 19 Euro/Pers. Im Zentrum. www.bbtiranasmile.com

■ Hostels

Trip'n'Hostel, Rr. Musa Maci 1, Tel. +355/(0)68/3048905; 60 Betten in 38 Zimmern,

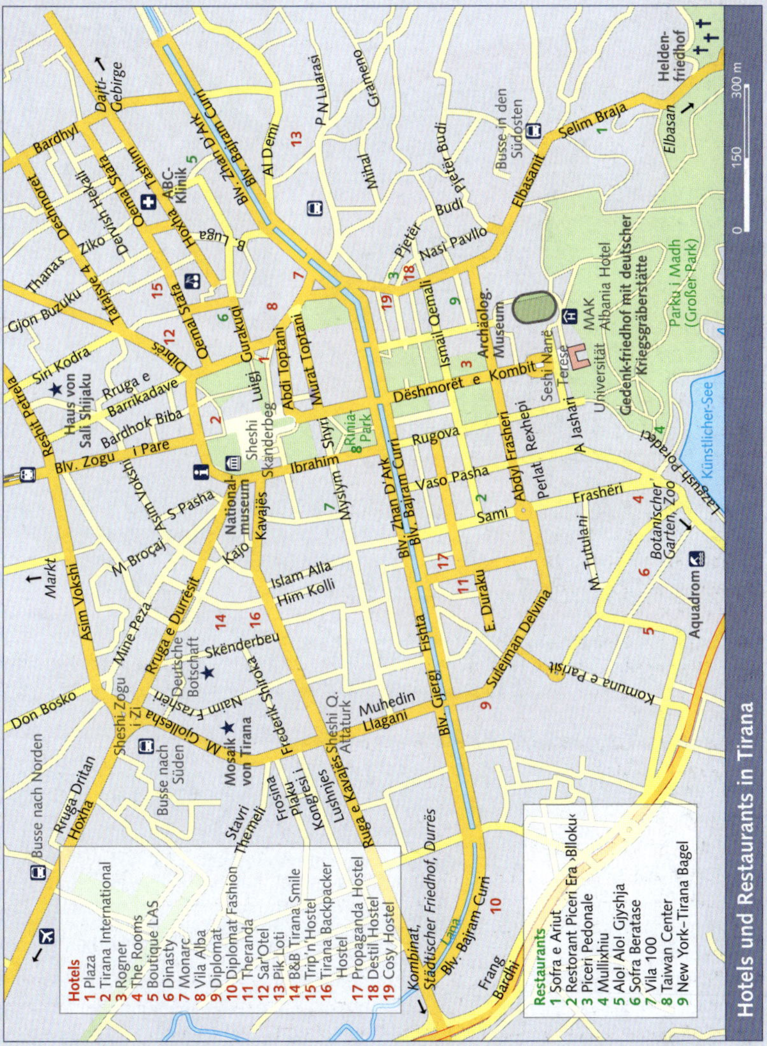

Häuser am Alten Basar in Tirana

Bett 10–12, privates Zimmer 30 Euro. Die Besitzer Erjon und Eni haben eine Villa im italienischen Stil aus den 1920er-Jahren zu einem perfekten Ort für Rucksacktouristen gemacht, 6 Min. zu Fuß zum Skanderbeg-Platz. www.tripnhostel.com

Tirana Backpacker Hostel, Rr. e Bogdaneve 3, Tel. +355/(0)68/4682353, +355/(0)68/3133451; 10 Zimmer, 10–30 Euro/Person. In einer fast 100 Jahre alten Villa in der Stadtmitte. www.tiranahostel.com

Propaganda Hostel, Rr. Pjetër Bogdani 5, Tel. +355/(0)68/9042744; 9 Zimmer, Bett im Schlafsaal 7–9, privates Zimmer 18–23 Euro. Mitten im Block-Viertel. http://propaganda-hostel-al.book.direct

Destil Hostel, Rr. Qemal Guranjaku, Tel. +355/(0)69/8852388; 4 Zimmer (9 Betten, 8 Betten, 2x5 Betten), 8 ohne Frühstück, 10 Euro mit Frühstück. 10 Gehminuten von der Stadtmitte entfernt, spannende Einrichtung und Garten mit Musik. www.destil.al

Cosy Hostel, Rr. e Elbasanit, Pall 2, Postgebäude, Shk 1, Ap 6, Tel. +355/(0)67/2068278, cosytirana@gmail.com; 5-Bett-Schlafsaal, Ein-, Vier- und ein Dreibettzimmer mit Blick auf die Stadt, 9–12 Euro.

■ Außerhalb von Tirana

Resort Teatër Kame, 20 km von Tirana entfernt (→ S. 174).

Vila Aeroport Tirana, Rr. Nacionale Fushë Krujë, Rinas, Tel. +355/(0)67/4032017; 25–45 Euro. Einfaches Hotel mit kleinem Pool, knapp 3 km vom Flughafen entfernt. www.vilaaeroport.com

Gastronomie

Es gibt eine Vielzahl an Restaurants mit italienischem Essen. An dieser Stelle sollen nur Lokale mit albanischem oder ausgefallenem Essen erwähnt werden.

In den letzten Jahren ist es unter den jüngeren Albanern beliebt geworden, sich in albanischen Kettencafés und -restaurants zu treffen. Diese Lokale sind fast überall in Tirana zu finden: Die Cafés heißen **Mon Chérie**, **Mulliri i Vjetër**, **Sophie**, die Restaurants oft **Zgara Korçare** oder **Zgara e Tironës**. Zgara bedeutet Grill.

Sofra e Ariut, Rr. Elbasanit 54, Tel. +355/(0)4/2303030. Albanische Küche, die Kellner tragen Trachten aus verschiedenen Regionen Albaniens. www.sofraeariut.com

Restorant Piceri Era ›Blloku‹, Rr. Ismail Qemali, Tel.+355/(0)4/2257805, Tel. +355 (0)69/4066662. Bunt gemischtes Essensangebot. http://era.al

Mullixhiu Restaurant, im Großen Park, am ›Künstlichen See‹, Tel. +355/(0)69/6660444. Kleines Restaurant, das einzigartige albanische Gerichte bietet, mit einer sehr zeitgenössischen Note. Reservierung empfohlen. www.mullixhiu.al

Alo! Alo! Gjyshja, Rr. Vllazen Huta, Tel. +355/(0)4/2363326. Hausgemachte Gerichte nach Omas Rezepten aus Gjirokastër. www.aloalogjyshja.com

Sofra Beratase, Rr. Luigj Gurakuqi, Vila 101, Sheshi Avni Rustemi, Tel. +355/(0)69/9888585. Ausgezeichnete traditionelle Küche; guter Service und sehr schöner Ort.

■ Gute internationale Küche

Vila 100, Rr. Myslym Shyri, +355/(0)68/2074576, contact@vila100.com. Ausgezeichnete Küche und schöner Garten.

Taiwan Center, Parku Rinia, Rr. Ibrahim Rugova, Tel. +355/(0)4/2251175. Größeres Restaurant mit internationaler Küche im Rinia-Park. www.kompleksitaiwan.al

New York–Tirana Bagel, Rr. Themistokli Gërmenji, Tel. +355/(0)69/5407583; 7.30–19.30 Uhr. Wie der Name schon sagt: Es gibt Bagels. Eignet sich perfekt für ein herzhaftes Frühstück, das es nicht so oft außerhalb der Hotels zu finden gibt. www.newyorktiranabagels.com

Nachtleben

Das Angebot ist beeindruckend. Da viele junge Leute nach Tirana ziehen, möchten sie auch etwas erleben. Das größte Angebot besteht im **Block-Viertel** (Blloku), in dem sich Bars, Clubs, Cafés und Restaurants aneinanderreihen. Es gibt keinen festgeschriebenen **Dresscode**, aber man fällt eher

auf, wenn man nicht auffällt. Das Motto heißt auch: Nichts ist für die Ewigkeit. Viele Orte wechseln den Namen, schließen, und es entsteht wieder etwas Neues. Einige Tipps zum Nachtleben kann man bei www.tripadvisor.de (Tirana, Aktivitäten/Nachtleben) nachschauen.
Bei einem Spaziergang, so wie ihn die Einheimischen machen, lässt sich am besten abschätzen, was dem eigenen Geschmack am besten entspricht. Die folgende Auswahl ist nur ein kleiner Überblick.

■ Bars

Die meisten (guten) Bars befindet sich im **Block-Viertel** und den umliegenden Straßen. Einige Tipps:
Bar Komiteti, Rr. Papa Gjon Pali II, Tel. +355/(0)69/2625514. Café-Bar, die mit Museumsobjekten der kommunistischen Ära ausgestattet ist.
Radio Bar, Rr. Ismail Qemali. Die Bar ist im Retro-Stil der Zeit des Kommunismus in Albanien eingerichtet; nette, ungezwungene Atmosphäre.
Colonial Cafe Tirana, Rr. Pjetër Bogdani, Tel. +355/(0)69/5808447. Die ›wahre Cocktailbar in Tirana.‹
City Art Caffe, Rr. Mustafa Matohiti, Tel. +355/(0)69/4040200. Gut für einen Kaffee oder Whisky, es gibt auch ein ordentliches Menü.
Bar Medusa, Rr. Mustafa Matohiti, Tel. +355/(0)69/3351654. Einer der besten Irish Pubs in Tirana, warme Atmosphäre und sehr gutes Personal, große Auswahl an Bieren und Weinen.
www.meduzairishpub.com
Bardh e Zi, Rr. Sami Frashëri, Tel.+355/(0)69/2253425, bardh_e_zi@yahoo.com. Eine der am meisten frequentierten Bars in der Nähe des Block-Viertels. Schwarz-Weiß sind die Grundfarben, trendy.
Garage Pub Tirana, Rr. Gjeneral Nikols, Tel. +355/(0)69/5744777. Biere und etwas Essen, das Design ist amerikanisch der 60er-Jahre. www.garagepub.al
Hemingway Tirana, Rr. Kont Urani, Tel. +355/(0)69/2022303. Jazz-Bar.
Casa Bar, Rr. Mustafa Matohiti, Tel. +355/(0)69/6657733, casabar2014@gmail.com. Nicht nur alkoholische Getränke und verschiedene Cocktails, auch Snacks.

■ Clubs

Lizard Bar, Rr. Pjetër Bogdani. Größere Disco, auch Live-Auftritte.
Mumja, Shëtitorja Murat Toptani. Einer der großen Clubs, war früher in der Pyramide.
Venue Dance Club, in einer kleinen Seitenstraße der Rr. Sadik Petrela, parallel zur Rr. Endri Keko, in einem östlichen Stadtteil.
Bunker 1944, Rr. Andon Zako Çajupi, in der Nähe des Bulevardi Bajram Curri. Der einzige Ort, der sich offiziell als queer versteht, dabei aber nicht als Schwulen- oder Lesbenbar gelten will. Bunker 1944 ist zum Kennenlernen, Orientieren in der Stadt und für Partys und Konzerte zu unterschiedlichen Themen ein guter Ort. Im Gegensatz zum vielen Glitzer des Block-Viertels ist der Stil eher alternativ.

Kultur

Goethe-Zentrum, Rr. Skënderbeg, im Gebäude der deutschen Botschaft, Tel. +355/(0)4/2245510. Beim Besuch des deutschen Goethe-Zentrums, das mit den Goethe-Instituten kooperiert, kann man sich darüber informieren, was aktuell im Bereich Kultur und Verständigung passiert, aber auch

Café in der Nähe des Heldenfriedhofs

sehr gut zum Zeitunglesen. Gelegentlich werden auch Filme (auf deutsch) gezeigt. www.goethe.al

■ Museen

Archäologisches Museum (Muzeu Arkeologjik), Sheshi Nënë Tereza, Tel. +355/(0)4/2226541; Mo–Fr 10.30–14.30 Uhr, Eintritt frei.

Bunk'Art, Rr. Fadil Deliu, Tel. +355/(0)67/2072905; Mi–Mo 9–16 Uhr, 500 Lek, mit Audio-Guide 700 Lek, Rentner und Kinder 300 Lek, in einer Gruppe ab 8 Personen bekommt eine Person den Eintritt frei. In der Nähe der Seilbahnstation zum Dajti-Gebirge, ein Bus mit der Aufschrift ›Bunk'Art‹ fährt bei der Ethem-Bey-Moschee ab. www.bunkart.al

Bunk'Art2, direkt hinter den Ministeriumsgebäuden am Skanderberg-Platz (Sheshi Skënderbej), Tel. +355/(0)67/2072905; tägl. 10–19 Uhr, 500 Lek, mit Audio Guide 700 Lek, Rentner und Kinder 300 Lek, in einer Gruppe ab 8 Personen bekommt eine Person den Eintritt kostenfrei. www.bunkart.al

Haus von Sali Shijaku (Shtëpia e Sali Shijakut), Rr. Vildan Luarasi.

Mosaik von Tirana (Mozaiku i Tiranës), Rr. Mihal Ciko; Mo–Do 9–16, Fr 8–14, Mai–Sept. tägl. 9–16 Uhr, Eintritt frei.

Nationalgalerie (Galeria Kombëtare e Arteve), Bulevardi Dëshmorët e Kombit, gegenüber dem Rinia-Park; Mi–So 10–18 Uhr, letzter Einlass 17.40, 200 Lek, Studierende/Senioren 100 Lek. www.galeriakombetare.gov.al

Nationalhistorisches Museum (Muzeu Historik Kombëtar), Sheshi Skënderbej, Tel. +355/(0)4/2223977, Di–Sa 10–17, So 9–14, 200 Lek. muzeuhistorikkombetar@yahoo.com

Nationalmuseum Haus der Blätter (Shtëpia e Gjetheve), Rr. Dëshmorët e 4 Shkurtit, Tel. +355/(0)4/2222612, +355/(0)68/2686566; tägl. 9–19.30 Uhr, Erwachsene 700 Lek, Familienticket 300 Lek, Studierende 210 Lek, Kinder bis 8 Jahre kostenfrei. www.facebook.com/muzeugjethi

Hotel Plaza und Toptani-Center

Zeta Art Center & Gallery, Rr. Abdyl Frashëri 31, A/4, im ›Hekla‹-Center, Tel. +355/(0)68/2130180; Mo–Fr 9.30–14, 17–20, Sa 10–13 Uhr. www.qendrazeta.com

Mezuraj Museum (Muzeu Mezuraj), Rr. Kavajës, recht nah am Skanderberg-Platz auf der rechten Seite stadtauswärts, Eingang um die Ecke, Tel. +355/(0)4/2267196. www.mezuraj.museum

Bektaschi-Weltzentrum (Qendra Botërore Bektashiane), Rruga Dhimiter Karmada, Tel. +355/(0)68/2050397). Anfahrt aus dem Zentrum über die Rr. Ali Demi Richtung Osten (auch Busse), dann rechts in die Rr. Bajo Topulli und links in die Rr. Hysen Loci, die zum Haupteingang führt.

■ Oper

Die Oper (Teatri i Operas dhe Baletit) befindet sich im Kulturhaus am Skanderberg-Platz; derzeit wird sie noch renoviert und soll 2020 wiedereröffnet werden. Gelegentlich finden Ausweichveranstaltungen im Theater **ArTurbina** statt: www.facebook.com/arTurbina.Tirana

■ Kino

Viele Filme werden im Original mit albanischen Untertiteln gezeigt, die meisten sind US-amerikanische. Eine Kinokarte kostet zwischen 300 und 500 Lek.

Kino Millenium, Rr. Murat Toptani. www.kinemamillennium.com

Filmakademie Marubi, Rr. Aleksandër Moisiu 78, Tel. +355/(0)4/2365188; Sa/So geschlossen. Die Filmhochschule bietet manchmal im eigenen Kino Filme oder Events. http//afmm.edu.al

Feste

Jazz in Albania; Juli. Jazzfestival. www.jazzinalbania.al

TIFF, Tirana International Film Festival; November. www.tiranafilmfest.com

Nata e Bardhë; 29. November. Die weiße Nacht gibt es seit 2004. Bis in den Morgen des 30. November geht es hoch her: Die Museen sind geöffnet, es gibt viele Konzerte und Aktionen, der Autoverkehr wird eingeschränkt, kurzum, die ganze Stadt ist auf den Beinen.

Zoo

Zoo (Kopshti zoologjik/Tiergarten oder Parku zoologjik/Tierpark), Rruga Liqeni i Thate, neben dem ›Künstlichen See‹ im Süden des Zentrums; tägl. 9–19 Uhr, 200 Lek. Ein kleiner Zoo mit einigen Tierarten, u. a. Bären, Wölfe und Strauße. Soll 2019 renoviert und erweitert werden. www.aprtirana.al/parqe-rekreative/parku-zoologjik (alb.)

Sport

Im **Großen Park** (Parku i Madh) gehen viele Einheimische spazieren oder joggen. Für Kinder gibt es viele neue Spielplätze.

Kompleksi Nobis, Rr. Sami Frashëri, Tel. +355/(0)4/2431033. Mit Schwimmbad, Wellness- und Fitnessbereich, Restaurant. www.nobis.al

Einkaufen und Shoppen

Rruga Myslym Shyri ist die sogenannte Boutiquen-Straße, in der sich ein Geschäft an das andere reiht. Im **Block-Viertel** (Blloku) gibt es mehrere Geschäfte mit Kleidung.

Coin-Center, Rr. Papa Gjon Pali II 12. Eine Art Kaufhaus mit Luxus-Artikeln internationaler Designer, die es im Original in Albanien nur hier zu kaufen gibt.

Olivenauswahl auf dem Markt

Toptani-Center, Rr. Abdi Toptani. Das neueste Shopping-Center Tiranas.

Souvenirs

Albanian by Nature, Rr. Luigj Gurakuqi 5. Eine Initiative mehrerer Hersteller für umweltverträgliche und typisch albanische Produkte wie verschiedene Lebensmittel, Kosmetik und Kunsthandwerk. Zwar liegen die Preise über dem albanischen Durchschnitt, dafür sehen die meisten Verpackungen sehr ansprechend aus, und der Inhalt kann sich auch gut konsumieren lassen.

Zabel I Leskovikut, Rr. Skënder Luaresi. Lebensmittel wie Marmeladen und Schnäpse aus der Region Leskovik.

Ärztliche Versorgung

Krankenhaus (Qendra Spitalore Universitare Nënë Tereza), Rr. e Dibrës 372, Tel. +355/0)4/2349209.

Privatklinik Spitali Amerikan. Drei verschiedene Häuser in Tirana, eines ist Tirana 1, Rr. Lord Bajron, +355/(0)4/2357535. www.spitaliamerikan.com

Privatklinik Hygeia, Rr. Industriale, Tel. +355/(0)4/2390000. www.hygeia.al

Die Umgebung von Tirana

Östlich von Tirana befindet sich das Dajti-Gebirge, in das viele Hauptstädter vor dem Lärm und Staub Tiranas flüchten. Zunehmend werden von der Tourismusorganisation einige Burgen angepriesen, die sich in unterschiedlichen Erhaltungszuständen befinden.

Dajti-Nationalpark

Das Dajti-Gebirge ist kein wahres Wanderparadies, ein Ausflug lohnt sich aber für eine grandiose Aussicht über Tirana bis zur Adria. Die meisten Touristen nutzen auf dem Weg zu Tiranas Hausbergen die **Seilbahn**, die Talstation liegt am Stadtrand Tiranas zwei Straßen nördlich der Rruga Muhamet Deliu. Leider hat die Straße an der Talstation keinen Namen. Aber einige Hinweisschilder kennzeichnen den Weg dorthin.

Die **Festung von Dajti** (Kalaja e Dajtit) aus dem 6. Jahrhundert nach Christus liegt sehr eindrucksvoll auf einer Höhe von 1200 Metern über dem Meeresspiegel. Um sie zu erreichen, muss man über 23 Kilometer der Straße folgen, die zur Dajti-Terrasse führt, einer kleinen Ebene, die wegen der Aussicht auch ›Balkon von Tirana‹ genannt wird. Beim mittlerweile abgebauten touristischen Dorf ›Paradise‹ muss man die Bergseite für rund 200 Meter besteigen. Die Mauern der alten Burg haben eine Breite von zwei Metern und bilden einen Winkel von 60 Grad. Heute sieht man nur noch Reste der alten Mauern.

i Dajti-Gebirge

Seilbahn Dajti Ekspres Sha, Rr. Papa Gjon Pali II, Pallati 11, Kati 2, Tiranë, Tel. +355/(0)4/2250750, +355/(0)67/2084471, marketing@dajtiekspres.com. Mai–Okt. 9–21 Uhr (1000 Lek), Nov.–April 9–19 Uhr (800 Lek), Kinder bis 6 Jahre und Menschen mit Behinderung gratis. Dienstags nur in Betrieb, wenn der Tag ein Feiertag ist (→ S. 352). Auf der Website gibt es weitere Infos zu Aktivitäten im Gebirge. www.dajtiekspres.com

Entlang der Wege und Straßen gibt es im Dajti-Gebirge viel Gastronomie, hier eine Auswahl: **Gurra e Perrise**, Parku Kombëtar Mali i Dajtit, Tel. +355/(0)68/2060720. Schönes Restaurant mit atemberaubender Aussicht und albanischem Essen.

Bar Restaurant Belavista, 2 Luanët, Tel. +355/(0)69/2080781. Live-Musik, guter Service und sehr gutes Essen, der Blick über Tirana ist wunderschön.

Jurgen Resort, Dajt, Linzë, Tel. +355/(0)69/7900706. Gutes Essen und schöner Blick über Tirana.

Ballkoni Dajtit, Stacioni i poshtem i teleferikut, Komuna Linze, Mali i Dajtit, Tel. +355/(0)67/4011021. Tolle Aussicht Richtung Tirana und Adria, besonders von den äußeren Tischen.

Restaurant Muraga, Dajt, Linzë, Tel. +355/(0)67/4120588. Schönes Restaurant mit spektakulärem Panoramablick, kombiniert mit leckerem Essen und gutem Service.

Burgen und Schlösser

In der Umgebung von Tirana befinden sich zehn Festungen aus verschiedenen Epochen, von denen zumindest einige Erwähnung finden sollen: Petrela, die bekannteste, Persqopi, Ndroq und Prezë, ein beliebtes Ausflugsziel.

Petrela

Petrela (Kalaja e Petrelës) ist der Star unter den Burgen in Tiranas Umgebung. Sie liegt im Südosten von Tirana auf einem 400 Meter hohen Felsen. Seit der Antike dient dieser Ort dazu, die Straßen von Norden aus Shkodër über

Krujë und von Westen aus Durrës nach Elbasan durch das Tal des Flusses Erzen zu kontrollieren. Erste Befestigungsanlagen stammen vermutlich aus dem 4. bis 3. Jahrhundert vor Christus, die Ursprünge der Anlage gehen auf die Zeit des byzantinischen Kaisers Justinian I. zurück, der im 6. Jahrhundert an dieser Stelle eine Festung anlegen ließ. Die heutige dreieckige Form erhielt die Festung im 14. Jahrhundert, als die Familie Kastrioti diese wichtige strategische Stelle bezog. Ihr Familienmitglied Skanderbeg (→ S. 163) nutzte die Burg im Verteidigungsnetz gegen die Osmanen.

Der Blick von der Burg über das Erzen-Tal und die hügelige Landschaft ist sehr schön, bei guter Sicht sind sogar die Festungen Prezë und Krujë zu sehen, die im Verteidigungssystem Skanderbegs dazu dienten, Rauchzeichen abzusetzen. Auf dem Burghof sind **mittelalterliche Waffen** ausgestellt, außerdem gibt es ein **Restaurant**.

Die Umgebung von Tirana

Die Burg von Petrela

Anfahrt: Von Tirana fährt man zwölf Kilometer auf der Nationalstraße Richtung Elbasan, Hinweisschilder an der Landstraße weisen den Weg zur Burg. Auf den letzten knapp drei Kilometern ist die Straße asphaltiert.

Persqopi

Die Burg von Persqopi befindet sich zwischen Tirana und dem Krraba-Pass (Qafa e Krrabes), etwa 1,5 Kilometer östlich von Petrela. Die 60 Meter lange Bastion diente in der Antike wahrscheinlich der Aufstellung von Katapulten. Persqopi geht auf den Namen einer illyrischen Stadt zurück und wurde spätestens im 3. Jahrhundert vor Christus angelegt. Die Mauern der Burg erreichen eine maximale Höhe von sieben Metern und sind mit regelmäßigen Steinblöcken in 60 bis 70 Zentimetern Höhe gebaut. Zu sehen sind ein monumentales **Grabmal**, ein **Trinkbrunnen** und **Wohnungen** mit mehreren Nischen.

Ndroq

Die Burg von Ndroq erhebt sich auf einer Höhe von 387 Metern im Westen von Tirana, an der Spitze der höchsten Hügelkette. Von Tirana aus fährt man 15 Kilometer auf der alten Landstraße Richtung Durrës, biegt dann links ab und gelangt nach knapp zwei Kilometern zum Dorf Varosh. Von hier aus sind es noch 800 Meter bis zur Burg. Zu sehen sind nur noch die Umfangmauern, eine Außen- und eine Innenmauer.

Prezë

Die Burg von Prezë befindet sich nordwestlich von Tirana. Sie wurde angelegt, um die Verbindungsstraße von Shkodër und Krujë mit Durrës zu kontrollieren und bildete einen visuellen Verbindungspunkt zwischen den Festungen von Durrës, Krujë und Petrela. Die Anlage soll im 15. Jahrhundert von der Familie Topia gegründet worden sein. Die vier Türme an den Ecken der Burg sind erhalten geblieben.

Es gibt ein **Restaurant** mit traditionell albanischem Essen auf der Burg, für viele Einheimische der Hauptgrund für einen Besuch (Tel. +355/(0)69/4823317).

Anfahrt: Auf der Schnellstraße Tirana–Durrës bis Vorë, dort Richtung Fushë Krujë abbiegen und drei Kilometer fahren. Im Dorf Prezë steht die Burg auf dem Hügel.

Hauptattraktionen in Mittelalbanien sind die osmanische Altstadt von Berat, einem der schönsten Orte des Landes, die Küstenabschnitte der Adria, die antiken Orte Apollonia und Byllis sowie die Berge im östlichen Teil der Region.

Blick auf die osmanische Altstadt von Berat mit dem Festungsberg

MITTELALBANIEN

Krujë

Einige sagen, wer Krujë (Kruja) nicht gesehen hat, hat Albanien nicht gesehen. Die 12 000-Einwohner-Stadt steht bei Vielen vor allem wegen des großen **Skanderbeg-Museums** (→ S. 161) auf der Besichtigungsliste. Krujë war das Hauptverteidigungszentrum der Liga von Lezhë im Kampf gegen die Osmanen (→ S. 37). Schon am Eingang zur Innenstadt grüßt ein typisches Reiterstandbild des Volkshelden Skanderbeg aus Bronze die Besucher.

Von der Festung aus lohnt sich der Blick Richtung Tirana und Adria, im Rücken befindet sich das Skanderbeg-Bergmassiv. Den Eingang in die Stadt bildet eine restaurierte Basarstraße, in der neben neuzeitlichen Souvenirs auch die handwerkliche Herstellung traditioneller Qilim (Kelims), gewebter Wollteppiche, in Augenschein genommen werden kann. Krujë ist von Tirana aus leicht zu erreichen, und die Sehenswürdigkeiten liegen im kleinen zentralen Bereich nah beieinander, so dass nicht mehr als ein Tag zur Besichtigung eingeplant werden muss.

Geschichte

Alles Geschichtliche dieser Stadt steht im Schatten von Albaniens einzigem international bekannten Volkshelden Skanderbeg (→ S. 163), der sich ab 1443 in der Festung niederließ. Diese Entscheidung war symbolträchtig, war doch Krujë 1415 schon einmal von den Osmanen unter Sultan Mehmed I. erobert worden. Die Stadt war in den letzten Lebensjahren Skanderbegs das wichtigste Verteidigungszentrum des albanischen Widerstandes gegen das osmanische Heer. Die Osmanen errichteten im unteren Lauf des Flusses Shkumbin eine Befestigung mit dem arabischen Namen Ilbasan (das heutige Elbasan). Von dort aus sollte Mittelalbanien kontrolliert werden und die Eroberung Krujës in Angriff genommen werden. Diese erste Belagerung im Jahr 1450 scheiterte. Skanderbeg suchte Hilfe in Venedig, dessen Besitzungen an der Küste ebenfalls durch die Osmanen bedroht waren.

1466 wurde Krujë ein zweites Mal belagert. Der osmanische Offizier Ballaban

Blick auf die Basarstraße und die Festung von Krujë

▲ Karte S. 160

Mittelalbanien
Shkodër
Lezhë
Rrëshen
Kukës, Prizren
Naturreservat Kune-Vain
Milot
A1
Laç
Ulëz
Urakë
Macukull
Peshkopi
Burrel
Mamuras
Shetaj
Nationalpark Qafë Shtamë
Krujë
Fushë Krujë
Zgërdesh
Xibër-Murrizë
Bulqizë
Plan Bardhë
Shupenzë
Debar
NORDMAZEDONIEN
Armath
Halilaj
SH2
Vorë
Kamez
Nationalpark Dajti
Krastë
Durrës
Shijak
Kashar
Tirana
Borova
Mullet
Gurakuq
Labuništa
Ancona-Durrës, Bari-Durrës
E852
Ibë
Kavajë
Karpen
Krraba-Pass
A3
SH3
Elbasan
Librazhd
Babjë
Struga
Plazhi i Gjeneralit
Domën
Spille
Shkumbin
Rrogozhinë
Bradashesh
Shelcan
Përrenjas
Pëqin
Cërrik
Llixha
Belsh
SH4
Divjakë
Nationalpark Divjakë-Karavasta
Zavaline
Ohridsee
Lushnjë
Linas
Trebinjë
Gramsh
Pogradec
Ardenica
A2
Seman
Kodovjat
Topoj
Qerim
Kuçovë
Roskovec
Poshnjë
Zavisht
Fier
Berat
Nationalpark Tomorr
Maliq
Levan
Patos
Vjosa
SH71
Gjerbës
Voskopojë
Ballsh
Poliçan
Vithkuq
Selenicë
Frater
Çorovodë
Bejar
Osum Canyon
Vlorë
Qesarat
Memaliaj
SH76
SH75
Radhimë
Vajzë
Frashër
Këlcyrë
Ersekë
Tepelenë
Vranisht
Nationalpark Bredhi i Hotovës
Përmet
Nationalpark Llogara
Kuç
Dhërmi
SH8
Himarë
Gjirokastër
Borsh
Sarandë
GRIECHENLAND
0
15
30 km

Pascha (Badera) starb unterhalb der Festung, und die osmanischen Truppen zogen sich zurück. Ballaban Badera war ein katholisches Kind aus dem heutigen Albanien, der durch die Devşirme (›Knabenlese‹) am osmanischen Hof ausgebildet wurde, um dann in seine Heimatgebiete entsandt zu werden. Er gilt als einer jener Helden, die bei der osmanischen Eroberung von Konstantinopel angeblich als erster die Stadtmauern erklettert hatten. Und selbst bei der dritten Belagerung von Krujë im Juli 1467, zu der eigens Sultan Mehmed II. anreiste, mussten sich die Osmanen wieder zurückziehen. Das weitere Geschehen erlebte Skanderbeg nicht mehr, er starb am 17. Januar 1468. Mehmed II. zog letztendlich 1478 in die Festung ein, womit die Anlage ihre Rolle als Verteidigerin der Liga von Lezhë verlor.

Erwähnung fand der Stadtname erstmals 879 als Sitz eines byzantinischen Bischofs. Ab dem Mittelalter bestimmte die albanische Adelsfamilie Arbanón/Arbëri die Geschicke der Stadt und Nordalbaniens, und die Bedeutung der Stadt blitzte für kurze Zeit auf, um in die Geschichtsbücher aufgenommen zu werden. Unter der Adelsfamilie wurde das erste albanische Staatsgefüge geformt, das sogenannte Fürstentum von Arbanón. Es entstand als eine Folge der Neuaufteilung und de facto des Zusammenbruchs des Byzantinischen Reiches nach dem vierten Kreuzzug 1204. Nominell gehörte das Gebiet Albaniens zu Byzanz, die Lokalherrschaft übertrug es auf einheimische Adelsfamilien. Durch die Kreuzritter wurde die ›Provinz Durrës und Arbanón‹ (provincia Dyrrachii et Arbani) gegründet; Durrës war venezianischer Besitz. Die beiden Brüder aus dem Haus Arbanón/Arbëri, Gjin und Dhimitër, konnten dem Druck Venedigs standhalten und behielten ihre Unabhängigkeit durch Beziehungen auf dem Balkan. Durch eine geschickte Heirat verstärkte Dhimitër die Verbindung zum serbischen Hof, indem er Komnena Nemanjić ehelichte, die Tochter des serbischen Herrschers Stefan des Erstgekrönten. Im Adriaraum profitierte das Fürstentum von der Rivalität zwischen Dubrovnik und Venedig, da es auf dem Gebiet Dubrovniks Handelsprivilegien erhielt. Das Ansehen konnte zusätzlich erhöht werden, da gute Beziehungen zu Michael I. Angelos bestanden, dem Gründer und Herrscher des Despotats Epirus, das als ein Nachfolgestaat des Byzantinischen Reiches auf dem Gebiet des heutigen westlichen Griechenlands und des südlichen Albaniens entstand. Durch den Tod Dhimitërs war die kurze Periode eines albanisch geprägten Fürstentums vorüber und das gesamte Gebiet wurde anschließend in das Despotat Epirus eingegliedert.

1832 wurden große Teile der Festung zerstört, da die Albaner einen Aufstand gegen die Osmanen wagten. Ein weiterer Aufstand 1906 blieb zwar erfolglos, führte aber dazu, dass sich die Stadt heute gern als Zentrum antiosmanischer Aufstände sieht. Über das 20. Jahrhun-

Das Skanderbeg-Museum in der Festung

▶ Karte S. 160

In der Basarstraße

dert hinweg schrumpfte die Bevölkerung der Stadt. 1968 bekam sie den Ehrentitel ›Heldenstadt‹ verliehen und 1982 eröffnete das historische Museum mit der Skanderbeg-Ausstellung.

Sehenswürdigkeiten

Die meisten Besucher kommen auf der Straße Nr. 38 aus Richtung Tirana und Fushë Krujë an, von der aus ein guter Blick auf die Festung möglich ist. In Krujë heißt die Straße Rruga Skënderbej. Kurz vor dem Zentrum erscheint eine typische **Reiterstatue von Skanderbeg**. Über einen sehr steilen Anstieg gelangt man auf die Höhe der Basarstraße. Leider ist durch das neugebaute Hotel ›Panorama‹ ein Blick auf die Altstadt nicht mehr möglich. Aber immerhin gibt es im Hotel ein riesiges Restaurant, von dessen Balkonen eine schöne Sicht über die Basarstraße hinüber zur Festung geboten wird.

Basarstraße

Das Labyrinth durch den Hotel-Neubau führt auf die Basarstraße. Diese ist seit den 60er-Jahren bis heute aufwendig rekonstruiert worden. Die kleinen Holzläden und das Kopfsteinpflaster vermitteln den Eindruck einer osmanischen Kleinstadt. Sehr findig ist die Konstruktion der etwas auskragenden Dächer und des mittig gelegenen Rinnsteins im Pflaster, wodurch das Wasser schneller ablaufen kann. In den Läden sieht der Besucher meistens Rot, denn viele Andenken sind mit der roten albanischen Flagge geschmückt, vom Aschenbecher bis zum Fußball ist in dieser Straße alles zu bekommen. Daneben wird aber auch lokales Handwerk verkauft: gestrickte Socken, weiße, gefilzte Männerhüte (*qeleshe*) oder die aus Wolle gewebten Qilim. Man kann den Teppichwebern bei der Arbeit zusehen; die Herstellungsweise

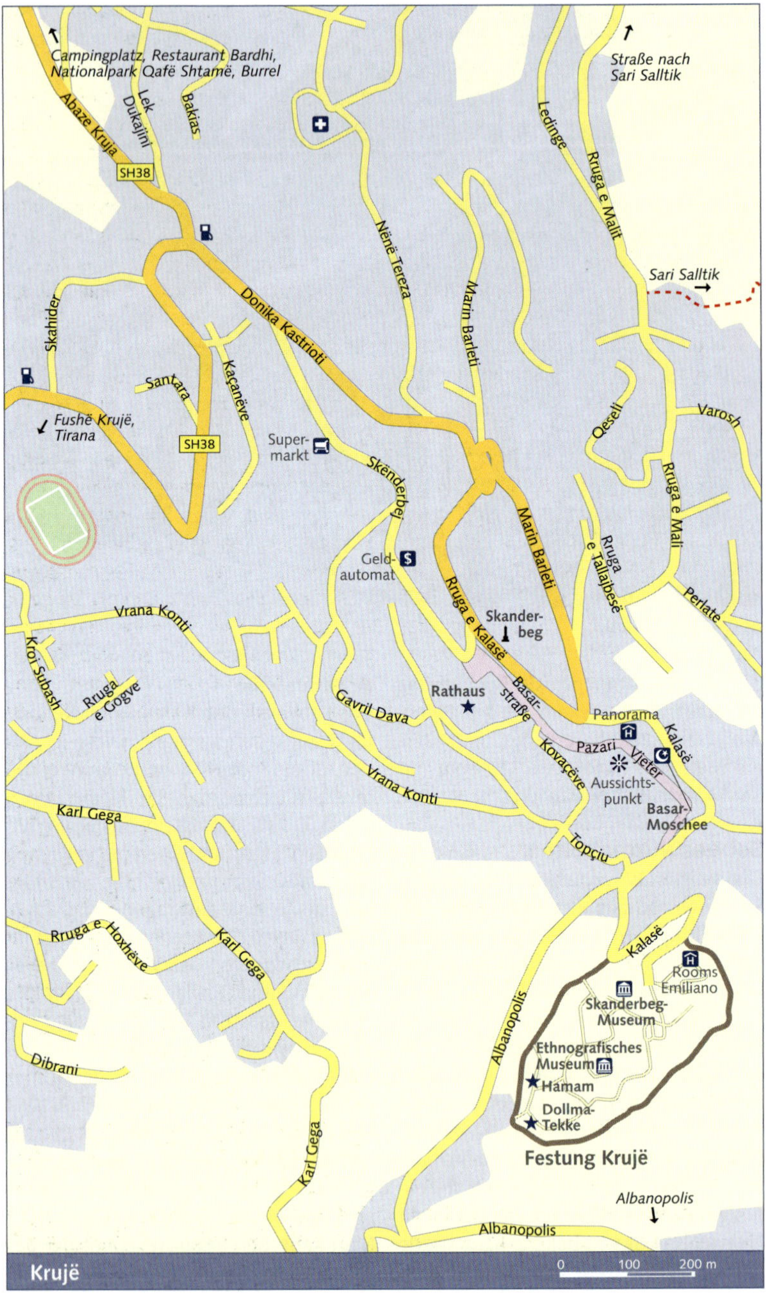
Campingplatz, Restaurant Bardhi, Nationalpark Qafë Shtamë, Burrel
Abaze Kruja
SH38
Lek Dukajini
Bakias
Ledinge
Straße nach Sari Salltik
Rruga e Malit
Sari Salltik
Nënë Tereza
Marin Barleti
Donika Kastrioti
Skahider
Santara
Kaçanëve
Fushë Krujë, Tirana
Super-markt
Skënderbej
Oeseli
Varosh
Rruga e Malit
Marin Barleti
Rruga e Tallajbesë
Geld-automat
Rruga e Kalasë
Perlate
Vrana Konti
Kroi Subash
Rruga e Gogve
Skander-beg
Rathaus
Basar-straße
Gavril Dava
Panorama
Kalasë
Pazari
Vjeter
Kovaçeve
Aussichts-punkt
Basar-Moschee
Vrana Konti
Karl Gega
Topçiu
Rruga e Hoxhëve
Karl Gega
Kalasë
Rooms Emiliano
Skanderbeg-Museum
Albanopolis
Ethnografisches Museum
Hamam
Dollma-Tekke
Festung Krujë
Dibrani
Karl Gega
Albanopolis
Albanopolis
Krujë
0
100
200 m

dieser Fußboden- oder Wandverzierungen ist ansonsten im europäischen Gebiet des ehemaligen Osmanischen Reichs sehr selten zu sehen.

Festung

Der Straßenverlauf führt geradewegs zum Haupteingang der Festung Krujë. Wie vielerorts in Albanien leben auch auf dieser Festung Menschen in ihren Privathäusern. Ein Spaziergang über das Burggelände ermöglicht weite Aussichten. Bei gutem Wetter sind im Süden das Tomorr-Gebirge und im Norden die Berge Montenegros sichtbar. Die Adria im Westen ist fast immer gut zu sehen. Die Burg wird seit dem 6. Jahrhundert genutzt und wurde unter der byzantinischen und osmanischen Herrschaft umgebaut. Im unteren Teil der Festung befindet sich die **Dollma-Tekke** (Teqeja e Dollmës). Sie wurde 1789 von der Dollma-Familie errichtet, deren Mitglieder Anhänger des Bektaschi-Ordens waren. Das Innere ist mit Barockmalereien sowie arabischen und persischen Schriftzügen ausgeschmückt. Nach 1967 diente die Tekke als Lagerraum, nach 1990 wurde sie von einer Bektaschi-Familie rekonstruiert. Für den Eintritt zahlt man einen kleinen Obolus. Gleich gegenüber der Tekke steht ein alter **Hamam**.

Im Norden der Festung können sich die Besucher mit viel Phantasie in die Zeit Skanderbegs zurückversetzen. Der **Uhrturm** ist eines der wenigen erhaltenen mittelalterlichen Gebäude, er diente auch zur Beobachtung der Umgebung. Neben dem Turm sind die **Reste einer mittelalterlichen Kirche** zu entdecken.

Skanderbeg-Museum

Auf der Festung befinden sich zwei Museen. Das für viele Besucher wichtigere Nationalmuseum Gjergj Kastrioti Skanderbeg (Muzeu Kombëtar Gjergj Kastrioti Skënderbeu) steht gleich am Haupteingang. Das massive Gebäude, das an eine Festung erinnern soll, wurde 1982 eröffnet. Es wurde höchstpersönlich von Enver Hoxhas Tochter Pranvera Hoxha und ihrem Ehemann Klement Kolaneci entworfen. Die Heldenverehrung Skanderbegs im sozialistischen Albanien (→ S. 163) findet in diesem Museum ihren Höhepunkt. Wahrscheinlich bleibt fast allen Besuchern die riesige **Figurengruppe** aus Beton im Eingangsbereich in Erinnerung. Sie symbolisiert die historische Größe, die Skanderbeg und seine Weggefährten im albanischen Geschichtskanon einnehmen.

Anschließend folgen mehrere Räume, in denen im Stil der 80er-Jahre chronologisch das staatsmännische Leben Skanderbegs mit Hilfe von Karten, Glasmalereien, Waffen, Gravuren und abschließend der Darstellung in Literatur und Kunst konstruiert wird. Leider sind die meisten Ausstellungsstücke Kopien oder Nachbildungen. Die Museumsleitung kommt nicht umhin, zu Beginn

Romantische Gasse auf der Festung

Skanderbeg und seine Getreuen in Überlebensgröße

eine kleine Ausstellung einzufügen, die die illyrische Periode Südosteuropas, im engeren Sinne Albaniens, vorstellt. Somit wird eine direkte Verbindung zwischen den Illyrern, Skanderbeg und den heute in Albanien lebenden Menschen kreiert, so, wie es die albanische Geschichtsschreibung vorgibt. Im folgenden wird sehr schön erklärt, dass die mittelalterlichen Städte Albaniens, wie auch im restlichen Europa, oft in oder an den Burganlagen entstanden. Ein symbolisch im Gebäude eingefügter Raum soll gedanklich in die osmanische Periode führen. Entsprechend der auch heute noch üblichen Tradierung gilt diese Zeit als düster und koppelte ›Albanien‹ von der europäischen Entwicklung ab. Die Dramatisierung wird verstärkt durch viel Eisen und mittelalterliche Waffen.

Am Ende des unteren Raums erscheinen einem Heiligtum gleich die Kopien von **Skanderbegs Helm und Schwert**. Hinter den beiden Exponaten befindet sich Albaniens größtes Fresko, das die Schlacht von 1444 zwischen den albanischen und montenegrinischen Truppen der Liga von Lezhë gegen die Osmanen darstellt; auf dem Bild sterben ausschließlich Osmanen. Der Weg führt danach nach oben. In den letzten Räumen werden die Bündnispartner Skanderbegs vorgestellt, ohne die er die Kämpfe gegen die Osmanen nicht hätte führen können. Genannt werden Venedig, Ungarn und die Päpste in Rom. Eine **Schriftensammlung**, die in einer Art Bibliothek präsentiert wird, zeigt verschiedene Bücher, die sich mit Skanderbeg auseinandersetzen. Entscheidend soll die große Anzahl nicht albanisch verfasster Bücher sein, die die internationale Popularität Skanderbegs, gedacht als Retter der westlich-christlichen Welt und albanischer Held, verdeutlicht. Es finden sich auch mehrere deutschsprachige Bücher, darunter eine Ausgabe von 1577 aus Frankfurt am Main, die der ehemalige bayerische Ministerpräsident Franz Josef Strauß dem Museum bei seinem Besuch schenkte.

▲ Karte S. 160

Skanderbeg forever

Vielleicht ist es Albaniens einzige Persönlichkeit, mit der sich die Geschichtsschreibung dieses Landes einen internationalen Platz verschafft hat. Der als Gjergj Kastrioti um 1405 geborene Sohn eines albanischen Adligen wurde an den osmanischen Hof gebracht und bekam neben seiner breit gefächerten Ausbildung den ersten zusätzlichen Namen. In Gedenken an Alexander den Großen erhielt Kastrioti den Namen Iskander (arabisch-persisch für Alexander). Seiner Treue und seiner Stellung im Heer verdankte er den osmanischen Titel ›bey‹, was ›Herr‹ bedeutet. Daraus wurde Skanderbeg, auf Albanisch Skënderbeu. Selbst gab sich Skanderbeg die Bezeichnungen ›Herr von Krujë‹ und ›Herr von Albanien‹. Die christliche Welt nannte ihn den ›Kämpfer für Christus‹ (Papst Kalixt III.) oder ›Fürst von Epirus‹. Skanderbeg selbst sah sich in der Nachfolge des antiken Königs Pyrrhus, der wohl statt des Ziegenhelms gern einen Helm mit großem Federbusch trug.

Im osmanisch-muslimisch geprägten Teil des heutigen Albaniens verlor sich die Bedeutung des Volkshelden nach und nach. Außerhalb Albaniens etablierte sich die Erinnerung an Skanderbeg zu einem wichtigen identitätsstiftenden Faktor für die in der italienischen Diaspora lebenden Albaner (Arbëresh). Erst mit der einsetzenden Nationalidee im 19. Jahrhundert diente Skanderbeg als eine Figur, die keine Unterschiede zwischen den Religionen macht und sich für das Albanertum einsetzte. König Zog I. verordnete in den 20er-Jahren des 20. Jahrhunderts die Erinnerungskultur als eine Art neue Staatsideologie, einen ›Skanderbegismus‹, wodurch Skanderbeg fester Bestandteil des Schulunterrichts wurde und sich der König selbst in die Nachfolge des ›größten Albaners aller Zeiten‹ stellte. Für die sozialistischen Herren, die gern in der Geschichte nach vorzeigbaren protosozialistischen Helden kramten, eignete sich das Image des Skanderbegs als Kämpfer für die Anliegen des Volkes und Widersacher gegen die Interessen der Feudalherren unter der osmanischen Fremdherrschaft. Je älter Enver Hoxha wurde, um sehr mehr betonte er seine Nähe zu Skanderbeg: Er meinte, Albanien sei wie die letzte Trutzburg Krujë und befinde sich im dauerhaften Abwehrkampf gegen äußere Feinde.

Die Präsentation Skanderbegs findet vorrangig im öffentlichen Raum mit dem Aufstellen von Denkmälern statt. Aus Skanderbegs Lebzeiten sind keine Darstellungen überliefert, so dass alle Denkmäler und Gemälde der Phantasie entsprungen sind. Die bekannten Zeichnungen sind nach mündlichen Überlieferungen angefertigt worden. Beim Reisen fällt auf, dass sich die meisten Statuen sehr stark ähneln. So werden selbst heute noch Statuen entworfen, die aussehen, als kommen sie aus dem 19. Jahrhundert. Gern bäumt sich sein tapferes Pferd auf. Eine Parallele zu seinem Namensvetter Alexander dem Großen fällt auf, auch er liebte sein wildes Pferd Bukephalos. In Form eines riesigen, fast angsteinflößenden Denkmals ist das heutzutage in Skopje zu sehen. Eine moderne Interpretation eines Skanderbeg-Denkmals ist wohl bisher noch nicht geplant. Der Wiedererkennungswert ist dafür beständig groß. Denkmäler mit Skanderbeg befinden sich übrigens auch außerhalb der Staatsgrenzen Albaniens. Sie sollen aus albanischer Sicht das albanische Element eines Ortes oder einer Gegend symbolisieren. So in Prishtinë (Priština), der Hauptstadt Kosovos, im albanischen Verwaltungsbezirk von Skopje (Nordmazedonien) oder in einigen albanisch geprägten Dörfern Süditaliens. Orte, an denen heu-

EXTRA

Kopien von Skanderbegs Helm und Schwert im Museum in Krujë

te museal an Skanderbeg erinnert wird, sind Krujë (Skanderbeg-Museum), Tirana (Ausstellung zu seinem Leben im Nationalmuseum) und Lezhë, wo die Überreste der Kirche zu sehen sind, in der er 1468 beigesetzt wurde.

Was die womöglich authentischen Artefakte angeht, so ist Albanien in den letzten Jahren von Österreich enttäuscht worden. Es geht um Skanderbegs Schwert und Helm. In Albanien kann man diese Trophäen an mehreren Orten bewundern – dabei gibt es die beiden Stücke je nur einmal. Die Originale hätte Albanien 2012 zur 100-Jahr-Feier des Staates gern dauerhaft erworben. Aber Österreich lieh dem Tiranaer Nationalmuseum die Stücke lediglich, danach kehrten sie wieder in die Hofjagd- und Rüstkammer des Kunsthistorischen Museums Wien zurück. Als Argument führten die Wiener an, dass man sich seit dem Ankauf der beiden Objekte durch Erzherzog Ferdinand II. von Tirol im 16. Jahrhundert besonders um die Pflege der Stücke bemüht hätte. Aber es gibt Zweifel, ob die Stücke überhaupt aus der Zeit Skanderbegs stammen. Das Wiener Museum schreibt, der Helm sei um 1460 in Italien hergestellt worden. Neuere Berichte behaupten gar, der Helm sei erst im 16. Jahrhundert in Venedig entstanden und die Klinge des Schwerts im 15. Jahrhundert in Böhmen. Hinter dieser Theorie steckt der Wiener Professor für die Geschichte Südosteuropas Oliver Jens Schmitt. Er machte sich bei Liebhabern unumstößlich geltender Auffassungen schon mehrfach unbeliebt. Eines seiner Arbeitsergebnisse besagt, Skanderbeg sei nicht katholisch, sondern orthodox getauft worden. Dadurch geriete die Familie in die Nähe serbischer Einflüsse, die es im nördlichen Albanien jener Jahre gab. Nun, womöglich handelt es sich gar nicht um jenes Schwert, das nach einer der zig Legenden so scharf war, dass es den Gegner von oben nach unten im Handumdrehen halbierte. Scheinbar ist Erzherzog Ferdinand II. einem Schwindel aufgesessen. Die Skepsis der ausländischen Wissenschaftler teilt man in Albanien nicht: Die Reliquien des großen Skanderbegs müssen dieses Schwert und der Helm in Wien sein. Eine Reliquie, die sich alle vor oder nach einer Reise anschauen können, ist die Verfilmung von Skanderbegs Leben. 1953 half die Sowjetunion, den Film ›Skanderbeg – Ritter der Berge‹ zu produzieren. Damit ging der ernste Historienfilm als der überhaupt erste albanische Film in die Kinogeschichte ein.

■ **Ethnografisches Museum**

Das Ethnografische Museum (Muzeu Etnografik) ist in einem historischen Gebäude direkt auf der Festung untergebracht. Dieses Haus wurde 1764 von der Toptani-Familie erbaut, eine der einflussreichsten Familien des Mittelalters und der Neuzeit. Es ist ein schönes Beispiel für die von der osmanischen Kultur beeinflusste Lebens- und Wohnweise, von denen in Mittelalbanien leider nur sehr wenige erhalten geblieben sind. Im Haus sind die einzelnen Räume nach ihren ehemaligen Nutzungsweisen eingerichtet. Im ersten Stock befinden sich die Wohnräume, so das Frauenzimmer, in dem heute unterschiedliche Trachten und Schmuck ausgestellt werden. Ein Flur verbindet dieses Zimmer mit dem am aufwendigsten verzierten Raum, dem Männerraum. In diesem Zimmer traf sich die Familie bei Hochzeiten und wichtigen Begegnungen. Eine solch reiche Familie verzichtete auch nicht auf einen eigenen **Hamam**, der erhalten geblieben ist. Im ehemaligen Schlafzimmer werden muslimische und katholische Trachten ausgestellt. Wer ein bisschen genauer hinsieht, wird bemerken, dass die Farbe Grün den Muslimen vorbehalten war. Im Erdgeschoss des Hauses sind Gegenstände aus der Landwirtschaft und des Handwerks untergebracht. Mit dem Ausbau des Basarviertels in Krujë nahm die Bedeutung von Steinmetzen, Schnitzhandwerkern und Keramikherstellern zu, was mit der Auswahl der gezeigten Exponate dargestellt wird.

Herrenzimmer im Ethnografischen Museum

Die Umgebung von Krujë

■ **Albanopolis**

Am Rand des Dorfes **Zgërdhesh** (Zgërdheshi) liegt eine Ruinenstätte, die ein weiteres Beispiel dafür abgibt, wie unterschiedlich mit der Geschichte umgegangen wird. In fast allen albanischen Publikationen besteht kein Zweifel daran, dass es sich um die Überreste der illyrischen Stadt Albanopolis handelt, auch wenn eingeräumt wird, dass es noch nicht genug Untersuchungen an diesem Ort gegeben hat. Auch andere Quellen wie die Albanologen der Ludwig-Maximilians-Universität München gehen davon aus, dass es sich durchaus um die Überreste von Albanopolis handeln kann, jedoch kann diese Annahme nicht sicher bestätigt werden. Die in Albanien gern herangezogene These, dass sich von dieser Stadt der Name Alban auf das Volk übertragen habe, wird bezweifelt. Man vermutet die von Ptolemäus im 2. Jahrhundert vor Christus erwähnte kleine Stadt Albanopolis eher östlich von Durrës.

Anfahrt: Der Weg führt von der Hauptstraße zwischen Fushë Krujë und Krujë in Richtung des Dorfes Halilaj (Achtung: nur einmal ausgeschildert mit ›Albanopolis‹). Bleiben Sie einfach auf der ›Hauptstraße‹, die nach 900 Metern als unbefestigter Weg noch knapp zwei Kilometer bis zur Ausgrabungsstätte führt. Vor Ort gibt es keinerlei Informationen.

Sari Salltik

Sari Salltik ist ein Wallfahrtsort der Bektaschi (→ S. 85). Hier erinnert eine grüne **Tekke** (Teqeja e Sari Salltikut) in einer kleinen Höhle an den Derwisch Sari Saltuk, der im 13. Jahrhundert lebte und dessen Herkunftsort umstritten ist. Auch sein Sterbeort ist unklar, gleich in mehreren Ländern gibt es angebliche Gräber von Sari Saltuk, der von Aleviten und Bektaschi auf dem Balkan und in Teilen Anatoliens als Heiliger verehrt. Mit ihm wird die Ankunft der Bektaschi in Albanien verbunden, ohne dass dies belegt werden kann. Auf Ausflügler warten in der Höhe mehrere kleine Restaurants.
Anreise: Sari Salltik liegt genau oberhalb von Krujë in den Skanderbeg-Bergen. Wanderer führt ein guter Weg direkt von Krujë aus in etwa einer Stunde dorthin. Ein gelb gestrichenes Restaurant ist von Krujë aus sichtbar, so dass nach eigenem Ermessen die Strecke eingeschätzt werden kann. Die Zufahrt mit dem Auto ist über eine kleine Straße möglich.

Nationalpark Qafë Shtamë

Auf der SH38 von Krujë nach Burrel (50 Kilometer) durchquert man den Nationalpark Qafë Shtamë (Parku Kombëtar Qafë Shtamë). Die Straße ist in schlechtem Zustand, für Fahrräder und Allradfahrzeuge aber machbar. Öffentlichen Verkehr gibt es auf dieser Strecke nicht. Der Nationalpark ist Teil des Bergmassivs, das die imposante Kulisse für Krujë bildet. Von hier aus und auch von SH38 bieten sich tolle Blicke in die tiefer liegenden Gebiete Richtung Adria. Schwarzkiefern und Buchen bestimmen das Bild des Parks, Braunbären und Wölfe leben hier. Das Klima ist in dieser Gegend bereits wesentlich kontinentaler als in Krujë, die höchsten Gipfel des Parks erreichen über 1500 Meter. Albanische Kurgäste nutzen diese Gegend zur Heilung ihrer Atemwege. Beliebt ist der **Heilbrunnen der Königin Mutter** (Burimi i Nënës Mbretëreshë). Der Name stammt aus den 1930er-Jahren, als diese Quelle der albanischen Königsfamilie diente.

Blick von der Festung Krujë auf die Berge

▲ Karte S. 157/160

Fushë Krujë

Durch diesen Ort fahren die meisten nur durch, um nach Krujë zu gelangen. Es gibt auch außer einem **Bush-Denkmal** keine Sehenswürdigkeiten. Am 10. Juni 2007 besuchte George W. Bush Tirana und nahm anschließend in Fushë Krujë ein Bad in der Menge. Es ging bei seinem Besuch um den anstehenden NATO-Beitritt Albaniens. Bush war der erste US-amerikanische Präsident, der Albanien besuchte. Aus Freude darüber wurde eine albanische Briefmarkenserie mit seinem Konterfei herausgegeben, in Tirana wurde eine Straße nach ihm benannt und eben in dem kleinen Ort Fushë Krujë ein Denkmal für ihn errichtet. Es steht neben der großen Preissäule einer Tankstelle, die größer ist als der ehemalige US-Präsident. Für Interessierte bietet sich ein Vergleich mit der Büste von Hillary Clinton in Sarandë an (→ S. 248).

Krujë

Vorwahl: +355/(0)511.

Mit dem **Auto** fährt man von Tirana und Durrës ca. 1 Std. bis nach Krujë.

Minibusse fahren in Tirana vom Busbahnhof am Kreisverkehr Zogu i Zi ab (ca. 200 Lek). Die Busse mit der Ausschilderung ›Fushë Krujë‹ fahren nur bis zu dem kleinen Ort etwa 9 km vor Krujë.

Ein **Taxi vom Flughafen** kostet etwa 20 Euro.

Rooms Emiliano, in einem alten Haus direkt in der Festung, Tel. +355/(0)67/ 2520929; DZ ab 25 Euro, Familienzimmer bis 4 Personen 45 Euro.
www.roomsemiliano.com

Hotel Panorama, Rr. Kala, Tel. +355/(0) 69/2034533; DZ 40 Euro, EZ 30 Euro, luxuriösere Zimmer 70 Euro. Direkt am Eingang zur Basarstraße.
www.hotelpanoramakruje.com

Campingplatz, Rr. Abaze, Tel. +355/(0)68/ 826604. Am Stadtrand an der SH38 Richtung Burrel auf der rechten Seite.

Im **Nationalpark Qafë Shtamë** ist Campen erlaubt, die Parkverwaltung informiert darüber, in welchen Bereichen (Tel. Cudhi Kampt, +355/(0)67/2010000).

In Krujë gibt es ausreichend Essensangebote, mehrere Restaurants sind direkt in der Festung.

Restaurant Hotel Panorama, Rr. Kala. Riesiges Angebot, albanische und italienische Gerichte; bei den Einheimischen sehr beliebt. Auch wenn das Haus von außen wie ein Klotz wirkt, lohnt sich ein Besuch schon wegen des Blicks über die Basarstraße und die Festung.
www.hotelpanoramakruje.com

Restorant Bardhi, Rr. Kala, Tel. +355/ (0)511/22772. Wunderschöne Lage und fantastische albanische Gerichte.
www.restorantbardhi.com

Restorant Buza e Malit, direkt neben der Tekke Sari Salltik, Tel. +355/(0)69/ 7382427. Mit dem Auto ist das Restaurant von Krujë auf der Rruga e Malit zu erreichen; es gibt albanisches und italienisches Essen und eine grandiose Aussicht Richtung Krujë und Adria.

Nationalmuseum Gjergj Kastrioti Skanderbeg (Muzeu Kombëtar Gjergj Kastrioti Skënderbeu), Rr. Kala, 9–13 und 15–18 Uhr, 200 Lek. Die Beschilderung ist auch in Englisch, deutschsprachige Museumsbegleiter nach Absprache.
muzeu.gjkskenderbeu@yahoo.com
www.muzeumetkruje.gov.al (alb.)

Ethnografisches Museum (Muzeu Etnografik në Krujë); 9–16 Uhr, 300 Lek.
www.muzeumetkruje.gov.al (alb.)

Krankenhaus, Spitali Krujë, Rruga Nënë Tereza, Tel. +355/511/23128.

Elbasan

Dank des neuen Autobahnabschnitts von Tirana nach Elbasan (Elbasani) verkürzt sich die Fahrzeit deutlich. Fahrradfahrer können die nun ruhige alte Straße über den Krraba-Pass zwischen Krraba und Bradashesh nutzen, nur müssen etwa 800 Höhenmeter überwunden werden! Elbasan wurde in seiner Geschichte zweimal als Festung angelegt, nicht auf einem Felsen, wie in Albanien sonst üblich, sondern an der Straße am Fluss Shkumbin. Teile der Festung sind erhalten.

Geschichte

Noch heute sind die Ausmaße des römischen Castrums aus dem 4. Jahrhundert an der südlichen und westlichen Stadtmauer von Elbasan erkennbar. Die Stadt, damals Scampa genannt, wurde als militärisches Lager an der Via Egnatia (→ S. 33) angelegt. Das Kastell mit seinen Ausmaßen von je mehr als 300 Metern pro Seite bestimmt auch heute noch die Lage der Altstadt. Durch die Christianisierungsprozesse wird der Ort Bischofssitz. Unter Kaiser Justinian wurde die Festung im 6. Jahrhundert nach den Ostgoten-Angriffen erneuert, Teile der römischen Mauern blieben bis heute erhalten. Die Stadt wurde ab dem 7. Jahrhundert nicht mehr erwähnt, wahrscheinlich hatten die Slawen den Ort zerstört. Erst 1466 ließ der osmanische Sultan Mehmed II. die Festung als Ort seiner Truppen mit dem Namen Ilbasan wiederherstellen, um die Stürmung Krujës vorzubereiten. Während der osmanischen Periode entwickelte sich die Stadt zu einer der größten Händlersiedlungen und in Mittelalbanien zur wichtigsten Stadt. 2000 Häuser standen in der Stadt, Waffenschmiede, Silberschmiede, Schmiede und Gerber gingen ihrer Arbeit nach.

Die größten Überreste der Festungsmauern lassen sich heute noch im Süden und Westen bestaunen, die übrigen Mauern sind verschwunden und neben der Hauptmoschee und -kirche befinden sich wenig ansehnliche Häuser in der Altstadt. Im Sozialismus entstand 1974 am Rand der Stadt ein riesiges Stahlwerk. Ursprünglich trug es den Namen ›Stahl der Partei‹ und beschäftigte viele Menschen aus Elbasan und der Umgebung. Es ist ein Zeuge der engen Beziehungen Albaniens zu China zwischen 1961

Stadtmauern in Elbasan

▲ Karte S. 169

und 1978, denn China stellte die Mittel zur Errichtung des Werks zur Verfügung. Heute wird nur ein kleiner Teil der Anlagen genutzt. Mit knapp 120 000 Einwohnern ist Elbasan heutzutage die viertgrößte Stadt Albaniens und durch ihren Status als Universitätsstadt auch recht lebendig.

Sehenswürdigkeiten

Die **Stadtmauern** wirken von außen betrachtet sehr eindrucksvoll. Im Süden und im Westen haben sie sich erhalten. Der Südwestturm verrät sehr gut die unterschiedlichen Bauphasen: die römische Phase mit Gussmauerwerk und einer Verkleidung aus Bruchstein und Ziegel-

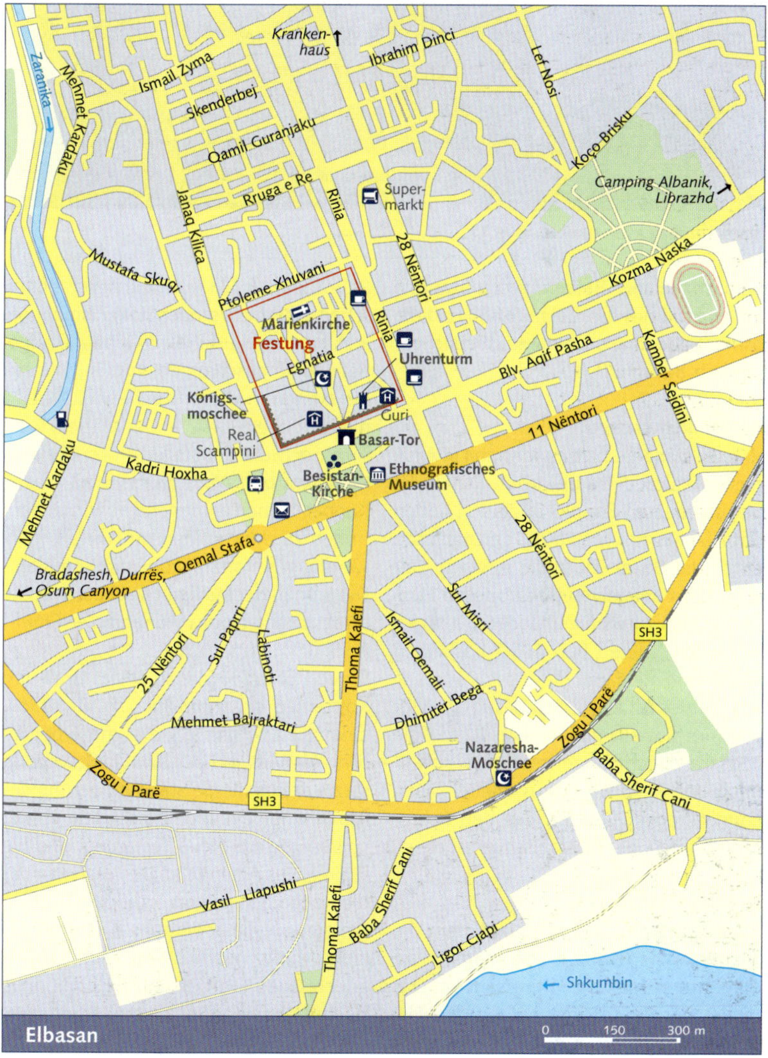

Ikonostase der Marienkirche

bändern in vier Reihen, die spätantike Epoche mit nur drei Ziegelreihen und die osmanische Phase mit unterschiedlichem antiken Bauschutt.

Königsmoschee

Wie viele andere Festungsanlagen in Albanien ist auch diese bewohnt. Durch die Stadttore, zum Beispiel im Süden neben dem Uhrturm von 1899, gelangt man durch das **Basar-Tor** in die Altstadt. Der Weg führt an einigen traditionellen Häusern vorbei zur **Königsmoschee** (Xhamia e Mbretit), deren Bau 1492 begonnen wurde und die damit die älteste Moschee des Landes ist. Die Gebäudesubstanz litt zwar im Sozialismus, jedoch wurde die Moschee nicht abgerissen und strahlt nach der Rekonstruktion wieder. Man kann einen kurzen Blick in den Innenraum werfen, der spartanisch gehalten ist.

Marienkirche

Etwas weiter in der Innenstadt steht die Marienkirche (Kisha ë Shënmërisë), die in mehrerer Hinsicht interessant ist. Das Innere der dreischiffigen Kuppelbasilika von 1833 ist ein zum Großteil weißer Raum, der so für ein Kapitel der albanischen Geschichte nach 1967 steht. Als in Albanien alle sakralen Gebäude abgerissen oder geschlossen wurden, wurden die Ikonen in dieser Kirche weitgehend mit Kalk übertüncht. In der Marienkirche sind noch die Darstellung des **Christus Pantokrator** (Weltenherrscher) in der Kuppel, Ikonen an der Südwand aus dem frühen 20. Jahrhundert und die sehr aufwendig geschnitzte Ikonostase erhalten. Die **Ikonen der Heiligen Michael und Gabriel** stammen vom Ikonenmaler Onufri (→ S. 194) von 1559.

Im Vorhof der Kirche steht das **Grab von Kostandin Kristoforidhi** (1827–1895), eines albanischen Autors und Übersetzers. Als Mitglied der Rilindja-Bewegung setzte er sich für die Standardisierung des Albanischen ein und übersetzte erstmals vollständig das Neue Testament und die Psalmen ins Albanische. Des Weiteren hat die Kirche bei einigen orthodoxen Christen eine ideelle Bedeutung. Der Pope Nikolla Marku möchte den recht großen griechischen Einfluss auf die orthodoxe Kirche Albaniens verringern. Er ist demnach ein Gegner des derzeitigen Metro-

▸ Karte S. 169

pliten Anastasios Yannoulatos mit Sitz in Tirana, denn dieser ist ein Grieche. Des Weiteren sollen keine Gelder mehr aus Griechenland für die Errichtung neuer Kirchen fließen, um den albanischen Einfluss auf die Kirche zu stärken. In einer Unterschriftenaktion ruft Nikolla Marku dazu auf, ihm und nicht dem Metropoliten zu folgen. Sehr viel Erfolg scheint er jedoch mit seiner Aktion nicht zu haben, denn die meisten Orthodoxen haben mit der Verbindung zu Griechenland kein Problem. Die Versuche Nikolla Markus folgen den Bestrebungen des frühen 20. Jahrhunderts, die albanisch-orthodoxe Kirche von Griechenland unabhängig zu machen. Das liegt auch am Selbstverständnis der griechisch-orthodoxen Kirche, die Religion und Nation als Einheit betrachtet. Davon möchte sich dieser Teil der albanischen Kirche trennen und die albanische Nation stärker in den Mittelpunkt bringen.

Hamam

Wer durch das Basartor wieder in die Viertel außerhalb der Festungsmauern zurückgeht, ist im Leben der Stadt wieder angekommen. Der ehemalige Hamam, der 1672 vom osmanischen Reisenden Evliya Çelebi erwähnt wurde, wird der-

Der ehemalige Haman

Die Königsmoschee

zeit als kleines Café genutzt. Leider dienen die ehemaligen Waschräume den Besitzern als Lagerräume. Wer freundlich nachfragt, darf aber sicher einen Blick in diese werfen.
An der gleichen Straße stößt man auf **Ausgrabungen zur Besistan-Kirche**, einer Bischofskirche aus dem 4. Jahrhundert. Auf einer Informationstafel findet man auf Englisch alle relevanten Daten.

Ethnografisches Museum

In direkter Nähe befindet sich das **Ethnografische Museum** (Muzeu etnografik; Mo–Fr 8–15 Uhr, 200 Lek), das die handwerkliche Pracht des 17. Jahrhunderts in den Mittelpunkt stellt. Erzeugnisse aus Elbasan fanden im gesamten Osmanischen Reich Verwendung. Ältere Häuser wie das des Museums gibt es in den meisten Städten Albaniens nur noch selten. Häufig waren im Erdgeschoss die Werkstatt und die Lagerräume untergebracht, heute werden hier verschiedene alte Werkzeuge gezeigt und die Herstellung des traditionellen Filzhutes der Männer (*qeleshe*) wird erklärt. Im ersten Stock befanden sich die Wohn-

Das ehemalige Stahlwerk am Stadtrand von Elbasan

räume, in denen auf Albanisch und Englisch die verschiedenen Nutzungs- und Funktionsbereiche eines osmanischen Hauses erläutert werden.

Naziresha-Moschee

Die Naziresha-Moschee (Xhamia e Nazireshës) liegt an der Straße Richtung Librazhd. Sie ist ein sehr schönes Beispiel für die Bauweise mit Ziegel- und Naturstein im Wechsel und wurde 1599 von einem osmanischen Beamten in Auftrag gegeben. Nach Jahren des Verfalls im Kommunismus wurde ihr Minarett wieder aufgebaut, der Bau rekonstruiert und seit 2015 ist sie wieder zu besichtigen. Für diese Moschee flossen wie für viele weitere muslimische Gebäude in Südosteuropa Gelder aus der Türkei.

Die Umgebung von Elbasan

▲ Karte S. 169/157

An Elbasan fließt der Fluss Shkumbin vorbei. Er begleitet die Straße Richtung Durrës, und auch nach Osten in Richtung Ohridsee ist er von der Straße aus zu sehen. Am Shkumbin liegen einige **Brücken aus der osmanischen Epoche** (unterhalb des Dorfes Mirakë) und erhaltene Abschnitte der antiken Via Egnatia. Der Shkumbin bildet in Albanien in etwa die Grenze zwischen den beiden albanischen Volksgruppen – den Tosken im Süden und den Gegen im Norden.

Am Stadtrand von Elbasan Richtung Tirana und Durrës liegt das riesige ehemalige Gelände des **Stahlwerks**, das mit chinesischer Unterstützung 1974 gebaut wurde und bis 1991 den Namen ›Stahl der Partei‹ trug. Sinnbildlich für die letzten Jahre der albanischen Volksrepublik ist vom Volk, wie es zu erwarten wäre, keine Rede. Heutzutage wird in einem kleinen Teil der Fabrik von einer türkischen Firma Altmetall recycelt, weshalb noch einige Schornsteine qualmen.

Mutatio Ad Quintum

Wer in Richtung Durrës fährt, sollte es sich nicht entgehen lassen, die römische Zugtier-Wechselstation (Pferde und Maultiere) Mutatio Ad Quintum im Dorf **Bradashesh** anzuschauen. Sie stammt vermutlich aus der 2. Hälfte des 2. Jahrhunderts und ist Teil des römischen Straßensystems Via Egnatia (→ S. 33). Bereits seit dem 4. Jahrhundert soll sie verfallen sein. Derartige Stationen lagen üblicherweise an römischen

Straßen. Im Westen der Anlage befanden sich die Baderäume zur Erholung der Reisenden. Es gibt keine Schilder, die auf die Ausgrabung hinweisen. Wer aus Elbasan kommend Richtung Durrës am Stahlwerk vorbei fährt, wird auf der Hauptstraße über eine Brücke geleitet, die über die ehemaligen Bahnschienen führt; links ist das Gelände des Stahlwerks zu sehen. Nach der Brücke biegt man sofort rechts ins Dorf ab, und auf Höhe der Brücke über die Schienen findet man links einen Dorfweg, der zur Ausgrabung hinter der Häuserreihe führt. Manchmal wird das Dickicht gemäht, so dass man recht leicht Zugang hat.

Kirche des heiligen Nikolaus

Für Liebhaber von Ikonen ist in einer halben Stunde Fahrt auf der asphaltierten Straße von Elbasan Richtung Süden das Dorf **Shelcan** zu erreichen. Die Kirche des heiligen Nikolaus (Shën Kolli) steht in der Mitte des Dorfs. Vermutlich stammt der Bau aus dem 14. Jahrhundert und ist aller Wahrscheinlichkeit nach 1554 von Onufri, einem der bekanntesten Ikonenmaler, ausgestaltet worden. Diese Ikonen haben die Atheismuskampagne überstanden, während der viele Kircheninnenräume weiß gestrichen wurden. Von den fast vollständig erhaltenen Darstellungen stellt die untere Zone neben Christus als Schmerzensmann unterschiedliche Kirchenväter und Heilige dar. Darüber befindet sich eine schmale Zone mit Cherubim (Engeln) und Büsten von Heiligen. In der größeren Zone unter dem Dach werden meistens Stationen aus dem Leben Christi sowie die Verkündigungsszene an der Ostwand dargestellt. Die Ostwand wird am oberen Ende von Christus Pantokrator (Weltenherrscher) abgeschlossen.

Llixha

Wer Erholung sucht, dabei aber nicht mitteleuropäische Standards der ›Wellnessoasen‹ erwartet, fährt in den kleinen Kurort Llixha. Von Elbasan aus liegt der Kurort zwölf Kilometer entfernt in Richtung der Landstraße nach Cërrik. Der Geruch des Schwefels weist einem den Weg. 1934 begann an dieser Stelle der Kurbetrieb, womit Llixha der älteste Kurort Albaniens ist. Im Hotel ›Iliria‹, dem besten Hotel in Llixha gleich am Ortseingang, kann für 15 Euro pro Person übernachtet werden, die Thermalbadnutzung ist inbegriffen. Das Wasser tritt oberhalb des Ortes mit 59 Grad Celsius aus einer Quelle aus und wird für die Anwendungen abgekühlt. Ein Bad dauert nie länger als zehn Minuten, da die Schwefelkonzentration in dem harten Wasser sehr hoch ist. Selbst nach nur einem Bad riecht die Haut trotz täglicher Dusche noch lange nach Schwefel. Dieses ›teuflische‹ Gemisch verspricht Heilung bei Rheuma und Hauterkrankungen.

i Elbasan

Vorwahl: +355/(0)54.
Derzeit keine offizielle Touristeninformation, Hotels können Auskünfte geben.
Post, Rr. 11 Nëntori; Mo–Sa 8–16 Uhr.

Von Tirana nach Elbasan kann man mit dem Pkw entweder die neu gebaute Autobahnstrecke nutzen, die derzeit mit einem Tunnel in der Nähe des Dorfes Krraba beginnt. Noch ist diese **Autobahn** im Bau, abschnittsweise nur auf einer Spur freigegeben, und zwischen Tirana und Krraba wechselt der Fahrtverlauf zwischen Landstraße und Autobahn. Die Fahrt dauert etwa eine Stunde.
Oder mögen Sie es abenteuerlicher? Dann lohnt sich auch die alte Straße über den Krraba-Pass mit der Straßennummer **E852**. Auf fast 1000 Meter Höhe blickt man weit in die albanische Bergwelt und auch über

das ehemalige große Stahlwerkgelände von Elbasan. Am Straßenrand verkaufen die Einheimischen Obst und Gemüse.

Busbahnhof, gegenüber dem Sportzentrum in der Innenstadt (Haltestelle ›Parking Tregu Fshatar‹).
Nach Berat: 8, 9.30 und 11 Uhr
Durrës: 6.30, 7.15, 7.55, 8.40, 9.30, 10.30 Uhr
Ersekë: 6.15 Uhr
Fier: 7.15 Uhr
Gjirokastër: 8.30 Uhr
Gramsh: 7, 10 und 12 Uhr
Himarë: 6 Uhr
Korçë: 6.30 Uhr
Kuçovë (über Cërrik): 8 Uhr
Kuçovë (über Dragoti): 5.30 Uhr, 6.45 Uhr
Lezhë: 7 Uhr
Lushnjë: 6.45, 7.45, 8.45, 9.45 und 10.45 Uhr
Lushnjë (über Belsh): 6.30, 7.30 Uhr
Peshkopi: 6.30 Uhr
Sarandë: 5, 6.15 Uhr
Shijak: 10.15 Uhr
Shkodër: 6 Uhr
Tirana (über Krraba): 5.30–10.30 Uhr stündlich
Tirana: (über Tuneli, Autobahn) 5 bis 20 Uhr stündlich
Vlorë: 7 Uhr, 9.30 Uhr
Die **Minibusse** von Tirana nach Elbasan fahren in Tirana in der Rruga Elbasanit ab, in Elbasan gegenüber vom Busbahnhof. Lokale Busse und Busse zum Kurort **Llixhat** fahren in der Straße Rruga Thoma Kalfi neben einem Supermarkt ab.

Züge Elbasan–Durrës: 7 (Ankunft 9.45) und 13.37 (Ankunft 16.20); **Durrës–Elbasan**: 7.55 (Ankunft 10.36) und 13.25 (Ankunft 16.10)

Real Scampini Hotel, Blv. Qemal Stafa, Tel. +355/(0)54/255575; 7 Zimmer, DZ 40 Euro, EZ 30 Euro. Direkt in den Stadtmauern, mit großem Garten und sehr gutem Restaurant.
Hotel Guri, Bd. Qemal Stafa, Tel. +355/69/2083089. Historisches Gebäude mit recht pompös ausgestatteten Zimmern. www.hotel-guri.com
Hotel Iliria, Kurort Llixhat, Tel. +355/(0)68/2078910; 15 Euro/Pers. mit Schwefelwasserbad. Das beste Hotel im Ort, angeboten werden auch verschiedene Anwendungen wie Schlammpackungen und Massagen. Die Besitzer haben Erfahrung mit ausländischen, insbesondere auch deutschsprachigen Gästen. Zum Hotel gehören noch 5 Holzbungalows mit je 2 Doppelzimmern. www.termaliliria.com
Resort Teater Kame, an der Straße Tirana–Elbasan Km 20, links abbiegen hinter dem Dorf Ibë e Poshtme, Tel. +355/49/590430, auf facebook; DZ ab 40 Euro. Eigenwillige Anlage, aber direkt am Fluss Erzen gelegen. Offenbar trifft dieser Ort den Geschmack etlicher Albaner: Gutes Essen, Swimmingpools, ein bisschen Kitsch und Folkloreshows.
Camping Albanik, Tel. +355/(0)69/8228368. Dieser Platz liegt sehr versteckt inmitten der Natur, perfekt zum Entspannen. Auf der Straße SH3 von Elbasan Richtung Librazhd nach etwa 8 km links abbiegen, dem Wegweiser nach Xibrakë folgen. Auf der kleinen Straße, die über Serpentinen in die Berge führt, nach etwa 4 km rechts abbiegen, und der Campingplatz an einem kleinen See ist erreicht.

Restorant Real Scampis, Rr. Xafer Kongoli, bietet fantastisches Essen mit oft recht langsamer Bedienung. Mit dazugehörigen Hotel.
Cafés befinden sich in der Straße Rinia im Osten des Zentrums.

Krankenhaus, Spitali Rajonal Elbasan, Rr. Alush Lleshanaku, Tel. +355/(0)54/258644.

▸Karte S. 169

Durrës

Durrës existiert als Stadt im Gegensatz zu Butrint oder Apollonia durchgehend seit der Antike bis in die Gegenwart. Hier befindet sich der größte Hafen des Landes und nach Tirana ist Durrës mit gut 230 000 Einwohnern die zweitgrößte Stadt des Landes. Die natürliche Bucht für die Hafenanlagen sicherte der Stadt ihre bedeutende Rolle. Bei Touristen stehen meist die Besuche des römischen Amphitheaters und des Archäologischen Museums auf dem Programm. Bis heute werden durch gezielte Grabungen oder durch Zufall regelmäßig Schätze aus der Antike geborgen.

Zu erreichen ist Durrës aus allen Richtungen und mit den Fähren aus Italien sehr gut, Tirana liegt nur knappe 40 Kilometer entfernt (Schnellstraße). Neben den antiken Funden bietet die Stadt wenig Sehenswertes, so dass, wenn keine Ausflüge in die Umgebung geplant sind, ein halber Tag für die Stadtbesichtigung ausreicht. Um die Stadt erstrecken sich lange Strände, an denen vor allem die Einheimischen baden. Die Wasserqualität an diesem Abschnitt der Adria ist durch das Hafengebiet und den Schlamm im Wasser nicht sehr gut. An den südlich der Stadt liegenden Stränden gibt es zwar schönen Sand und auch sauberes Wasser, aber der gesamte Küstenstreifen wurde mit mehrstöckigen Apartmenthäusern für die Sommergäste brutal zugebaut.

Geschichte

Griechische Kolonisten gründeten 627 vor Christus die Siedlung Epidamnos. In den Quellen taucht auch der Name Dyrrhachion auf. Die Stadt wurde 229 vor Christus vom Römischen Reich einverleibt, die Römer nannten sie Dyrrhachium und machen sie zu einem Teil der Mazedonischen Provinz. Von dieser Stadt führt ab dem 2. Jahrhundert vor Christus ein Zweig der Via Egnatia (→ S. 33) über den Ohridsee und Thessaloniki nach Osten, um Rom mit den östlichen Reichsgebieten zu verbinden. Dadurch wurden der Hafen und die Stadt ein bedeutendes Nadelöhr für den transregionalen Austausch.

345 zerstörte ein schweres Erdbeben die Stadt. Anschließend wurde die Stadt von Byzanz, zu dessen Einflussbereich die Stadt zu jener Zeit gehörte, wieder

Im Zentrum von Durrës, rechts die byzantinischen Mauern

aufgebaut. Noch heute erinnern die Reste der damaligen Stadtmauern an diese Zeit, als die Stadt Zentrum des byzantinischen Neu-Epirus wurde.

Im Mittelalter war Durrës im Besitz verschiedener Herrscher. Byzanz, die Bulgaren, die Normannen und das Königshaus Anjou wechselten sich in verhältnismäßig kurzer Zeit ab, bevor ab dem späten 14. Jahrhundert die Venezianer die Stadt eroberten und sie Durazzo nannten. Dieser Name wurde noch im 20. Jahrhundert parallel zur Bezeichnung Durrës benutzt. Schon 1501 wurden für die folgenden 400 Jahre die Osmanen die neuen Machthaber, bis zur Ausrufung der Republik Albanien 1912. Die Osmanen nannten die Stadt Diraç und nutzen sie trotz ihrer vorteilhaften Lage kaum, so dass die Stadt an Bedeutung verlor und, abgesehen von Moscheen und der Basarumgebung, wenig Neues gebaut wurde.

1914 bezog der preußische Prinz und Offizier Wilhelm zu Wied (→ S. 42) seine Residenz in Durrës, für das neue Staatsoberhaupt wurde die Stadt zur Hauptstadt erklärt. Dieser Titel musste aber bereits 1920 an Tirana abgegeben werden. Von der internationalen Vertretung wurde der niederländische General Lodewijk Thomson dem Prinzen als Stütze zur Seite gestellt. Thomson wurde als Befehlshaber der internationalen Gendarmerie eingesetzt, die das unstabile, junge Albanien führen sollte. Am 15. Juni 1914 wurde er in Durrës erschossen, vermutlich von einem italienischen Scharfschützen. Bis heute wird dem General in Durrës mit der Benennung von Objekten

und Straßen gedankt, im Gegensatz zu Prinz Wilhelm zu Wied, der als schwach betrachtet wird.
Ein großes Erdbeben zerstörte 1926 die Stadt fast vollkommen. Unter Enver Hoxha wurde sie zu einem wichtigen Industriestandort auf- und ausgebaut. In den 1990er-Jahren zogen die vielen albanischen Flüchtlinge im Hafen von Durrës und auf den völlig überfüllten Schiffen internationale Aufmerksamkeit auf sich. Sie wollten auf dem Seeweg nach Italien gelangen.
In den letzten Jahren nutzten viele Menschen die Möglichkeit, durch den Bau von Hochhäusern mit durchschnittlich zehn Stockwerken und durch Vermietung oder Verkauf der Wohnungen Geld zu verdienen. Im Sommer ist durch die Nutzung als Ferienapartments die Auslastung größer, außerhalb der Saison erscheinen einige Viertel wie ausgestorben. An der Strandpromenade zeigen sich durch die Verwendung ungeeigneter Baumaterialien und die Einwirkung des Salzes bereits starke Verwitterungserscheinungen an den Fassaden. Obwohl Durrës immer eine Hafenstadt war, ist das kulturelle, kosmopolitische Leben heute eher in Tirana zu finden.

Sehenswürdigkeiten

Das vielleicht angenehmste Flair versprüht der **Bulevardi Epidamni**, der das alte Zentrum mit dem Meer verbindet. Eine weitere Bezeichnung der Straße ist ›Handelsstraße‹, Rruga Tregtare. Entlang der Allee stehen Palmen, hier gibt es die meisten Geschäfte und Boutiquen der Stadt, einige Restaurants und Cafés.

Venezianisches Tor

Am Anfang des Boulevards steht das Venezianische Tor (Kulla veneciane). Im Gegensatz zu den eckigen byzantinischen Türmen, bauten die Venezianer im

Am Strand in Durrës

15. Jahrhundert runde Türme als Teil der Stadtbefestigung, in denen die Kanonen aufgestellt wurden. Das Venezianische Tor wurde als Verstärkung der byzantinischen Stadtmauern errichtet, die sich hinter dem Tor auf einer Länge von etwa 200 Metern bis zum römischen Amphitheater erstrecken. Sie stammen aus dem 5. und 6. Jahrhundert und sind bis zu 18 Meter hoch. Von den noch älteren hellenistischen Stadtmauern gibt es keine Überreste.

Fatih-Moschee

Die alte Moschee, die Fatih-Moschee (Xhamia e Fatihut) in der Nähe der byzantinischen Mauern (Rruga Xhamia) wurde 1502 auf den Überresten einer christlichen Basilika aus dem 11. Jahrhundert erbaut. Ihr Minarett wurde im Sozialismus abgerissen, paradoxerweise wurde das restliche Gebäude 1973 zum Kulturdenkmal erklärt, wodurch es erhalten blieb und in den letzten Jahren restauriert werden konnte.

Amphitheater

Die wichtigste Sehenswürdigkeit der Stadt ist das römische Amphitheater (Amfiteatri) aus dem 2. Jahrhundert. Die Anlage wurde erst 1966 vom Archäologen Vangjel Toçi entdeckt. Ursprünglich fasste das Theater etwa 15 000 Zuschauer, es gehört damit zu den größten antiken Theatern in Südosteuropa. Das Theater wurde in der Regierungszeit Kaiser Hadrians (117–138) gebaut, bis zum großen Erdbeben 345 wurde es für verschiedene Anlässe, auch für Gladiatorenkämpfe, genutzt. Seit der Verbreitung des Christentums wurden diese tödlichen Kämpfe jedoch nicht mehr durchgeführt. Die Anlage ist heute begehbar. Zu sehen ist auch der **Rest einer frühbyzantinischen Kirche**, die wahrscheinlich im 5. Jahrhundert in den Bau integriert wurde. Außergewöhnlich sind die **Wandmosaike** aus dem 6. Jahrhundert, da in Albanien in Kirchen aus dieser Zeit Mosaike stets nur zur Verzierung von Fußböden Verwendung fanden. Wem die Kapelle gewidmet war, ist nicht geklärt. Mit Namen versehen sind nur die Darstellungen der heiligen Maria, der heiligen Sophia und der heiligen Irena. Die Kirche ist Teil des Galerieumgangs, der unter den Treppen des Theaters liegt. In diesen Gängen wurden die Gladiatoren und Tiere vor den Kämpfen eingesperrt. Die elliptische **Arena** ist grob 60 Meter mal 40 Meter groß, die ganze Anlage etwa 140 Meter lang, bisher konnten nicht die gesamten Überreste ausgegraben werden. Um das Amphitheater vollständig freilegen zu können, müssten umstehende Gebäude abgerissen werden, wogegen sich deren Bewohner verständlicherweise wehren. Die Zeit wird zeigen, wer den längeren Atem hat.

Reste des römischen Amphitheaters

▲ Karte S. 176

■ Große Moschee

Am Ende der Allee wird gegenüber die Große Moschee (Xhamia e Madhe) am Freiheitsplatz (Sheshi Liria) erreicht. Die Moschee, einige nennen sie auch Neue Moschee (Xhamia e re), wurde 1931 gebaut und 1967 geschlossen. Das Minarett wurde in der Hoxha-Zeit abgerissen und musste nach der Wiedereröffnung 1993 neu errichtet werden. Die meisten Menschen in Durrës sind offiziell Muslime. Im Erdgeschoss vor der Moschee finden Wechselausstellungen statt.

Schräg gegenüber der Moschee steht das dunkelrot gestrichene **Rathaus** (Bashkia) von 1929, das starke Einflüsse der italienischen Architektur zeigt. An der Fassade sind zwei Reliefs angebracht; auf dem einen ist ein Schiff dargestellt, das auf Durrës' Bedeutung als wichtige Hafenstadt hinweist. Auf dem anderen Relief ist Weizen zu erkennen, der die Bedeutung des Handels symbolisiert. Hinter dem Freiheitsplatz steht etwas abseits die sogenannte **Rotonda**, das Forum aus byzantinischer Zeit. Der ursprünglich mit Marmor gepflasterte, runde Platz aus dem 5. Jahrhundert war von eleganten Kolonnaden umringt, in denen sich bis ins 7. Jahrhundert Läden befanden. Einige der korinthischen Säulen sind erhalten geblieben.

Königliche Villa

Am Rand des historischen Zentrums steht die Villa des Ahmet Zogu (Vila e Ahmet Zogut/Vila Mbretërore), des einzigen Königs Albaniens. Um dort hinzugelangen, folgt man der Straße Rruga Anastas Durrsaku, später Rruga Kont Urani, vom Zentrum aus nach oben in Richtung Westen. Im Parkgelände hoch über der Stadt mit gutem Blick auf die Adria steht die Villa des ehemaligen Königs Zog I. von 1927. Sie war ein persönliches Geschenk reicher Unternehmer aus Durrës. Erbaut in der Form eines Adlers, sollte sie den höchsten Punkt der Stadt markieren. Die Räume, in denen während des Sozialismus, als die Villa als Regierungsresidenz benutzt wurde, der sowjetische Parteichef Nikita Chruschtschow königlich gastierte, sind berühmt für ihre geschnitzten Treppenhäuser und den blauen Marmor. Kurz vor den Unruhen von 1997, als die Villa stark beschädigt wurde, schlief der ehemalige US-Präsident Jimmy Carter in der Villa. Seitdem ist das Gebäude verschlossen und steht zum Verkauf.

Museen

Archäologisches Museum

Das Archäologische Museum (Muzeu Arkeologjik) ist ein interessanter Neubau aus dem Jahr 2002, die Ausstellung selber wurde 2015 neu geordnet. Derzeit ist nur das Erdgeschoss nutzbar, der erste Stock ist geschlossen. Durch die großzügigen Proportionen und lichtdurchfluteten Räume können die Ausstellungsstücke sehr gut und ansprechend präsentiert werden. Die Grabungsfunde aus der Region beleuchten die 3000 Jahre lange Stadtgeschichte.

Aber das Museum ist weniger ein Stadtmuseum als ein klassisches archäologisches Museum mit zahlreichen Ausgrabungsfunden wie Vasen, Terracottagegenständen und Amphoren, die die Verbindung der antiken Stadt mit anderen Regionen des Mittelmeerraums in der griechischen und römischen Epoche aufzeigen.

Aleksandër-Moisiu-Haus und Ethnografisches Museum

Im Aleksandër-Moisiu-Haus und Ethnografischen Museum (Shtëpia e Aleksandër Moisiut dhe Muzeu Etnografik), gibt es eine kleine Ausstellung über den Schauspieler Aleksandër Moisiu (1897–1935) zu sehen. Bekannter wurde das Kind albanischer Eltern unter dem Namen Alexander Moissi. Er wurde in Triest geboren, wuchs zum Teil in Durrës auf, besuchte ein Internat in Graz, wurde in Wien zum Schauspieler und war im deutschsprachigen Raum ein gefeierter Schauspieler, der in den bekanntesten Theatern auftrat. Von mehreren Filmen blieb nur sein Gastauftritt in ›Barcarole‹ von 1935 erhalten, in dem die tschechische Schauspielerin Lída Baarová, die spätere Geliebte Joseph Goebbels, die Hauptrolle spielt. Im Museum ist auch eine ethnografische Sammlung hinzugefügt, die über die traditionelle Kleidung und Handwerk der Region informiert. Das Museum ist neben der Fatih-Moschee zu finden, das Gebäude ist eines der wenigen in der Stadt aus der osmanischen Zeit.

Museum der Märtyrer

Sehr martialisch erscheint das Museum der Märtyrer (Muzeu i Dëshmorëve), in dem die Helden des Zweiten Weltkrieges und des sogenannten Unabhängigkeitskampfes des frühen 20. Jahrhunderts geehrt werden. Im Museum sind Waffen und persönliche Gegenstände von Soldaten ausgestellt.

Ergänzt wird das Objekt durch einen **Ehrenfriedhof**.

Durrës

Vorwahl: +355/(0)52
Keine offizielle Touristeninformation.
Post, Rr. Ismail Beja; Mo–Sa 7.30–19.30 Uhr.

Mit dem Auto sind es von Tirana knapp 40 km, von Shkodër ein bisschen mehr als 100 km auf gut ausgebauten Straßen.

Busbahnhof St Durrës, Sheshi 26 Nentori (Bahnhofsplatz).
Nach Has: 6.30, 8 Uhr
Berat: 6.30, 7.30, 8.30, 9.30 Uhr
Bilisht: 5.45 Uhr; **Bulqize**: 6.15 Uhr
Burrel: 7 Uhr
Ersekë: 6 Uhr
Fushë Arrëz: 5.45 Uhr, 6.45 Uhr
Gramsh: 6.20, 7.30 Uhr
Kamëz: 6.45 Uhr bis 18.45 Uhr alle 2 Std.
Kapshticë: 9 Uhr
Kavajë: 7–15 Uhr alle 30 Min.
Koplik: 8.45 Uhr
Korçë: 7 Uhr
Krujë: 7–16 Uhr alle 30 Min.
Kukës: 7 Uhr
Laç: 6:15 Uhr
Lezhë: 10 Uhr
Lushnjë: 8.30 Uhr
Përmet: 6 Uhr
Peshkopi: 7.30, 8.30 und 9 Uhr
Pogradec: 6, 7.25 und 9.45 Uhr
Prrenjas: 6.30 Uhr
Pukë: 6.45 Uhr
Rrëshen: 6.30 Uhr
Sarandë: 6.30, 7.30 Uhr
Shkodër: 7.30 Uhr
Tirana (über Vorë): 5–17 Uhr alle 30 Min.
Tirana (über Ndroq): 7–12 Uhr stündlich

Züge Durrës–Elbasan: 7.55 Uhr (Ankunft 10.36 Uhr) und 13.25 Uhr (Ankunft 16.10 Uhr)
Elbasan–Durrës: 7 Uhr (Ankunft 9.45 Uhr) und 13.37 Uhr (Ank. 16.20 Uhr)
Elbasan–Fier: 7.20 Uhr (Ank.11 Uhr)
Fier–Elbasan: 12.10 Uhr (Ank.15.50 Uhr)
Elbasan–Kashar: 16.35 Uhr (Ank.17.17)
Kashar–Elbasan: 6.55 Uhr (Ank. 7.37 Uhr)
Elbasan–Shkodër: 13 Uhr (Ankunft 16.50 Uhr)
Shkodër–Elbasan: 6.30 Uhr (Ankunft 10.20 Uhr)

Zwischen Durrës und den italienischen Städten **Ancona, Bari** und **Triest** gibt es Fährverbindungen der Gesellschaften Adria Ferries, European Seaways, GNV, Red Star Ferries, Tirrenia und Ventouris Ferries Für jede Saison gilt ein anderer Fahrplan, deshalb sollte zuvor der Fahrplan genau überprüft werden. Im Hafen von Durrës befinden sich die Büros der Fährfirmen.
www.adriaferries.com, www.tirrenia.de
www.europeanseaways.com, www.gnv.it
http://ventourisferries.com

Premium Beach Hotel, Golem Long Beach, Tel. +355/(0)67/6041008; 114 Zimmer (4 Suiten) 80–280 Euro. 5 km von Durrës, das neueste und stilvollste Hotel der Region. www.premiumbeachhotel.com
Hotel Adriatik, Rr. Pavarësia, Tel. +355/(0)52/260850, +355/(0)69/2021778; 70 Zimmer, 70–220 Euro. Vor 1990 war dies das einzige Hotel für Touristen in Durrës. 2017 renoviert, nur wenige Schritte vom Strand entfernt. www.adriatikhotel.com
Palace Hotel & Spa, Rr. Pavarësia 54, Plazhi Apollonia, Tel. +355/(0)52/909090, +355/(0)68/4055549; 53 Zimmer (3 Suiten) 60–220 Euro. Am Strand, luxuriös. www.palacehotel.al
Hotel Arvi, Rr. Taulantia 16, Tel. +355/(0)52/230403; 24 Zimmer, 60–120 Euro. In der Stadt, neben der Stadtpromenade. www.hotelarvi.com
Hotel Bleart, Shkëmbi i Kavajës, Tel. +355/(0)52/263711; 70 Zimmer (6 Suiten), 50–120 Euro. Direkt am Strand von Durrës. www.hotelbleart.com
Hotel Vila Anna, Rr. Porta e Detit 3, Tel. +355/(0)52/907755, +355/(0)67/

▶ Karte S. 176

4195495; 16 Zimmer, 40–110 Euro. Schöne Atmosphäre, gute Lage und Aussicht, sehr schöner Pool. www.vila-anna.al
Tropikal Resort, Plepa, Rr. Prometeu, Tel. +355/(0)52/262669, +355/(0)69/2078821; 70–140 Euro. Große Grünfläche, privater Strand und schöne Pools. www.tropikalresort.com
Hotel Vila Lule, Rr. Porta e Detit, Tel. +355/(0)52/262557, mobil +355/(0)67/398249; 50–70 Euro. Hotel und Restaurant genießen beide einen guten Ruf in Durrës. www.hotelvilalule.com
Hotel Dyrrah, Plazhi Iliria, Rr. Leoni dhe Koja, Tel. +355/(0)52/226076, +355/(0)69/2032451; 22 Zimmer, 40–60 Euro. An einem langen Sandstrand, nur 40 m vom Meer entfernt. www.hoteldyrrah.com
Hotel Kamomil, Shkëmbi i Kavajës, Tel. +355/(0)69/2143183; 30 Zimmer, 30–80 Euro. jorizoga@gmail.com. Von der Terrasse Blick aufs Meer. www.hotelkamomil.com
Hotel Elba, Shkëmbi i Kavajës, Tel. +355/(0)69/2712349; 54 Zimmer, 30–60 Euro. Am Strand. www.hotelelbadurres.com
Vila Verde Beach Hotel, Rr. Pavarësia, Plazhi Apollonia, Tel.+355/(0)57/854111, +355/(0)69/2098222; 29 Zimmer (2 Suiten), 25–45 Euro. 1 Gehminute vom Strand und nur 5 Autominuten vom Zentrum. www.vilaverdebeach.com
Kadrisa Hotel, L.13, Rr. Pavarësia, Tel. +355/(0)69/2064713, 20 Zimmer, 25–45 Euro. 3 Gehminuten zum Strand, nettes Personal und albanisches Essen. hotel.kadrisa@hotmail.it
Hostel Durres, Sheshi Liria, Tel. +355/(0)69/8916810; 8 Zimmer (2 DZ), 11–35 Euro. Mitten in der Stadt, mit schattigem Garten, kleiner Bar und Dachterrasse mit schöner Aussicht. www.hosteldurres.com

Charlie Max Restaurant, Beach Bar, Rr. Currila, Tel. +355/(0)67/2080021. Sehr origineller Stil. Gute Fischgerichte und ein guter Platz für den Sonnenuntergang.
Restorant Piazza, Rr. Taulantia 1, Tel.+355/(0)52/237601, +355(0)67/2074887. Bekanntes und beliebtes Fischrestaurant. www.restorantpiazza.com
2 Kitarrat, Rr. Taulantia, Tel. +355/(0)68/2021992. Frische Meeresfrüchte, leckere Antipasti und sehr freundliches Personal.
Aragosta Restaurant und Hotel, Rr. Taulantia 71, Tel. +355/(0)52/226477, +355/(0)68/3337050. Restaurant am Meer; wer es schicker mag, ist hier richtig. Zuvor muss jedoch die Neubauwüste durchlaufen werden. www.aragosta.al
Restaurant Picante, Rr. Taulantia, Tel. +355/(0)69/2046456. Gutes Fischrestaurant. www.picante.al

Torra, Rr. Anastas Durrsaku, im Venezianischen Turm; tägl. 8–18 Uhr. Sehr schöne Atmosphäre.
Fly Bar and Wine, Tel. +355/(0)69/9807740; tägl. 8–23.30 Uhr. Terrasse auf dem obersten Stockwerk eines Hochhauses, mit Küche. www.flybardurres.com

Archäologisches Museum (Muzeu Arkeologjik), Rr. Taulantia 32, Tel. +355/(0)52/22253; Di–So 9–16 Uhr, 300 Lek.
Amphitheater, Muzeu Arkeologjik, Rr. Kalase; Di–So 9–20 Uhr, 200 Lek.
Aleksandër-Moisiu-Haus und **Ethnografisches Museum** (Shtëpia e Aleksandër Moisiut dhe Muzeu Etnografik), Rr. Koloneli Tompson, Tel. +355/(0)52/23150; Di–So 8–13, 17–19 Uhr, 100 Lek.
Museum der Märtyrer (Muzeu i Dëshmorëve), Rr. Aleksandër Goga; Mo–Fr 8–16 Uhr, 100 Lek.
Internationales Festival des modernen Tanzes; April. Im Aleksandër-Moisiu-Theater.
Festival der Kammermusik; Juli. Im Archäologischen Museum. www.chamberfestdurres.com

Krankenhaus, Rr. A. Goga, Tel. +355/(0)52/222158.

Die Umgebung von Durrës

Myzeqeja-Ebene

Südlich von Durrës in Richtung Fier liegt die Myzeqeja-Ebene. Sie wurde schon von den Römern zum Getreideanbau benutzt. Vor dem Zweiten Weltkrieg wurde mit italienischer Hilfe begonnen, die großen Schwemmlandgebiete weitflächig trockenzulegen, um die Anbauflächen zu vergrößern; in der sozialistischen Zeit wurde dies weiter vorangetrieben. Die Mündungsbereiche der Flüsse Vjosa, Shkumbin und Seman wurden eingezwängt, und es entstand das heutige Landschaftsbild.

Außer ein paar kleineren Sehenswürdigkeiten hat dieses Gebiet nicht viel zu bieten. Die Spuren des 20. Jahrhunderts sind in den Kreisstädten **Lushnjë** und **Fier** zu sehen, deren Strukturen hauptsächlich während der Zeit nach 1945 geprägt wurden. Ähnlich wie in allen adrianahen Küstengebieten setzte nach 1997 die massive Zersiedlung des Flachlandes durch den Bau von Privathäusern und Gewerbezonen ein, die eine klare Siedlungsstruktur verwischen. Zwischen den Bebauungen wird viel Müll und Bauschutt abgelagert. In dieser Gegend sind die meisten Schnellstraßen und Autobahnen gebaut worden, deshalb kann man dieses Gebiet beim schnellen Vorbeifahren betrachten.

Blick in die Myzeqeja-Ebene

▶ Karte S. 157

Der beste Strandabschnitt in dieser Region liegt südlich von Durrës, unweit der Stadt Kavajë und wird als **Generalstrand** (Plazhi i Gjeneralit) bezeichnet. In den letzten Jahren entstanden auch hier viele neue Häuser und Villen. Der feinsandige Strand ist jedoch fantastisch, etwa 500 Meter lang, 50 Meter breit und eingerahmt von zwei Kaps. Die Zufahrtsstraße von Kavajë ist nicht in bestem Zustand, für normale Pkw aber befahrbar.

Kloster Ardenica

Das Außergewöhnlichste am Kloster Ardenica (Manastir i Ardenices) ist, dass es als einziges in Albanien noch oder wieder von Mönchen bewohnt wird; derzeit sind es vier. Rund um die zentral stehende Marienkirche sind die Mönchszellen, Herbergs- und Wirtschaftsräume angeordnet.

Das Kloster wurde vermutlich 1282 an der Stelle einer kleinen Kapelle vom byzantinischen Kaiser Andronikos II. gegründet. Es wird oft behauptet, dass hier Skanderbeg und Donika Arianiti heirateten. Ursprünglich pilgerten auch Muslime zu diesem Kloster, meist weibliche, da sie die Heilwirkung des Brunnenwassers schätzten.

Die ursprüngliche Kirche war ebenso wie die heutige Kirche der Gottesmutter geweiht. Die **Marienkirche** (Kisha e Shën Mërisë) stammt aus der Mitte des 18. Jahrhunderts. Der Außenbau wird von der Bogenhalle im Eingangsbereich und dem großen Glockenturm betont. Für den schlichten Bau sind an der Ostseite antike Steine benutzt worden, vor allem römische Grabreliefs aus Apollonia.

Im Inneren befinden sich gut erhaltene Fresken, die von den Brüdern Kostandin und Athanas Zografi stammen, die im 18. Jahrhundert vorrangig in der Gegend um Korçë und Voskopojë arbeiteten. Nicht alle Fresken sind erhalten geblieben, an der Nordwand fehlen ganze Felder. Die meisten Fresken zeigen die Begebenheiten und Legenden aus dem Leben Marias, wie es in der postbyzantinischen Malweise beliebt war. Wie üblich, werden das Entschlafen des Körpers und die Aufnahme ihrer Seele an der Westwand gezeigt. Ein interessanter Aspekt ist, dass neue Ikonen auf Albanisch beschriftet werden, wie die an der Himmelstür, im Gegensatz zu den erhaltenen auf Griechisch. Der Raum ist flach gedeckt, von Holzstützen gehalten und damit in drei Teile geteilt. Die Kanzel, der Thron des Abtes und das Gerüst der Ikonostase sind aufwendige Schnitzereien, die aus der Nähe betrachtet werden sollten.

Anfahrt: Zum Kloster führt eine gut ausgebaute Asphaltstraße, die am Parkplatz des Klosters endet. Die letzten Meter geht man auf der Kopfsteinpflasterstraße bis zum Tor. Sollte die Tür verschlossen sein, reicht es, zu klopfen, und ein Mönch oder Mitarbeiter des Klosters öffnet die Tür. Ein Eintrittspreis ist nicht zu entrichten, eine Spende kann jedoch gern gezahlt werden.

Nationalpark Divjaka-Karavasta

Die **Lagune von Karavasta** (Laguna e Karavastasë) bildet die größte Lagunenlandschaft an der Adria. Prinzipiell ist das Gebiet sehr interessant, allein durch die hier lebenden Krauskopfpelikane. Sie sind sehr scheu und lassen sich meist nur aus der Ferne beobachten. Häufig kommen auch Silberreiher und Komorane vor. Wer die Tiere in dieser Lagune oder auch am Prespasee (→ S. 221) beobachten möchte, sollte ein Fernglas dabei haben. Die Lagune ist mit maximal 1,5 Metern Wassertiefe sehr flach, in ihrer Ausdehnung von rund zehn mal vier Kilometern aber sehr beeindruckend. 1994 wurde das Gebiet zum Nationalpark erklärt (Park Kombëtar Divjaka-Karavasta). An vielen Stellen wird man sich fragen, wie das sein kann, denn das gesamte Ostufer ist zersiedelt.

Schön ist das **Westufer**, das aus einer großen Sanddüne zwischen Lagune und Meer besteht, auf der ein dichter Kiefernwald wächst. Von **Divjakë** führt eine rekonstruierte Straße dorthin, bei der sogar an einen Fahrradweg gedacht wurde. Vor dem Wald endet die Neubaustrecke plötzlich, und die Radfahrer müssen sich die Straße wieder mit den Autos teilen. Im Wald auf der Düne gibt es viele Restaurants, Hotels und Bungalows. Über die Düne führen Sandwege zur Lagune und zum Meer, doch leider wird an den Wegen und Straßen dermaßen viel Müll hinterlassen, dass es schwer fällt, die Natur zu genießen. Der Meeresabschnitt ist auch nicht ideal zum Baden, da sich die Lagune im Mündungsgebiet der Flüsse Shkumbin und Seman befindet.

Klosterkirche in Ardenica

Berat

Berat ist eine der schönsten Städte Albaniens. Die kleine, osmanisch erhaltene **Altstadt** mit den tollen Dach- und Schornsteinformen auf beiden Seiten des Flusses Osum, die Festung hoch darüber und die vielen erhaltenen orthodoxen **Kirchen** und **Moscheen** sowie das sehr sehenswerte **Ikonenmuseum** locken viele Touristen nach Berat. Neben Gjirokastër und Butrint ist Berat auf die UNESCO-Weltkulturerbeliste gesetzt worden.

Für die Erkundung dieser 60 000-Einwohner-Stadt reicht ein voller Tag, das angenehme Flair in der Stadt kann man natürlich auch mehrere Tage genießen. In der näheren Umgebung sind der **Tomorr-Nationalpark** (→ S. 196), dessen spektakulären Bergformationen von vielen Punkten in Berat gesehen werden können, und die **Canyons am Osum** (→ S. 198) Anziehungspunkte. Auch Weinliebhaber kommen auf ihre Kosten, in der Umgebung liegen einige beliebte Weinlokale.

Die Altstadt von Berat gliedert sich in drei Teile. Über der Stadt thront der **Kala** (→ S. 185), der Burgberg. Diese Bezeichnung stammt aus der osmanischen Zeit und bedeutet ›Burg‹. Auf dem Kala haben sich viele Kirchen erhalten. Im Stadtteil **Mangalem** (→ S. 189) unter der Burg ziehen sich die Häuser den Hang hinauf, so dass man von jedem Haus eine Aussicht auf die Tomorr-Berge hat. Im Stadtteil **Gorica** auf der gegenüberliegenden Seite des Flusses Osum, (→ S. 192) dominieren die orthodoxen Kirchen.

Geschichte

Berat entwickelte sich aufgrund seiner günstigen Lage unter den verschiedenen Herrschern zum bedeutenden Handelsort. Von den wirtschaftlichen Blütezeiten profitierten Architektur und Kultur der Stadt. Die Stadt ist 2400 Jahre alt. Der illyrische Stamm der Dassareten gründete auf dem heutigen Burgberg eine befestigte Siedlung, deren Name auch mit Antipatreia angegeben wird. Sie wurde fortan genutzt, um den an dieser Stelle schmalen Fluss zu kontrollieren. Aus der Antike sind kaum Artefakte erhalten, auch wenn die Stadt unter den Römern begann,

Blick auf die Häuser des Viertels Mangalem

▲ Karte S. 186

eine wichtige Rolle zu spielen. Unter dem Namen Pulcheriopolis wurde sie im 5. Jahrhundert zu einem Bischofssitz innerhalb des Byzantinischen Reiches, dessen architektonische Einflüsse die Stadt stark prägten. Die unterschiedlichen mittelalterlichen Reiche, wie das bulgarische und später das serbische, kontrollierten die Stadt nur kurzzeitig, bevor sie wieder in byzantinische Hände überging. Nach dem Zusammenbruch von Byzanz gehörte Berat zum Einflussbereich des Despotats von Epirus, und albanische Familien gewannen an Macht. Bereits 1417 wurde die Stadt osmanisch, und Skanderbeg gelang es nicht, die Stadt zurückzuerobern. Durch die Lage am Fluss und die fruchtbare Ebene erlangte Berat im 17. und 18. Jahrhundert eine neue Blütezeit als Handels- und Handwerkerstadt. Nach einem verheerenden Erdbeben 1851 musste die Stadt neu aufgebaut werden, wodurch sie ihr heutiges Aussehen erhielt. Die meisten Wohngebäude, die heute die Altstadt prägen, stammen aus dem 19. Jahrhundert. Während der osmanischen Zeit durften die christlichen Bewohner innerhalb der Stadtbefestigung wohnen bleiben, so dass die vielen Kirchen weiter genutzt wurden und erhalten blieben.

Eine große Textilfabrik, die durch China gefördert wurde, erhielt den Namen ›Mao Zedong‹ und beschäftigte ab 1969 11 000 Arbeiter. Dadurch wuchs die Stadt beträchtlich, und es entstanden neue Viertel. Die Hallen der Textilfabrik stehen noch heute westlich des Burgberges an der Straße nach Tirana.

Ein wichtiges Jahr für Berat war 1961, als die sozialistische Partei die Altstadt zur Museumsstadt erklärte und damit ihre Erhaltung gesichert wurde. Im Jahr 2008 wurde der gute Erhaltungszustand vieler Gebäude mit dem Eintrag auf der UNESCO-Welterbeliste gewürdigt.

Tor auf dem Burgberg

Kala

Wer an einem Besuch des **Ikonenmuseums** interessiert ist, könnte mit der Besichtigung des Kala beginnen, da das Museum bereits am frühen Nachmittag schließt. Insgesamt blieben elf orthodoxe Kirchen auf dem Burgberg erhalten, einige von ihnen beherbergen die bekanntesten Ikonen Albaniens. Wie viele andere albanische Burgen und Festungen ist auch diese bewohnt. Ein Spaziergang durch die Gassen, ein Blick über die Dachlandschaften und vielleicht der Kauf einer handgefertigten Tischdecke machen den Besuch der Burg zu einem Erlebnis. Gleichzeitig lässt sich ein guter Überblick über die gesamte Stadt und die Umgebung verschaffen.

Zu Fuß gelangt man am besten von Mangalem über die steile Straße Rruga Mihal Kommena auf die Burg. Wer mit dem Auto unterwegs ist, kann auch von der nördlichen Seite heranfahren, die Auffahrt beginnt auf der Rruga Muzak Topia; der Zugang ist für alle derselbe. Das **erste Tor** vor der Vorburg stammt aus dem Jahr 1205. Das Monogramm des

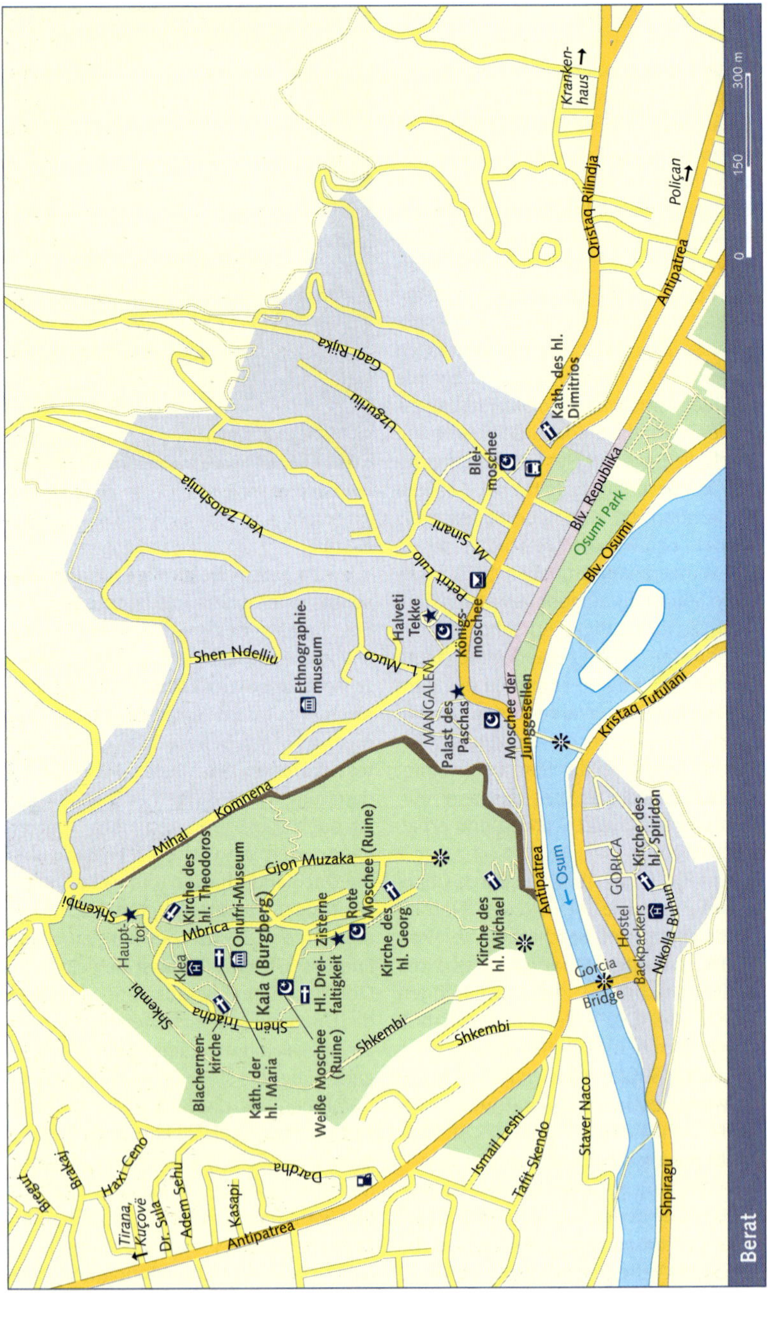
Berat
0
150
300 m
Kranken-haus
Poliçan
Qiristaq Rilindja
Antipatrea
Kath. des hl. Dimitrios
Blei-moschee
Blv. Republika
Osumi Park
Blv. Osumi
Gagi Rijka
Uzgurliu
Veri Zaloshnija
M. Sinani
Petrit Lulo
Halveti Tekke
Königs-moschee
Shen Ndelliu
Ethnographie-museum
L. Muco
MANGALEM
Palast des Paschas
Moschee der Junggesellen
Kristaq Tutulani
Mihal Komnena
Gjon Muzaka
Moschee (Ruine)
Kirche des hl. Theodoros
Onufri-Museum
Shkembi
Haupt-tor
Mbrica
Klea
Kala (Burgberg)
Zisterne
Rote Moschee
Kirche des hl. Georg
Hl. Drei-faltigkeit
Kirche des hl. Michael
Antipatrea
Osum
GORICA
Kirche des hl. Spiridon
Hostel Backpackers
Nikolla Buhuri
Gorcia Bridge
Shën Triadha
Blachernen-kirche
Kath. der hl. Maria
Weiße Moschee (Ruine)
Shkembi
Shkembi
Staver Naco
Ismail Leshi
Tafit Skendo
Shpiragu
Dardha
Brakaj
Haxi Ceno
Bregut
Tirana, Kuçovë
Dr. Sula
Adem Sehu
Kasapi
Antipatrea

Erbauers der heutigen Burg ist aus roten Ziegeln und deutlich zu sehen. M und K sind gut zu erkennen und stehen für Michael I. Komnenos Dukas, auch Michael Angelos genannt, der als erster Despot von Epirus nach dem Zusammenbruch des Byzantinischen Reiches 1204 bis 1215 das Despotat von Epirus regierte. Danach betritt man durch das **Haupttor** die Burg. Die ältesten Reste der ursprünglichen Burg aus dem 4. Jahrhundert vor Christus erkennt man gut am Haupttor an den ungleich gehauenen Quadern im unteren Bereich, auf die die Gemäuer des Mittelalters aufgesetzt wurden. Die erste Kirche gleich nach dem Haupttor ist die **Kirche des heiligen Theodoros** (Kisha e Shën To-drit). Die Reste der Fresken werden dem lokalen Ikonenmaler Onufri zugeschrieben, weshalb die Vermutung naheliegt, dass die Kirche im 16. Jahrhundert auf den Fundamenten einer älteren Kirche errichtet wurde.

Kathedrale der heiligen Maria

Ein Highlight Berats ist das 1986 eröffnete **Onufri-Museum** (Muzeu Kombëtar Ikonografik Onufri) mit Werken des Ikonenmalers (→ S. 194). Das Museum befindet sich in den Anbauten der Kathedrale der heiligen Maria (Katedralja e Shën Mërisë), die der Entschlafung Marias gewidmet ist und ursprünglich Sitz des Metropoliten (Bischofs) war. Die Kirche wurde 1797 erbaut und besitzt, obwohl in der osmanischen Zeit errichtet, zwei sichtbare, wenn auch kleine Kuppeln am Außenbau. Allein wegen des guten Erhaltungszustands der Kirche lohnt sich ein Besuch. Auf dem Fußboden unter der Kuppel ist ein Stern zu sehen, der im äußeren Kreis 30 Tage und im inneren Kreis 24 Stunden abbildet. Neben dem Bischofsthron, der Kanzel, den Sitzbänken und Öllampen ist auch die schöne **Ikonostase** erhalten. Es lohnt sich, einen genaueren Blick auf die geschnitzten Säulen zu werfen. In sehr geschickter Weise wurden Rankenwerk, Tiere und Figuren aus dem Holz herausgearbeitet. Onufris **Ikone der Gottesmutter** und dem Jesuskind, die einen Rand aus fein getriebenen Silberblechen besitzt und sich auf der linken Seite der Himmelstür befindet, wird gern hervorgehoben: Es gibt selten Darstellungen, bei denen das Kind auf dem rechten Arm der Maria gehalten wird. Die meisten (helleren) Ikonen stammen aus der Werkstatt von Johan Katro-Çetiri, wie die Ikone links der Maria-und-Jesus-Ikone. Zu sehen ist hier die Aufnahme von Marias Seele in den Himmel. Johan Katro-Çetiri arbeitete hauptsächlich in der Region von Korçë. Mit besonders viel Stolz wird in der Apsis der Kirche auf zwei **Codices** hingewiesen. Berat war auf dem Gebiet des heutigen Albaniens vom 6. bis 18. Jahr-

Ikonen in der Kathedrale der heiligen Maria

hundert die bedeutendste Stadt für das Kopieren von Evangeliarien mit Miniaturdarstellungen. Der **purpurfarbene Kodex** (Codex Purpureus Beratinus oder Beratinus I) enthält auf 190 Seiten das Lukas- und das Markusevangelium. Mit silbernen Buchstaben auf lila Pergament ist er etwa im 6. Jahrhundert auf Griechisch geschrieben worden und ist somit eines der ältesten erhaltenen Evangeliarien weltweit. Der zweite Kodex ist der **Goldene Kodex** (Codex Aureus oder Beratinus II) aus dem 9. und 10. Jahrhundert. Namensgeber ist die goldene Farbe der Schrift. Auf 420 Seiten werden Miniaturdarstellungen gezeigt, der Kodex beinhaltet alle vier Evangelien. Beide Originale werden heute in Tirana im Nationalarchiv aufbewahrt.

Sollte die Möglichkeit bestehen, Zutritt zur **Blachernenkirche** (Kisha e Shën Mari Vllahernes) zu bekommen, dann präsentiert sich einem die gut erhaltene Ikonenmalerei von Nikolla, Onufris Sohn.

Kirche der Heiligen Dreifaltigkeit

Die restlichen Kirchen auf der Festung sind meistens geschlossen. In ihrem Inneren haben sich keine großflächigen Malereien erhalten, dafür lassen sie sich von außen bewundern. Ein bekanntes Fotomotiv für ganz Albanien ist die Kulisse der Kirche der heiligen Dreifaltigkeit (Kisha e Shën Triadhës) am westlichen Rand der Burg. Die Kreuzkuppelkirche mit ihrem schönen Mauerwerk im Wechsel von Naturstein und Ziegelstein trägt Kapitelle auf ihren Säulen, die aus der Zeit der antiken Bebauung der Festung stammen. Es liegen keine Daten über die Erbauung der Kirche vor, doch vermutet man die Entstehung um 1300.

Bei genauerem Hinsehen lassen sich von diesem Punkt der Festung auf den westlich von der Burg gelegenen Hängen jenseits des Flusses Osum die Buchstaben N-E-V-E-R entdecken. Bis zum Ende des Sozialismus waren die ersten beiden Buchstaben aus Stein andersherum: E-N-V-E-R. Gehuldigt wurde dem ehemaligen sozialistischen Präsidenten Enver Hoxha, hier und an vielen anderen Orten. Nach der Wende machten sich die Leute einen Scherz daraus und zeigen mit dem heutigen Schriftzug ihren Wunsch, dass Hoxha und der Sozialismus niemals wiederkehren mögen.

Oberhalb der Kirche der Heiligen Dreifaltigkeit liegt das ursprüngliche Kernstück der Anlage, die äußere und innere **Zitadelle**. An diesem Ort hat sich nicht viel erhalten und auch die beiden ehemaligen Moscheen aus dem 15. Jahrhundert, die zu den ältesten Moscheen Albaniens gehören, die **Weiße Moschee** (Xhamia e Bardhë) und die **Rote Moschee** (Xhamia e Kuqe), sind nur noch als Ruinen erhalten. Es ist erlaubt, auf den Resten der Weißen Moschee mit den erhaltenen Treppen des Minaretts herumzuklettern. Die Rote Moschee, erkennbar am noch aufragenden ehemaligen Minarett, wurde dagegen aus Sicherheitsgründen gesperrt.

Reste der Roten Moschee

▶ Karte S. 186

Die Kirche der Heiligen Dreifaltigkeit

Zwischen beiden Moscheen befindet sich die **Zisterne,** die den Bewohnern der Festung in unsicheren Zeiten den Zugang zu Wasser sichern konnte. In ihr konnten 150 000 Liter Wasser gesammelt werden.

Kirche des heiligen Georg

Beim Spaziergang an die südliche Spitze der Festung führt der Weg vorbei an der Kirche des heiligen Georg (Kisha e Shën Gjergjit) aus dem 18. Jahrhundert, die als Kirche nicht mehr zu erkennen ist. In den 1980er-Jahren wurde beschlossen, die Kirche zu einer Touristenunterkunft der Regierung umzubauen. Dafür wurde der Glockenturm im Süden abgerissen und das erste Obergeschoss dem Stil Berater Wohnhäuser angepasst, wodurch aus der ehemaligen Apsis ein Balkon wurde. Die im Untergeschoss erhaltenen Originalmauern wurden nach der Wende wieder zu einer kleinen Kirche. Im Gebetsraum sind Schwarzweißfotos aus den 1940er-Jahren zu sehen, auf denen der Zustand der Kirche vor der Umnutzung zu sehen ist.

Am südlichsten Ende der Festung öffnet sich der Blick über die beiden Altstadtviertel und die Innenstadt von Berat. Die Reste der Mauern zeugen vom ehemaligen Wassersystem und dem Wasserturm, die die Burg mit Wasser aus dem Fluss versorgten. Im 19. Jahrhundert baute der einflussreiche Ali Pascha Tepelena (→ S. 247) einen Wachturm an dieser Stelle, der noch gut erhalten ist.

Mangalem

Das Besondere am Stadtviertel Mangalem unterhalb der Burg sind die engen, steilen Gassen, durch die es sich angenehm spazieren lässt. Im 15. Jahrhundert entwickelte sich dieses Viertel außerhalb der Stadtbefestigung, wofür auf dem Westlichen Balkan das aus dem Ungarischen übernommene Wort *varrosh* benutzt wird. Alle Häuser sind mehrstöckige Holzkonstruktionen, von außen verputzt und weiß gekalkt. Sie stammen meistens aus der zweiten Hälfte des 19. Jahrhunderts und wurden ganz dicht und meist ohne einen Garten gebaut, der für osmanische Städte eigentlich typisch ist.

In Mangalem sind die Gassen steil und eng

Im 18. Jahrhundert flohen Einwohner von Voskopojë nach Berat und begannen hier erneut mit ihrer Handwerker- und Handelstätigkeit. Der steile Hang unterhalb der Festung, der **Çekmeni** genannt wird, was auf Türkisch ›Zieh mich hoch‹ bedeutet, ermöglichte die Anordnung der Häuser: Jedes Haus besitzt eine gute Aussicht in Richtung des Tomorr-Gebirges. Die Stadt trägt auch den Beinamen ›Stadt der aufeinandergestapelten Fenster‹, die meisten ausländischen Quellen schreiben noch gern hinzu, dass es sich um 1000 Fenster handeln soll. In einigen der Gebäude sind **Gästehäuser** eingerichtet worden, so dass der Tag mit einem tollen Blick über die Stadt beginnen oder enden kann.

Am unteren Ende des Hanges steht neben der heutigen Schule der Rest des ehemaligen **Palastes des Paschas** (auch Saraj genannt), den Ahmet Kurt Pascha (Regierungszeit 1774–1787) bauen ließ, um seine Macht im neu gegründeten Paschalik repräsentieren zu können. Was vom Adelspalast übrig blieb, sind die Bögen des Haremlik, also des Frauenbereichs. Nach Kriegszerstörungen 1945 wurde der Palast nie wieder aufgebaut.

Königsmoschee

Im Zentrum der osmanischen Stadt stehen bis heute die wichtigsten islamischen Gebäude. Im Mittelpunkt befindet sich die **Halveti-Tekke** (Teqeja e Helvetive), zu der die Königsmoschee (Xhamia e Mbretit) gehört, als deren Baujahr 1492 vermutet wird. Den Namen erhielt die Moschee zu Ehren des Sultans Bayezid II. Ihr heutiges Aussehen erhielt sie 1832/33, als dringende Rekonstruktionen sie vor dem Verfall retteten. Sie ist Teil eines größeren Areals, zu dem eine Tekke, eine Bibliothek und eine Herberge gehören. Aus dem 15. Jahrhundert stammt nur noch der untere Teil des **Minaretts**. Der große Vorraum wurde im 19. Jahrhundert angefügt, um mehr Menschen während der Gebetszeiten und vor allem während der Prozessionen aufnehmen zu können. Auch das Innere der Moschee wurde im 19. Jahrhundert verändert. Im Gegensatz zu den Kuppelmoscheen vertritt die Königsmoschee den zweiten Bautyp von Moscheen in Albanien. Eine recht flach eingezogene, verzierte und bemalte Holzdecke mit Schnitzereien schließt den Raum nach oben ab.

Üblicherweise hat eine nette Person ein wachsames Auge auf die Moschee und führt bei Interesse auch auf das **Minarett** in etwa 30 Metern Höhe, das im Treppenaufgang spärlich beleuchtet und sehr eng ist. Die Brüstung ist niedrig und der neue Umgang aus Beton sehr schmal, so dass nicht-schwindelfreie Menschen auf den Aufstieg verzichten sollten. Diese Rekonstruierung war notwendig, da das Gebäude nach 1967 als Tischtennishalle genutzt wurde und in einem sehr schlechten Zustand war. Zwar kostet der Eintritt offiziell nichts, jedoch wird sich der Begleiter über ein kleines Trinkgeld sicher freuen.

Sheh-Qerim-Tekke

Direkt neben der Moschee steht eine Tekke mit einem der schönsten Innenräume Albaniens. Die Sheh-Qerim-Tekke ist neben den Tekken in Sarajevo und Skopje einer der wenigen Orte der islamischen Sufi-Bruderschaft der Halveti in Europa, einem Derwisch-Orden, der dem Sultan nahestand. Die Anhänger folgten doktrinären Prinzipien: Sie maßen der Scharia große Bedeutung zu, sahen die mystische Verbindung zwischen den Herzen der Schüler und des Lehrers als verbindlich an, was *rabita* genannt wurde, und schrieben die innere Einkehr vor. Das kleine Gebäude betritt man durch die Vorhalle, deren Bögen von fünf anti-

Die Königsmoschee

ken Säulen aus der zerstörten Stadt Apollonia (→ S. 281) getragen werden. Der **Gebetsraum** (*semahane*) zeichnet sich durch besonders angenehme quadratische Proportionen, schöne Farben (weiß, rot, gold und grün) sowie eine fantastische Holzdecke mit aufwendig gestalteten Schnitzereien aus. Durch die großen Fenster fällt viel Licht in den Raum, der an die Häuser der reichsten Familien erinnert. Hinter den Holzgittern schauten ursprünglich die Frauen dem Geschehen im Gebetsraum zu. Auf dem Balkon, auf dem Auszüge aus dem Koran auf Arabisch stehen, wurden die Musiker platziert. Überall an den Wänden sind kleine Löcher zu sehen. Hinter jedem Loch ist ein kleiner Metallspiegel verborgen, der den Schall reflektiert, so dass eine sehr gute Akustik im Raum entsteht.

Gebaut wurde die Tekke in der zweiten Hälfte des 18. Jahrhunderts von Ahmet Kurt Pascha, dem ersten Herrscher des Paschaliks Berat, das als semiautonom von der Hohen Pforte für etwa 70 Jahre Bestand hatte. In einem kleinen Nebenraum, der im Süden an den Gebetsraum anschließt, befindet sich das **Grab des Paschas**. Im Gegensatz zu Ali Pascha Tepelena, der die südalbanischen Gebiete kontrollierte, und den Paschas der Familie Bushati des nordalbanischen Paschalik Shkodër war Ahmet Kurt Pascha zeitlebens loyal gegenüber dem Sultan. Zum Gesamtkomplex der Halveti-Tekke gehören auch das langgestreckte **Gästehaus** (Han) und eine **ehemalige Bibliothek**.

■ Moschee der Junggesellen

Die Moschee der Junggesellen (Xhamia e Beqarëve) am Osum diente ursprünglich den Ladenverkäufern als Gebetsraum. Die Verkäufer waren in der Regel unverheiratet und übernahmen Nachtwächterdienste. Ähnlich der Ethem-Bey-Moschee in Tirana ist die Moschee von 1827 im Inneren mit feinen floralen Motiven und Stadtansichten ausgemalt. Der **Mihrab**, die Gebetsnische für den Iman zum Freitagsgebet, ist nicht wie üblich nach Osten, Richtung Mekka, sondern nach Süden ausgerichtet. Im Vorraum gibt es einen zweiten Mihrab, der den draußen betenden Gläubigen diente.

■ Kirche des heiligen Michael

Nur ein Stück westlich von der Moschee steht auf dem steilen Felsen die kleine Kirche des heiligen Michael (Kisha e Shën Mëhillit). Dieser Bau mit seinen wunderschönen Proportionen stammt wahrscheinlich aus der ersten Hälfte des 14. Jahrhunderts. Die Fresken sind kaum erhalten. Die Kirche ist nur über einen schmalen Pfad entlang des Bergs zu erreichen.

Gorica

Von der Kirche des heiligen Michael ist es nicht weit in das christliche Altstadtviertel Gorica auf der anderen Seite des Flusses Osum. Zwei Brücken führen auf die andere Seite, entweder die Hängebrücke aus dem Jahr 2000 oder die westlicher gelegene **Steinerne Brücke**,

▸ Karte S. 186

die nach dem Zweiten Weltkrieg vereinfacht wiederaufgebaut wurde. Das Original entstand 1780 unter dem großen Förderer der Stadt, Ahmet Kurt Pascha. Dieser Teil der Altstadt entstand im 16. Jahrhundert als letzte Erweiterung. Laut dem osmanischen Reisenden Evliya Çelebi, der im Auftrag des Sultans unterwegs war, hatte Gorica im 17. Jahrhundert 200 Häuser. Wie auch in Magalem musste nach dem Erdbeben von 1851 fast alles neu aufgebaut oder rekonstruiert werden. Die näher am Fluss gelegenen Häuser sind größer und gehörten ursprünglich reicheren Familien. Gorica bekommt durch die Nordausrichtung und das bergige Terrain weniger Sonne ab als Mangalem, weshalb das Viertel weniger besucht wird.
Im Mittelpunkt von Gorica steht die **Kirche des heiligen Spiridon** (Kisha e Shën Spiridhonit), die 1864 erbaut wurde.

Zentrum

Das Zentrum Berats liegt östlich der Altstadt. Die direkte Verbindungsachse zwischen Alt und Neu ist die Fußgängerzone **Bulevardi Republika**. Die Straße wurde 2016 ganz neu gestaltet, der Stempel der amtierenden Sozialistischen Partei

Blick auf das Zentrum von Berat, im Hintergrund das Tomorr-Gebirge

Gasse in Gorica

wurde damit auch Berat aufgedrückt. In jeder albanischen Stadt wurde kürzlich der Hauptplatz neu gestaltet, das dient als Markenzeichen der Regierungspartei. Die Promenade wurde zu sozialistischen Zeiten angelegt, die Bebauung bildet einen starken Kontrast zur Altstadt. Die Ausrufung zum Schutz der Altstadt kam 1961 gerade noch rechtzeitig, denn das alte Zentrum wurde fast vollständig abgerissen. Die Nähe der Promenade zur Altstadt hat für Besucher den Vorteil, dass sie den Abend wie die Einheimischen mit dem Xhiro (Spaziergang) und einem Barbesuch genießen können.
Mit der Erweiterung der Stadt im 16. Jahrhundert entstand die **Bleimoschee** (Xhamia e Plumbit) zwischen 1553 und 1554. Die Moschee und alle ehemaligen Gebäude wie die Medresse, Bäder und die Armenküche trugen bleigedeckte Dächer. Die in Albanien gern betonte religiöse Toleranz findet an diesem Platz ein steinernes Zeugnis. In direkter Nähe zur Bleimoschee wurde ab 2002 die orthodoxe **Kathedrale des heiligen Dimitrios** (Katedralja e Shën Dhimitrit) gebaut. Sie ist den ganzen Tag über öffentlich zugänglich. Da es sich um eine neue Kathedrale handelt, sind die Ikonen auf

Mittelalbanien

Albanisch und nicht mehr auf Griechisch beschriftet. Die Kathedrale steht fast am selben Platz, an der im Sozialismus die alte orthodoxe Kirche abgerissen wurde.

Museen

Onufri-Museum

Im Onufri-Museum (Muzeu Kombëtar Ikonografik Onufri) werden nicht nur Werke ausgestellt, die dem Maler Onufri zugeschrieben werden; die Schau schlägt einen Bogen vom 14. bis zum 19. Jahrhundert und dokumentiert die ehemals starke und expressive Schule der Berater Ikonenmalerei. Über Onufri ist sehr wenig überliefert. Sein Leben lässt sich am besten über seine Werke rekonstruieren, die er im 16. Jahrhundert schuf. Er stattete nicht nur Kirchen in Albanien, sondern auch in Griechenland, Mazedonien bis hin in die Republik Moldau aus, die zu seiner Zeit Teil oder Vasallen des Osmanischen Reiches waren. Seine Kunst repräsentiert die sogenannte postbyzantinische Epoche des 16. Jahrhunderts. Charakteristisch sind die knallig rote, manchmal in Orange übergehende Farbe, die er selbst herstellte, und das üppig verwendete Gold, das den Ikonen einen warmen Farbton verleiht. Die Figuren sind in starker Bewegung und erreichen oft dramatische Darstellungen, was an den fein gezeichneten Gesichtern besonders gut zu sehen ist. Das menschliche Leid ist oft in der ›Beweinung Marias‹ dargestellt, genannt die ›Entschlafung Mariens‹. Ein schönes Beispiel sind die Ikonen von Johannes dem Täufer, des heiligen Nikolaus, der Entschlafung Mariens und der Entschlafung des Nikolaus.

Ein Erbe, das Onufri und seine Nachfolger hinterließen, ist die dreiteilige Gestaltung der Ikonostasen in allen Kirchen auf der Burg von Berat. Onufri betrieb eine Werkstatt, in der auch sein Sohn Nikolla arbeitete. Von Nikolla sind ebenfalls Bilder ausgestellt, so die Geburt Jesu, die in der Farbgestaltung Ähnlichkeiten zum Stil des Vaters zeigt. In der Blachernenkirche sind Freskenmalereien von Nikolla erhalten geblieben (→ S. 188).

Eine der ersten Ikonen, die einem in der Ausstellung gezeigt wird, ist eine strenge **Darstellung des Erzengels Michael aus dem 14. Jahrhundert**. Der Maler der Ikone ist nicht übermittelt; in dieser Zeit wurden die Ikonen eher als ›Auftragskunst‹ für die Kirche angefertigt und nicht signiert.

Ebenfalls unbekannt ist der Künstler, der für die bekannte **Ikone Lebensspendende Quelle** (18. Jahrhundert) verantwortlich ist. Kranke und Blinde werden vom Wasser eines Brunnens geheilt, an dessen Quelle Maria und Jesus sitzen. Sehr interessant ist der Hintergrund dieses Bildes: Die Stadtlandschaft wird durch zwei Minarette bestimmt. Diese Entwicklung innerhalb der orthodoxen Ikonenmalerei ist einzigartig und wurde durch den osmanischen Städtebau beeinflusst. Die Maler und Auftraggeber leugneten nicht die Anwesenheit der islamischen Herrschaft, die zum Alltag gehörte. Einflüsse der europäischen Kultur sind wiederum auch bei der Darstellung des **Letzten Abendmahls** aus dem 18. Jahrhundert zu beobachten, die Tërpo und Eftim Zografi zugeschrieben wird. Auf dem Tisch liegen Messer und Gabeln, die die Osmanen nicht benutzen, im Vordergrund steht ein osmanisches Gefäß.

1974 sorgten Onufris Ikonen im Pariser Museum Petit Palais aufgrund ihrer Malweise und Leuchtkraft für Aufsehen. Albanien definierte sich zwar seit 1967 als atheistischer Staat, präsentierte jedoch seine Ikonen gerne im Ausland. Dies war möglich, da die Ikonen offiziell als künstlerische Schöpfung definiert wurden, womit ihnen die religiöse Bedeutung genommen werden sollte.

▲ Karte S. 186

Ungewöhnlich sind die Minarette auf der Ikone der lebensspendenden Quelle

Ethnografisches Museum

Wie oft in Albanien, ist auch das Ethnografische Museum (Muzeu Etnografik) in Berat in einem Haus aus der osmanischen Zeit untergebracht, das aus dem 18. Jahrhundert stammt. Solche Häuser gehörten oft bessergestellten Familien, die im Umfeld der Stadt über Land verfügten. Dieses Haus gehörte der Familie Llavda. Üblich war es, das Erdgeschoss, das keine Fenster besitzt, für die Tiere zu nutzen. Die Obergeschosse dienten als reine Wohnräume. Von der Veranda (*çardak*) lässt sich die Aussicht genießen. Die Ausstellung von 1979 zeigt die Nutzung des Wohnbereichs während der osmanischen Zeit. Es gibt viele Einbauschränke, Bretter und Nischen als weitere Stauräume, Öfen und auch einen eigenen Brunnen, einen Mühlstein und eine Olivenpresse.

Die Umgebung von Berat

Tomorr-Nationalpark

In ganz Albanien ist das Gebiet des Tomorr-Gebirges (Nationalpark: Parku Kombëtar Mali i Tomorrit) bekannt für die **Wallfahrten der Bektaschi** vom 20. bis 25. August jeden Jahres. Den Pilgern schließen sich auch Angehörige anderer Religionen, Konfessionslose und Touristen an. Das Treiben ähnelt einem Volksfest, auf dem Schafe geschlachtet, gegrillt und verspeist werden. Die Menschen strömen zum albanischen Olymp, dem Berg **Kulmak** mit 2379 Metern. Schon in vorchristlicher Zeit wurde dieses Gebiet als Ort der Götter verehrt. Auf dem Kulmak steht die **Tekke von Abbas (Abaz) ibn Ali**, einem schiitischen Kämpfer aus dem 7. Jahrhundert. Er starb im heutigen Irak und war ein enger Verbündeter des Enkels Mohammeds. Die Bektaschi glauben

Berg gegenüber von Berat mit dem Schriftzug N-E-V-E-R

▲ Karte S. 186

daran, dass seine Seele sich noch einmal auf diesem Berg befand, bevor sie in den Himmel aufstieg. Sie nennen den Berg auch liebevoll ›Baba Tomorr‹ (Vater Tomorr). Im Jahr 1660 wurde aus der Tekke in Kerbala (Irak), wo sich die Überreste von Abbas ibn Ali befinden, ein Häufchen Erde auf den Kulmak gebracht und die Tekke gebaut. Die heutige Tekke stammt von 1880 und wird seit 1928 vom Tempel für Vater Abbas ergänzt. Am besten zu erreichen ist der Ort vom Dorf **Pronovik** aus, das an der Landstraße Poliçan–Çorovodë liegt. Prinzipiell sind die 20 Kilometer bis zur Tekke mit einem Geländewagen fahrbar, aber eine Wanderung ist empfehlenswerter. Wanderungen auf dem Bergrücken können individuell ohne Wegweiser und Landkarten vorgenommen werden. Eine Wanderung kann bis zum **Partisanengipfel** (Çuka Partizan) führen, dem mit 2415 Metern höchsten Berg dieses Gebirgszuges. Das Gelände ist auch für die Fahrt mit Mountainbikes geeignet. Leider gibt es keine ausgewiesenen Wander- und Radwege. Da das Gebiet aber nur 19 Kilometer lang und sechs Kilometer breit ist und die oberen Lagen unbewaldet sind, dürfte eine Orientierung nicht schwer fallen.

Ein zweiter Zufahrtsweg zum Tomorr-Gebirge besteht ab **Çorovodë**. Die Straße führt in nördlicher Richtung aus der Stadt heraus. Zuerst gelangt man nach zwei Kilometern an die **Brücke von Kasabash** (Ura e Kasabashit). Sie verbesserte die Nutzung des Karawanenwegs von Çorovodë nach Voskopojë beziehungsweise Korçë seit dem Jahr 1640. Nach knappen drei Kilometern gelangt man an den **Canyon von Gradec** (Kanioni i Gradeci), den der Çorovodë-Fluss geformt hat. Es schließt sich eine steile Serpentinenstrecke an. An der Wegkreuzung führt der Schotterweg nach links Richtung Krorëz; der Weg kann nur mit einem Geländewagen befahren werden. In der Umgebung von Krorëz befinden sich viele Tunnelanlagen aus dem Sozialismus. Leider wird seit einigen Jahren der beliebte Tomorr-Stein illegal abgebaut, was katastrophale Schäden besonders auf der Südwestseite des Gebirges hinterlässt. Von der Straße SH72 sind die großen Löcher und Steinbrüche mit bloßem Auge zu sehen. Entlang der Straße gibt es viele Lagerplätze des abgebauten Steins. Obwohl der Tomorr den Albanern sehr wichtig ist und sie ihn verehren, verkleinern besonders die illegalen Arbeiten das Bergmassiv bedrohlich.

Canyons und Wasserfälle

An der Straße SH72 südwestlich von Berat liegen mehrere kleine Orte, Wasserfälle, Canyons und Brücken direkt an der Straße oder ein Stück entfernt

Der Canyon von Osum

im bergigen Umland. Nach Berat ist **Poliçan** der nächstgrößere Ort. Bis in die frühen 1990er-Jahre wurden hier Waffen produziert, darunter die albanische Kalaschnikow. Ausländer durften bis 1991 die Stadt und die Umgebung nicht betreten. Nach der Wende brach auch dieser Industriezweig zusammen. Geblieben ist die große alte Fabrik mit ihren beiden Schornsteinen und die nicht zugänglichen unterirdischen Fabrikationsanlagen. Die letzte Beschäftigung für die ehemaligen Arbeiter besteht darin, die Waffen zu entschärfen und zu entsorgen. Auf der östlichen Seite liegt das beeindruckende Panorama des Tomorr-Gebirges.

Wer eine einsam stehende **osmanische Brücke** sehen möchte, kann kurz nach Pronovik nach rechts abbiegen. Eine Brücke führt über den Osum; kurz nach der Brücke gleich links abbiegen und der Straße auf sieben Kilometern nach Süden folgen. An der Kreuzung Richtung Vokopolë steht eine klassische, steinerne Brücke aus dem 18. Jahrhundert. Sie diente einst dem Karawanenweg aus Berat Richtung Kelcyrë und führt über den kleinen Fluss Çorogjaf. Die Anfahrt sollte in einem Geländewagen erfolgen. Ein Stück weiter auf der Landstraße führt vom Dorf Bogovë, zu erkennen am Wasserkraftwerk, ein Weg zu den beiden **Wasserfällen von Bogovë** (Ujëvara e Bogovës). Der Pfad führt teilweise durch den Flusslauf, und die Wasserfälle werden zu Fuß nach etwa 30 Minuten erreicht. In einem großen Becken ergießen sich die klaren Wassermassen des Bogova-Flüsschens aus dem Tomorr-Gebirge.

Der letzte größere Ort an der Straße ist **Çorovodë**. Falls man es nicht schafft, die Tagesausflüge von Berat aus zu organisieren, stehen einem in diesem trostlosen Ort auch Unterkünfte zur Verfügung. Eine der Auffahrten ins Tomorr-Gebirge

Alter Erdölförderturm in Kuçovë

führt nördlich aus der Stadt. Der weitere Verlauf der neu asphaltierten Straße SH72 führt in südwestlicher Richtung zu den spektakulären **Canyons von Osum** (Kanionet i Osumit). Eine neue **Aussichtsplattform** ermöglicht eine sichere Aussicht auf die bis zu 120 Meter abfallenden Wände, ein kleines **Café** sorgt für Erfrischung. Im Sommer werden **Raftingtouren** durch den langgestreckten Canyon angeboten (→ S. 201). Eine Fahrt bis zur Brücke bei Lopan ist empfehlenswert, denn an den breiten Ufern außerhalb des Canyons lässt es sich gut entspannen. Zwischen Gërmenj und Lo-

▲ Karte S. 157

pan liegt ein Parkplatz, der im Sommer stark frequentiert sein kann. Durch eine kleine Felsschlucht führt eine Brücke über den Osum zum **ehemaligen Sitz eines Eremiten**. Die Strecke durch den Canyon kann von Februar bis Juni auch mit dem Boot durchfahren werden.

Canyon von Sinec

Nördlich von Berat liegt der Canyon von Sinec (Kanioni i Sinecit). Auf der SH72 führt vom Dorf Lapardha eine asphaltierte Straße in nordwestlicher Richtung zum Dorf **Lumasë** (etwa 20 Minuten). Dort schließt sich eine Schotterstraße an, die nur mit einem Geländewagen passierbar ist oder zu Fuß benutzt werden kann. Nach 45 Minuten Wanderung erreicht man den Canyon, der 1,5 Kilometer lang, 200 Meter tief und 20 bis 30 Meter breit ist. Die verschiedenen Felsformen beeindrucken durch ihre fast weiße Farbe. Im Kalkstein haben sich durch das Wasser zahlreiche Becken gebildet.

Kuçovë

Ein spannender Abstecher ist ein Ausflug in die Stadt Kuçovë (Kuçova), die einzige sozialistische Stadtneugründung Albaniens. Sie liegt 17 Kilometer nordwestlich von Berat. Auf dem Weg liegt der **Flughafen von Kuçovë**. Er wurde 1930 von der italienischen Erdölfirma AIPA gebaut und ist damit der älteste des Landes. In der Umgebung von Kuçovë sind die Erdölvorkommen seit der Antike bekannt. Die Förderung begann in der Zwischenkriegszeit und erlebte im Sozialismus ihren Höhepunkt. Zeugen sind noch heute die vielen ehemaligen Fördertürme in der gesamten Region und der charakteristische Geruch, dem man nirgends entkommen kann. 1951 erhielt die Stadt den neuen Namen Stalinstadt (Qyteti Stalin), als Zeichen der Dankbarkeit gegenüber der Sowjetunion, die den Ausbau der Industrie und der ganzen Stadt förderte. Als die sowjetische Unterstützung nach 1961 ausblieb, förderte China das Projekt. Heutzutage stehen die großen Fabrikanlagen leer, zurück blieb der kontaminierte Boden.

Im Stadtbild fällt die wegen ihrer ehemals bedeutenden Rolle sehr breit gebaute **Hauptpromenade** auf, die mit Palmen bepflanzt wurde. Ab und zu tauchen alte Symbole auf, wie ein Tor mit einem roten Stern oder eine Plastik mit Menschen, die mit der Ölförderung zu tun hatten.

Auf dem Weg nach Kuçovë liegt am Rande des Flugfeldes das Dorf **Perondi** (ausgeschildert). Die dortige dreischiffige Kirche des heiligen Nikolaus (Kisha e Shën Kollit) aus dem 10. Jahrhundert ist eine der ältesten in dieser Region. Inschriften oder Dokumente, die das belegen können, fehlen allerdings. Der Bau ist als dreischiffige Basilika mit grobem Mauerwerk ausgeführt und verfügt noch über wenige Fresken.

Berat

Vorwahl: +355/(0)32.

Touristeninformation (Zyra e Informacionit Turistik), Sheshi Teodor Muzaka; Mo–Fr 8–16 Uhr. Gehört zur Stadtverwaltung. Zwei bessere Informationen befinden sich im Stadtteil Mangalem am Anfang der Rruga Mihal Komneno in Richtung Burg auf der rechten Seite. Dort werden neben Postkarten und einigen Infomaterialien auch Ausflüge in die Umgebung angeboten, z. B. zum Canyon von Osum oder ins Tomorr-Gebirge.

Post, Rr. Antipatrea, in der Nähe der Königsmoschee.

Mit dem Auto erreicht man Berat am ehesten aus Nordwesten auf der **SH72**. Die Straßen sind gut ausgebaut.

Mittelalbanien

Die Straße **SH74** nach Süden Richtung Përmet ist nur eine Schotterstraße.

Die wesentlich niedriger klassifizierte Straße nach Südosten in Richtung Tomorr, Çorovoda und zum Osum-Canyon ist kurvig, aber gut befahrbar und landschaftlich sehr reizvoll. Bis Çorovoda sollten 1,5 Std. Fahrt eingerechnet werden (52 km).

Von Tirana führt der schnellste Weg in knapp 2 Std. über Durrës, dann auf die SH4 und SH72 bis Berat (120 Kilometer).

Von Vlorë dauert die Fahrt ebenfalls knapp 2 Std. über Fier und Roskovec (81 km).

Zentrale Bushaltestelle, Rr. Antipatrea, direkt vor der Bleimoschee.

Nach Tirana: 4.30–16.30 Uhr ca. alle 30 Min.

Durrës: 7 Verbindungen tägl. ab 6.15 Uhr.

Elbasan: ab 6 Uhr 7x tägl.

Vlorë: 7–14 Uhr ca. stündlich.

Korçë: tägl. 4.30 Uhr.

Sarandë: 8 und 14 Uhr.

Përmet: 7.30 Uhr.

Mit dem Fahrrad erreicht man Berat aus nördlicher Richtung einfach, da die Myzeqeja-Ebene flach ist. Auf Feldwegen gelangt man von Kuçovë bis nach Berat. Von Berat nach Südosten wird die Landschaft bergig, doch die Landschaft entschädigt für die Anstrengungen, und der Autoverkehr wird schwächer.

▸ **Mangalem**

Hotel Mangalemi, Rr. Mihal Komneno, Tel. +355(0)/68/2323238, EZ 30, hotel_mangalemi@yahoo.com; DZ 40–55 Euro. Einer der Klassiker der Stadt mit guter Ausstattung und gutem Service. www.mangalemihotel.com

Hotel Rezidenca Desaret, Rr. Dr. Lluka, Tel.+355/(0)32/237593, +355/(0)69/7772732, 12 Zimmer, EZ 30 Euro, DZ 40–50 Euro. Im Stil eines Boutique-Hotels, hoher Standard. residencadesaret@ymail.com www.rezidencadesaret.com

Hotel Osumi, Rr. Llambi Goxhomani, Tel. +355/(0)322/33133, +355/(0)69/5351225, hotelosumi@gmail.com; 14 Zimmer, EZ 25 Euro, DZ 35 Euro. In einem charakteristischen Altstadthaus.

Hotel Guva, Rr. Llambi Guxhamani, Tel. +355/(0)32/230014; EZ 25 Euro, DZ 35 Euro. Am oberen Ende von Mangalem, nicht mit dem Auto zu erreichen, dafür tolle Ausstattung und grandioser Blick. www.guva-mangalem.com

Hostel Mangalem, Rr. Zoi Tole 11, Tel. +355/(0)69/5304188; 10 Euro mit Frühstück. In einem alten Haus, einfach, aber sehr sauber.

Mehrere Familien bieten in den alten Häusern fantastische Unterkünfte an, z. B. **Guesthouse Meti** oder **Hava Baçi**, die über www.airbnb.de oder www.booking.com zu finden sind.

▸ **Gorica**

Berat Hostel Backpackers, Rruga Nikolla Buhuri, Tel. +355/6977854219;
20 Betten in 3 Räumen (10–12 Euro/Pers.), 5 Privatzimmer (12–15 Euro/Pers.), Camping 6 Euro, Dez.–Mitte März geschlossen. In einem über 250 Jahre alten Steinhaus mit tollem Garten, auch Campen ist möglich.
www.beratbackpackers.com

▸ **Festung**

Hotel Klea, Lagja Kala, Tel. +355/(0)697684861, hotelklea@yahoo.com; 5 Zimmer, 30–35 Euro. Nur 40 m vom Haupteingang der Burg entfernt, traditionelles Haus mit Garten und Terrasse, albanisches Essen.

▸ **Vorstadt**

Hotel Grand White City, Rr. Antipatrea, Tel. +355/(0)32/236869, +355/(0)69/4319637, 42 Zimmer, 30–55 Euro. Ehemalige Textilfabrik, jetzt Luxushotel mit professionellem Personal und gutem Essen. whitecityhotel.berat@yahoo.com;

▸ Karte S. 186

Villa Lili Guest, Rr. Santa Lucia, Tel. +355/(0)67/4797330; ab 10 Euro/Pers. Kleine einfache Pension, sehr sauber und ruhig gelegen, aber ohne Internet. Ideal für Reisende mit Auto: Der Wagen kann im eigenen Hof geparkt werden. www.vilaliliberat.com

Berat Caravan, an der SH72 12 km außerhalb von Berat; ab 7 Euro. Gepflegt, eigenes kleines Restaurant. www.beratcaravancamping.com

Die beste Möglichkeit, abends von einer Bar oder einem Café aus die Einheimischen beim Xhiro (Spaziergang) zu beobachten, ist die Promenade **Bulevardi Republika**.
Restaurant Onufri, am Eingang zur Festung. Eines der besten Restaurants der Stadt. Die Besitzer geben sich unglaublich viel Mühe, ihre Gäste zu bedienen und ihnen alle Köstlichkeiten präsentieren zu können.
Lili, Rruga Llambi Guxhamani, Tel. 355/69/2349362. In Mangalem, ein paar selbstgebaute Tische und Stühle im kleinen Hinterhof; sehr feine, lokale Küche.
Mangalemi, Rr. Mihal Komneno, Tel. +355/(0)/68/2323238. Gehört zum gleichnamigen Hotel; tolle Sommerterrasse im Obergeschoss, leckeres, lokales Essen.
Weingut Çobo, an der Nationalstraße zwischen Ura Vajgurore und Poshnje, Tel. 355/(0)3612088, Lokale Weine. info@cobowineryonline.com. www.cobowineryonline.com

Onufri-Museum (Muzeu Kombëtar Ikonografik Onufri); Mai–Okt. Mo–Sa 9–14, 16–19, So 9–19, Nov.–April Di–Sa 9–16, So 9–14 Uhr, 200 Lek. www.muzeumet-berat.al
Ethnografisches Museum (Muzeu Etnografik), Rr. Toli Bojaxhiu; Mai–Okt. Mo–Sa 9–14, 16–19, So 9–19, Nov.–April Di–Sa 9–16, So 9–14 Uhr, 200 Lek. www.muzeumet-berat.al

Pilgerfest der Bektaschi auf dem Tomorr; 20.–25. Aug.

Albania Rafting Group, im Hotel ›Castel Park‹ in Berat, Tel. +355/(0)67/2006621, info@albrafting.org. Rafting durch den Canyon von Osum. Morgens startet man in Berat und fährt die 60 Kilometer bis zum Canyon. Das Rafting dauert ca. 2–4 Std., abhängig vom Wasserstand. Eingestuft wird die Fahrt mit dem Schwierigkeitsgrad III. Zu sehen sind acht Wasserfälle und eine Steinformation namens Kathedrale. Es ist möglich, diesen Ausflug in verschiedenen Tour-Paketen zu kaufen: nur Rafting für 40 Euro, Rafting mit Hin- und Rückfahrt ab Berat für 50 Euro oder Rafting mit Hotelunterkunft und Frühstück, albanischem Abendessen sowie der Hin- und Rückfahrt ab Berat für 80 Euro.

Typisch für Berat sind **geschnitzte Wandbilder mit Stadtmotiven**. Sie werden heute noch von einigen Einwohnern, die das Handwerk teilweise autodidaktisch erlernen, hergestellt und an einigen Orten in der Stadt verkauft. Steinmetze betreiben ebenfalls noch ihr Handwerk.
Auf der Burg werden schöne, handgearbeitete **Tischdecken** verkauft.
Direkt vor dem Restaurant ›Lili‹ in Magalem kochen die Eltern des Restaurantbesitzers **Marmeladen** aus Feigen oder den Früchten der Erdbeerbäume und **Aufstriche**, zum Beispiel aus Oliven, selbst ein. Vor dem Eingang zum Restaurant befindet sich die Tür zur kleinen Küche. Die kleinen Gläser sind ein schönes Mitbringsel.

Krankenhaus, Spitali Rajonal, Rruga Rilindja, Tel. +355/(0)32/234237.

Unbestrittenes Zentrum des Südostens ist die Stadt Korçë mit ihrer abwechslungsreichen Architektur, den guten Museen, Galerien und dem Bierfest. Wer noch nicht touristisch ausgebaute Regionen sucht, findet am Prespasee oder im Gramoz-Gebirge zwar wenig Infrastruktur, dafür aber viele Erlebnisse. In mehreren Dörfern gibt es interessante orthodoxe Kirchen zu entdecken.

Blick über den Ohridsee

DER SÜDOSTEN

Labuništa
Qarrishtë
Vevčani
Mešeišta
Plakje
Gorna Belica
Moroišta
Sviništa
Miraka
Librazhd
Vapila
Leva Reka
Babjë
Struga
Leskoec
Polis
NORD-MAZEDONIEN
Elbasan
Dardhë
SH3
Ohrid
Resen
Përrenjas
Ohridsee
Velestovo
Evla
Urakë
Lin
Golik i Poshtëm
Carev Dvor
Piskupat
Peštani
Farret
Perovo
Selca e Poshtme
Memëlisht
National-park Galičica
Oteševo
Zavaline
Radokai
Hudënisht
Trpejča
Slivnica
Velçan i Mokrës
Stenje
Proptisht
Konjsko
Trebinjë
Prespasee
Gramsh
Shpellë
Pogradec
Areal Drilon
Goricë
Çerravë
Posnovisht
Glloboçeni
Prenisht
Podgorie
Kodovjat
Maligrad
Pirg
Liqenas
Shemberdhenj
Zaroshkë
Vjondero
Strelcë
Zvezdë
Dobërçan
Pojan
Trebla
Zavisht
Devoll
SH71
Maliq
Rakickë
SH3
Shtpckë
Vashtëmi
Vranisht
Gjerbës
Kapshticë
Turan
Korçë
Bilisht
Voskopojë
Drenova-Nationalpark
Hoçisht
Drenovë
Dërsnik
Poloskë
Guri i Capit 1585
Mollas
Boboshticë
Kamenicë
Dardhë
Vithkuq
Çorovodë
Floq
Arrëzë
Potom
Dipotamia
Lubonjë
Helmës
Zaberzan
SH75
Bezhan
Vodicë
Starjë
Grammos
Niki
Soropull
Frashër
Tepelenë, Gjirokastër
Rehovë
N. Kotili
Këlcyrë
Ersekë
Nationalpark Bredhi i Hotovës
Borovë
Dërmen
Kosinë
Barmash
GRIECHENLAND
Gramoz-Gebirge
SH75
Përmet
Mali i Dhëmbelit
Farma Sotira
Hoshtovë
Gjinkar Petran
Radanj
Badëlonjë
Topovë
Lashovë
Loutra
Bënjë
SH65
Gjirokastër
Dhoksat
Poliçan
Stërmbec
Leskovik
Samarina
Sarqinishtë
Çarshovë
SH80
Sopik
Konitsa
Der Südosten
0
10
20 km

Korçë

Korçë (Korça), das sehr gut auf den Landstraßen von Tirana oder Ohrid (Nordmazedonien) zu erreichen ist, liegt auf etwa 850 Metern Höhe, so dass ein Ausflug dorthin im Sommer sehr angenehm sein kann. Die Stadt und ihre Umgebung haben viel zu bieten, ein Aufenthalt für mehrere Tage lohnt sich. Als eine der wenigen Städte in Albanien mussten nach der Staatsgründung 1912 nicht viele repräsentative Gebäude neu gebaut werden, da die Stadt ein wichtiges Handelszentrum mit intensiven Kontakten nach Mitteleuropa war und deshalb auch gern das ›kleine Paris‹ genannt wird. Der Stolz der knapp 90 000 Einwohner auf ihre Stadt ist heute noch stark. Die Attraktionen der Stadt sind die **Museen** (→ S. 210), wobei vier davon von nationaler Bedeutung sind, und die verschiedenen **Festivals**, das Bierfest ist hier an erster Stelle zu nennen. Derzeit tut sich viel im Stadtbild Korçës, vor allem durch die Restaurierung des Alten Basars und die Neubauten des deutschen Architekturbüros ›Bolles+Wilson‹.

Geschichte

In der Umgebung Korçës finden sich mehrere Ausgrabungen aus der neolithischen Periode (6000–3000 vor Christus) und jüngere, die ausreichend Zeugnis über die Besiedlung ablegen. Einige dieser Orte liegen für Besucher sehr günstig und sind zugänglich. Die Geschichte Korçës beginnt mit der Erwähnung einer Siedlung im späten 13. Jahrhundert. Danach wird der Ort erst wieder in den Zensuszählungen der Osmanen zwischen 1431 und 1432 dokumentiert. Korçë wird darin als Burg bezeichnet, die von 26 Haushältern bewohnt wurde. Derartige Schriftquellen der Osmanen sind in Südosteuropa oft die ersten verlässlichen Angaben über die Bevölkerung im Spätmittelalter.

Der weitreichende Ausbau zu einer osmanischen Handels- und Handwerkerstadt begann Ende des 15. Jahrhunderts. Der osmanische Sultan Murad II. setzte Iljaz Hoxha als Gebietsverwalter ein. Hoxha stand für eine klassische Biografie aus dem Osmanischen Reich: Er stammte aus einem Dorf bei Korçë und wurde an den Hof in Adrianopel (Edirne) gebracht. Ihm gelang der Aufstieg bei den Janitscharen, und er erlangte großen Ruhm bei der osmanischen Eroberung Konstantinopels 1453. Daraufhin erhielt er den Beinamen Mirahor (Stallmeister) und den osmanischen Titel Bey (alb. Bej). Daraus entstand die Bezeichnung Iljaz Bej Mirahori, die im Albanischen gebräuchlich ist. Er ließ die Iljaz-Bej-Moschee errichten, die bis heute am Rand des Basarviertels steht und eine der ältesten Moscheen des Landes ist. Nach und nach wurde der Ort mit typischen Bauwerken einer osmanischen Stadt versehen: dem Marktviertel, einer Medresse (Schule), Lagerräumen und Volksküchen.

Für Korçë folgten glückliche Jahre. Die Stadt wuchs im 17. und 18. Jahrhundert weiter, der Wachstum wurde durch die Zerstörung der Stadt Voskopojë, etwa 20 Kilometer entfernt von Korçë, begünstigt. Die Stadt prosperierte über die Jahrhunderte vor allem durch den Handel.

Im 19. Jahrhundert bestimmte die Produktion von Wolltextilien die Wirtschaft der Stadt, wodurch die Einwohner reich wurden und in engem Kontakt mit der Welt standen. Die wirtschaftliche Blüte begünstigte auch die Entwicklung Korçës zum Zentrum der albanischen Nationalbewegung im 19. Jahrhundert. Die älteste Volksschule Albaniens, in der erstmals auf Albanisch unterrichtet wurde, dient

Die Iljaz-Bej-Moschee stammt aus dem 15. Jahrhundert

heute als Bildungsmuseum (→ S. 211). Mit den Balkankriegen von 1912 und 1913, als das Osmanische Reich in Europa größtenteils zusammenbrach, besetzte zuerst Griechenland, dann für kurze Zeit Österreich-Ungarn und ab 1916 Frankreich die Stadt. Frankreich gründete offiziell bis 1918 und inoffiziell bis 1920 die Autonome Republik Korçë und stattete die albanische Bevölkerung mit dem

Markt in der Nähe des Alten Basars

▲ Karte S. 207

Recht auf Selbstverwaltung aus. Mit diesem Schachzug wollten die Franzosen Ruhe im Kampf um den griechischen beziehungsweise albanischen Anspruch auf diese Region schaffen. Alle bisherigen griechischen Schulen, die in der Stadt seit dem 19. Jahrhundert existiert hatten, wurden geschlossen. Die Flagge des autonomen Gebietes zeigte interessanterweise den Skanderbeg-Adler auf der französischen Trikolore. Zudem wurden eine eigene Währung (Franken von Korçë) und eigene Briefmarken eingeführt.

Sehenswürdigkeiten

■ Iljaz-Bej-Mirahori-Moschee

Die Entwicklung der heutigen Stadt nahm ihren Anfang an der Iljaz-Bej-Mirahori-Moschee (Xhamia e Iliaz Bej Mirahorit), die laut Inschrift von 1494 stammt. Der quadratische Innenraum mit Darstellungen von Pilgerorten wie Mekka stammt aus dem 19. Jahrhundert, wobei die zuletzt durch das Türkische Präsidium für Internationale Kooperation und Koordination (TİKA) restaurierten Gemälde mit Landschaftsdarstellungen durch ihre besonders schlechte Malweise hervortreten.

■ Altes Basarviertel

In der Nähe der Moschee wurde bis 2017 das Alte Basarviertel (Pazari i vjetër) restauriert. Dieses Viertel wurde für die Händler auf den Karawanenwegen von der heutigen Türkei bis nach Venedig genutzt, um hier zu handeln und zu übernachten. Im Sozialismus wurde der Privatbesitz verboten, wodurch das gesamte Viertel herunterkam. Mit kleinen Renovierungsarbeiten wurde bereits 1980 begonnen. Noch sind einige Häuser nicht renoviert, der Großteil ist jedoch geschafft. Das alte Straßenpflaster (*kalldrëm*), ist auch wieder verlegt worden. Die vielen neu entstandenen Geschäftsräume in den Erdgeschosszonen stehen

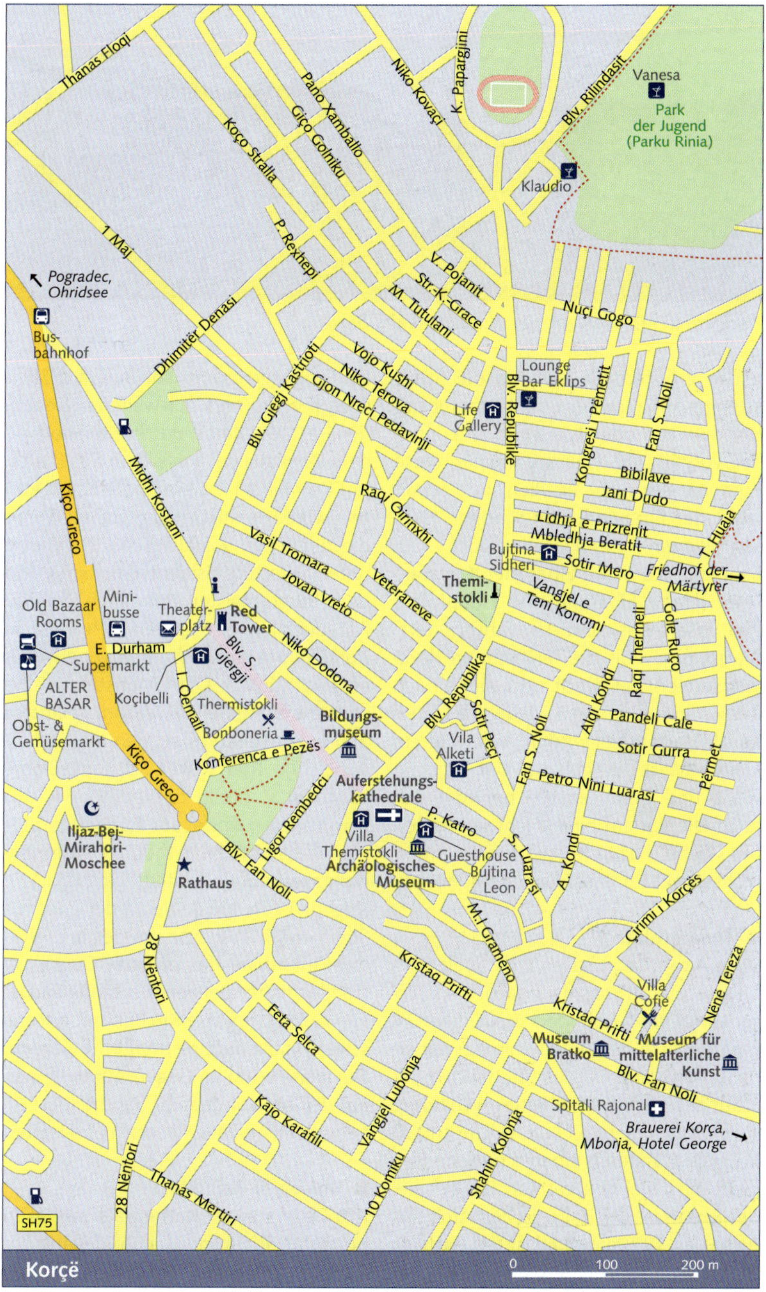

Der Südosten

Noch ein wenig unbelebt: der Hauptplatz des Basars

leider größtenteils leer, da die Stadt strenge Auflagen für eine Nutzung mit Handwerken oder typischen Erzeugnissen vorgibt. Die Händler können diese Forderungen nicht erfüllen, und somit wirkt der Basar mit den schönen Häusern wie ein Potemkinsches Dorf.
Sehr stattlich ist die **Elbasaner Karawanserei** (Han i Elbasanit) am Hauptplatz des Basars aus dem 18. Jahrhundert. Sie ist eine von drei erhaltenen Karawansereien der Stadt und dient nach der Renovierung auch wieder als Unterkunft. Vormittags wird im Innenhof ein kleiner **Markt** aufgebaut. Der reguläre Obst- und Gemüsemarkt befindet sich nach wie vor auf einer nicht gepflasterten Fläche (Pazari Korçë), leider wird er nicht direkt im Basarviertel aufgebaut.

■ Theaterplatz

Vom Alten Basar ist es nicht weit zum Theaterplatz (Sheshi i Teatrit). In dieser Umgebung befinden sich einige Gebäude, die in der Zwischenkriegszeit errichtet wurden. Da das Straßenbild der Stadt bereits vor dem Ersten Weltkrieg sehr westlich geprägt war, wurde anders als in den anderen albanischen Städten nicht allzu viel neu gebaut. Ein Beispiel des Einflusses der italienischen Architektur in den 1920er-Jahren ist das **Rathaus** (Bashkia). Der Theaterplatz am Beginn der Fußgängerpromenade Bulevardi Shën Gjergji verkörpert mit weiteren Gebäuden – Hotels, Kinos, der Stadtbibliothek, dem Denkmal des Volkskämpfers (Luftëtari Kombëtar) – diese Epoche. Vor kurzem wurde der Platz neu gestaltet, womit die derzeitige sozialistische Regierung unter Ministerpräsident Edi Rama und dem Bürgermeister von Korçë, Sotiraq Filo, auch hier ihre Spuren hinterlässt. In Korçë führte die Stadterneuerung weiter als sonst üblich. Dem Münsteraner Architektenbüro ›Bolles+Wilson‹ gelang es 2014, am Theaterplatz den neuen Aussichtsturm **Red Tower** als neue Dominante im Stadtbild zu errichten.
Am anderen Ende der Fußgängerpromenade steht die orthodoxe **Auferstehungskathedrale** (Katedralja ›Ngjallja e Krishtit‹) von 1994, die an der gleichen Stelle errichtet wurde, an der bis 1968 die Kathedrale des heiligen Georg gestanden hatte. Der verschachtelte Bau ist wie viele orthodoxe Kirchen mit griechischen Finanzmitteln ermöglicht worden. Die Ikonen sind im Gegensatz zu Ikonen aus der Zeit vor dem 20. Jahrhundert Albanisch und nicht Griechisch beschriftet.

■ Bulevardi Republika

Am Platz vor der Kathedrale zweigt in nördliche Richtung der Boulevard der Republik (Bulevardi Republika) ab. Den

▶ Karte S. 207

Beinamen ›Kleines Paris‹ hat Korçë diesem Boulevard zu verdanken, denn entlang dieser mit Bäumen und Blumen gesäumten Straße stehen eindrucksvolle Villen in unterschiedlichen Stilen des ausgehenden 19. und frühen 20. Jahrhunderts. Am Boulevard steht auch das **Denkmal für Themistokli Gërmenji**, der ein Mitglied der ersten albanischen Regierung ab 1912 war und während der französischen Besatzung Korçës im Ersten Weltkrieg hingerichtet wurde. In nördliche Richtung führt die Straße weiter zum **Park der Jugend** (Parku Rinia), der neu gestaltet wurde und in dem Skulpturen in- und ausländischer Künstler stehen. Die Künstler werden im Auftrag der Stadt eingeladen, hier auszustellen und auch zu arbeiten.

Der Red Tower am Theaterplatz

Bulevardi Fan Noli

Im Osten der Stadt, am Ende des Bulevardi Fan Noli, liegt eine für albanische Verhältnisse seltene Sehenswürdigkeit, die 1928 gegründete **Brauerei** (Birra Korça) der im ganzen Land vertriebenen Biermarke **Korça**, die Pilsner und Dunkles herstellt. Wer Interesse an einer englischsprachigen Führung hat, meldet sich am Werkstor, und mit etwas Glück werden einem die wichtigsten Bereiche der Brauerei gezeigt.

Alte Villa auf dem Bulevardi Republika

Der Theorie folgt dann die Praxis: Nebenan liegt der Biergarten.

Noch weiter in Richtung Osten liegt im ehemaligen Dorf Mborja, das nun zu Korçë gehört, die kleine Kirche **Maria Himmelfahrt** (Kisha e Ristozit), deren Bau womöglich auf das frühe 14. Jahrhundert zurückgeht. Die Apsis und die Übergänge zur Kuppel (Tamboure) sind aus Ziegelsteinen erbaut, der Rest der Kirche ist aus äußerst groben Steinen. Die erhaltenen Ikonen von 1389 stammen gemäß der Inschrift über dem westlichen Eingang von Bischof Nimphon und Amerales, Sohn des Kesar Novak, der die Marienkirche auf der Insel Maligrad im Prespasee stiftete (→ S. 222). Am 40. Tag nach Christi Tod pilgern viele Orthodoxe zu dieser Kirche, da für sie der Ort besonders heilig ist. Leider ist die Kirche nur selten geöffnet.

Museen

Museum für mittelalterliche Kunst

Seit September 2016 hat das Museum für mittelalterliche Kunst (Muzeu Kombëtar i Artit Mesjetar) einen neuen Standort. Das deutsche Architekturbüro ›Bolles+Wilson‹ baute auf Einladung des Premierministers Edi Rama diesen neuen Glanzpunkt der Stadt, der seine Wirkung erst im Inneren richtig entfaltet. In verschiedenfarbig gestalteten Räumen werden etwa 400 in der Mehrzahl byzantinische und postbyzantinische Ikonen des 14. bis 19. Jahrhunderts präsentiert. Der erste Raum ist in Gold gehalten, er soll den Reichtum an verschiedenen Ikonen aus Albanien unterstreichen. Bis unter die Decke sind die Bilder in diesem Panorama gehängt, das sich über beide Geschosszonen erstreckt. Die weiteren Ausstellungsräume sind chronologisch angeordnet. Der zweite Raum mit Balkon beherbergt die ältesten Ikonen, darunter die sogenannte ›Madonna vom Balkan‹. Es folgt ein schmaler Raum für die besonders charakteristischen rötlichen Ikonen aus Berat.

Im großen Raum mit einer in die Mitte gestellten großen Ikonostase aus dem 19. Jahrhundert finden sich Darstellungen des Letzten Abendmahls. Zwei Ikonen in diesem Raum wurden von Gläubigen beschädigt, als die Ikonen noch in Kirchen benutzt wurden: Judas – hier übrigens nicht in Gelb gekleidet – wurde entweder die Hand oder das Gesicht zerstört oder ausgekratzt.

In einem letzten, komplett weißen Raum hängen ausschließlich die beiden wertvollsten Ikonen der Sammlung aus dem 14. Jahrhundert.

Die Ausstellung macht die Besucher mit den bekanntesten Ikonenmalern auf dem Gebiet des heutigen Albanien vertraut: mit Onufri (16. Jahrhundert), den Brüdern Kostandin und Athanas Zografi (18. Jahrhundert) aus Dardhë bei Korçë oder David Selenica (18. Jahrhundert), dessen Fresken in mehreren Kirchen von Voskopojë in der Nähe von Korçë erhalten geblieben sind. Ergänzt wird die Ausstellung durch einige Metallarbeiten für Kelche, Evangeliare und Kreuze, Steinmetzarbeiten sowie eine Holztür

Das Archäologische Museum von Korçë

Karte S. 207

der Jungfrau-Maria-Kirche von der Insel Maligrad im Prespasee.

Der Mitarbeiter Aurel führt die Besucher kenntnisreich durch diese äußerst sehenswerte Ausstellung. Er spricht sehr gut Englisch, hat Kunst studiert und sich hauptsächlich mit der Restaurierung der etwa 8000 im Museum aufbewahrten Objekte beschäftigt.

Museum für orientalische Kunst Bratko

Ein Stück Richtung Innenstadt liegt ein recht ungewöhnliches Museum: Beim Museum für orientalische Kunst Bratko (Muzeu i Artit Oriental Bratko) handelt es sich um eine Privatsammlung meist asiatischer Kunst des in Korçë geborenen Künstlers, Reisenden und Sammlers Dhimitër Mborja Bratko. Das Gebäude wurde 2003 ausschließlich für diesen Zweck gebaut und beheimatet Ausstellungsstücke des in den USA lebenden Mannes, die er selbst erwarb oder geschenkt bekam.

Gezeigt werden orientalische Teppiche, chinesische und japanische Kleidungsstücke, Waffen und Bilder. Diese Sammlung repräsentiert auf sehr eindrucksvolle Weise die dauerhafte Verbundenheit vieler ehemaliger Emigranten mit Korçë, die meist nach Frankreich oder in die USA ausgewandert waren.

Archäologisches Museum

Im Viertel östlich der Kathedrale findet man sehr schöne Beispiele der Vorkriegsarchitektur. Sehr passend ist in einem Haus aus dem frühen 19. Jahrhundert das Archäologische Museum (Muzeu Arkeologjik) untergebracht, das zu den wichtigsten archäologischen Sammlungen Albaniens gezählt wird. 15 000 Objekte aus der Region werden hier aufbewahrt, und jeweils ein Teil davon wird auf sehr ansprechende Weise präsentiert. Nach 1990 wurde die Präsentation des 1985 eröffneten Museums umgestaltet. Der Schwerpunkt liegt auf Fundstücken des Neolithikums. Dazu zählen Überreste von Begräbnisstätten, von gejagten oder gezüchteten Tieren, ein Modell eines zweirädrigen Wagens, verschiedene Werkzeuge und durch den schon früh weitreichenden Handel sogar Keramik aus Mitteleuropa. Die jüngsten Ausstellungsgegenstände stammen aus dem Frühmittelalter. Irgendwie albanisch ist für mitteleuropäische Gemüter das nur theoretische Vorhandensein der Öffnungszeiten. Falls Sie jemanden vom Museumspersonal sehen, nutzen Sie die Chance für einen Besuch.

Bildungsmuseum

Direkt an der Fußgängerzone Bulevardi Shën Gjergji liegt das Gebäude des Bildungsmuseums (Muzeu Kombëtar i Arsimit), das leicht an der weißen Skulptur mit den Buchstaben ›A, B, C‹ im Garten vor dem Haus zu erkennen ist. In diesem Haus war die erste Schule untergebracht, in der Albanisch gelehrt wurde. Üblicherweise wurde im 19. Jahrhundert in den Schulen der Stadt Griechisch gesprochen. Ab dem 7. März 1887 setzten die Vertreter der Rilindja (→ S. 41) die Eröffnung der Schule durch, sie begründeten die Einheit einer Nation in erster Linie durch das Sprechen der gleichen Sprache. Zwar wurde die Schule durch das Osmanische Reich wieder geschlossen, jedoch etablierte sich damit verspätet die europäische Bildungswelle des 19. Jahrhunderts im heutigen Albanien. Sehr sehenswert im ausschließlich Albanisch beschrifteten Museum sind Originale der ersten und zweiten Variante des albanischen Alphabets. Wer sich für albanische Geschichte interessiert, findet im ersten Stock Fotografien bedeutender Vertreter der Rilindja-Bewegung.

Korçë

Vorwahl: +355/(0)82

Touristisches Informationszentrum (Qendra e Informacionit Turistik), Blv. Shën Gjergji, am Theaterplatz (Sheshi i Teatrit), Tel. +355/(0)82/257803, +355/(0)67/2034403; Mo–Fr 8–16 Uhr. Sämtliche Informationen zur Stadt und Umgebung (was es in Albanien selten gibt), Reservierungen von lokalen Reiseleitern, Unterkünften, Mietwagen oder Motorrädern. Die Tourismusinformation wird vom Rathaus der Stadt verwaltet.
http://visit-korca.com

Für Wanderer mit einem Ortungssystem wie dem **GPS-Tracker** gibt es unter der Adresse http://mappingalbania.blogspot.de/p/trails.html Karten für das Gebiet Dardhë, Drenovë, Vithkuq und Voskopojë.

Post, Blv Gjergj Kastrioti; 8–16 Uhr.

Die Anreise **von Norden** ist einfach: Von Tirana (170 km) dauert die Fahrt etwa 3 Std., von Pogradec (40 km) auf der Schnellstraße etwa 45 Min.

Von Süden dauert die Fahrt wesentlich länger, wobei zwischen Ersekë und Korçë eine neue zweispurige Schnellstraße gebaut wird. Derzeit dauert aber die Fahrt auf der stellenweise sehr kurvigen und nicht sehr guten Straße von Përmet (130 km) etwa 4 Stunden, von Leskovik (90 km) ca. 2,5 Std. und von Ersekë (45 km) ca. 1 Std.

Zentrale Bushaltestelle, zwischen dem Blv Fan Noli und der Rr. Ismail Qemali, etwas südlich des Theaterplatzes (Sheshi i Teatrit).

In **Tirana** fahren die Busse am Qemal-Stafa-Stadion ab.

Busse fahren in alle größeren Städte Albaniens sowie nach Ohrid (Nordmazedonien) und in die großen Städte Griechenlands. Aushängfahrpläne gibt es nicht.

Nach Berat: 10 Uhr
Bilisht: 7.30, 8.30, 9.30 und 10.30 Uhr
Durrës: 9.30 Uhr
Elbasan: 7 Uhr
Fier: 8.30 Uhr
Gjirokastër: 6 Uhr (nur 2x/Woche)
Lushnjë: 8 Uhr
Pogradec: 8, 9 Uhr
Sarandë: 6 Uhr (nur 2x/Woche)
Shkodër: 6 Uhr
Tirana: 4.30, 6.45, 7.30, 8.30, 9.30, 10.30 Uhr
Vlorë: 9 Uhr

Die **Minibusse** fahren die nördliche Route Richtung Pogradec und Tirana täglich, die südliche Strecke Richtung Përmet und Gjirokastër jeden zweiten Tag.

In die umliegenden Dörfer wie **Vithkuq** und **Voskopojë** kann man mit dem öffentlichen Verkehr nicht an einem Tag hin- und zurückfahren, da die Minibusse nur einmal am Tag (z. B. gegen 12.30 Uhr) nach Vithkuq fahren und um 8 Uhr von Vithkuq nach Korçë.

Hani i Pazarit, Pazari i Vjetër, Tel. +355/(0)69/7010055, auf facebook; DZ ab 50 Euro. Boutique-Hotel in der Elbasaner Karawanserei.

Hotel Life Gallery, Blv. Republika 24, Tel. +355/(0)82/243388, +355/(0)66/7090222; DZ ab 60 Euro, Suite 120–170 Euro. 19 Zimmer und 4 Suiten, verteilt auf zwei Gebäude. Das Gebäude mit den minimalistisch eingerichteten Suiten wurde 1924 gebaut. Vinothek ›Avenue 55‹.
www.lifegallery.al

Guest House Bujtina Leon, Rr. 3,+355/(0)69/4366504; DZ gut 40 Euro mit Frühstück. Eher traditionell eingerichtet.

Guest House Villa Themistokli, Blv. Shën Gjergji 5; DZ 40 Euro mit Frühstück. Traditionelles Gasthaus mit nur zwei Zimmern, aber sehr komfortabel. Sehr gute Lage, gegenüber der orthodoxen Kathedrale.

Vila Alketi, Blv. Republika (auf der linken Seite hinter der Kathedrale), Tel. +355/(0)69/7623445; Zimmer 5000 Lek (ca. 37 Euro). Schönes Haus, das im traditio-

▸Karte S. 207

nellen Stil eingerichtet ist. Es gibt im 1. Stock nur zwei Zimmer mit je einem Doppelbett. Der Rest des Hauses ist ein Restaurant mit gutem, einheimischem Essen.

Hotel Koçibelli, Blv. Shën Gjergji, Tel. +355/(0)69/9817654; DZ 35–80 Euro mit Frühstück. Direkt im Zentrum an der Fußgängerzone. Einfach, aber gut.

Old Bazaar Rooms, Rrugica Piro Lena, buchbar über Reservierungsplattformen wie www.booking.com oder www.airbnb; DZ 35 Euro. In der ehemaligen Elbasaner Karawanserei im alten Basarviertel. Einfach, aber gut und stylish.

Bujtina Sidheri, Rr. Mbledhja e Beratit, Tel. +355/(0)82/245814, bujtina.sidheri@hotmail.com, auf facebook. Traditionelles Hotel mit ebensolchen Möbeln.

Hotel George, Rr. Pavllo Sholla, Tel. +355/(0)82/243794, im 1. Stock Standardzimmer-DZ ca. 40 Euro, in den oberen Stockwerken einfache Zimmer, EZ ca. 25 Euro, jeweils mit Frühstück. Sauberes, einfaches Hotel. Wer nicht mit dem Auto reist, muss weit laufen. Vorteil: Die Korça-Brauerei liegt fast gegenüber. www.hotelgeorge.info

Das traditionelle Gericht der Region heißt **Lakror**, mit unterschiedlichen Gemüsesorten gefüllter Teig, sehr würzig. In Korçë stellt Lakror die Hauptspeise dar und kann mit **Dhallë** getrunken werden, der albanischen Version von Ayran. Im Herbst ist die Umgebung von Korçë bekannt für ihre guten **Äpfel**. Die Region gehört zu den größten Apfelproduzenten in ganz Europa.

Villa Cofiel, Avni Rustemi 39, Tel. +355/(0)82/247505. In sehr schönem rustikalen, traditionell wirkendem Ambiente gibt es kleine, tolle, etwas teurere Speisen.

Mësonjëtorja. Gleich neben dem Museum für Bildung kann sich jeder über die guten Schnäpse der Region weiterbilden, ein Muss ist der Maulbeerschnaps ›Raki mani‹.

Konditorei Bonboneria, Blv Shën Gjergji/Rr. Konferenca e Pezës. Bei den Einheimischen sehr beliebte Konditorei.

Auf dem Bulevardi Republika lassen sich einige Bars finden, z. B. die **Lounge Bar Eklips**. Passend zum Namen Park der Jugend (Parku Rinia) gibt es zwei Bars, eine direkt im Park, **Bar Vanesa**, und eine direkt neben dem Park, **Bar Klaudio**.

Auf dem **Bulevard Shën Gjergji** befinden sich viele Lokale und Bars.

Vila Themistokli ist das ehemalige Wohnhaus von Themistokli Gërmenji (→ S. 209), das als Salon eingerichtet ist. Am Wochenende wird oft Livemusik gespielt.

Museum für mittelalterliche Kunst (Muzeu Kombëtar i Artit Mesjetar), Blv Fan Noli, Tel. +355/67/5138333; Di–So 9–14 und 17–19 Uhr, 700 Lek.

Museum für orientalische Kunst Bratko (Muzeu i Artit Oriental Bratko), Blv Fan Noli 57, Tel. +355/(0)82/44878, Vladimir Topi; Di–So 10–14 und nach Vereinbarung, 100 Lek.
http://users.rcn.com/laura2/about.html

Archäologisches Museum (Muzeu Arkeologjik), Rr. Mihal Grameno, die Öffnungszeiten werden vom Personal nicht immer beachtet: Mo–Fr 8–16, Sa–So 8–14 Uhr, 200 Lek.

Bildungsmuseum (Muzeu Kombëtar i Arsimit), Blv Shën Gjergji; Mo–So 9–14, 17–20 Uhr, 100 Lek.

Karneval; Juni. Kostümfest zur Einleitung der Touristensaison.

Bierfest; August. Biertrinker und Konzertgänger kommen hier auf ihre Kosten. www.festaebirres.com

Messe Agro Business Fair; Oktober. Präsentation regionaler Produkte. Einige Male fand parallel dazu das **Apfelfest** (Festivali e Mollës) statt.

Krankenhaus, Spitali Rajonal, Blv Fan Noli 98, Tel. +355/(0)82/242755.

Die Umgebung von Korçë

Boboshticë

Neben zwei kleineren **Kirchen** mit gut erhaltenen Wandmalereien, der **Kirche des heiligen Johannes** (Shën Jovani), wahrscheinlich aus dem 13. Jahrhundert und der **Kirche des heiligen Demetrios** (Shën Mitri) aus dem 17. Jahrhundert ist es besonders der **Maulbeerschnaps** (*raki mani*) aus Boboshticë (Boboshtica), der unter Albanern einen besonders guten Ruf besitzt.

Kamenicë

An der Straße etwa zwölf Kilometer südlich von Korçë liegt die größte **Ausgrabungsstätte prähistorischer Funde** in Albanien bei Kamenicë (Kamenica). Sie stammen aus Zeiträumen zwischen dem 12. und 6. Jahrhundert vor Christus. Zwischen 2000 und 2007 untersuchte ein internationales Team die Begräbnisstätte. Den Wissenschaftlern war es danach möglich, Aussagen über Begräbniskulte und persönliche Gegenstände der Menschen zu treffen, die damals hier gelebt hatten. Entdeckt wurden 400 Gräber, 430 menschliche Skelette und etwa 3500 Objekte. Osteologen überraschte, dass mit sechs Prozent verhältnismäßig wenig Kinder unter fünf Jahren begraben wurden; die Kindersterblichkeit war höher eingeschätzt worden.

Ausgrabungen bei Kamenicë

▲ Karte S. 204

In einem Besucherzentrum kann man sich rekonstruierte Fundstücke, Modelle der Hügelgräber und die Ergebnisse der jüngsten Forschungsarbeiten anschauen. Auf der Freifläche können ein kreisrundes **Hügelgrab** sowie Teile nicht bearbeiteter **Tumuli** besichtigt werden.

Kamenicë

Tuma e Kamenicës, Tel. +355/(0)69/2687009; Di–So 9–19 Uhr. Bei der Fahrt von Korçë aus gleich die erste Straße in Kamenicë nach links abbiegen und danach gleich wieder links, nach etwa 100 m liegt der Gräberfund auf der rechten Seite. Um das Museum kümmert sich eine Frau im gegenüberliegenden Haus. Kostenpunkt: 100 Lek.

Voskopojë

Voskopojë (Voskopoja) ist ein Ziel für alle, die an Kirchenkunst interessiert sind; der Ort selbst wäre die Fahrt nicht wert. Wer Wanderungen unternehmen möchte, findet rings um den Ort einige Wege, die in die Hügellandschaft führen. Voskopojë ist gut 20 Kilometer von Korçë entfernt, die Fahrt mit dem Auto dauert rund 40 Minuten auf einer kurvigen, aber gut ausgebauten Straße.

Heute fast nicht vorstellbar ist, dass Vos-kopojë bis ins 18. Jahrhundert eine der größten Städte auf dem Balkan war. Schätzungen gehen von 33 000 bis fast 50 000 Einwohnern aus. Die Stadt konnte sich mit Thessaloniki, Skopje oder Sarajevo vergleichen. Ermöglicht wurde die Prosperität durch die Lage an einer Handelsstraße zwischen der Ägäis und Mitteleuropa. Die Mehrzahl der Einwohner waren und sind Aromunen (→ S. 78), die besonders mit Mitteleuropa enge Handelskontakte pflegten und zum Wohlstand der Stadt beitrugen. Sie bildeten neben Albanern und Griechen die christlich-orthodoxe Mehrheit; im Unterschied dazu ist die Umgebung Voskopojës muslimisch geprägt. Obwohl die Entwicklung des Ortes in die osmanische Zeit fällt, befinden sich hier keine Moscheen, sondern nur orthodoxe Kirchen, mit denen die reichen Einwohner ihre Macht zeigten. Insgesamt standen in der Stadt einst 26 Kirchen.

Sehr interessant dabei ist, dass die Errichtung dieser orthodoxen Gebäude nur möglich wurde, da die Macht des Osmanischen Reiches gerade nach der zweiten Belagerung Wiens 1683 abnahm und der Einfluss der griechisch-orthodoxen Kirche gleichzeitig zunahm. Die Region erhielt einen Autonomiestatus, und so konnte ab 1710 die erste griechisch-orthodoxe Schule des Osmanischen Reiches eröffnet werden, woraus 1744 ein Gymnasium hervorging, das gern die ›Neue Akademie‹ (griechisch: Nea Akadimia) genannt wird. Die Druckerpresse von 1720 ist die älteste in Albanien und Griechenland.

Voskopojë (griechisch: Moscopolis) wurde zum Zentrum des griechischen Einflusses im albanischen Gebiet. Die Bedeutung des Ortes sank allerdings durch verschiedene Zerstörungen rasch wieder. So wurde der Ort 1769 und 1789 von Banditen beziehungsweise Osmanen niedergebrannt, da die Einwohner im russisch-türkischen Krieg auf der russischen Seite standen, woraufhin die meisten Bewohner entweder nach Korçë flüchteten und den dortigen Aufstieg der Stadt förderten, oder nach Ioannina, das griechische Zentrum in Epirus.

Im Ersten und Zweiten Weltkrieg und bei einem Erdbeben 1960 kam es zu weiteren Zerstörungen, weshalb nur sieben Kirchen erhalten blieben. Der Ort zählt heute nur noch etwa 700 Einwohner. Viele der ursprünglich in den Kirchen von Voskopojë vorhandenen Ikonen befinden sich heute im Museum für Mittelalterliche Kunst in Korçë (→ S. 205), wo sie seit den 1960er-Jahren einen sichereren Aufbewahrungsort bekommen haben.

Fast alle Kirchen in Voskopojë haben einen ähnlichen Aufbau. Von außen ist ein Kirchenschiff ohne Kuppel zu sehen. Nur unter Berücksichtigung dieser Vorgabe, also dem augenscheinlichen Weglassen einer Kuppel, durften diese Kirchen während der osmanischen Zeit überhaupt gebaut werden. Im Inneren werden jedoch meist zwei Kuppeln deutlich, die in das Gewölbe und unter dem Dach eingesetzt sind.Die Fresken folgen meistens einem festen Schema. Unter dem Festtagszyklus im Süden folgt eine Zone mit Lebensstationen aus dem Leben des heiligen Johannes. Im Westen wird, wie in byzantinischen Kirchen üblich, die Maria-Entschlafungs-Szene dargestellt.

Die 1721 bis 1722 gebaute **Nikolauskirche** (Kisha e Shën Kollit) ist eine Stif-

Fresken in den Kuppeln der Nikolauskirche

tung des Kaufmanns Haxhi Jorgji, der sich neben dem Ausgang im Südwesten mit einem pelzbesetzten Mantel darstellen ließ. Dank der gut erhaltenen Fresken und der verzierten Ziegelfassade ist die Nikolauskirche mit Abstand die eindrucksvollste Kirche in Voskopjë.

Gemalt wurden die Fresken bis 1726 von David Selenica, einem der damals wichtigsten Ikonenmaler. Die Darstellungen sind sehr belebt, die Personen scheinen sich zu bewegen, zeigen Freude oder Leid. Diese Malweise geht auf die Palaiologische Renaissance des 13. bis 15. Jahrhunderts – die am besten erhaltenen Werke dieser Epoche befinden sich in Nordmazedonien, Russland und Serbien – und venezianische Einflüsse zurück. Die Fresken im südlichen Vorraum mit den Arkaden stammen von weiteren Meistern der damaligen Freskenkunst, Kostandin und Athanas Zografi. Einen ähnlichen Bau stellt die **Michaelskirche** (Kisha e Shën Mëhillit) aus dem Jahr 1722 dar.

Die **Kirche der heiligen Maria** (Kisha e Shën Mërise) ist ein gewaltiger Basilikabau, der bis zu 1000 Menschen aufnimmt. Der Bau, auch als Kathedrale bezeichnet, ist nicht nur die größte Kirche des Ortes, sondern ganz Albaniens. Die im späten 17. Jahrhundert während der letzten Blütezeit des Ortes errichtete Kirche war die wichtigste in Voskopojë. Heute wird sie nur noch am 15. August, dem Feiertag Maria Himmelfahrt, genutzt. Zwar sind die Fresken noch erhalten, aber in einem mittlerweile sehr schlechten Zustand.

Etwas abseits nordöstlich des Dorfs liegt die Klosterkirche Johannes des Täufers (Manastiri i Shën Prodhromit), die von Voskopojë auf einer asphaltierten Straße zu erreichen ist. In der Atheisierungsphase 1967 ist sehr viel vom Kloster zerstört worden. Nach den letzten Renovierungsarbeiten erstrahlt die Ikonostase wieder in schönen Farben. Der Bau selbst stammt von 1632, ist also knapp 100 Jahre älter als die Kirchen in Voskopjë und gehört zum sogenannten Athos-Typ, bei dem am Außenbau die Kuppel sichtbar ist.

Voskopojë

Alle Informationen, auch zu Gästehäusern, sind im **Tourismuszentrum in Korçë** (→ S. 212) zu finden.

Mit dem Auto dauert die 20 km lange Strecke von Korçë auf der guten, aber schmalen Straße etwa 40 Min.

Die **Minibusse** fahren aus Korçë nur einmal täglich zur Mittagszeit ab und nach Korçë am frühen Morgen einmal am Tag zurück. Wer mit den öffentlichen Verkehrsmitteln nach Voskopjë reist, sollte also eine Übernachtung einplanen.

Hotel Akademia, Tel. +355/69/2023047, auf einem Hügel oberhalb von Voskopojë gelegen, in Richtung des Klosters Manastir Shën i Prodhromit; DZ 30–50 Euro. Es gibt Zimmer im Hotel und Holzbungalows auf dem Gelände.

Vila Falo, Rruga Gjergj Simon Sina, Tel. +355/69/4481367, auf facebook; 12 Zimmer, 2 Suiten, 30/40 Euro. Mit Restaurant, im Sommer im Garten.

Die **Gästehäuser**, die von Familien betrieben werden, kosten meistens 1000 Lek (8 Euro)/Pers., z. B. **Guesthouse Bani** am Rand des Ortes, Rr. Pezhu, Tel. +355/(0)69/4335278.

Es gibt genügend, recht ähnliche Restaurants, z.B. das **Bacelli,** die **Taverna Gjergji** und **Ambassador**. Die **Taverna Voskopoja** hat mit einem Garten hinter dem Haus und sehr gutem Essen vielleicht den meisten Charme.

▸ Karte S. 204

Die Marienkirche in Voskopojë

Vithkuq

Zwar gab es in Vithkuq bis ins 18. Jahrhundert nicht so viele Kirchen wie in Voskopojë, immerhin waren es aber stolze 14 Stück, von denen einige erhalten sind. Im Gegensatz zu den meisten anderen Kirchen des Ortes oder und jenen in Voskopojë handelt es sich bei der **Kirche des Peter-und-Paul-Klosters** (Manastiri i Shën Pjetrit dhe Pavlit) um eine Kuppelbasilika von 1760, also eine Kirche mit einem sichtbaren Bauschmuck. Die **Michaelskirche** (Kisha e Shën Mëhillit) aus dem späten 17. Jahrhundert, die erst im Inneren ihre drei Kuppeln preisgibt, gleicht dagegen den Kirchen von Voskopojë. Die Fresken schufen die Shpataraku-Brüder im 18. Jahrhundert.

Durch den Bau der TAP (Trans Adriatic Pipeline, → S. 63) wurde die Zufahrt verbessert, die Fahrt von Korçë dauert etwa 45 Minuten. Die Minibusse fahren um 12.30 Uhr in Korçë ab und von Vithkuq nach Korçë gegen 8 Uhr morgens, es müsste also eine Übernachtung eingelegt werden. Da für die Arbeiter an der TAP Unterkünfte geschaffen werden mussten, profitieren Touristen derzeit von einem kleinen Angebot mit vier einfachen Gästehäusern. Am besten die Leute auf der Straße fragen, wo noch etwas frei ist.

Drenova-Nationalpark

Östlich wird Korçë vom Morava-Gebirge umgeben. Ein Teil davon ist der Drenova-Nationalpark (Parku Kombëtar Bredhi i Drenovës) mit 1380 Hektar. ›Bredh‹ bedeutet ›Tanne‹, und diesen Baum gibt es hier auch zur Genüge. Einen Zugang zum Nationalpark gibt es ab dem Dorf **Drenovë**, das drei Kilometer von Korçë entfernt liegt.

Für einen eintägigen Ausflug bietet sich die Wanderung zum Ort **Moravë** an. Von hier aus führt ein Weg weiter zum Gipfel **Guri i Capit** (1585 Meter) am nordöstlichen Rand des Nationalparks. Von **Dardhë**, südlich des Nationalparks, kann man eine fünf Kilometer ›kurze‹ Rundwanderung durch den Drenova-Nationalpark machen, die als **Dardha Scenic Trail** ausgezeichnet ist. Durstige Wanderer können aus den warmen, schwefelhaltigen Quellen trinken. Zum sehenswerten Dorf Dardhë werden auch Ausflüge aus Korçë angeboten. In dem um 1600 gegründeten orthodoxen Dorf sind viele alte Steinhäuser erhalten geblieben. Einige Gästehäuser bieten eine Unterkunft an, zum Beispiel **Guesthouse Ktona**, Tel. +355/(0)69/3787898.

Säulengang der Michaelskirche in Vithkuq

Am Ufer des Ohridsees bei Pogradec

Ohridsee

Der Ohridsee (Liqeni i Ohrid) ist der tiefste und der flächenmäßig zweitgrößte See Südosteuropas. Dem Alter nach ist er der älteste Binnensee Europas, sein Alter wird auf zwei bis fünf Millionen Jahre geschätzt. Mit fast 300 Metern Tiefe ist er der Rest eines Urmeeres, in dem sich allein 200 Tierarten erhalten haben, die es nur hier gibt und die andernorts nur als Fossilien im Museum bewundern werden können. Dazu gehören 50 Schneckenarten. Seit 1980 stehen der

Mosaik in der Basilika in Lin

▲ Karte S. 204

See und die Stadt Ohrid in Nordmazedonien unter dem Schutz der UNESCO. Im Ohridsee leben zwei bedeutende Forellenarten. Der größte Raubfisch des Sees ist die **Ohridforelle** (*salmo letnica*), auf Albanisch *koran*. Durch Überfischung war diese Art fast ausgestorben. Sowohl in Albanien als auch in Nordmazedonien werden die Tiere mittlerweile künstlich gezüchtet. Im Dezember werden die Eier in den Zuchtanlagen besamt, im Mai werden die kleinen Fische in den See gelassen. Die Fangzeit liegt zwischen Ende August und 15. Dezember, geangelt wird morgens um vier Uhr. Dafür wird eine Kette auf das Wasser gelegt, an der etwa alle zehn Meter ein Seil mit sechs Haken befestigt ist. An den Haken sind kleine bewegliche Propeller angebracht, die den Forellen Beute vortäuschen.

In Albanien kann man den Fisch in den Ortschaften und an der Straße kaufen oder im Restaurant essen. Ein Kilogramm kostet zwischen 1800 und 2000 Lek.

■ Pogradec

Die Kleinstadt Pogradec (Pogradeci) ist das touristische Zentrum auf der albanischen Seite des Ohridsees. Außer, um im See zu baden oder Ausflüge zu planen, lohnt sich ein Besuch nicht wirklich. Wer dennoch im Ort bleibt, kann an der Promenade Shëtitorja 1 Maji das große Angebot an Bars und Restaurants nutzen, das **Historische Museum** in dem größtenteils antike Funde der Gegend ausgestellt werden, oder die **Gemäldegalerie** besuchen.

Unweit der Stadt in Richtung des Grenzübergangs lohnt sich der Besuch der großen Quelle **Drilon**, spärlich aufgestellte Hinweisschilder verweisen auf ihr Dasein. Um die Quellen ist ein weitläufiges Gelände mit Restaurants, Hotels und Spazierwegen angelegt, das außergewöhnlich gepflegt ist und in dem wenig Müll

Der Ort Lin am Ufer des Ohridsees

herumliegt. Im Park befindet sich das Restaurant **Vila Art**, das dem sozialistischen Präsidenten Enver Hoxha als Sommerfrische diente. Wenn er sich hier meistens für zwei Wochen ausruhte, durfte niemand den Park besuchen. Während der Unruhen in den 1990er-Jahren wurde das Gebäude zerstört. Der Ausbau des Hauses zu einem Hotel ist geplant.

Lin

Lin (Lini) ist ein kleiner Ort in einer Bucht, nicht weit vom Grenzübergang Qafë Thanë nach Nordmazedonien entfernt, er eignet sich auch zum Übernachten. Über die Pensions- oder Hotelbesitzer kann man ein Fischerboot mit Fahrer mieten (15 Minuten etwa 500 Lek) und über den See fahren. Bei einem Spaziergang gibt es viele alte **Dorfhäuser** in den engen Straßen zu entdecken.

Lohnenswert ist der Weg auf den **Hügel zwischen Ort und Ohridsee**, von dem sich ein toller Blick über den See hinüber zum Galičica-Gebirge in Nordmazedonien bietet. Auf dem Hügel finden sich die Reste einer frühchristlichen Basilika, vermutlich aus dem 6. Jahrhundert. Eigentlich braucht man jemanden, der das Haupttor öffnet, andererseits ist das zweite Tor meist geöffnet. Zu sehen sind das recht große Ausmaß dieser Kirche (etwa 26 Meter lang) und mit Plastikplanen abgedeckte Mosaike. Falls Sie jemand aus dem Ort begleitet, können Besucher sicher einen Blick unter die Planen werfen. Dargestellt sind Motive aus der Natur, verschiedene Pflanzen, Obstsorten und Tiere. Leider sind nie alle Mosaike zu sehen. Im Hotel ›Leza‹ kann man sich alle Motive an der Wand des Restaurants in Ruhe anschauen.

Pogradec und Lin

Tourismusinformation, Rr. Reshit Çollaku/Ecke Rr. Naim Frashëri, Tel. +355/(0)83/226080. Die Homepage liefert leider kaum nützliche Informationen.
www.pogradec.info

Krankenhaus, Spitali Pogradec, Rr. Islam Dani, Tel. +355/(0)83/224444.

Tirana–Pogradec (130 km): ca. 2,5 Std. auf gut ausgebauten Straßen. Schnellstraße **Korçë–Pogradec** (40 km): 45 Min.

Busse ab Pogradec:

Nach Tirana: 4.30, 5.30, 7.30, 8.30, 9.30, 10.30 Uhr. **Korçë**: ab 7 Uhr alle 30 Minuten ein Furgon.

Der Südosten

▸ **Pogradec**

Entlang der Promenade gibt es viele Hotels unterschiedlicher Typen, vom renovierten Hotel der 70er bis hin zum verkitschten Neubau.

Backpackers Pogradec, Rr. Drini Cake, Tel. +355/(0)698565847. Direkt im Zentrum.

Hotel Voloreka, auf dem Areal Drilon östlich von Pogradec an der Straße Richtung Tushemisht, Tel. +355/(0)86/820055; 51 Zimmer, DZ etwa 50 Euro.

Hotel Victoria, in Memëlisht, ca. 2 km nördlich von Pogradec; DZ ab 20 Euro. Direkt am See, sehr gepflegt. hotelvictoria.weebly.com

▸ **Lin**

Hotel Leza; EZ 25 Euro/DZ 30 Euro mit Frühstück. Liegt sehr schön direkt am See. Bei Interesse kann eine kleine Bootsfahrt organisiert werden.

Guesthouse Lin, direkt am See, Tel. +355/(0)68/2353852; 5 DZ mit Dusche. Sehr angenehm.

Camping Peshku, bei Hudënisht, knapp 8 km nördlich von Pogradec, Tel. +355/(0)68/364956. Der Campingplatz befindet sich direkt am See, aber auch direkt an der Straße und ist gerade renoviert worden. Einfach und sauber.

Camping ARBI Bar-Restaurant, am Rand von Pogradec vor dem Areal Drilon, Tel. +355/(0)69/2061121. Direkt am See.

Beliebt bei den Einheimischen ist der **Koran** (Ohridforelle), den man in Pogradec kaufen und in den Restaurants essen können. Alle Hotelrestaurants und Restaurants in Pogradec sowie die vielen Restaurants am See außerhalb der Ortschaften bieten gutes Essen.

Historisches Museum Pogradec (Muzeu Historik); Di–So 9–16 Uhr, 200 Lek.

Gemäldegalerie Pogradec (Galeria e Arteve); tägl. 9–16 Uhr, 100 Lek.

Die Umgebung des Ohridsees

Vom Ohridsee lohnt sich ein Tagesausflug in das westlich gelegene Gebirge. Die Straße ist großteils asphaltiert, trotzdem ist es empfehlenswert, mit einem Geländewagen zu fahren. Auf der Straße Richtung Elbasan kann man vor dem Ort Përrenjas an der höchsten Stelle des Passes nach links Richtung Proptisht abbiegen. Nach etwa acht Kilometern Fahrt erreicht man das **Shkumbin-Tal**. Im Örtchen **Urakë** gibt es eine besondere Sehenswürdigkeit: An allen Ecken des Dorfes spritzt Wasser aus Schläuchen, die Menschen putzen ihre Autos oder reinigen ihre Teppiche. Der Grund für die Verschwendung: Vor einigen Jahren haben Ingenieure aus Versehen eine unterirdische Quelle angebohrt, nun sprudelt es unaufhörlich.

Im Dorf **Golik i Poshtëm** nach links abbiegen. Nach etwa einem Kilometer, in der Nähe des Dorfes Golik i Sipërm, lohnt sich der Halt an der **Brücke von Golik** (Ura e Golikut) aus dem 17. Jahrhundert. Ursprünglich stand an dieser Stelle eine noch ältere Brücke an der Via Egnatia (→ S. 33). Falls Angler direkt in der Nähe sind, können die frisch gefangenen Forellen direkt gekauft werden. Kurz vor der Brücke führt eine kleine asphaltierte Straße links nach oben auf einen Berg. Folgt man dieser Straße, gelangt man nach rund vier Kilometern zu den **illyrischen Königsgräbern** im Dorf **Selca e Poshtme**. Obwohl diese Anlage etwas Seltenes in Albanien darstellt, ist sie nicht besonders gepflegt und nur dürftig ausgeschildert. Dieser Ort wird mit Pelion gleichgesetzt, der als bedeutender illyrischer Königssitz bis ins 1. Jahrhundert vor Christus bestand. Die gefundenen Gräber stammen aus dem

▲ Karte S. 204

4. und 3. Jahrhundert vor Christus. Viele Fundstücke dieser Stätte, vor allem Schmuck, sind im Nationalmuseum in Tirana ausgestellt.

Prespasee

Der **Nationalpark Prespasee** (Parku Kombëtar i Prespës) bildet mit dem Ohridsee ein zusammenhängendes Ökosystem. Da er etwas höher liegt als der Ohridsee, speist er diesen mit unterirdischen Quellen. Der See ist höchstens 60 Meter tief, erwärmt sich damit im Sommer stärker als der Ohridsee, die Wassertemperatur erreicht bis zu 25 Grad Celsius. Das klare Wasser und einige Strandabschnitte, beispielsweise jene unweit des Ortes **Zaroshkë**, locken zum Baden. Die idyllische Ruhe in den Ortschaften am Prespasee ist sehr angenehm. Eines der größten Highlights sind die **Dalmatinischen Pelikane** (Krauskopfpelikane, Pelecanus Crispus), die ansonsten in Albanien nur noch in der **Bucht von Karavasta** an der Adria leben.

›Regional Rural Development‹ ist ein engagiertes Projekt, das auch in anderen Gebieten Südosteuropas tätig ist und am Ohrid-, Prespa- und Kleinen Prespasee unter dem Namen ›Prespa-Region‹ seit 2000 grenzübergreifend die Region in Alba-

Das Shkumbin-Tal

Landwirtschaft am Prespasee

nien, Griechenland und Nordmazedonien genauer vorstellt. Prospekte des Projekts sind auch in den Informationsbüros in Korçë zu finden; dort kann man sich auch über Ausflüge in die Region oder Wanderwege informieren.

Auf albanischem Gebiet liegen nur einige wenige Ortschaften am Prespasee. Die am einfachsten zu erreichenden sind **Zaroshkë** und **Liqenas**. Von Korçë aus fährt man am besten in Richtung des griechischen Grenzübergangs Kapshtica und folgt an der Hauptstraße der Ausschilderung nach Goricë. Dabei streift man das Gebirge **Mali i Thatë** (›Trockenes Gebirge), durch welches das Wasser vom Prespa- in den Ohridsee fließt. Nach ein paar Kilometern erreicht man den See und erkennt rechts als ersten Ort **Liqenas**, von den Einheimischen ›Pustec‹ genannt. Dieses Wort ist slawischen Ursprungs. Die meisten Einwohner dieser Orte am Prespasee sind ethnische Mazedonier. Aus diesem Grund sind die Straßenschilder auf Albanisch und Mazedonisch beschriftet. Auf den Friedhöfen der Dörfer lassen sich neben lateinisch geschriebenen albanischen Namen sehr viele kyrillisch geschriebene mazedonische Namen entdecken.

Dorfszene in Liqenas

Häufig sieht man bulgarische Nummernschilder in dieser Region, viele Einwohner am Prespasee sind offiziell in Bulgarien gemeldet. Viele Nordmazedonier machen es sich zunutze, dass ihre Sprache dem Bulgarischen sehr nahe steht. Sie lassen sich in Bulgarien einbürgern und gelangen somit an einen EU-Pass. Dadurch erhöht sich ihre Chance, in einem Land der EU eine besser bezahlte Arbeit als in Albanien oder Nordmazedonien zu bekommen. Zudem ist auch noch die Anmeldung eines Autos in Bulgarien günstiger, da die Steuern dort geringer sind als in Albanien. Und Bulgarien freut sich über jeden ›neu gewonnenen Bulgaren‹.

Von Korçë bis zum etwa einen Kilometer südlich von Liqenas gelegenen Ort **Zaroshkë** sind alle Straßen asphaltiert. In Zaroshkë gibt es drei Übernachtungsmöglichkeiten, in allen Herbergen können die Mitarbeiter Bootsfahrten zur kleinen Insel **Maligrad** organisieren (Fahrzeit zehn Minuten, etwa zehn Euro). Auf der Insel steht die kleine **Kirche der Jungfrau Maria**, die 1369 von dem serbischen Feudalherren Kesar Novak in eine Höhle (Shpella e Maligradit) gebaut wurde. In dieser Zeit gehörte das Gebiet der heutigen Länder Nordmazedonien und Albanien zum serbischen Zarentum. Alle Fresken und Inschriften stammen noch aus dem Erbauungsjahr und sind im Gegensatz zu serbischen Kirchen nicht auf Serbisch, sondern auf Griechisch geschrieben.

▲ Karte S. 204

Wer noch ein Stück weiter fährt, kann beim Ort **Goricë** Sickerlöcher beobachten, in die das Wasser eindringt (je nach Wasserstand). Der Prespasee hat keinen oberirdischen Ausfluss, an diesen Stellen läuft das Wasser unterirdisch in den Ohridsee.

Von Zaroshkë aus lassen sich Wanderungen nach **Cerje** unternehmen, dem letzten Dorf vor der griechischen Grenze. Mittlerweile ist der Ort ganz verlassen, sogar ohne Wasseranschluss.

Es gibt mittlerweile keine Geldautomaten mehr in den Orten am Prespasee, weshalb man genügend Bargeld mitbringen muss.

Zaroshkë

Hotel Ilo, mitten im Dorf, Tel. +355/0)68/2604383; 9 Zwei- oder Dreibettzimmer, 1000 Lek/Pers. ohne Frühstück, 1500 Lek mit Frühstück. Zwar teurer als das Hotel ›Aleksandar‹, dafür gepflegter und mit schönem Ausblick vom Restaurant auf den See. Vom Hotel ist es nur ein kurzer Spaziergang zum Strand am Rand des Dorfs. Spezialitäten des Restaurants sind Schweine- und Lammfleisch sowie Fisch. Reservierungen am besten per E-Mail, da der mazedonische Besitzer und seine Kollegen nur wenig Englisch sprechen. ilo.todor@gmail.com.

Hotel Aleksandar, am Ortsanfang (von Liqenas kommend); 10 Zwei- und Dreibettzimmer, 1000 Lek/Pers. inkl. Frühstück. Das mazedonische Ehepaar Aleksandar und Irena führt das Hotel. restaurant_aleksandar@hotmail.com

Entlang der griechischen Grenze

Parallel zum Grenzverlauf mit Griechenland führt die Straße SH75 zwischen Korçë und Leskovik durch fast unberührte Natur. Der Streckenabschnitt wird zwar modernisiert, aber zur Nutzung steht bisweilen nur die alte Straße zur Verfügung. Sie ist recht kurvig und nicht im besten Zustand. Es gibt nur wenige Dörfer und einige kleine Städte.

Ersekë

Ersekë (Erseka) liegt auf etwa 900 Metern Höhe und ist damit Albaniens höchstgelegene Stadt. Wer hier einen Zwischenstopp einlegen möchte, findet die typische sozialistische Bebauung, ein paar Läden, das übliche **Partisanendenkmal** und das **Ethnografische Museum** vor, in dem Trachten der Region und Erzeugnisse von Kupferschmieden ausgestellt werden (Mo–Fr 10–14, im August 11–14 Uhr). Falls das Museum während der Öffnungszeiten geschlossen sein sollte, kann man Passanten nach Muharrem Lumani fragen, der das Museum aufschließt (Tel. +355/69/2388649, → S. 369).

Ein **Campingplatz** liegt oberhalb des Dorfes Starjë, nordöstlich von Ersekë.

Gramoz-Gebirge

Die höchsten Gipfel des Gramoz-Gebirges liegen auf 2520 Metern. Wanderungen sind in diesem Gebiet prinzipiell möglich, jedoch fehlen sämtliche Verpflegungseinrichtungen, weshalb genügend Flüssigkeit, Essen und auch Sonnenschutz eingepackt werden sollten. Der Untergrund im Gebirge ist eine Mischung aus Geröll und Gras.

Ein guter Startpunkt für eine Wanderung ist das schöne Dorf **Rehovë** am Fuß des Gebirges, das nach einer kurzen Fahrt von Ersekë auf einer guten Straße erreicht werden kann. Selbst wer nicht wandern möchte, kann dem faszinierend gut erhaltenen Steindorf einen Besuch abstatten. Die Steine für Häuser und Mauern werden traditionell ohne Mörtel aufeinandergesetzt. Ein kleiner Platz vor der Kirche ist meistens der Treffpunkt der Bewohner. Viele von ihnen bieten Besuchern eine Schlafmöglichkeit im eigenen Haus an. Eine andere Möglichkeit zum Übernachten gibt es hier nicht, dafür kommt man auf diese Weise den Einheimischen, ihren Gewohnheiten und der lokalen Küche sehr nah.

Durch eine Übernachtung ist es machbar, an einem Tag in etwa vier bis sechs Stunden auf den Pass zu wandern, um am Abend wieder nach Rehovë zurückzukehren. Im Dorf gibt es eine Tafel, auf der sich Wanderer den Verlauf des nur auf der Tafel rot gekennzeichneten Weges im Vorfeld anschauen können. Zu den Höhepunkten der Wanderung zählen ein **Wasserfall** und der weite Blick in die albanische Bergwelt. Während des Umbruchs in den frühen 1990er-Jahren versuchten viele Albaner über diese grü-

Blick auf das Gramoz-Gebirge

ne Grenze nach Griechenland zu flüchten. Leider unterschätzen einige die Kälte und den Schnee und kamen bei der Bergüberquerung ums Leben.

Borovë

An der Hauptstraße zwischen Korçë und Leskovik liegt der kleine Ort Borovë. Hier liegt direkt an der Straße ein großes **Denkmal**, das mit 107 Gräbern an das Massaker von Borovë erinnern soll. Am 6. Juli 1943 töteten deutsche Soldaten der sogenannten 1. Gebirgs-Division auf ihrem Weg Richtung Griechenland in Albanien 107 Zivilisten, vorrangig Frauen, Kinder und Ältere, und zerstörten den Ort vollkommen. Zwischen Juli und Oktober 1943 wurden im sogenannten Kampf gegen Partisanen, der im benachbarten Jugoslawien ebenso erbarmungslos geführt wurde, rund 200 albanische und griechische Ortschaften ausgelöscht. Im sozialistischen Albanien war dieser Ort einer der wichtigsten für große Gedenkreden und -feiern. 1997 wurde während der Aufstände das dazugehörige Museum verwüstet. Wie in vielen anderen ehemals sozialistischen Ländern, sind diese Gedenkorte heute für die Mehrzahl der Albaner unbedeutend.

Partisanendenkmal bei Borovë

▲ Karte S. 204

Farma Sotira

In der Nähe des Dorfes **Gërmenj** liegt der Camping- und Bungalowort Sotira. Diese Übernachtungsmöglichkeit ist fantastisch, weil sie nicht weit von der Hauptstraße liegt und trotzdem mitten in der Natur. Die Anlage ist sehr gepflegt und verfügt über ein gutes Restaurant. Wanderwege führen in die nähere Umgebung. Die Besitzer züchten Kühe, Schafe, Pferde und Forellen. Wer ein bisschen Erfahrung mit Pferden hat, kann diese nebst Begleiter hier mieten. Es gibt fünf Vier-Personen-Bungalows für 35 Euro, fünf Zwei-Personen-Bungalows für 15 Euro, Camping kostet pro Person fünf Euro, das Abstellen des Fahrzeugs ist kostenfrei (www.farmasotira.com).

Leskovik

In Leskovik lohnt sich eigentlich nur der Blick auf die Berge drumherum und der Hinweis, dass die vor kurzem ausgebaute Straße SH65 südlich von Leskovik die mittlerweile schnellere Verbindung zwischen Ersekë, Leskovik und Përmet darstellt. Es ist trotzdem Vorsicht geboten: Auf einigen Abschnitten ist die Straße noch nicht asphaltiert.

Am südlichsten Ende der Straße führt die Straße mit einem Knick in nördliche Richtung als SH80 Richtung Përmet weiter, hier verläuft die Straße parallel zum Fluss **Vjosa**.

Die folgende Strecke bis Përmet ist kurvig. Es lohnt sich, häufiger anzuhalten, um den grandiosen Blick auf die Berge und die Vjosa zu genießen.

Përmet und Umgebung

In der Gegend von Përmet (Përmeti) ist auffällig, dass sämtliche Broschüren und Angebote für Touristen als eine Art Gesamtpaket vorstellt werden, erhältlich in der Tourismusinformation von Përmet und in den größeren Hotels. Die privaten Unterkünfte und lokalen Reiseführer werden zusammen mit den Adressen der Frauen genannt, die Decken oder Anziehsachen stricken und häkeln. Erwähnung finden auch die Hersteller von *gliko*, den süß eingelegten Früchten, die man auch zum Raki essen kann. Diese Idee des kompakten Präsentierens der örtlichen Tourismusdienstleister ist in Albanien einzigartig und wird seit 1997 von der aus Italien stammenden NGO ›Cesvi‹ gefördert (http://anrd.al). Als Vorbild für diese Art Kooperation diente das siebenbürgische Dorf Viscri in Rumänien. Das Ziel ist, den Touristen auf schnelle und einfache Art alles touristisch Interessante zur Verfügung zu stellen.

Die Täler im Gebiet um Përmet liegen im Gegensatz zu allen anderen Regionen Südostalbaniens auf nur rund 200 bis 300 Meter Höhe, wodurch ein mediterranes Klima spürbar ist. Im schroffen Gegensatz dazu wird das 6000-Einwohner-Städtchen von den stellenweise über 2000 Meter hohen Bergen des Gebirges **Mali i Dhëmbelit** umgeben.

Përmet

Die Stadt selbst bietet nicht allzu viel. Im Zweiten Weltkrieg wurde sie von italienischen und deutschen Truppen mehrfach niedergebrannt. Eines der größten Ereignisse im sozialistischen Albanien war die Gründung der 6. Partisanenbrigade unter Führung Enver Hoxhas. Vom 24. bis zum 28. Mai 1944 tagte in Përmet der 1. Anti-

Stadtfelsen von Përmet

Die orthodoxe Kirche in Përmet hinter einer Pappwand

faschistische Kongress der Nationalen Befreiung, eine Übergangsregierung, die zur kommunistischen Herrschaft überleitete. Ein **Partisanendenkmal** am Markt erinnert an diese Ereignisse. Die meisten Geschäfte und Hotels sind auf dem neu gestalteten **Markt** zu finden.

Der Besuch eines bizarren Gebäudes lohnt sich auf alle Fälle: Am Hauptplatz (Sheshi Abdul Frashëri) ist im **ehemaligen Kulturhaus** im Erdgeschoss eine **orthodoxe Kirche** untergebracht. Sie ist hinter provisorisch aufgebauten Pappwänden eingerichtet, der Zugang ist ein Trampelpfad. 1962 entschied der Staat, die im Zweiten Weltkrieg zerstörte kleine Basarkirche abzureißen und an ihrer Stelle das Kulturhaus zu errichten. Nach der Wende forderte die Orthodoxe Kirche die Rückgabe des Geländes. Nach mehreren Gerichtsprozessen erhielt die Kirche einen kleinen Teil des Gebäudes, das ansonsten nicht genutzt wird.

Gleich am Eingang zur Stadt steht das Wahrzeichen Përmets, ein massiver Felsblock am Ufer des Vjosa. Er wird als **Stadtfelsen** (Guri i Qytetit) bezeichnet und diente während der osmanischen Periode als Wachturm. Im Spätfrühjahr bis in den Sommer blühen in der Stadt Rosen, deshalb trägt Përmet den Beinamen ›Stadt der Rosen‹. Im Sommer befinden sich direkt unterhalb der Stadt am Fluss die Freibäder.

▲ Karte S. 204

Bënjë

Von Përmet auf der Hauptstraße Richtung Südost biegt kurz vor dem Dorf Petran eine kleine Straße nach links ab. Parallel fließt der Fluss **Lengaricë**. An einer scharfen Rechtskurve nach etwa vier Kilometern führt links eine kleine Straße in das Dorf Bënjë. Die Steinhäuser und die recht große **Kirche** verraten, dass der Ort einst bevölkerter war. Auch die alte **Schule** neben der Kirche hat ihre besten Zeiten hinter sich. Von der Treppe aus kann man in den alten Unterrichtsraum schauen, in dem noch die Pulte stehen. Wer kein geländegängiges Auto besitzt, sollte vom Fluss zum Dorf wandern. Der Anstieg dauert etwa 45 Minuten.

Thermalquellen

Wieder zurück auf der Straße am Fluss Lengaricë, kommt man nach etwa fünf Kilometern zur osmanischen Brücke **Kadiu** (Ura e Kadiut). Noch vor dieser Brücke können Camper im Sommer auf einem kleinen Parkplatz übernachten, es gibt al-

Aussicht von der Kirche in Bënjë

Thermalquelle in Bënjë

lerdings weder Strom noch Toiletten. Auf der anderen Seite der Brücke befinden sich mehrere mit Wasser gefüllte Becken. Die Wassertemperaturen unterscheiden sich sehr stark, das Becken direkt unter der Brücke auf der linken Seite überrascht mit sehr kaltem Wasser. Empfohlen wird die Heilanwendung für Menschen mit Magenproblemen. Auf der rechten Seite der Brücke ist das große gemauerte Becken zu sehen, das etwa 26 Grad warme Wasser tut der Haut gut. Obacht ist geboten beim Ein- und Ausstieg, denn die Steine im Becken sind sehr glitschig. Wer noch eine tolle Sicht genießen möchte, folgt der Straße am Fluss Lengaricë bergauf. Etwa einen Kilometer hinter den Quellen muss man die Straße verlassen, um einen spektakulären Blick in den **Lengarica-Canyon** (Kanioni i Lengaricës) zu genießen. Im Sommer kann man in diesem Teil des Canyons den Kick entweder beim Rafting oder bei einem Spaziergang durch das kalte Wasser suchen.

Nationalpark Bredhi i Hotovës

Für Fahrer eines Geländewagens kann die Fahrt ab dem Canyon weitergehen. Für eine Tour in diesen Nationalpark (Parku Kombëtar) nördlich von Përmet empfiehlt es sich, den Wanderführer **Hiking Around Përmet** im Informationszentrum von Përmet zu besorgen.

Leider sind diese schönen Wälder nicht mit Wanderwegmarkierungen versehen, so dass zumindest ein beschriebener Rundgang in der kleinen Broschüre weiterhelfen könnte. Die Straße nach Frashër führt automatisch durch den Nationalpark.

Frashër

Eine sehr schlechte Straße führt zum Dorf Frashër (Frashëri). Von Bënjë aus sind es ungefähr 35 Kilometer, für die man mit dem Auto mindestens anderthalb Stunden einplanen sollte.

Selbst Fahrradfahrer, die sonst im Land recht gut radeln können, sollten auf dieser Strecke über Erfahrung und Geduld verfügen. Über eine Anbindung durch öffentliche Verkehrsmittel verfügt der Ort nicht.

Berühmtheit besitzt dieses Dorf bis heute, weil drei Brüder mit den Namen Abdyl, Naim und Sami Frashëri hier zur Welt kamen. Sie alle hatten sich in der Rilindja-Bewegung in der zweiten Hälfte des 19. Jahrhunderts beteiligt (→ S. 41). In ihrem Geburtshaus befindet sich ein **Museum**, in dem mit Fotos und Bildern jeder einzelne der Brüder mit seinen Verdiensten beleuchtet wird.

Eine klassische Unterkunft gibt es im Dorf Frashër nicht, aber einige Einwohner sind bereit, Touristen bei sich unterzubringen.

Kosinë

Im Dorf Kosinë, knapp acht Kilometer nordwestlich von Përmet an der Hauptstraße, steht eine kleine **Kirche**, die vermutlich aus der Zeit um 1300 stammt und dem Entschlafen Marias gewidmet ist. Ins Auge fällt die spannende Ziegelbauweise, die über Eck gestellten Ziegel an allen Gesimsen und besonders die Apsis an der Ostseite und die Zentralkuppel, die eine fantastische Rhythmisierung erlangt. Wer die Schlüssel zur Kirche auftreiben kann, sieht nur einen gekalkten Raum. Die Fresken sind nicht, wie man vermuten könnte, im Sozialismus überstrichen worden, sondern erst vor wenigen Jahren vom örtlichen Popen; die Gründe hierfür sind unbekannt.

Außergewöhnliche Ziegelbauweise an der Kirche in Kosinë

▲ Karte S. 204

Këlcyrë

Dieses Städtchen durchfährt man unweigerlich auf der Fahrt von Tepelenë oder Gjirokastër nach Përmet.

Oberhalb des Ortes am Eingang zur Schlucht stehen die **Überreste einer Festung**, die neben wenigen antiken und byzantinischen Mauerresten größtenteils aus der osmanischen Zeit übriggeblieben ist. Etwas unterhalb der Festung sind die **Überreste einer Siedlung** zu erkennen, die schon um 1800 verlassen wurde. Die Straße durch die Schlucht wurde in den 1930er-Jahren von Italien gebaut und ist bis heute die wichtigste Verbindung Südostalbaniens mit dem Rest des Landes. Ein Zwischenstopp am **Restaurant Gryka e Këlcyrës** lohnt sich wegen des Essens und der tollen Lage mitten in der Schlucht.

Përmet und Umgebung

Vorwahl: +355/(0)813.

Tourist Office Përmet, im Kulturzentrum Qendra Kulturore Multifunksionale, Shëtitorja Odhise Paskali; 9–14, 15–18 Uhr. Viele Informationen zur Region, zu Wanderwegen, privaten Gästehäusern und regionalen Spezialitäten; kleine englischsprachige Broschüre, **Hiking around Përmet**: www.visitpermet.org

Post, Rr. Mentor Xhemali.

Die Anreise mit dem Auto geht aus allen Richtungen gut, wobei die Straßen um Përmet recht schmal und holprig sind. Für die Ausflüge in den **Nationalpark Bredhi i Hotovës** und in das Dorf **Frashër** sind Geländewagen notwendig.

Busse nach Tirana: 4, 5, 7, 9 und 13 Uhr. **Gjirokastër**: 6.30, 7.45 und 8.45 Uhr.

▸ **Përmet**

Hotel Alvero, Shëtitorja Mentor Xhemali, Tel. +355/(0)813/23514, +355/(0)68/2081334, vnikolla@yahoo.fr; 19 Zimmer, 60 Betten, 20–45 Euro. Von der Veranda lässt sich die atemberaubende Landschaft mit dem Fluss Vjosa genießen. www.visitpermet.org

Hotel Përmeti, Shëtitorja Mentor Xhemali, Tel. +355/(0)813/22611, hotelpermet@yahoo.com; 36 Zimmer, 64 Betten, 1000–3000 Lek/Pers. Ruhiges Familienhotel mit relativ langer Tradition. www.hotelpermeti.jimdo.com

▸ **Umgebung von Përmet**

Kompleksi Aroma, Kutal, Përmet, Tel. +355/(0)69/5674712, +355/(0)69/7788757, hotelaroma1@gmail.com; 8 Zimmer, 20 Betten, 12 Euro/Pers. inkl. Frühstück. 3 km vom Përmet entfernt, an der Nationalstraße Përmet–Kelcyrë; albanisches Essen, frische Süßwasserfische.

Hotel/Bar/Restaurant Gryka e Këlcyrës, Këlcyrë, Tel. +355/(0)68/4020768, +355/(0)69/5856066; 14 Zimmer, 11 Euro/Pers. inkl. Frühstück. Albanisches Essen und Fisch.

In Përmet und Umgebung findet man an einigen Restaurants Aufkleber mit dem Schriftzug **Slow food**. Das Projekt, das in Zusammenarbeit mit der italienischen NGO ›Cesvi‹ entstand, möchte mit qualitativ hochwertigen, lokalen Erzeugnissen die einheimische Küche unterstützen. An vielen Orten gibt es die süß eingelegten Früchte **Gliko**, selbstgemachte Fruchtaufstriche und Raki zu kaufen.

Restaurant Antigonea, Shëtitorja Mentor Xhemali, Tel. +355/(0)813/22566, restorantantigonea@yahoo.com. Bekanntes Restaurant mit langjähriger Erfahrung.

Bar-Restorant Familjari, Rr. Kongresi Përmetit, Tel. +355/(0)813/22537, dani.kristani@gmail.com. Ausschließlich albanisches Essen, von Lammfleisch bis Gliko.

Krankenhaus, Tel. +355/(0)813/6922411.

Für viele Touristen ist der Südwesten Albaniens mit der Riviera, der antiken Ausgrabung Butrint und dem osmanischen Gjirokastër im Hinterland einer der Hauptanziehungspunkte des Landes.

Strand bei Dhërmi

DER SÜDWESTEN

In Südalbanien gibt es zum Fahren oft keine Alternativen zu den Hauptverkehrsstraßen. Das Verkehrsaufkommen ist meistens schwach, die Straßen aber oft nicht besonders breit. Gerade an Steigungen und in engen Kurven kann es schon mal unangenehm werden. Die Schnellstraße von Levan nach Tepelenë ist für **Radfahrer** gesperrt, sie müssen über die alte Straße von Fier über Ballsh nach Tepelenë fahren. Diese Route ist mit reichlich Höhenmetern verbunden. Von Memaliaj nach Tepelenë und Gjirokastër nimmt der Verkehr tendenziell zu, und die Landschaft lässt wenig Raum für Fahrradfahrer. Zwischen Gjirokastër und der Grenze ist die Straße etwas breiter, aber der Verkehr auch schneller. Zwischen Gjirokastër und Sarandë liegt ein 600 Meter hoher Pass. Gerade für den Aufstieg von Westen bietet sich die nicht durchgehend asphaltierte Strecke über Delvinë an, die weniger steil ist und viel weniger Verkehr aufweist. Von Vlorë nach Sarandë ist man auf die Küstenstraße angewiesen. Im Hochsommer kann der Verkehr auf der meist eher schmalen Straße stark zunehmen. Die zudem sehr steile Straße mit dem über 1000 Meter hohem **Llogara-Pass** weist noch viele weitere Höhenmeter in den Hügeln hoch über der Küste auf– die sensationelle Küstenlandschaft gibt es nicht umsonst. Alle anderen Straßen in dieser Region weisen kaum Verkehr auf.

Gjirokastër

Mit Gjirokastër (Gjirokastra) kann sich in Albanien kein zweiter Ort vergleichen. Die Lage am Berg ist ein Blickfang, die großen Häuser der ehemaligen stolzen bürgerlichen Händler sind in ihrer Größe, Vielfalt und Menge beeindruckend. Der Eintrag in die UNESCO-Welterbeliste 2005 für diese Stadt (gemeinsam mit Berat) ist mehr als einleuchtend. In ganz Südosteuropa ist kaum eine osmanisch geprägte Stadt so gut erhalten wie Gjirokastër. In der ›Stadt aus Stein‹ tragen sogar die Dächer den grauen Kalkstein. Die Altstadt und die Umgebung haben viel zu bieten, weshalb mehrere Tage in dieser Gegend eingeplant werden können. Meistens lässt sich in dem Städtchen mit nicht einmal 40 000 Einwohnern viel Ruhe finden.

Geschichte

Viele Spekulationen gibt es über die Herkunft des Stadtnamens. Eine Prinzessin Argjiro wird genannt, ein antiker Stamm mit ähnlichem Namen und zu guter Letzt wird das altgriechische Wort *argyros* für Silber vermutet. Schriftlich tauchte die Stadt erst 1336 in den Quellen des byzantinischen Chronikers Ioannes Kantakuzenos auf.

Die Eroberung der Stadt durch das Osmanische Reich 1419 war entscheidend für ihr heutiges Aussehen. Bedeutung erhielt sie durch den Sitz eines osmanischen Richters (*kadi*). Der osmanische Reisende Evliya Çelebi zählte 1670 im Ort 2000 Häuser, acht Moscheen, drei Kirchen und 280 Geschäfte. Vieles davon verbrannte bei einem Feuer im 19. Jahrhundert. 1880 fand in der Stadt die ›Versammlung von Gjirokastër‹ statt, auf der die Unabhängigkeit der Albaner vom Osmanischen Reich gefordert wurde. Auseinandersetzungen bis in die Zeit des Ersten Weltkriegs und dann noch einmal während des Zweiten Weltkriegs gab es mit Griechenland, welches das heutige südliche Albanien als Region Nordepirus gern in seinen Staat aufgenommen hätte. Internationale Gremien bestätigten jedoch die Zugehörigkeit des Gebietes um Gjirokastër

Alt- und Neustadt von Gjirokastër

zu Albanien. Im Verlauf des Zweiten Weltkriegs wechselten sich Griechen, Italiener und Deutsche als Besatzer ab. Nach 1944 wurden die Stadt und die Umgebung stärker industrialisiert. Es siedelten sich Metall,- Schuh, Zigaretten- und Schirmfabriken an. Im Flusstal wurden weite Bereiche für die Landwirtschaft und Viehzucht trockengelegt. Nachdem die Industrie nach 1991 völlig eingebrochen war, suchten viele Bewohner Arbeit in Griechenland. Besonders die Metallverarbeitung hat ihre Spuren im Ort hinterlassen: Viele Bewohner entwendeten aus den geschlossenen Werken Metallabfälle, aus denen einst Besteckteile ausgestanzt wurden, und so sind in ganz Gjirokastër Metallzäune mit Messer-, Gabel- und Löffelschablonen zu sehen. So langsam erholt sich die Stadt zumindest im Basarviertel von den Umbrüchen der 1990er-Jahre, viele Geschäfte sind aber noch geschlossen. Nicht einmal ein Kino hat die Stadt mehr. Das Leben der meisten Bewohner spielt sich heute im neuen Stadtteil nördlich der Altstadt ab. Eine unsichtbare Grenze teilt die Stadt in zwei Hälften. Touristen bleiben meist in der Altstadt rund um die Festung, die Albaner sind meistens in der Neustadt zu Hause.

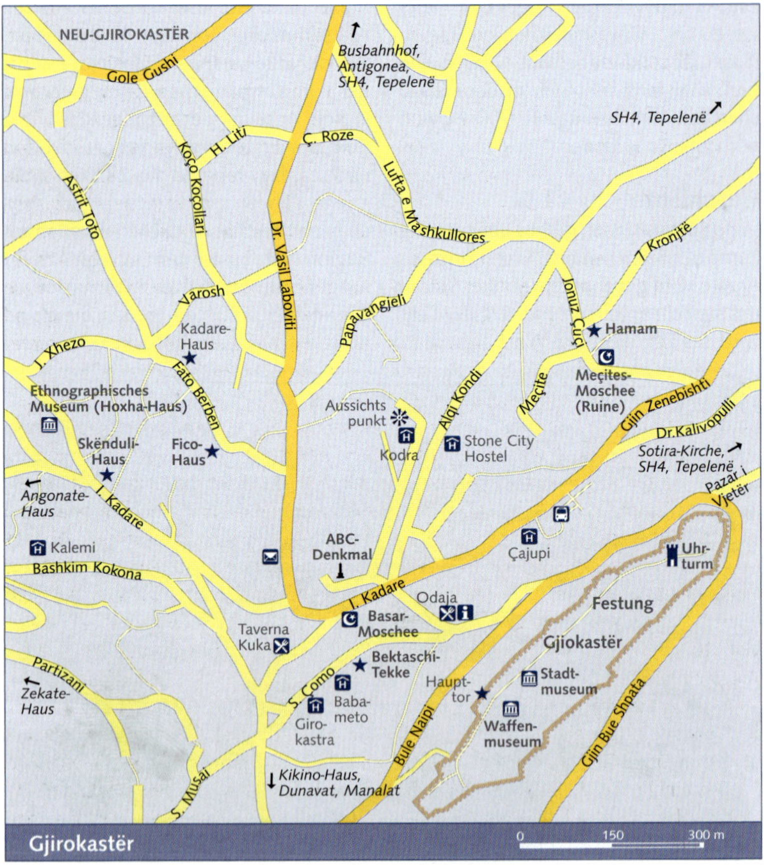

Zäune aus Besteckschablonen

In der Stadt erblickten zwei bedeutende Männer der albanischen Geschichte das Licht der Welt, beide Geburtshäuser stehen Besuchern offen. 1908 war es Enver Hoxha, der als Begründer und Mitglied der Kommunistischen Partei nach Ende des Zweiten Weltkriegs und bis zu seinem Tod 1985 Staatsoberhaupt des sozialistischen Albaniens war und dem totalitären Regime einen Namen und ein Gesicht gab. 1936 kam Ismail Kadare (→ S. 109) zur Welt, der eine Vielzahl an Büchern veröffentlichte und der Stadt mit dem Roman ›Chronik in Stein‹ ein literarisches Denkmal setzte. Er krönt den Kanon der albanischen Literatur als derzeit bekanntester und am häufigsten übersetzter Autor. 2005 erhielt er den Man Booker International Prize. Seit dem gleichen Jahr schmückt sich Gjirokastër mit dem UNESCO-Weltkulturerbetitel. Vorarbeit zur Anerkennung leistete Enver Hoxha, als er Berat und Gjirokastër zu Museumsstädten erklärte und so die Bausubstanz grob gesichert wurde. Doch der ruhmreiche Titel steht auf der Kippe, da sich einige Hausbesitzer nicht an die Denkmalvorschriften hielten und beispielsweise die grauen Steinziegel gegen rote Ziegel austauschten. Für Grundstücke und teilweise auch für Straßenzüge wurde darüberhinaus auch zu viel Beton verwendet. Daraufhin ermahnte die UNESCO die Stadtverwaltung. In den nächsten Jahren haben die Besitzer nun Zeit, optische Verbesserungen hin zum alten Erscheinungsbild durchzuführen. Im Gegensatz zu Berat hat Gjirokastër noch keinen Gesamtplan für das UNESCO-Erbe erarbeitet, um das großartige Potenzial besser zu nutzen.

Sehenswürdigkeiten

Wer durch die Straßen der Stadt spaziert, merkt, dass fast alles aus dem grauen Kalkstein der Region gearbeitet wurde: Die Häusermauern, die Dächer, ja sogar das Straßenpflaster erzeugen die Melange in Grau. Das Kopfsteinpflaster wurde meistens in der Zeit zwischen 1960 und 1980 ausgewechselt. Die zwischen die grauen Steine eingefügten schwarzen Streifen aus Stein ergeben ein schönes Muster und sind mittlerweile typisch für Gjirokastër. Die schwarzen Steine haben den Vorteil, dass sie nicht so rutschig sind wie die grauen; gerade bei Regen kommt dieses Pflaster Fußgängern zugute.

Die historische Stadt teilt sich in mehrere Viertel auf. Die **Festung** thront hoch über der Stadt, darunter befindet sich die eigentliche **Altstadt** mit dem **Basarviertel**, den meisten Museen und Kirchen. Ein Spaziergang durch die Viertel **Dunavat** und **Manalat** oberhalb der Altstadt führt vorbei an gut erhaltenen Wohnhäusern und ermöglicht einen grandiosen Blick über die Festung und Altstadt.

■ Basarviertel

Das von den meisten angesteuerte Zentrum der Altstadt ist das Basarviertel, in der lokalen Sprache als **Basar-Pass** (Qafa e Pazarit) bezeichnet. Hier befinden sich viele Restaurants, Kunsthandwerksläden

Im Basarviertel in Gijrokastër

und etliche Cafés mit gutem Kaffee. Obwohl der Ort im Osmanischen Reich eine bedeutende Rolle spielte, sind bis heute außer der Basarmoschee in der Altstadt und der Moschee im Stadtteil Dunavat nur die Überreste von Moscheen erhalten, wenn sie nicht vollkommen zerstört wurden. Zwischen 1966 und 1968 rief Enver Hoxha eine landesweite ›Kulturrevolution‹ aus, die auch die Vernichtung religiöser Gebäude vorsah. Da Hoxha aus Gjirokastër stammte, war ihm die Zerstörung der Moscheen ein besonderes Anliegen. Insgesamt fielen in Gjirokastër dieser Politik zwölf Moscheen zum Opfer; eine Moschee war bereits während des Zweiten Weltkrieges zerstört worden. Die **Basarmoschee** (Xhamia e Pazarit) entging diesem Kahlschlag, da sie 1973 zum Kulturdenkmal erklärt wurde. Der Grundstein der Basarmoschee wurde im 17. Jahrhundert gelegt. Nach einem Feuer im 18. Jahrhundert musste sie noch einmal aufgebaut werden. Nach 1967 wurde die Kuppel der Moschee für Trapezübungen genutzt, der Rest des Gebäudes wurde zur Turnhalle umgebaut. Die Eingangstüren zieren arabische Schnitzereien. Auf der rechten Seite wird Allah, auf der linken Seite Mohammed verehrt. Dahinter schließt sich der Gebetsraum an, der den Männern vorbehalten ist. Die Frauen beten in einem Raum links vom Eingang. Es wird immer darauf hingewiesen, dass sich der Imam besonders über Besucher freut. Die besten Besuchszeiten sind jeweils etwa 15 Minuten nach einer der fünf täglichen Gebetszeiten. Etwas oberhalb der Moschee steht die ehemalige **Bektaschi-Tekke** von 1727, die im Sozialismus geschlossen wurde und heute als Medresse (Koranschule) dient.

▲ Karte S. 234

Die **Überreste der Meçites-Moschee** sind an der Kreuzung der Straßen Rruga Jonuz Çuçi und Rruga Meçite zu finden. Sie wurde 1967 abgerissen. Am Haus unterhalb der Kreuzung ist noch der untere Teil des ehemaligen Minaretts zu erkennen, das Haus steht an der Stelle des ehemaligen Gebetshauses. Um das ehemalige Moscheegebäude herum befinden sich die sieben Brunnen, natürliche Quellen, die ursprünglich als Waschmöglichkeit der Moschee genutzt wurden. Der alte **Hamam** in der Rruga 7 Kronjtë wurde zwar von außen renoviert, bleibt aber nach wie vor geschlossen.

Alter Basar

Nicht allzu weit vom Basar liegt das Stadtviertel Alter Basar (Pazar i Vjetër) am nordöstlichen Burgberg. Es war das ehemals orthodoxe Wohngebiet der Stadt und ist der älteste Teil der Altstadt. Die Häuser sind zum Teil verlassen, andere werden rekonstruiert. Innerhalb dieses Stadtteils liegt die **Kirche des heiligen Sotir** (Kisha e Shën Sotirit) von 1784. Die Zerstörungen im Sozialismus verschonten einzig den Christus Weltenherrscher an oberster Stelle. Die restlichen Ikonen stammen von einheimischen Malern der Nachwendezeit. Die Kirche wird auch heute noch Metropolitenkirche genannt, da sie einst die Bischofskirche der Stadt war (Besuchszeiten nur von 7 bis 7.30 Uhr und von 19 bis 19.30 Uhr, am Sonntag während des Gottesdienstes von 7 bis 10 Uhr).
Etwas oberhalb des Basarviertels eröffnet sich vom **ABC-Denkmal** (Mëmëdheu ABC) ein schöner Rundblick über die Stadt. Das Denkmal erinnert an die Förderung der albanischen Sprache im Schulwesen seit Ende des Osmanischen Reiches.

Die ›Narrengasse‹ aus dem Werk ›Chronik in Stein‹ von Ismail Kadare

Das Fico-Haus

Palorto

Vom Basarviertel aus führen die schmalen Gassen in westlicher Richtung zum Stadtteil Palorto. Die Straßen werden gesäumt von prächtigen, teilweise halb verfallenen **Wehrhäusern** (*kulla*), die der Oberschicht gehörten. In einigen Häusern befinden sich Museen, so im **Ismail-Kadare-Haus**, im **Zekate-** (→ S. 241) und im **Skënduli-Haus** (→ S. 240).
In der Nähe der Basarmoschee steht das **Babameto-Haus**. Heute wird es als Hostel betrieben. Der große Herrenraum, Oda genannt, ist im alten Stil renoviert worden und lässt die Träume der Besucher sicher süßer werden.
Ein Stück unterhalb in der Straße Rruga Fato Berberi steht das gelb leuchtende **Fico-Haus**. Die Familie Fico gehörte zu den einflussreichsten der Stadt und hatte Ende des 18. Jahrhunderts mit diesem Haus dafür gesorgt, das dies alle verstehen. Der bekannteste Vertreter der Familie war Rauf Fico (1881–1944), der 1912 das Amt des ersten albanischen Innenministers bekleidete. Am oberen Giebel trägt das Haus ungewöhnlich große und aufwendige Schnitzereien,

die an ein Haus in der Schweiz denken lassen. Die Familie war während des Zweiten Weltkriegs Teil der Partisanenbewegung. Dies half nichts, auch ihr Haus wurde ihnen von Enver Hoxha weggenommen und erst 1970 zurückgegeben. Heute bewohnt Lule Fico das Haus. Rechts daneben steht Gjirokastërs jüngstes **Turmhaus** von 1902.

In der gleichen Straße steht das **Ismail-Kadare-Haus** (→ S. 240). Der Name der Treppengasse Rruga Sokaku i te Marëve stammt aus Kadares Buch ›Chronik in Stein‹, auf Deutsch wird der Weg Narrengasse genannt. Oben angekommen, steht man in der Rruga Ismail Kadare, die nach Albaniens größtem Schriftsteller benannt wurde.

Um ein weiteres außergewöhnlich schönes Haus zu sehen, muss der Bereich der Altstadt verlassen werden. Der Weg dorthin führt über die kleineren Gassen zum Stadtteil Manalat in die Rruga Feim Muço. Recht versteckt steht dort das **Kikino-Haus** mit seinen erhaltenen Wandmalereien von 1825, die für das damalige Osmanische Reich typisch waren.

In **Manalat** und dem angrenzenden Viertel **Cfakë** befinden sich mehrere sehenswerte Häuser und eine **Zisterne**, aus der einige Menschen noch heute ihr Wasser beziehen. Die südöstlich der Festung gelegenen Stadtteile sind ruhiger, weniger saniert und nicht Teil des UNESCO-Bereichs.

Hamam und Festung

▶ Karte S. 234

Festung

Oberhalb der Altstadt erhebt sich die weithin sichtbare Festung (Kalaja e Argjirosë). Es scheint, je höher man in Gjirokastër kommt, desto ruhiger wird die Stadt. Von oben eröffnet sich ein toller Blick über die Altstadt, das Drin-Tal und die umliegende Bergwelt.

Mit dem Bau der heutigen Anlage wurde im 12. Jahrhundert begonnen, wobei die ersten Besiedlungen in der Bronzezeit liegen. Erhebliche Erweiterungen wurden nach 1490 unter Sultan Bayezid II. durchgeführt. Um in das Innere der Burg zu gelangen, muss am **Haupttor** eine Eintrittskarte gekauft werden. Gleich nach dem Eingang steht ein kleines Haus, eine Bektaschi-Türbe (Grab) der zwei Geistlichen Baba Sulltan und Baba Kapllan die im 16. und 17. Jahrhundert in der Stadt lebten.

Im vorderen Teil der Festung betritt man ein **Militärmuseum**. Die große Galerie ist gesäumt von Kriegsbeute aus dem Zweiten Weltkrieg, vorrangig deutscher und italienischer Herkunft. Am Ende ist ein kleiner Panzer von Fiat ausgestellt, der von der italienischen Armee genutzt wurde. Es handelt sich um den Typ L60/40 für zwei Personen, von denen zwischen 1941 bis 1943 nur 283 Stück hergestellt wurden.

Neben dem Panzer befindet sich der Eingang zum **Waffenmuseum** (→ S. 239), das weitere 200 Lek Eintritt kostet. Im weiteren Teil der Zitadelle ist das sehr sehenswerte **Stadtmuseum** untergebracht, für das ebenfalls ein zusätzliches Ticket gekauft werden muss.

Gasse in Gjirokastër

Im Gegensatz zu vielen anderen albanischen Festungen ist diese nicht bewohnt. Von 1932 bis 1971 wurde ein Teil als Gefängnis benutzt. Nach 1944 wurden in dieser Haftanstalt Menschen gequält und unter schlimmsten Bedingungen eingesperrt, und dies mitten in der Stadt. Auf dem Gelände sind kaum Gebäude zu sehen. Beim Spaziergang über die freie Fläche fällt ein Flugzeug auf, das eine Art Trophäe des sozialistischen Regimes war. Ein US-amerikanisches Flugzeug musste 1957 in Tirana notlanden. Der Pilot flog nach Hause und das zum Teil eines Spionageplanes des Klassenfeindes deklarierte Flugzeug kam in die Festung. Mehrere **Kanonen aus der Zeit des Osmanischen Reiches** sind auf dem Gelände zu sehen. Am äußeren nordöstlichen Ende der Festung steht der **Uhrturm** (Kulla e Sahatit), der unter Ali Pascha Tepelena (→ S. 247) gebaut wurde und die Festung dominiert. Ab 1811 baute Ali Paschas Architekt Petro Korçari die darunterliegenden **Bastionen** sowie die **westlichen Befestigungsanlagen** mit den dunklen Gängen am Eingangsbereich, um die Festung gegen die Osmanen zu verstärken. Unter der Regie Ali Paschas entstand ebenfalls der Bau des **Aquädukts**, das das Wasser von bis zu zwölf Kilometer entfernten Quellen in die zentral gelegenen Zisternen der Festung leitete. Die Überreste der sogenannten **Manalat-Brücke** sind heute noch an der südwestlichsten Spitze des Burgberges an der Auffahrt zu sehen.

Nach dem Tod Ali Paschas sank die Bedeutung der Burg. Für den Bau des in den 1930er-Jahren gebauten Gefängnisses wurden die Steine des alten Aquädukts benutzt.

Museen

■ Stadtmuseum

Während der Öffnungszeiten der Festung kann dieses lohnenswerte Museum besucht werden. Auf Albanisch und Englisch wird in chronologischer Abfolge die Stadtgeschichte vorgestellt, besonders interessant ist die Darstellung des 20. Jahrhunderts. Themen sind beispielsweise die Rettung von Juden im Zweiten Weltkrieg und die Leiden der albanischen Bevölkerung während des Sozialismus. Die Periode der osmanischen Zeit wird sehr ausführlich geschildert.

Hinzu kommen Berichte eines französischen Diplomaten, ein Gedicht des britischen Schriftstellers Lord Byron und Kopien verschiedener Gemälde des britischen Malers Edward Lear, die alle im Verlauf des 19. Jahrhunderts die Gegend um Gjirokastër kennenlernten und darstellten.

Abgerundet wird die Präsentation mit verschiedenen Trachten und Schusswaffen aus unterschiedlichen Zeiten.

■ Waffenmuseum

Dieses Museum wurde 1971 auf der Festung eröffnet, um den Kampf um die Nationsbildung im 19. Jahrhundert bis zur Unabhängigkeitsausrufung 1912 und die Abwehr der Besatzer im Zweiten Weltkrieg durch die Partisanen anhand von Waffen zu veranschaulichen. Das Sehenswerteste an diesem Museum ist der ehemalige **Gefängnistrakt**. Nach der Zeit Zogus I. nutzten die italienischen und deutschen Besatzer die Trakte und ab 1944 bis zur Schließung 1968 das sozialistische Regime. Der kleine Teil des ehemaligen Gefängnisses, der heute zu besichtigen ist, wurde bereits 1970 dem Waffenmuseum hinzugefügt. Die Geschichte der Haftanstalt während der sozialistischen Ära wird nicht erwähnt.

Wehrhäuser

Die großen alten Wehrhäuser stehen heute Besuchern offen. Die verschiedenen Räumlichkeiten werden in jedem Haus spezifisch erklärt. Das **Herrenzimmer** wurde für Besucher genutzt, es war mit Öfen beheizbar. Hinter den Holzverkleidungen hielten sich die Frauen auf und konnten durch kleine Löchern das Geschehen beobachten. Der Schrank im Herrenzimmer, genannt *musandra*, ist zwischen den Türen platziert und besitzt Türen auf beiden Seiten. Damit die Frauen mit den Gästen nie in direkten Kontakt kamen, wurde das benutzte Geschirr vom Herrenzimmer in den Schrank gestellt und die Tür geschlossen; danach entnahmen es die Frauen auf der anderen Seite über die zweite Tür.

In den Wehrhäusern sind weitere Wohnräume, das Hochzeitszimmer, die Küche, die Toiletten und die Dampfräume für Saunagänge in den verschiedenen Stockwerken zu besichtigen. Das unterste Stockwerk diente meist als Lagerraum und Stall. Die kleinen Öffnungen in den Fassaden der Häuser nutzten die Bewohner als Beobachtungsposten und Schießscharten.

▶ Karte S. 234

Ismail-Kadare-Haus

Im Nachbau des prachtvollen Gebäudes von 1677 (Shtëpia e Ismail Kadaresë) kam 1936 Albaniens bekanntester Schriftsteller Ismail Kadare als Sohn eines Postbeamten zur Welt. Da das Haus 1997 durch einen Brand fast völlig zerstört wurde, finanzierte die UNESCO den Wiederaufbau. Im Gegensatz zu den anderen Häusern handelt es sich damit um einen Nachbau, jedoch ist auch die Erscheinung der Räumlichkeiten durch die fachgerechte Rekonstruktion einmalig und in besonders gutem Zustand. Ein paar Texte informieren über das Leben und Werk Kadares. Persönliche Gegenstände werden jedoch nicht präsentiert. Außerdem sind Werke albanischer Maler zu sehen, die zum Verkauf stehen.

Die **Kellerräume** haben das Feuer überstanden und sind die einzigen original erhaltenen Bereiche.

Skënduli-Haus

Dieses großartige Haus wurde um 1700 gebaut und 1827 als repräsentatives, sogenanntes Doppelflügelhaus umgebaut. Die äußere Baugestalt ist symmetrisch gegliedert.

Der heutige Besitzer Nesip Skënduli berichtet im zweiten Teil des Zweiteilers ›Zauberhaftes Albanien‹ des Senders Arte (zu finden auf www.youtube.de) darüber, wie Enver Hoxha 1944 der Familie das Haus wegnahm, es zum Staatseigentum erklärte und 1981 in ein Museum umwandelte. Erst 1993 erhielt die Familie das Gebäude zurück. Sie zog nicht wieder ein, sondern nutzte es weiterhin als Museum. Für Renovierungsarbeiten hat die Familie kein Geld aus dem UNESCO-Fonds erhalten, der für die Altbausubstanz der Stadt zwei Millionen Euro zur Verfügung stellte. Die Erhaltung des Hauses muss über die Eintrittsgelder selbst organisiert werden.

Im Eintrittsgeld ist eine Privatführung inbegriffen, die meistens von der Tochter Edlira auf Englisch angeboten wird. Bei der Besichtigung wird auch die große **Zisterne** mit 130 000 Liter Fassungsvermögen gezeigt. In der Küche steht ein Gaskocher, wie ihn alle albanischen Haushalte bis in die 1990er-Jahre benutzten.

Zekate-Haus

Das Zekate-Haus (Shtëpia e Zekatëve) am Ende der Rruga Partizani wurde 1811/12 von Ali Pascha Tepelanas Verwalter Beqir Zeko erbaut. Es ist ein weiteres beeindruckendes Doppelflügelhaus. Vom Sommerdivan im obersten Stockwerk haben Besucher ähnlich wie im Skënduli-Haus einen spektakulärer Blick über die Altstadt. Auf diesem Stockwerk befindet sich der Raum, in dem ursprünglich die wichtigsten Besucher empfangen wurden. Er ist mit Wandmalereien, die Früchte und Blumen zeigen, verziert und gehört damit thematisch zur osmanischen ›Tulpenzeit‹, die im Zentrum des Großreiches allerdings etwa 100 Jahre zuvor typisch war. Der

Herrenzimmer im Skënduli-Haus

Zustand des Zekate-Hauses konnte durch Renovierungsarbeiten im Jahr 2005 gesichert werden. Das Haus wird über das Nachbargrundstück betreten, in dem der Besitzer heute lebt.

Im Ismail-Kadare-Haus

Ethnografisches Museum (Muzeu Etnografik)

In diesem Haus wurde 1908 Enver Hoxha geboren, der Albanien von 1944 bis 1985 diktatorisch regierte. Das heutige bescheidene Haus wurde 1966 gebaut, nachdem das Vorgängergebäude durch einen Brand zerstört worden war. Bis 1991 trug es den Namen ›Museum des Nationalen Befreiungskrieges‹ und erinnerte neben Hoxha auch an den Weg Albaniens zum Sozialismus.

Nach 1991 zog das Ethnografische Museum (Muzeu Etnografik) aus dem Skënduli-Haus hierher. Die Ausstellung selbst hat nichts Bemerkenswertes, was es in den anderen, prachtvolleren Häusern nicht auch zu sehen gibt.

Gjirokastër

Vorwahl: +355/(0)84

Touristeninformation, Rr. Gjin Bue Shpata, direkt im Basarviertel, Tel. +355/(0)84/269044, tic@gjirokastra.org; März-Nov. 9-17 Uhr, Dez.-Feb. 9-15 Uhr. Informationen über Öffnungszeiten von Museen und Kirchen, die Touristeninformation kann auch Sonderöffnungen ermöglichen.

Die Homepage www.gjirokastra.org informiert aktuell über die Stadt und den Tourismus. Dahinter steht ›The Gjirokastra Conservation and Development Organization‹ (GCDO), eine NGO, die unter anderem die Region für den Tourismus attraktiver machen möchte. 2001 begann sie ihre Arbeit mit der Restaurierung der Steindächer und dem Entmüllen einzelner Orte.

Post, Rr. Ismail Kadare, direkt im Basarviertel, Mo-Fr 8.30-13.30, 14.30-16 Uhr.

Die Anreise nach Gjirokastër ist einfach, da die Nationalstraße SH4 von Tepelenë und von der griechischen Grenze sehr gut ausgebaut ist. Richtung Riviera führt eine Passtraße Richtung Sarandë, die sehr gut befahrbar ist. In der näheren Umgebung können die kleinen Straßen zu Ausflugszielen sehr schlecht sein.

Der **Busbahnhof** befindet sich in der unteren Neustadt an der Kreuzung der Nationalstraße SH4 und dem Bulevardi 18 Shtatori.

Nach Tirana: 4 Verbindungen zwischen 5 und 9 Uhr und eine Verbindung um 23 Uhr. **Durrës**: 13 Uhr.

Korçë: 7 Uhr.

Përmet: 10, 12 und 13 Uhr.

Sarandë: 8 und 9 Uhr.

Vlorë: 8.30.

Hotel Çajupi, Sheshi Çerçiz Topulli, Tel. +355/(0)84/269010; 39 Zimmer, EZ 30 Euro, DZ 45 Euro. Unterhalb der Festung, im Herzen des historischen Zentrums. www.cajupi.com

Hotel Kalemi, Rr. Bashkim Kokona 14, Tel. +355/(0)84/266010; 9-20 Uhr, 28 Zimmer, 35-100 Euro. Neben dem alten Hotel ›Kalemi‹ steht ein 200 Jahre altes Gebäude Hotel (›Kalemi2‹), das vor einigen Jahren im osmanischen Stil restauriert wurde. In den Zimmern gibt es geschnitzte Holzdecken, Truhen und Schränke sowie regionale Textilien und Kunsthandwerk,. http://kalemihotels.com

Hotel Gjirokastra, Rr. Shezai Como, Tel. +355/(0)84/265982, +355/(0)68/4099669, hotelgjirokastra@yahoo.com. Direkt hinter der Basar-Moschee im Museumsviertel, Ambiente eines traditionellen Hauses.

Hotel Kodra, Rr. E. Zejtareve, Tel. +355/(0)84/262115; 13 Zimmer, 30-150 Euro. Mit gutem Aussichtspunkt. www.hotelkodra.com

Babameto Hostel, Rr. Shezai Como, Tel. +355/(0)69/3655915; Schlafsaal 10-12 Euro/Pers. Eines der beeindruckendsten traditionellen Häuser aus dem 19. Jahrhundert, 2012/13 restauriert, mitten im Zentrum. info@gjirokastra.org http://babametohostel.beep.com

Stone City Hostel, Rr. Alqi Kondi (neben Kalemi 2), Tel. +355/(0)69/3484271; 3 Schlafsäle und 1 DZ, Schlafsaal 10-12 Euro/Pers., Privatzimmer 25-30 Euro. In einem monumentalen Haus am Anfang des Basars, schattiger Garten mit Obstbäumen, riesige Dachterrasse und herrlicher Blick auf die Festung. www.stonecityhostel.com

Camping Gjirokastër, Topullaraj, Rr. Valare; Stellplatz ca. 14 Euro. Am Eingang zum Ort Topullaraj nördlich von Gjirokastër, es gibt Stromanschluss, kostenloses WLAN, ein Schwimmbecken und ein Restaurant. Neben dem Platz befindet sich der familieneigene Weinhang. www.campinggjirokastra.wordpress.com

Karte S. 234

Die Spezialität der Region sind **Qifqi**, leicht frittierte Reis-Eier-Bällchen mit Kräutern, die fast alle Restaurants auf der Speisekarte führen.

Kujtimi, Rr. E Zejtarëve, Tel. +355/(0)84/265945. Einfaches, toll gelegenes Restaurant in der Nähe vom Basar, fantastisches Essen.

Hotel Restaurant Çajupi, Sheshi Çerçiz Topulli, Tel. +355/(0)84/269010. Langjährige Erfahrung mit ausländischen Gästen, schöner Blick von der Terrasse auf der Altstadt.

Taverna Kuka, Rr. Astrit Karagjozi, Tel. +355/(0)84/261073. In der Altstadt, nicht nur albanische, sondern auch mediterrane und europäische Küche.

Restaurant Odaja, Rr. Gjin Bue Shpata, Tel. 355/(0)69/5808687. Sehr gute einheimische Küche, mit kleinem Balkon, direkt im Basarviertel.

Kalimera Patisserie, Schnellstraße Gjirokastër-Kakavie, im Dorf Vanistër, Tel. +355/(0)84/30235. Sehr gute Kuchen, äußerst beliebt unter den Einheimischen.

Ismail-Kadare-Haus (Shtëpia e Ismail Kadarese), Rr. Fato Berberi 16; Apr.-Okt. tägl. 9-19 Uhr, 200 Lek.

Skënduli-Haus (Shtëpia Skënduli), Rr. Ismail Kadare; 200 Lek.

Zekate-Haus (Shtëpia e Zekatëve); keine genauen Öffnungszeiten, meistens geöffnet, 200 Lek.

Ethnografisches Museum (Muzeu Etnografik), Rr. Hysen Hoxha 3; April-Sept. 8-12, 16-19, Okt.-März 8-16 Uhr, 200 Lek.

Festung (Kalaja); April-Sept. tägl. 9-19, Okt.-März 9-17 Uhr, 200 Lek.

Folklore-Fest (Festivali Folklorik Kombëtar i Gjirokastrës) auf der Festung, das aber aufgrund von Geldmangel nicht mehr regelmäßig stattfindet.

Für Abenteurer bietet das **Reitzentrum Caravan** in Gjirokastër tolle Erlebnisse auf dem Pferderücken. Selbst ganz kleine Gruppen werden auf den anspruchsvollen Touren durch die umliegenden Gebirge begleitet. Wer teilnehmen möchte, muss aber Reitkenntnisse mitbringen. Die Touren dauern in der Regel von Montag bis Samstag. Übernachtet wird in verschiedenen Gästehäusern. Die derzeit 23 Pferde sind eine Kreuzung aus den Rassen Tarpan, die als mutig gilt, einer mongolischen Rasse, die hart im Nehmen ist, und ausdauernden Vollblutarabern. Ansprechpartner ist das englischsprachige Team um Krisitina Fidhi (Tel. +355/(0)69/5375743, kristinafidhi@yahoo.co.uk) und Ilir Hitaj +355/(0)69/2234137, ilir_hitaj@yahoo.com. www.caravanhorseriding.com

Im Basarviertel in der Rruga Gjin Bue Shpata haben zwei originelle Handwerker ihre Geschäfte. Der eine ist der **Holzschnitzer Anastas Petridhi** (Tel. + 355(0)84/268004). Bis zum ›Pyramidenskandal‹ 1997 (→ S. 54) gab es noch 40 Holzschnitzer in der Stadt, Petridhi ist der letzte. Er fertigt viele Verzierungen für die alten Häuser und deren Decken, aber auch Mitbringsel und Anhänger für Touristen. Er spricht neben Albanisch auch Griechisch.

Gleich nebenan arbeitet die **Steinmetzfamilie Makri** (Tel. +355/(0)84/263299, +355/(0)69/2617562). Der Vater Muhedin und sein Sohn stellen kleinere und größere, stellenweise witzige Dinge aus Stein her.

Die Webtechnik beherrscht **Ruhije Bineri** (Tel. +355/(0)69/2542122), die in ihrem kleinen Laden im Basarviertel Decken, Teppiche und Taschen verkauft.

Krankenhaus, Spitali Rajonal, Blv. 18 Shtatori 28, Tel. +355/(0)84/63768.

Die Umgebung von Gjirokastër

In der Umgebung von Gjirokastër gibt es viele Ort und Ziele, für die es sich lohnt, zusätzliche Tage in der Stadt oder auf einem Dorf einzuplanen.

Antigonea

Knapp über 100 Jahre gab es in dieser beeindruckenden Lage des Lunxhëria-Gebirges eine Stadt auf maximal 686 Metern Höhe. In der direkten Umgebung entspringen aus dem Kalkgestein mehrere Quellen, die vermutlich die Ansiedlung von Menschen begünstigten. Ab 295 vor Christus wurde die Stadt von Pyrrhos I. gegründet und nach dessen makedonischer Frau benannt. Pyrrhos I. war König der Molosser, einem von mehreren Völkern in Epirus. Die Stadt war die Handelsverbindung zwischen anderen antiken Orten wie Dyrrhahion (Durrës) und Apollonia an der Adria und den Orten im südlichen Epirus um Ioannina. Die Siedlung folgt in ihrem Aufbau den für die damalige Zeit typisch hellenistischen Planungen mit einem regelmäßigen Straßenraster, bei dem die Hauptstraße in Nord-Süd-Richtung verläuft. Nach der Eroberung der Gebiete durch die Römer wurde die Stadt 167 vor Christus zerstört, als Reaktion auf den Widerstand der Bevölkerung wurden alle Einwohner versklavt.

Erhalten geblieben sind die Umfassungsmauern und Teile von Türmen, sichtbar sind noch die ehemaligen Straßenverläufe und auch die Lage einzelner Häuser und Läden. Archäologische Untersuchungen begannen bereits im frühen 20. Jahrhundert. Erst ab den 1960er-Jahren konnten maßgebliche Fortschritte erzielt werden, so wurden Münzen mit der Aufschrift ›Antigonean‹ gefunden. Die letzten großen Ausgrabungen zwischen 2006 und 2012 halfen, die genaue Lage der Stadt zu präzisieren. So konnte genauer bestimmt werden, dass sich die Akropolis im Norden und die Wohnbereiche im Süden befanden. Ausgegrabene Objekte reichen von Statuen, die aus anderen Gebieten wie etwa von Korfu stammen, bis hin zu lokal gefertigten Gegenständen. Auf der Anlage gibt es kein Museum, die Objekte befinden sich meistens in Tirana im Nationalhistorischen oder Archäologischen Museum. Auf der Anlage stößt man auf eine Plakette des deutschen Auswärtigen Amtes, das die Restaurierung des Mosaiks in der frühchristlichen Basilika am südlichen Rand finanzierte. Die Überreste der Kirchen stammen aus dem 5. bis 9. Jahrhundert und verweisen auf eine Nutzung des Ortes in der Spätantike.

Anreise: Die Ausgrabungsstätte ist von Gjirokastër sehr gut auf einer asphaltierten Straße mit einem Auto oder Fahrrad zu erreichen. Vor dem Gelände müssen die Autos geparkt werden. Es schließt sich ein recht langer Fußweg zum

Reste der frühchristlichen Basilika in Antigonea

▶ Karte S. 232

und dann über das große Gelände mit 45 Hektar an.

Öffnungszeiten: Mo–Fr 8–16, Sa, So 8.30–15.30, 200 Lek. Außerhalb der Öffnungszeiten soll zwar niemand das Gelände betreten, aber möglich ist es durchaus. Während der Öffnungszeiten kann man einen kleinen Faltplan der Anlage kaufen, der die Orientierung erleichtert. Alle wichtigen Punkte im Gelände wurden mit Informationstafeln auf Albanisch und Englisch versehen.

Hadrianopolis

Wenn man so will, ist die römische Stadt Hadrianopolis die Nachfolgerin von Antigonea. Zu Ehren des römischen Kaisers Hadrian wurde in der ersten Hälfte des 2. Jahrhunderts dieser Militär- und Verwaltungsort angelegt. In der recht übersichtlichen Anlage von nur 400 mal 400 Metern ist das ehemalige **Theater** am besten zu erkennen. Vor wenigen Jahren erforschte ein Team aus albanischen und britischen Forschern das Gelände, um das Terrain genau zu vermessen; daraufhin rekonstruierten sie das ehemalige Aussehen der Stadt.

Anreise: Die Ausgrabung liegt etwa 15 Kilometer südlich von Gjirokastër, in der Nähe des Dorfes Sofratikë. Am einfachsten ist es, mit dem Auto oder Fahrrad zu kommen, den Ausschilderungen zu folgen und die letzten knapp zehn Minuten zu Fuß zu absolvieren. Mit öffentlichen Bussen ist die Anreise ein recht umständliches Unterfangen. Die beste Variante ist, ein Furgon zu nutzen und den Fahrer zu bitten, in Höhe des Dorfes zu halten.

Labovë e Kryqit

Eine der schönsten Kirchen Albaniens, die bei der Aufzählung byzantinischer Gebäude auch außerhalb Albaniens Erwähnung findet, ist die **Marienkirche** (Kisha e Shën Mërisë) im Dorf Labovë. Es gibt keine Quellen zur Erbauungsgeschichte, doch wird gern erzählt, dass Kaiser Justinian im 6. Jahrhundert an dieser Stelle eine Kirche gründete. Die Kapitelle der Säulen im Innenraum sollen sogar aus jener Zeit stammen. Der heutige Bau wurde durch Vergleiche mit anderen Kirchen auf das 10. Jahrhundert datiert.

Der Kern der Kirche ist ein Quadrat mit Kuppel, die bedrohlich erscheint, da sie sichtbar schief steht. Das Mauerwerk ist sehr schön gearbeitet, da die Ziegel und Platten verschiedene geometrische Muster ergeben. Alle Anbauten, die Vorhalle und beide Räume im Norden und Süden, wurden im 19. Jahrhundert angebaut und verschleiern damit den quadratischen Grundriss. Die Kirche ist abgeschlossen, doch besitzt jemand aus dem Dorf den Schlüssel. Im Sprachführer stehen die nötigen Sätze, die den Bewohnern auch einfach zum Lesen vorgezeigt werden können, falls es mit der Aussprache nicht klappt (→ S. 369).

Ein Abstecher nach Labovë e Kryqit ist nicht nur wegen der Kirche, sondern auch wegen der tollen und ruhigen Lage lohnenswert. Die Straße führt westlich an Libohovë vorbei, kurz danach zweigt die neu asphaltierte Straße in den Ort.

Tepelenë

Tepelenë (Tepelena) ist eine typische albanische Stadt, die größtenteils im Sozialismus ihr heutiges Aussehen erhielt und in der es nur wenig zu sehen gibt. 1929 zerstörte ein Erdbeben große Teile der Stadt und der Festung. Von Gjirokastër sind es auf der sehr gut ausgebauten Nationalstraße genau 30 Kilometer, von Përmet 42 Kilometer.

Im südlichen Albanien herrschte bis ins frühe 19. Jahrhundert der osmanische Gebietsverwalter Ali Pascha, der den

Die Marienkirche in Labovë

Beinamen Tepelena trug. Im kleinen Dorf **Beçisht** auf der anderen Seite des Flusses Vjosa wurde er geboren. Viele Orte in der Region wurden durch seine Herrschaft und Bauaktivität geprägt. In Tepelenë sind die **Mauern der Festigung** und zwei **Türme** erhalten, die Ali Pascha zur Verteidigung gegen die Osmanen und als zweite Residenz nach jener in Ioannina errichten ließ. Das Byzantinische Reich und anschließend die Osmanen waren die Gründer der Anlage. Innerhalb der Festung leben Menschen, die sich zeitgenössische Häuser gebaut haben und in ihren Gärten Blumen und Nutzpflanzen anbauen. Vom Rand der Festung hat man einen schönen Blick auf das Vjosa-Tal.

▶ Karte S. 232

Am Eingang zum Zentrum steht eine **Bronzeplastik von Ali Pascha Tepelena**, die der 1936 in Gjirokastër geborene Bildhauer Mumtaz Dhrami schuf. Sie zeigt den Herrscher in einer liegenden Position und mit selbstsicheren Gesichtszügen.

Auf der einzigen Straße in südwestliche Richtung, kommen Naturliebhaber auf ihre Kosten. Die Schotter- und Sandstraße, auf der mit einem PKW noch gefahren werden kann, führt bis ins **Kurvelesh-Gebirge** (Kurveleshi). Beim Dorf **Bënçë** steht im Tal das noch gut erhaltene **Aquädukt** aus den Jahren der Herrschaft Ali Paschas. In den Dörfern bis hoch ins Gebirge bieten einige Familien Unterkünfte an.

Ali Pascha Tepelena

Für einige ist Ali Pascha ein zweiter Skanderbeg, ein entschlossener Kämpfer, der eine Art Protoalbanien im 19. Jahrhundert hätte schaffen können, für andere ein skrupelloser Herrscher. Ali Pascha Tepelena, der ›Löwe von Ioannina‹, wurde wahrscheinlich 1741 in eine nicht allzu bedeutende Bey-Familie hineingeboren. Mit gut 40 Jahren konnte er seinen Machteinfluss bis Delvinë ausbauen, danach weitete er seine Gebiete bis ins heutige Griechenland aus. Noch heute sind viele der von Ali Pascha errichteten Festungen in Albanien zu sehen wie etwa die Festung in seiner Geburtsstadt Tepelenë oder die Festung Porto Palermo an der Riviera. Ali Pascha erhielt vom Sultan mehrere Titel und Anerkennungen und konnte nahezu autonom regieren. Das nutzte er mehrmals aus, um gegen das Osmanische Reich zu kämpfen. Abwechselnd waren Frankreich, Großbritannien, Russland oder auch wieder das Osmanische Reich seine Bündnispartner, die aber alle wenig Interesse für seine Abspaltungsversuche zeigten. Besonders die russisch-osmanischen und habsburgisch-türkischen Kriege ließen Ali Pascha, wie auch andere Aufständische im Osmanischen Reich, auf eine vollständige Loslösung vom Sultan hoffen. Er hielt enge Kontakte zu den griechischen Aufständischen und unterstützte aktiv deren Separationsbestrebungen. Der britische Schriftsteller Lord Byron beschrieb Ali Pascha 1809 in einem Brief an seine Mutter: Er sei nicht groß, habe blaue Augen und einen weißen Bart, sei bekannt für seine Gräueltaten, aber auch seinen Mut, weswegen Byron ihn den ›Mohamedan Buonaparte‹ nannte, also den ›mohammedanischen Bonaparte‹. Wohl bot ihm Napoleon zweimal den Titel ›König von Epirus‹ an, doch suchte Ali Pascha eher die Nähe zu den Briten und verzichtete auf den Titel.

Ali Paschas Plan, unabhängig zu regieren, ging nicht auf. Die Großmächte Europas einigten sich auf dem Wiener Kongress 1815 darauf, dass die Grenzen unverändert bleiben sollten. Serbien hatte bereits den Autonomiestatus und Griechenland die Unabhängigkeit erreicht, so dass die Osmanen keine einflussreichen Verwalter in ihren besetzten Gebieten mehr duldeten. Sie zogen gegen Ali Pascha, der sich in seiner Hauptburg Ioannina verschanzt hatte, in den Krieg. Den Osmanen galt er bereits seit 1820 als ›fermanli‹, eine Person, die außerhalb des Gesetzes steht.

Ismail Kadare beschrieb in seinem Buch ›Der Schandkasten‹ (1996) die Ermordung Ali Paschas durch die Osmanen 1822. Ali Paschas abgeschlagener Kopf wurde nach Konstantinopel gebracht und in der Nähe der Blauen Moschee öffentlich gezeigt. Nicht zuletzt wurde ihm zum Verhängnis, dass ihm seine Untergebenen, deren Gebiete er sich angeeignet hatte, zuletzt die Treue verweigerten. Somit endete die fast autonome Stellung der südalbanischen und nordgriechischen Region nach rund 70 Jahren, und es folgte die direkte Herrschaft der Sultane.

Vor wenigen Jahren wurde der Geist Ali Paschas noch einmal lebendig: 2010 kam es in Griechenland im kleinen Dorf Vasiliki, das nach Ali Paschas Frau benannt wurde und am Rand der Stadt Ioannina liegt, zu Grabungsarbeiten. Gesucht wurde nach dem Goldschatz von Ali Pascha, den er vor dem Angriff der Osmanen wohl in diesem Dorf vergraben ließ. Hintergrund war die Staatspleite Griechenlands, der Schatz sollte die Krise wohl ein klein wenig dämpfen. Doch er wurde nicht gefunden, und anders als im 19. Jahrhundert konnte Ali Pascha die Griechen nicht noch einmal unterstützen.

Sarandë und Umgebung

Die Lage der kleinen Küstenstadt Sarandë (Saranda) profitierte in den letzten Jahren von der Nähe zu Korfu. Im Sozialismus führte genau diese geografische Nähe zur fast vollständigen Abrieglung dieses Ortes. Nach 1991 statteten die ersten neugierigen Ausländer der Stadt einen Besuch ab. Seit einigen Jahren vollzieht sich ein Bauboom, wodurch ein typischer Strand- und Badeort entstanden ist. Zum Essen, Kaffeetrinken, Ausgehen, Sonnen und Blicke auf die Bucht genießen, reicht Sarandë aus. Interessanter sind aber die kleineren Küstenorte in der Nähe und allen voran die UNESCO-Stätte **Butrint** (→ S. 255). Durch das nahe Butrint konnte Sarandë im Verlauf der Geschichte nie Bedeutung erreichen.

Sarandë

Sarandë wurde im Laufe des 5. Jahrhunderts vor Christus unter dem Namen Onchesmos gegründet. Nach der Zeitenwende wurde der Ort durch hohe Mauern geschützt. Ausgrabungen brachten römische und byzantinische Gebäude mit Mosaiken und auch die ehemalige Synagoge zum Vorschein. Israelische Archäologen rühmen die Ausgrabungen, da es sich bei den Überresten aus dem 6. Jahrhundert um die ältesten Funde jüdischer Kultur außerhalb Israels handelt.

Zu den wenigen sehenswerten Dingen in der Stadt hat sich 2016 das **bronzene Porträt von Hillary Clinton**, ausgeführt in der beliebten Form der Büste, hinzugesellt. In einem kleinen Park lächelt sie die parkenden Autos und die wenigen Betrachter an. Aufgestellt wurde die Büste, da sich die Albaner den US-Amerikanern nahe fühlen und Albanien in seiner etwa 100-jährigen Existenz oft von den USA unterstützt wurde. Eine Widmung besitzt das kleine Denkmal nicht, dafür sind als Stifter die Stadt und die US-Organisation ›Diplomatic Mission Peace and Prosperity‹ genannt, die seit der diplomatischen Intervention der USA in Bosnien und Herzegowina in den 1990er-Jahren und später dem Kosovo auf dem Balkan aktiv ist.

Im Ort sind zwei nicht mehr ganz frische Museen angesiedelt. Das **Archäologische**

Die Bucht von Sarandë

▲ Karte S. 249

Museum (Muzeu Arkeologjik, 9–16, 200 Lek) zeigt Mosaike sowie Wannen der ehemaligen Mikwe (Bad) der jüdischen Gemeinde. In direkter Nähe zur Strandpromenade liegt das **Ethnografische Museum** (Muzeu Etnografik, 9–22 Uhr, 100 Lek), das mit seinen ausgedehnten Öffnungszeiten die Menschen vom Xhiro, dem abendlichen Spaziergang, in seine Ausstellung locken möchte. Um einen Eindruck von der Lage der Stadt und der Umgebung bis hinüber nach Korfu zu erhalten, lohnt es sich, auf die **Burg Lëkurësi** (Kalaja e Lëkurësit) zu fahren oder die knapp vier Kilometer vom Zentrum hinaufzuspazieren. Der Komplex wurde 1537 von Sultan Süleyman I. in Auftrag gegeben, um das venezianische Korfu anzugreifen und das Meer beobachten zu können. Mittlerweile befindet sich auf der Festung ein hervorragendes **Restaurant**, und die Sonnenuntergänge bieten die perfekte Kulisse für einen Sundowner (10–23 Uhr, im Winter geschlossen).

Ksamil

Die sehr schöne Lage des Dorfes Ksamil (Ksamili) in der Bucht nutzen die Investoren, um hier mehrere neue Objekte zu errichten. Um einen Geheimtipp handelt es sich nicht mehr, aber wer das schöne klare Wasser und die kleinen vorgelagerten Inseln genießen möchte, ist hier richtig. Der traumhafte Strand wird als **Paradiesstrand** (Plazhi Paradiz/Paradise Beach) bezeichnet. Mittlerweile ist das Paradies sehr voll geworden, und den paradisischen Duft erzeugen mitunter die Jetskis auf dem Wasser.

Konispol

Ganz im Süden, direkt an der griechischen Grenze, entsteht gerade eine kleine Tourismusregion, die einige kleine Orte, aber auch die hier angebauten Mandarinen, Zitrusfrüchte, Oliven und die gezüchteten Muscheln stärker in den Fokus der Wahrnehmung stellen möchte. Die Menschen in der Region arbeiten eng mit Menschen aus griechischen Orten zusammen, in denen bereits gute Erfahrungen mit dem Ökotourismus gemacht wurden. Außerdem hilft die USAID, eine Entwicklungshilfeorganisation aus den USA mit Sitz im Dorf Xarrë, die durch die Förderung zum Beispiel der Landwirtschaft zum wirtschaftlichen Wachstum beitragen möchte.

Zu erreichen ist dieses Gebiet von Sarandë entweder über Butrint – die Autofähre über den Vivar-Kanal ist ein Highlight! – oder über die Straße SH98, die durch den östlichen Teil des Nationalparks Butrint führt und von der man einen schönen Blick auf die Seenlandschaft hat. Es gibt derzeit zwei einfache Übernachtungsmöglichkeiten in der Gegend: entweder direkt an der Landstraße in **Shkallë** in der **Café Bar Fast Food**, die sehr saubere Zimmer anbietet oder im **Café Todi** im Zentrum des Ortes **Mursi**. Diese Pension mit sehr gepflegten Zimmern hat im Erdgeschoss ein großes Café. Beide Pensionen kosten 1000 Lek pro Person ohne Frühstück. Wer das Dorfleben in dieser Region erleben möchte, ist hier gut aufgehoben. Die Besitzer der Unterkünfte sind bestens vernetzt mit den Bauern der Region und können Besucher schnell zu allen wichtigen Produktions- und Ernteorten bringen. Jedes Jahr am 26. November findet in Mursi das Mandarinenfest statt. Das Zentrum dieser Mikroregion befindet sich etwas oberhalb der Küste in **Konispol**. Der Ort bekam erst kürzlich einen neuen **Marktplatz**, der an die Architektur vor dem Sozialismus erinnern soll und an dem mehrere Hotels entstehen. Neben den beiden bestehenden Restaurants soll mehr Gastronomie entstehen und das Wanderwegenetz der Region ausgebaut werden. Die verantwortliche Person für regionalen Tourismus um Konispol ist Vangjel Taho, Tel. +355/(0)69/3779820.

▶ Karte S. 249

Foinike

Zu einem der Hauptorte des antiken Stammes der Chaonier gehörte Phoinike (Foinike). Sie siedelten neben zwei weiteren Stämmen im antiken Epirus, das sich vom heutigen südlichsten Albanien über Korfu und den Nordwesten des heutigen Griechenlands erstreckte. Phoinike war ein strategisch wichtiger Kontrollpunkt auf einem Berg mit über 200 Metern Höhe. Von hier aus konnten die Gebiete in Richtung Süden nach Butrint und in Richtung Norden zum Ionischen Meer überwacht werden. Das antike Onchesmos, das heutige Sarandë, diente als Hafen und Zugang zum Ionischen Meer. Die erste Erwähnung der Stadt fällt ins Jahr 330 vor Christus. Geschichte schrieb der Ort, als hier 205 vor Christus der Friedensvertrag von Phoinike unterschrieben wurde, der das Ende des ersten Makedonisch-Römischen Krieges beendete. Nach dem dritten Makedonisch-Römischen Krieg 168 vor Christus verlor Griechenland seine bisherige Vormachtstellung an das Römische Reich, das in den folgenden Jahrhunderten die Geschichte Südosteuropas prägte. Im Bereich der **Akropolis** sind die ehemaligen **Häuser** und **Läden** der Stadt zu finden, die zwischen dem 4. Jahrhundert vor Christus bis ins 4. Jahrhundert nach Christus erbaut wurden. Besser zu erkennen ist das **Theater**, das aus dem 2. und 3. Jahrhundert nach Christus errichtet wurde. Aus der nachfolgenden Zeit sind die Überreste einer **frühchristlichen Basilika** entdeckt worden.

Nach der Gründung des Klosters in Mesopotam wurde Foinike nicht mehr als Siedlung benutzt. Bis heute ist unklar, wie weit sich das Gebiet dieser antiken Stadt tatsächlich erstreckte.

Anreise: Mit einem Auto oder Fahrrad ist der Eingang zur Ausgrabungsstätte gut zu erreichen, auch wenn es mit dem Fahrrad etwas anstrengend sein könnte,

Ehemaliger Wehrturm in Mesopotam

die steile Straße vom Dorf **Finiq** aus zu fahren. Ein kleines Hinweisschild in Finiq führt zum Ziel.
Mit dem Bus ist ein Ausflug nicht wirklich ratsam, da die Busse Sarandë mittags verlassen und erst am nächsten Morgen wieder zurückfahren.

Mesopotam

Ein Stück ins Landesinnere, etwa zehn Kilometer von Sarandë entfernt und auf der gut ausgebauten Straße SH99 zu erreichen, liegt beim Dorf Mesopotam eine **Kirche**, die an einen Wehrbau oder Hamam erinnert. Sie ist in der byzantinischen Bautradition eher eine Ausnahme. Ähnliche Kirchen, wie die Parigoritissa-Kirche im Zentrum der griechischen Stadt Arta, sind selten. Vom ehemaligen **Kloster des heiligen Nikolaus** (Manastiri i Shën Kollit) sind außer der Kirche nur noch Reste der Wehrmauern und ein Wehrturm von ursprünglich sieben erhalten geblieben. Leider ist die Kirche fast immer verschlossen, aber auch der Außenbau hat viel Interessantes zu bieten.

Farbspiele im Blauen Auge

▲ Karte S. 232

Der klotzige Kirchenbau stammt aus dem 13. Jahrhundert, er besteht aus zwei parallelen Seitenschiffen, die jeweils zwei unterschiedliche Kuppeln tragen, die nur von einer Säule im Inneren und den Außenmauern gestützt werden. Es wird davon ausgegangen, dass in der Kirche vor zwei unterschiedlichen Altären in den beiden Apsiden der orthodoxe und der katholische Ritus getrennt voneinander praktiziert werden konnten. Kleinere Fenster sind nur im oberen Teil der Fassaden und in den Kuppeln zu finden. Der Großteil des Mauerwerks ist aus Ziegel gebaut, die in verschiedenen geometrischen Formen gesetzt wurden, unterhalb des Daches und am Ansatz zu den Kuppeldächern zu schönen Zahnfriesen. Überall an der Fassade lassen sich große Quader im Fundamentbereich erkennen, die älter als der Kirchenbau sind. Sie stammen aller Wahrscheinlichkeit nach aus dem nahegelegenen antiken Ort Foinike. Gut zu erkennen sind verschiedene in Stein gearbeitete Reliefdarstellungen von Tieren, darunter ein Löwe, ein Adler, ein Drache und ein Schwein.
Interessant ist auch ein Spaziergang über den nahegelegenen **Friedhof**, auf dem viele griechischsprachige Grabsteine stehen.
Anreise: Das Dorf Mesopotam ist gut mit öffentlichen Bussen zu erreichen, die regelmäßig zwischen Sarandë und Gjirokastër verkehren.

Blaues Auge

Während der volksrepublikanischen Zeit durfte nur die Spitze des Staates das Naturphänomen des Blauen Auges (Syri i Kaltër) genießen. Seit dem Systemwechsel besitzt jeder Zugang zu dieser Quelle, die pro Sekunde rund sechs Kubikmeter Wasser austreten lässt, das in den schönsten Grün-, Blau- und Gelbtönen schillert. Bisher ist es noch nicht

Relief eines Löwen an der Kirche in Mesopotam

gelungen, eindeutig festzustellen, wie tief die Quelle ist und wo sich das Sammelgebiet des Wassers genau befindet. Vermutet wird ein riesiges unterirdisches Wassersystem im östlich gelegenen Gebirge Mali i Gjerë.

Anreise: Die Quelle liegt etwa zwei Kilometer abseits der Straße zwischen Sarandë und Gjirokastër, eingebettet zwischen Bergen, Platanen und Eichen. Man fährt auf einer Sandstraße am See von Bistrica entlang, in dem sich das Wasser der verschiedenen Quellen sammelt. Das Auto kann auf einem Parkplatz abgestellt werden, es sind nur einige Schritte bis zur Quelle.

Sarandë und Umgebung

Vorwahl: +355/(0)852

Touristeninformation, an der Uferpromenade, am Ende der Rr. Mustafa Matohiti.

Post, Rr. e Flamurit, auf Höhe der Fußgängerzone mit Treppen.

Vom **Flughafen Korfu** (Ioannis Kapodistrias, LGKR) ist es eine kurze Anreise mit der **Fähre** nach Sarandë (30–70 Min.). In der Regel erlauben die Mietwagenfirmen in Griechenland keine Fahrt nach Albanien, die Konditionen sollten vorher genau überprüft werden.

Finikas Lines, Rr. Mitat Hoxha, Tel. +355/(0)85226057; Erwachsene 19 (1. Juli–10. Sept. 23,80)/Kinder 9 (1. Juli–10. Sept. 13)/Auto 42/Caravan 80 Euro. Die Fähre nach und von Korfu fährt jeden Tag. www.finikas-lines.com

Sarandë–Korfu: 1. Jan.–9. Mai 13 Uhr, 10. Mai–30. Juni und 11.–30. Sept. 10.30 und 16 Uhr, 1. Juli–10. September 9, 10.30 und 16 Uhr, 1. Okt.–31. Dez. 11 Uhr.

Korfu–Sarandë: 1. Jan.–9. Mai und Okt.–Dez. 9 Uhr, 10. Mai–30. Juni und 11. Sept.–30. Sept. 9 und 18.30 Uhr, 1. Juli–10. September 9, 13 und 18.30 Uhr.

Ionian Seaways, Lagjia 4, Rr. Mitat Hoxha, Tel. +355/(0)852/26712. https://ionianseaways.com

Sarandë–Korfu: Okt.–April 13 Uhr, Mai–Juni und 11.–30. Sept. 9 und 18.30 Uhr, Juli–10. Sept. 9, 13 und 18.30 Uhr.

Korfu–Sarandë: Okt.–April 9 Uhr, Mai–Juni und 11.–30. Sept. 9 und 18.30, Juli–10. Sept. 9, 13 und 18.30 Uhr.

In der Region mit dem **PKW** oder dem **Fahrrad** zu fahren, ist fast durchgängig auch auf den kleineren Straßen sehr gut möglich. Von Tirana beträgt die Fahrzeit mit dem Auto rund 5 Std. (280 km), nach Gjirokastër rund 90 Min. (60 km), nach Vlorë sind es mindestens 3 Std. (180 km).

Busse fahren in der Rr. e Flamurit in der Nähe des Platzes Sheshi Geraldina ab.
Nach Tirana: tägl. 6 Verbindungen 5–14 Uhr, 22 Uhr eine weitere.
Konispol: tägl. 4 Busse 4.30–14.30.

Taxis bieten sich für Ausflüge in die Umgebung an, z. B. nach Butrint. Die Taxis fahren zu Fixpreisen. Wer den Fahrer am Ausflugsort nicht warten lassen möchte, lässt sich die Handynummer geben und ruft ihn rechtzeitig für die Rückfahrt an.

▸ **Sarandë**

Hotel Brilant, Rr. Bilal Golemi, Tel. +355/(0)85/226262; 33 Zimmer, 35–65 Euro. Modernes 4-Sterne-Hotel an der Strandpromenade mit sehr gutem Frühstückbuffet und tollem Blick auf die Bucht von Sarandë. www.brilanthotel.com

Bougainville Bay Resort, Rr. Butrinti, Tel. +355/(0)44/104154; 104 Zimmer, 45 Appartements, 25–160 Euro. Resort mit atemberaubendem Panoramablick und köstlicher mediterraner Küche, geeignet für Familien und Sportabenteuer. www.bougainvillebay.com

Harmony Hotel, Kanali i Çukës, Tel. +355/(0)69/5802385, 16 Zimmer, 55–70 Euro. In der Nähe der SH81 zwischen Sarandë und Butrint. harmony_sarande@yahoo.com

Hotel Vila Duraku, Rr. Naim Frashëri, Tel. +355/(0)85/224931, 32 Zimmer, 40–120 Euro. An der Stadtpromenade, elegant-luxuriöse Ausstattung. viladuraku@gmail.com http://vila-duraku.sarande.hotels-al.com

Demi Hotel, Rr. Butrinti, Tel. +355/(0)852/24703; 21 Zimmer, 60–140 Euro. Zentrale Lage, schöner Blick aufs Meer, Restaurant mit breiter Palette an mediterranen Gerichten aus der albanischen, italienischen und griechischen Küche. www.demi.al

Lindi Hotel, Rr. Lefter Talo, Tel. +355(0)69/2064140, eri60707@gmail.com; 20 Zimmer, DZ 50 Euro inkl. Frühstück. Im Zentrum. http://lindi-hotel.hotelsaranda.com

▸ **Ksamil**

Villa Marku Soanna, Straße Ksamil–Butrint, Tel. +355/(0)69/8628934, elikondo@hotmail.gr; 9 Apartments. Im Zentrum von Ksamil, 1 Gehminute zum Strand.

Guesthouse Villa August Ksamil, Laggjia Nr 2, Tel. +355/(0)69/2022602, vilaaugustksamil@gmail.com; 8 Zimmer, 40–115 Euro. Nur 350 m vom Kiesstrand entfernt. www.villaaugustksamil.com

Hotel Luxury, Rr. Jul Cezari, Tel. +355(0)675424355, hluxuryksamil@gmail.com; 34 Zimmer, 75–180 Euro. Nur 3 Gehminuten vom Paradiesstrand entfernt. www.hotel-luxury.al

Beach Studios, 90 m vom Strand. Studios für bis zu 3 Personen, mit Küche, Bad und Parkplatz. Buchbar über www.airbnb.com.

▸ **Sarandë**

Taverna Peshkatari, Rr. Peshkatari, neben dem Stadium, Tel. +355/(0)69/2526127. Sehr beliebtes, schlichtes Restaurant mit frischem Fisch, den der Chef selbst fängt, sehr freundliches Personal.

Limani Restaurant, Blv. Hasan Tahsini, Tel. +355/(0)69/4077471. An der Stadtpromenade, Pizza und frischer Fisch.

Gerthela Restaurant, Rr. Jonianet, Tel. +355/(0)69/2854281. Stark von Einheimischen frequentiert, die die Küche sehr schätzen.

Mandarinenfest in Mursi; 26. November.

Krankenhaus (Spitali Sarandë), Rr. Onhezmi, Tel. +355/(0)852/222453.

▸ Karte S. 249

Butrint

Unter den archäologischen Ausgrabungsstätten nimmt Butrint (Butrinti) die erste Stelle ein. 1992 schaffte es Butrint als erster Ort Albaniens auf die UNESCO-Liste, weshalb sich viele Touristen, darunter auch Tagesausflügler aus Griechenland, die Reste der antiken Stadt anschauen möchten. Nähert man sich Butrint aus Richtung Norden, passiert man die Bucht von Ksamil und sieht Teile des **Sees von Butrint** (Liqeni i Butrintit), der zum Nationalpark Butrint (Parku Kombëtar Butrinti) gehört. Die bekanntesten Tiere hier sind die Muscheln, die gezüchtet werden, um später auf den Tellern der Restaurants zu landen. Aus südlicher Richtung muss man die spannende **Autofähre**, die aus alten Metallteilen zusammengesetzt ist und über Seile bewegt wird, über den Vivar-Kanal benutzen, der den Butrint-See mit dem Meer verbindet. Vor dem Eingang befindet sich ein großer Parkplatz. Schon die Anreise führt durch schöne Landschaften; in Butrint angekommen, verzaubert einen der Genius loci. Wahrscheinlich sorgt dieser Geist auch dafür, dass sich in dem als Park angelegten Gebiet die Besuchermassen verteilen, so dass selten der Eindruck von Überfüllung entsteht.

Geschichte

Die Stadt wurde im 4. Jahrhundert vor Christus gegründet. Da sich die Römer selbst nicht sicher waren, wie lange die Stadt bereits existierte, dichtete der Dichter Vergil kurz vor der Jahrtausendwende, dass Helenos von Troja das antike Buthrotum gegründet hätte und dessen König geworden wäre.

Unter den Griechen entwickelte sich die Stadt mit ihren Quellen zu einem Kurort. Symbol für die Kraft der Medizin ist der noch heute zentral gelegene ehemalige **Tempel des Asklepios** (Äskulap). Zu ihren Hochzeiten hatte diese Handelsstadt bereits 10 000 Einwohner. Ein kleines Theater bestand wohl auch schon, doch nachdem die Römer den Ort erobert und ein neues, großes Theater gebaut hatten, verwandelte sich Butrint in einen Festspielort.

Julius Cäsar brachte in Butrint im 1. Jahrhundert vor Christus die Veteranen seines Heeres unter. Und so geht die Geschichtsreise weiter: Aus den römischen Badehäusern schufen die ersten Christen eine Basilika. Das größte Kirchengebäude bauten die Byzantiner, die die Schutzmauern nach einem nicht genau datier-

Butrint, Aussicht auf dem Weg zum Seetor

baren Erdbeben ab dem 5. Jahrhundert wieder aufbauten. In den folgenden Jahrhunderten gehörte das Gebiet abwechselnd den Venezianern oder Osmanen. Da Butrint sehr knapp über der Wasseroberfläche des Sees liegt, wurde die Stadt ab dem Mittelalter kaum mehr bewohnt, da es zu häufigen Überschwemmungen kam. Der Stempel der Venezianer ist bis in die heutigen Tage mit dem Bau des Wachturms sowie der Burg sichtbar geblieben, bevor der Ort im 19. Jahrhundert vollständig verlassen wurde.

Aus dem Dornröschenschlaf geweckt wurde das Gebiet vom italienischen Archäologen Luigi Maria Ugolini. 1928 wurde mit Grabungen begonnen, und kurz danach suchte der faschistische italienische Staat nach Spuren, vorzugsweise nach römischen, um seine jahrtausendelange Präsenz in Albanien nachweisen zu können. Nach dem Zweiten Weltkrieg übernahmen albanische Archäologen die Verantwortung. Die Arbeit konzentriert sich seither auf die Freilegung und Rekonstruktion der noch vorhandenen Bauwerke und die Bergung von Skulpturen und kleineren Gegenständen. Hasan Ceka (1900–1998) und sein Sohn Neritan (geb. 1941) gelten als bekannte Archäologen, von Neritan Ceka gibt es eine Broschüre über Butrint auf Englisch. Vom Ausgrabungsleiter Dhimitër Çondi wurde eine Broschüre ins Deutsche übersetzt.

Per Seilfähre geht es nach Butrint

Fußbodenmosaik in der Basilika

Rundgang

Auf der kleinen Halbinsel, die Butrint im See formt, geht man, oft gut geschützt im Schatten der Eukalyptusbäume, etwa zwei bis drei Stunden, um alle Fundstätten zu besichtigen und ab und zu einen Blick auf den See zu genießen, an dem viel geangelt wird.

Die Wege durch den Park sind als Rundweg angelegt, auf dem alle Objekte besichtigt werden können. Am Einlass bekommt jeder ein kleines Faltblatt, auf dem alle wichtigen Punkte und Informationen zu finden sind. Die Ausschilderung ist für albanische Verhältnisse einmalig gut, denn jedes Themengebiet wird auf Albanisch und Englisch sehr umfassend erläutert und mit Skizzen oder Zeichnungen noch verständlicher präsentiert.

■ Bad und Venezianischer Wachturm

In Butrint gab es überall Bäder, 14 sind bisher bekannt. Die Anlage am Kanal ist das am besten erhaltene **Bad** vom Ende

▲ Karte S. 257

des 2. Jahrhunderts, das in griechischer Zeit mit großer Wahrscheinlichkeit zum Asklepios-Heiligtum gehörte. In einem der Räume wurde eine Fußbodenheizung genutzt, des Weiteren sind Fußbodenmosaike erhalten geblieben, die jedoch mit Sand abgedeckt werden, um sie vor äußeren Einflüssen zu schützen.

Beim Betreten des Geländes fällt der **Turm** auf, den die Venezianer im frühen 18. Jahrhundert bauten, um den Kanal besser bewachen zu können. Der Fischreichtum des Sees hatte große Bedeutung für sie. Gleich nach dem Wachturm beginnen die Ausgrabungen.

Asklepios-Heiligtum

Im Süden der Stadt wurde das heilige Zentrum angelegt (4. oder 3. Jahrhundert vor Christus), in dessen Mittelpunkt die Statue des Asklepios stand, des griechischen Gottes der Heilkunst. Der Marmorkopf der Statue wurde 1932 ausgegraben. Unterhalb des Akropolis-Hügels wurde dieses Gebiet mit einer Mauer abgetrennt, um die kultische Bedeutung zu unterstreichen. Zum ehemaligen Heiligtum, das sich auf zehn Hektar ausbreitete, gehörten die **Stoa** und ein **Schatzhaus**, in dem Asklepios die Opfer gebracht werden konnten, und mindestens eine **Quelle**.

Heiligtum des Asklepios

Die Pilger kamen nicht nach Butrint, um ein Heilmittel mitzunehmen, sondern um hier zu übernachten. Im Traum sollten sich ihnen eine Vision der Heilmethode zeigen. Priester und Ärzte analysierten die Träume, um das geeignete Medikament zu finden. Später wurden auf dem Gelände des Heiligtums ein kleines Theater und ein **Peristyl** errichtet, der wahrscheinlich Gästen als Unterkunft diente. Das kleine griechische **Theater** wurde im 2. Jahrhundert von den Römern vergrößert. In der ersten Reihe sind griechische Inschriften erhalten, die sie als VIP-Bereich ausweisen, damals waren diese Reihen für Priester reserviert. Noch heute können die Besucher auf den Stufen Platz nehmen. Konzipiert ist der Halbkreis für 2500 Zuschauer. Am Parados (Seiteneingang zur Bühne) sind noch griechische Buchstaben sichtbar. Sie verzeichnen die Namen von Sklaven, stellenweise beziehen sich die Inschriften auf deren Freilassung. Diese Inschriften sind an weiteren Stellen zu sehen, unter anderem am Turm des Gymnasiums. Die ehemalige Bühne des Theaters steht heute unter Wasser. Stars in den Wasserlachen sind heute **Wasserschildkröten**. Ansonsten schützt ein Holzfußboden die Besucher vor nassen Füßen. Mehrmals im Jahr werden Vorstellungen im Theater gegeben. Ursprünglich war die Bühne mit Marmor verkleidet. Bei Ausgrabungen in den 1930er-Jahren wurden viele große Statuen gefunden, die Feldherren oder Livia, die Frau von Kaiser Augustus, sowie Götter darstellen und wahrscheinlich im Theater oder in der angrenzenden Aula aufgestellt waren. Die als ›Göttin von Butrint‹ bezeichnete Statue entpuppte sich als Kopf des Apollo.

▲ Karte S. 257

Agora

Die Agora war in jeder griechischen Stadt der zentrale Markt, auf dem nicht nur Waren verkauft wurden, sondern auch Feste und Versammlungen veranstaltet wurden. Am äußeren Rand unterhalb des Hanges stand die **Stoa**, das dominierende Gebäude, das als Ort für verschiedene Geschäfte diente. Daneben liegt ein **Brunnenhaus**. Im Stein sind noch die Rillen zu erkennen, die durch das Ziehen der Eimer entstanden sind. Ab dem 1. Jahrhundert vor Christus wurde ein Großteil der griechischen Stadtmauer in Richtung See abgerissen, um Platz für das neue römische Forum mit öffentlichen Gebäuden, Bädern und Turnhallen zu machen.

Gymnasium

Die wirkliche Funktion dieses Gebäudes aus dem 1. oder 2. Jahrhundert ist noch unbekannt. Man vermutet eine Bibliothek oder ein Haus für religiöse Zwecke. Sicher ist, dass die Wände mit Marmor verkleidet waren und Wasser über Bleirohre in einem Wasserbecken gesammelt wurde. Im Mittelalter wurde das Gymnasium zu einer Kirche umgenutzt.

Römische Stadtvilla Dreikonchen

Im 2. oder 3. Jahrhundert wurde ein einfacheres Wohngebäude für eine höhergestellte Senatorenfamilie errichtet, darauf

Das Baptisterium

verweist eine Inschrift auf einem Stein. Im 6. Jahrhundert begann der Ausbau mit den noch sichtbaren drei Nischen; daher werden die Überreste dieses Haus als Dreikonchen bezeichnet. Dieses Haus dokumentiert den letzten größeren Stadtum- und ausbau in der Geschichte Butrints. Im Osten des Grundstücks wurde der Vorplatz zu einem großen **Peristyl** umgebaut. Das Anwesen dürfte nur kurze Zeit bewohnt gewesen sein. Das Haus ist Teil einer Ansammlung ehemaliger Wohnhäuser, die Lage am See schien beliebt. Der steigende Wasserpegel wurde den Gebäuden wohl zum Verhängnis.

Baptisterium

Während der byzantinischen Epoche wurde im 6. Jahrhundert das Baptisterium errichtet, die ehemalige große Basilika ist nicht weit entfernt. Bilder zeigen die wunderbar erhaltenen **Mosaikfußböden** mit Schlingmotiven, Tieren und Herzen. Viele Darstellungen haben die Taufe als Thema. Direkt neben dem Taufbecken sind unter einem Kreuz zwei Hirsche zu sehen, die die Reinigung der Seele symbolisieren. Insgesamt sind 69 Tiere dargestellt. Die Pfauen stehen für das Paradies, das von den Hähnen verteidigt wird, die großen Laufvögel verdeutlichen die Rettung der Menschen durch die Taufe. Die verschiedenen Darstellungen bilden insgesamt acht Kreise um das Taufbecken; die Zahl Acht steht für die Auferstehung und die Ewigkeit. Frühchristliche Taufkapellen wurden oft achteckig gebaut; in Butrint ist es rund. Die Mosaike zählen zu den am besten erhaltenen aus der Spätantike. Eine Besonderheit sind auch das **Taufbecken** und der **Brunnen**. Die unterirdischen Heizanlagen erwärmten das Wasser der Quelle, die heute neben dem Baptisterium zu sehen ist. Auf einem der Säulenreste, die einmal die Kuppel trugen, ist ein **byzantinisches Kapitell** erhalten geblieben.

Nymphaeum

Das Nymphaeum (2. Jahrhundert) war die Wasserabteilung des römischen Stadtsystems. In dem Brunnenhaus versorgte sich die Bevölkerung mit Wasser, das aus drei Nischen plätscherte. Für das Nymphaeum wurde ein **Aquädukt** errichtet, das über den Kanal führte. In die gleiche Bauphase fällt die Errichtung des neuen Stadtteils auf der anderen Seite des Kanals. Von den Anlagen sind heute nur noch Reste des Aquädukts zu finden.

Basilika

Eines der am weitesten erhaltenen Gebäude ist die dreischiffige byzantinische Basilika aus dem 6. Jahrhundert. Wegen der noch stehenden Außenmauern lässt sich das Bild des ursprünglichen Baus besser rekonstruieren. Vom Mittelschiff ist sogar die obere Fensterreihe noch ersichtlich, der sogenannte Obergaden. An der Basilika sollen die gleichen Meister wie am Baptisterium gearbeitet haben. Die **Fußbodenmosaike** sind nur zum Teil erhalten, dafür wird im Gegensatz zur Taufkapelle oft ein Stück des Originalfußbodens gezeigt. Die Mosaike befanden sich in der Basilika ausschließlich in der **Bema**, die im Osten der Kirchen lag und vom Hauptraum durch eine Trennmauer, ähnlich einem Lettner, lag. In der Bema, die den Priestern vorbehalten war, stand der Altar. Ganz im Osten liegt die **Apsis**, über der sich drei große Fenster anschlossen. Der Bau einer solch großen Kirche wurde notwendig, da Butrint ab dem 5. Jahrhundert Sitz eines Bischofs wurde. Die Kirche wurde noch bis ins Mittelalter benutzt und einige Male umgebaut. Bisher sind auf dem Gesamtgelände von Butrint noch acht weitere Kirchen entdeckt worden.

Relief am Löwentor

Die Basilika von Butrint

Antike Stadtmauern und Tore

Die Überreste der antiken Stadtmauern sind in Butrint besonders gut erhalten. Ein Großteil der griechischen Stadtmauern wurde unter Julius Cäsar abgerissen, um das römische Forum zu errichten. Ab dem 4. Jahrhundert vor Christus wurden die Steine ohne Mörtel aufeinandergesetzt. In der Antike befand sich in diesem Bereich vermutlich der Hafen. Von ehemals sechs Toren haben sich drei erhalten. Nach der herrlichen Aussicht auf den See erscheint das **Seetor** aus dem 4. Jahrhundert vor Christus fast unspektakulär. Eine Seite der Mauer ist am Tor nach vorn versetzt, um feindlichen Truppen den Blick auf den Stadteingang zu versperren. Als Geschenk zu Vergils 2000. Geburtstag wählte der faschistische italienische Staat 1931 für seine Briefmarken das Motiv aus der Vergil-Legende, wie König Helenos aus dem Tor blickend den aus Troja ankommenden Aeneas grüßt. Ein weiteres sehr schönes Tor ist das **Löwentor** aus dem 4. Jahrhundert vor Christus, bei dem fast jeder den Kopf einziehen muss. Bevor

▲ Karte S. 257

man durch das Tor geht, fällt das Relief mit dem Löwen, der einen Stier tötet, auf, so dass genug Zeit zur Konzentration auf die geringe Höhe bleibt.
Vom Löwentor führt der Weg weiter zu den höchsten Erhebungen Butrints.

Akropolis und ›Venezianische Burg‹

Das Zentrum des antiken Butrint lag an einer erhobenen Stelle, der Akropolis. Außer den Ruinen einer kleinen Kirche, vermutlich aus dem 5. Jahrhundert, ist hier nichts erhalten. Im Mittelalter stand hier eine Burg. In den 1920er-Jahren wurde nach den Wunschvorstellungen der italienischen Archäologen die sogenannte **Venezianische Burg** ›rekonstruiert‹, die es nie gegeben hatte. In diesem Gebäude waren anfangs die Archäologen untergebracht.
Ein toller Blick in die Umgebung ist von der Akropolis möglich. In der Ferne liegt Korfu, auf der anderen Seite der See, die Reste des Aquädukts sind zu erkennen, und am Ende des Kanals sind die Ruinen einer weiteren Festung sichtbar. Diese stammen aber erst aus dem 19. Jahrhundert und wurden im Auftrag Ali Pascha Tepelenas (→ S. 247) errichtet, der dieses Gebiet gegen die Osmanen und nachfolgend die Briten verteidigte.
In der ›Venezianischen Burg‹ ist ein kleines **Museum** eingerichtet worden, in dem die Ausgrabungsgeschichte, Ausgrabungsfunde und die Geschichte Butrints präsentiert werden. Die Gegenstände aus den verschiedenen Epochen umfassen Münzen, Schmuck, Waffen, Gebrauchsgegenstände und Plastiken. Neben Kopien – die meisten Originale befinden sich in Tirana – ist eine schwarze **Büste von Julius Cäsar** zu sehen. Erwähnung finden auch mehrere kleinere **Votivgefäße**, die für den Asklepios-Kult benutzt wurden, um die Therapie zu beschleunigen. Die Ausstellung stammt in ihrer Konzeption von 1988, musste aber nach Raubüberfällen 1997 noch einmal bis 2005 erneuert werden.

Venezianische Festung

Südlich des Archäologie-Parks auf der anderen Seite des Kanals befindet sich eine dreieckige Festung, die von Venedig bis zum Ende des 15. Jahrhunderts fertiggestellt wurde. Die beiden Rundtürme am Kanal wurden im 17. Jahrhundert hinzugebaut. Zu dieser Festung gelangt man von der Halbinsel wieder zurück mit der legendären klapprigen Autofähre vom Parkplatz aus. Wer noch etwas mehr Zeit hat, kann zu Fuß am Kanal entlang zu den **Überresten des römischen Aquädukts** laufen.

Butrint

Aktuelle Informationen sind auf der Homepage der britischen **Butrint Foundation** zu finden: www.butrintfoundation.co.uk
Offizielle Seite der **Kulturstätte Butrint**: www.butrint.al
Das gesamte Areal ist ab 8 Uhr bis zum Sonnenuntergang geöffnet, Eintritt 700 Lek, für Gruppen ab 10 Personen 500 Lek/Pers. Das **Museum** ist von 9–16 Uhr geöffnet.

Von Sarandë aus fahren täglich **Busse** nach Butrint (ca. stündlich, Fahrzeit ca. 25 Min.), der letzte Bus fährt von Butrint am späten Nachmittag zurück.
Auch von **Griechenland** aus werden organisierte Ausflüge nach Butrint angeboten.
Mit dem **Taxi** kann man von Sarandë gut nach Butrint fahren, man kann sich für die Rückfahrt die Handynummer des Fahrers geben lassen.

Hotel Livia, Tel. +355/(0)67/3477077. Das einzige Hotel direkt am Park mit Restaurant und guter Küche. www.hotel-livia.com

Die Riviera

Die mit Abstand schönste Landschaft an der albanischen Küste ist die Riviera, die sich zwischen dem **Llogora-Pass** im Norden und **Sarandë** im Süden erstreckt. Historisch wird dieser Landstrich, der auch weiter ins Hinterland reicht, **Labëria** genannt.

Die Nationalstraße SH8 führt immer leicht auf und ab an der Küste entlang. Bei der Fahrt ergeben sich traumhafte Blicke über die Landschaft, das türkisfarbene Meer, die breiten und oft nicht überfüllten Strände.

Diese Strände können in den kommenden Jahren dazu beitragen, dass mehr ausländische Touristen nach Albanien reisen. Viele Privatunterkünfte machen die Zeit in einem der kleinen Orte zu Tagen der Erholung. Neu ist, dass die meisten kleinen Orte für den Wandertourismus etwas getan haben, um die Attraktivität der Region zu steigern. Fast alle Möglichkeiten für Wanderungen ins Hinterland werden in diesem Kapitel aufgezählt (→ auch S. 334). Wer neben Baden auch Lust am Wandern hat, kann also für die Riviera mehrere Tage einplanen. Interessant ist, dass Fisch erst seit kurzem Einzug auf den Speisekarten gehalten hat, mittlerweile bieten die Restaurants viele Sorten an. Üblicher ist in dieser Region Fleisch, in der Rangliste ganz oben

Riviera und Hinterland

Am Strand von Borsh

rangiert gegrilltes Lammfleisch, wie fast überall in Südosteuropa.
Der britische Maler Edward Lear malte 1848 auf seinen Reisen durch Italien und das Osmanische Reich viele Aquarelle von der Gegend um Himarë. Diese Gemälde gehören zu Bestand der Harvard University in den USA. Seit kurzem können sie online angeschaut werden unter http://oasis.lib.harvard.edu/oasis/deliver/~hou01475. Die Bilder vermitteln einen frischen und ruhigen Eindruck, der außerhalb der Ferienmonate von Juni bis August auch heute noch die meisten Ortschaften an der Riviera prägt.

Borsh

Der längste Sandstrand der albanischen Riviera erstreckt sich in und um den Ort Borsh auf sechs Kilometern Länge. Im Hochsommer verbringen viele Albaner ihre Sommerferien hier, daher ist es von Juni bis August proppevoll, in der Vor- und Nachsaison läuft es wesentlich ruhiger.
Die ältesten Siedlungsspuren des Ortes sind auf der **Burg Sopot** zu finden, die landläufig als **Burg von Borsh** (Kalaja e Borshit) bezeichnet wird. In den Akten der Osmanen, den sogenannten Deftern von 1431/32, wird der Ort auch als Sopot aufgeführt. Die Siedlung Borsh lag etwas tiefer im Tal. Ali Pascha Tepelena (→ S. 247) nutzte die strategische Stellung der Festung 250 Meter über dem Meer, baute sie im späten 18. Jahrhundert aus und ließ eine Moschee und Medresse in ihr errichten. Die Überreste sind heute als Ruinen zu sehen.
Der heutige Ort entstand erst ab dem 19. und dann vor allem im späten 20. Jahrhundert direkt am Meer. Seit dem Sozialismus, als im Gebiet von Borsh große Olivenhaine angelegt wurden, dominiert diese Nutzpflanze das Landschaftsbild. Das Öl wird mittlerweile sogar in Italien und Griechenland verkauft. Im kleinen Nachbarort **Qeparo** können Gruppen ab zehn Personen eine Olivenölfabrik besuchen (www.gjikondi-oliveoilfactory.com). Die Fabrik liegt an der Straße SH8 am westlichen Ortsrand.

■ Wanderungen ab Borsh

Lohnenswerte Wanderungen sind in dieser Gegend möglich, da die Wege weiter ins Hinterland führen als an der restlichen Riviera. Der Grund dafür ist, dass hier zwei Gebirge aufeinanderstoßen, das obere und das untere **Kurvelesh-Gebirge**, das die Riviera in die sogenannte obere und untere Riviera teilt. Außer dem Weg zur Festung führt eine Straße in Richtung des Dorfes **Çorraj** ins Hinterland. Parallel zum Weg fließt der Bach Borsh und bildet eine Schlucht,

die Borsh von Çorraj trennt. Rund zehn Kilometer ins Hinterland führt eine zweite Schotterstraße ins Dorf **Fterrë**, das einen ursprünglichen und kargen Eindruck vermittelt. Das ganze Dorf besteht aus Stein, die Fußwege, die Häuser, die Dächer und die Mauern, hinter denen sich die Gärten befinden. Wegen der fehlenden Arbeit und der schlechten Anbindung sind in den letzten Jahren viele Einwohner in andere Teile Albaniens oder nach Griechenland gezogen.
Die Straßen nach Çorraj und Fterrë führen weiter ins **Shushica-Tal** (→ S. 267), früher zogen auf diesen Wegen die Karawanen durch die Bergwelt. In der Gegend entspringen die Quellen vieler Bäche. Einige der zahlreichen Höhlen sind bis heute unerforscht.
Vom Dorf **Qeparo** lässt es sich an einem Tag nach **Kudhës** wandern. Der Dorfplatz, einige Straßen und Häuser wurden restauriert. Auf einem Pfad entlang des Baches kann man in nördliche Richtung weiterwandern, um am Ende im Dorf **Kuç** im Shushica-Tal anzukommen.

Porto Palermo

Mit der **Festung Porto Palermo** (Kalaja e Porto Palermos) findet man ein gut erhaltenes Beispiel des Verteidigungssystems von Ali Pascha Tepelena aus dem 19. Jahrhundert. Es wird vermutet, dass die Venezianer im 16. oder 17. Jahrhundert mit dem Bau begannen. Für 100 Lek Eintritt sind im Inneren des schlecht be- und ausgeleuchteten Baus alle Räumlichkeiten zugänglich. Im gesamten Gebäude stehen rot geschriebene Hinweise, die aus dem Sozialismus stammen, als die Festung als Munitionslager diente. Vom Flachdach aus hat man einen tollen Blick auf das Meer und die Umgebung. Entlang der Straße fallen hier die vielen Agaven auf, sie wurden mit sowjetischer Unterstützung in den 1950er-

Porto Palermo, Blick auf die Festung

Jahren angepflanzt. Der Ort selbst ist seit der Antike als geschützer Hafen in der Bucht von Palermo (Gjiri i Palermos) beliebt gewesen.
Schaut man in der Bucht Richtung Nordwesten, lässt sich ein überdimensioniertes **Tor** erkennen. Nachdem Albanien 1955 dem Warschauer Pakt beigetreten war, wurden mit sowjetischer Hilfe U-Boote in Albanien stationiert, womit der Traum der Sowjetunion, Teile des Mittelmeerraumes kontrollieren zu können, in Erfüllung ging. Zwölf Boote des Typs Projekt 613 (Whiskey-Klasse in der NATO-Bezeichnung) wurden in der Bucht bei Vlorë stationiert. Als Albanien die Sowjetunion als befreundetes Land 1961 verlor, behielt Enver Hoxha ohne Zustimmung des großen Bruders vier Boote der Flotte, für die der Tunnel in der Bucht gebaut wurde. Die Länge des Tunnels beträgt 650 Meter, alle U-Boote wurden mittlerweile verschrottet.

Llaman

Diese kleine Bucht zwischen Porto Palermo und Himarë liegt sehr schön. In den Sommermonaten zieht es meist jüngere Leute an diesen Ort, an dem häufig DJs auflegen.

▸ Karte S. 262

Himarë

Das alte Dorf von Himarë (Himara), das oberhalb des neuen Strandortes liegt, ist in den Ausdehnungen das größte an der Rivieraküste. Zwar sind viele Häuser ungenutzt und verfallen, aber die Ausmaße lassen sich dennoch sehr gut erkennen. Die Einwohner des Ortes verstehen sich als Griechen, und manche deklarieren gern diese historische Gegend, die als Nord-Epirus bezeichnet wird, als rein griechische Region. Überall sind Graffiti auf Griechisch an den Wänden zu sehen.

Im Hauptort selbst finden sich neben den gängigen Pizzerien auch griechische Restaurants, deren Essenangebot von den albanischen Restaurants etwas abweicht. Wer ein bisschen Griechisch beherrscht, kann seine Kenntnisse anwenden und wird mit Sicherheit Lob ernten.

Die Nähe zu Griechenland wird auch in den Trachten des 19. Jahrhunderts sichtbar, die nur in der Region von Himarë und im Hinterland in Gjirokastër getragen werden: Die *fustanella* ist ein in Falten gelegter, weißer Männerrock. Laut Legende zeigt jede Falte ein Jahr der osmanischen Herrschaft an, in Albanien sind es also etwa 500 und damit etwa 100 mehr als an den griechischen Pendants.

U-Boot-Tunnel bei Porto Palermo

Blick von Himarë aufs Meer

Traditionell leben die Menschen in dieser Region vom Oliven- und Zitrusfrüchteanbau. In letzten Jahren sind viele neue Unterkünfte entstanden, die den Einheimischen neue wirtschaftliche Zugewinne sichern.

■ Wanderungen ab Himarë

Eine Wanderung ins Hinterland nach **Pilur** ist möglich, auch wenn der Weg nicht immer sichtbar ist. Lange Hosen sind von Vorteil, denn einige Büsche haben Dornen. Von Himarë ist Pilur zu sehen, was die Orientierung erleichtert. Der Weg beginnt nördlich von Himarë an der Nationalstraße SH8. Die Strecke von Himarë bis Pilur ist in etwa drei Stunden machbar, in Pilur gibt es auch eine Unterkunft.

Für Wagemutigere gibt es zwei Möglichkeiten: Entweder unternimmt man eine Wanderung über den Kamm des Gebirges bis zum **Llogara-Pass** (Qafa e Llogarasë, → S. 266) oder läuft einen weiterführenden Wanderweg ins **Shushica-Tal** (→ S. 267) in das Dorf **Kallarat**. Die gesamte Strecke ab Himarë ist knapp 24 Kilometer lang, durch den Anstieg von 1250 Metern aber sehr anstrengend und in etwa elf Stunden zu bewältigen.

Dhërmi

Im Vergleich mit den anderen Dörfern der Riviera ist Dhërmi etwas größer, und die Architektur des Ortes ist, gerade was die Kirchen betrifft, üppiger. Die Lage von Dhërmi ist beeindruckend: Mit vielen älteren, weiß getünchten Wohnhäuser thront es oberhalb des Strandes, im Hinterland schließen sich die Berge an. Deshalb wird gern der Vergleich mit der italienischen Amalfi-Küste gewagt. Die Häuser wurden so an den Hang gebaut, dass immer der Blick zum Meer gewährleistet war.

Im Ort gibt es vier Klöster, zwei größere und mehrere kleinere Kirchen meist aus dem 17. oder 18. Jahrhundert, in denen sich teilweise Fresken befinden. Von der **Kirche der heiligen Maria** (Kisha e Shën Marisë) öffnet sich ein schöner Blick über die Küstenlandschaft. Da in diesem gebirgigen Landstrich von jeher schwer Landwirtschaft betrieben werden konnte, ist die Tierzucht sehr verbreitet, besonders Ziegen.

In der gesamten Region von Himarë stellt Dhërmi 45 Prozent der Bettenkapazität, so dass die Einwohner gut vom Tourismus leben können. Die Strände sind kürzer als anderswo, aber sehr schön gelegen.

Wanderungen ab Dhërmi

Ein Wanderweg bis ins **Shushica-Tal** (→ S. 267) führt von **Ilias** nach Norden über die Berge nach **Vranisht**. Da der Weg über das **Çika-Gebirge** (Mali i Çikës) führt, beträgt der Höhenunterschied für den Auf- und Abstieg jeweils 1300 Meter. Unterwegs sind an vielen Stellen Schafe und Hirten zu sehen. Für den rund 13 Kilometer langen Weg benötigt man etwa sieben Stunden.

Eine einfachere und entspanntere Wanderung führt von Dhërmi nach Himarë direkt am Ufer des Ionischen Meeres entlang.

Nationalpark Llogara

Der Nationalpark Llogara (Parku Kombëtar i Llogarasë) ist nicht besonders groß, aber bietet schon allein von der Natio-nalstraße SH8 grandiose Blicke über das Ionische Meer bis nach Korfu. Auf dem kurzen Stück der Nationalstraße im Nationalpark gibt es viele Übernachtungsmöglichkeiten. Vom zentralen Parkplatz, an dem die meisten Hotels stehen, sind Fußwanderungen in den Park möglich. Ein Rundweg führt vom Feriendörfchen direkt westlich zum Berg **Shëndëllisë** (1499 Meter). In entgegengesetzter Richtung führt ein Wanderweg

An den Hang gebaut: Dhërmi

▲ Karte S. 262

Am Llogara-Pass

vom Resort nach Osten zum höchsten Berg des Çika-Gebirges, der **Maja e Çikës** (2045 Meter).

Vom Ortsteil **Dukat Fshat** (Dorf) führt ein Wanderweg vom Resort in östliche Richtung. Es ist der Verlauf einer alten Karawanenroute, die nicht ganz einfach zu laufen ist und heute meistens nur von Ziegen benutzt wird. Vom **Georgs-Pass** (Qafa e Shëngjergjit) auf knapp über 1100 Metern ergibt sich ein toller Blick zum Meer und ins Hinterland. Zielpunkt ist **Tërbaç** im Shushica-Tal (→ S. 267), das an der Weggabelung am Pass über den rechten, schlechteren, Pfad erreichbar ist. Auf der linken Seite erscheint das verlassene Dorf **Pirgu**. Wer nach Dukat zurück möchte, muss leider den Weg auf gleicher Strecke zurücklaufen. Eine Strecke ist 12,5 Kilometer lang mit maximal 700 Metern Höhendifferenz, für die ungefähr sechs Stunden benötigt werden. In Tërbaç gibt es eine einfache Unterkunft. Nach Dukat fahren täglich Busse ab Vlorë um 11 und 15.30 Uhr.

Wer Interesse an **Paragliding** hat, sollte die Homepage des Aeroclubs besuchen, der in der Region um den Llogara-Pass viele Angebote hat: www.aeroclubalbania.com.

Shushica-Tal

Wer Ruhe sucht und eine schöne Landschaft entlang des Flusses Shushica mit seinem klaren Wasser genießen möchte, sollte in dieses Tal fahren. Der Fluss formt kleine Becken, in denen das Wasser ruhig ist, und so lässt es sich an heißen Tagen auch gut baden.

Um in eines der Dörfer des Shushica-Tal zu gelangen, nutzt man am besten einen Bus, der am Busbahnhof Sheshi i Flamurit in Vlorë ab früh um 7 bis spätestens 13 Uhr im Zweistundentakt abfährt. Bis Kuç wird jedes Dorf angefahren.

Im gesamten Tal gibt es Übernachtungsmöglichkeiten, und es ist auch ein Paradies für Wildcamper. Wer mit dem Auto fährt, sollte aufgrund der Schlaglochpiste zwischen Kotë und Fterrë mindestens zwei Tage für die Fahrt zwischen Vlorë und Borsh einrechnen. Von Vlorë bis Kuç sind es 62 Kilometer.

Kuç ist der größte Ort im Tal. An der Fischzuchtstation gibt es ein Café. Die Statue im Ort ehrt Zenel Hito Gjoleka, der während der Aufstände gegen die Tanzimat-Reformen im Osmanischen Reich der 1830er- und 1840er-Jahre die örtliche Bevölkerung anführte. Der Ort wurde während des Zweiten Weltkrieges viermal niedergebrannt, das Partisanen-Ehrenmal erinnert daran.

Im Gegensatz zum Llogara-Nationalpark ist das Wandern durch das Shushica-Tal von Dorf zu Dorf eine entspannte Form des Erlaufens der Gegend. Übernachtungsmöglichkeiten bestehen in **Vranisht**, **Kallarat**, **Kuç** und **Tërbaç** bei Einheimischen, die Gäste problemlos und gegen einen kleinen Unkostenbeitrag beherbergen und auch verköstigen.

Die längere Wanderung von Tërbaç über Vranisht, Kallarat bis Kuç ist rund 13 Kilometer lang, führt etwa 300 Meter nach unten und ist in fünf Stunden zu schaffen.

Eine weitere Wanderung führt über den alten Wegverlauf von Kuç aus in nördliche Richtung über das Dorf Kunjovë nach **Bolenë**. Diese Strecke ist knapp zwölf Kilometer lang und recht anstrengend.

Die Riviera

Mit dem Auto ist die Reise entlang der Riviera auf der Nationalstraße SH8 sehr einfach. Für alle Straßen und Wege in die Gebirge im Hinterland braucht man einen Geländewagen.

Fahrzeiten ab Himarë: Sarandë liegt etwa 75 Min. entfernt (53 km), Vlorë über den Llogara-Pass knapp 2 Std. (70 km) und Tirana etwa 4,5 Std. (220 km).

Die **Busse** aus Sarandë und Vlorë fahren alle Orte entlang der Riviera an.

Für **Fahrradfahrer** gibt es zwar keine anderen Strecken als die Nationalstraße, aber da diese außer in den Hochsaisonmonaten von Juni bis August nicht stark befahren wird, ist die Benutzung problemlos möglich.

▸ **Borsh**

Blue Days Hotel, Plazhi Borsh; DZ 50–110 Euro. Nur 1 Min. Fußweg zum Strand. www.bluedayshotel.al

Hotel Te Stefi, Qeparo, Tel. +355/(0)69/9933334. Direkt am (schmalen) Strand. www.hotel-te-stefi.com

Dhërmi

Elysium Hotel, zwischen Dhërmi und dem Meer gelegen, Tel. +355/(0)69/7050100; 63 Zimmer, 50-135 Euro. 5-Sterne-Hotel mit Pool, eher internationaler Standard und atemberaubender Meerblick. www.elysiumhotel.com.al

Hotel Splendor & Spa, Tel. +355/(0)393/21414; 40 Zimmer, 4 Suiten, 50–140 Euro. Sehr schick, 5 Gehminuten vom Meer entfernt, in der Nähe sehr schöner Strände. www.hotelsplendor.al

Augustus Hotel, Rr. Kampit, Tel. +355/(0)67/2872485, 14 Zimmer, 25–100 Euro. Das Hotel befindet sich nicht mehr als 5 Gehminuten vom Meer entfernt. augustushoteldhermi@gmail.com

Altea Beach Lodges, Tel. +355/(0)69/2069011, altealodges@albresorts.com; Bungalow 25–50 Euro. Im malerischen Dorf Drymades, Bungalowsiedlung zwischen dem Meer und den Bergen. Zu diesem Projekt gehören noch weitere Unterkünfte. www.albresorts.com

Drymades Inn Complex, Tel. +355/(0)69/2074004; 67 Zimmer, 30–100 Euro. Das Resort verfügt über einen großzügigen Rahmen für Tagungen, Bankette, und Kongresse, mit einer Kapazität bis zu 300 Personen und alle mit natürlichem Licht, 1 Minute zu Fuß vom Strand entfernt. www.drymadesinn.al

▸ **Himarë**

Golden Beach Hotel, Tel. +355/(0)69/7526882; DZ, Dreibett- und Familienzimmer, die meisten mit Balkon und Meerblick, 30–50 Euro. goldenbeachotel22@hotmail.com www.goldenbeach-himare.com.

Guesthouse 1932, Tel. +355/(69)/2902389; 50–100 Euro. Das erste Hotel in Himarë, vor einigen Jahren renoviert. Direkt an der Strandpromenade,

▸ Karte S. 262

einige Zimmer mit Balkon und Meerblick. www.guesthouse1932.com

Himara Down Town Hostel, Tel. +355/(0)69/5427974; 10 Euro im Schlafsaal.

▸ **Nationalpark Llogora**

Hotel Sofo, Tel. +355/(0)682091931, hotelsofo@gmail.com; 20 Zimmer, 35–60 Euro. Das Restaurant wurde in den 60er-Jahren gebaut, das Hotel in den 90ern.

Hotel Alpin, Tel. +355/(0)69/2055936, xhulicapo@gmail.com; 23 Zimmer, 1 Apartment, 2 Suiten, 25–80–130 Euro. Sehr gute Küche. www.instagram.com/hotelalpin

Llogora Tourist Village, Tel. +355/(0)69/3344400; 20 Zimmer, 16 Villen, 3 Suiten, 60–130 Euro. Größere, aber gute Anlage. www.llogora.com

▸ **Privatunterkünfte (Auswahl)**

Borsh: Bashkim Mati, Tel. +355/(0)69/2670549; Jani Mici, Tel. +355/(0)69/2061879.

Dhërmi Fshat: Bledi Elmazi, Tel. +355/(0)69/2648035; Kozma Kosani, Tel. +355/(0)69/2320661; Andrea Stramarku, Tel. +355/(0)69/5371558.

Kudhës: Janaq Tata, Tel. +355/(0)68/6262596; Viktor Çani, Tel. +355/(0)69/4648206, Drita Çani, Tel. +355/(0)68/5041730.

Pilur: Jorgo Bala, Tel. +355/(0)69/2661150; Kiço Knogjini, Tel. +355/(0)69/9578283, Vasil Lapa, Tel. +355/(0)69/2141076.

Qeparo: Theodhori Foto, Tel. +355/(0)69/5825305; Jorgo Pali, Tel. +355/(0)69/7223416.

▸ **Übernachtungen bei Familien im Shushica-Tal**

Genannt werden pro Ort drei Familien, es gibt noch mehr.

Kallarat: Bejo Xhaferraj, Tel. +355/(0)68/3103392; Blerim Xhaferraj, Tel. +355/(0)68/2738865; Agim & Elisabeta Lamaj, Tel. +355/(0)68/5742562.

Kuç: Gramoz Balilaj, Tel. +355/(0)68/2912362; Sabri Balilaj, Tel. +355/(0)682827577, Xhezo Balili, Tel. +355/(0)693751452.

Tërbaç: Mehmet Bojkaj, Tel. +355/(0)69/2689809; Maksin Mehmetaj, Tel. +355/(0)69/3023523; Kostandin Gjinaj, Tel. +355/(0)68/3425077.

Vranisht: Serian Hasanaj, Tel. +355/(0)68/2791524; Bastri Limaj, Tel. +355/(0)68/2795752; Serian Hasanaj, Tel. +355/(0)69/9563031.

Bei Dhërmi: **Totoreto Camping**, Drymades, Tel. +355/(0)602026525; 15 Euro, abgeschlossener Parkplatz für 5 Euro pro Wagen. Die Edelausgabe eines Campingplatzes, die Mietzelte haben einen Holzfußboden und Baumwolldecken. Mit eigenem Platzkoch, der besonders die Wünsche vegetarischer Esser berücksichtigt.

Bei Himarë befinden sich einige Campingplätze direkt am Meer, unter anderem etwas nördlich von Himarë das **Camping Kranea**, Livadh Beach, Tel. +355/67/3122122. Mit umfangreicher Ausstattung und WLAN. www.camping-kranea.com

Platz vor Porto Palermo, frei nutzbar. Daneben Bungalowdorf **Ekoturist** mit 12 Hütten inmitten eines Agavenfeldes, Tel. +355/68/4053164; je nach Personenanzahl 25–45 Euro pro Bungalow. Der Besitzer Xhemal Mato bietet Tauchausflüge in die umliegenden Grotten an. www.ecoturist.com

In allen Orten gibt es eine riesige Auswahl an Restaurants.

Die Produktion von Olivenöl kann für Gruppen ab 10 Personen in der **Olivenölfabrik** in Qeparo besichtigt werden: www.gjikondi-oliveoilfactory.com

Ein besonderes Mitbringsel aus dieser Region sind **Olivenöl** und **Zitrusfrüchte**.

Krankenhaus: → Sarandë, S. 254, und Vlorë, S. 280.

Vlorë

Nach Durrës ist Vlorë (Vlora) die zweitgrößte Stadt an der albanischen Küste mit knapp 130 000 Einwohnern und besitzt nach Durrës auch den zweitgrößten Hafen. In der Stadt gab es in den letzten Jahren eine immense Bautätigkeit, jedoch gibt es noch nicht genügend Einwohner. Die Straßen um die Neubauten sind oft nicht mitgebaut worden, deshalb sollten bei Regenwetter in dieser Stadt nicht die Lieblingsschuhe getragen werden.

Im Zentrum selbst ist es sauberer und auch sehr lebendig. Die Vorliebe für Italien ist in Vlorë stark zu spüren, fast an jeder Ecke gibt es italienische Restaurants. In der albanischen Geschichtsschreibung hat die Stadt einen festen Platz, denn am 28. November 1912 wurde in Vlorë die Unabhängigkeit vom Osmanischen Reich verkündigt. Das **Museum der Unabhängigkeit** (→ S. 272) erinnert mit einer Ausstellung an dieses Ereignis. Wer keine weiteren Ausflüge in die Region von Vlorë aus organisieren möchte, hat an einem Tag alles Relevante in dieser doch ziemlich tristen Stadt gesehen. Im Sommer sind Stadt und Umgebung bei Albanern sehr beliebt, weshalb große Staus entstehen.

Geschichte

Die griechische Kolonie Aulon wurde im 6. Jahrhundert vor Christus an der Stelle des heutigen Zentrums gegründet, also etwas abseits der Küste. Über die Siedlung wurde Wein und Schafwolle vertrieben. Im Römischen Reich stellte der Ort einen wichtigen Hafen dar. Immer wieder wurde er zerstört oder angegriffen: im 6. Jahrhundert von den Slawen, im 11. Jahrhundert von den Normannen. Auch die Venezianer zeigten immer ihr Interesse an diesem Gebiet, das sie aber ab dem 15. Jahrhundert an die Osmanen abtreten mussten. Seither hat die mediterrane Stadt einen osmanischen Touch.

Bereits 1520 verzeichneten die osmanischen Register neben den 700 muslimi-

Erster Jahrestag der Ausrufung der Republik 1913 in Vlorë, Foto von Kel Marubi

▲ Karte S. 271

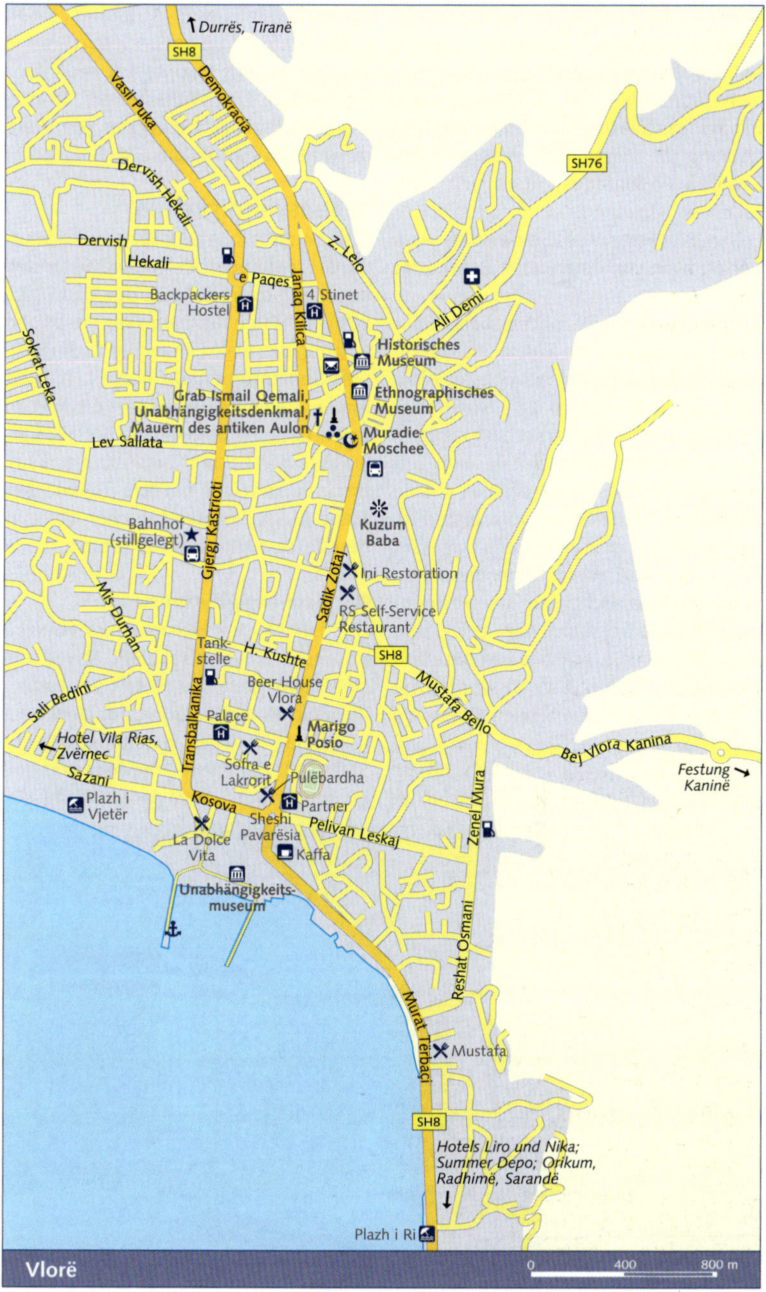
Durrës, Tiranë
SH8
Demokracia
Vasil Puka
SH76
Dervish Hekali
Dervish
Hekali
Z. Lelo
e Paqes
Janaq Kilica
4 Stinet
Backpackers Hostel
Ali Demi
Sokrat Leka
Historisches Museum
Ethnographisches Museum
Grab Ismail Qemali, Unabhängigkeitsdenkmal, Mauern des antiken Aulon
Muradie-Moschee
Lev Sallata
Kuzum Baba
Bahnhof (stillgelegt)
Gjergj Kastrioti
Ini Restoration
RS Self-Service Restaurant
Sadik Zotaj
Mis Durhan
Tankstelle
H. Kushte
SH8
Mustafa Bello
Beer House Vlora
Sali Bedini
Palace
Marigo Posio
Bej Vlora Kanina
Hotel Vila Rias, Zvërnec
Transbalkanika
Sofra e Lakrorit
Pulëbardha
Festung Kaninë
Sazani
Plazh i Vjetër
Kosova
Partner
Zenel Mura
Sheshi Pavarësia
Pelivan Leskaj
La Dolce Vita
Kaffa
Unabhängigkeitsmuseum
Reshat Osmani
Murat Terbaçi
Mustafa
SH8
Hotels Liro und Nika; Summer Depo; Orikum, Radhimë, Sarandë
Plazh i Ri
Vlorë
0
400
800 m

schen auch 530 jüdische Familien. Die jüdische Geschichte der Region begann mit der Vertreibung der Juden aus Spanien. Sie fanden Asyl im Osmanischen Reich und stärkten durch ihre gute Vernetzung die Wirtschaft. Während des Zweiten Weltkrieges gaben sich viele Juden als Albaner aus und retten so ihr Leben. Mit Beginn des Sozialismus wanderten viele von ihnen nach Israel oder die USA aus.

Zu Beginn des 20. Jahrhunderts kam Vlorë zu kurzzeitigem Ruhm. Als Hauptstadt des neu ausgerufenen Staates Albanien wurden hier am 28. November 1912 die ersten albanischen Flaggen gehisst und Depeschen mit der Bitte um Anerkennung des neuen Staates an alle damaligen Großmächte vom ersten albanischen Postamt verschickt. Das erste albanische Parlament tagte hier, dem der erste albanische Ministerpräsident Ismail Qemali vorstand. Aber zwei Jahre später kamen die Italiener und besetzen die Region bis 1920, doch wurden sie schließlich im dreimonatigen Krieg von Vlorë (*lufta e Vlorës*) aus der Stadt und damit aus Albanien gejagt. Im Kanon der albanischen Unabhängigkeitsgeschichte symbolisiert dieser Aufstand einen Meilenstein. Vlorë verlor dadurch seine Chance, erneut Hauptstadt Albaniens zu werden. Die Wahl fiel auf Tirana, womit sich einige Einwohner von Vlorë noch heute schwer tun.

Sehenswürdigkeiten

Wer sich aus Richtung Riviera der Stadt nähert, wird von der neuen Küstenskyline empfangen. Entlang der Küste südlich vom Hafen führt ein Weg am Strand entlang, den viele Einwohner als Ausgeh- und Sportpromenade nutzen, hier ist man mitten unter den Einheimischen. In der Umgebung des Hafens (Porti Vlorë), an dem die Fähren aus Italien ankommen, beginnt das buntere Treiben der Stadt. Meist jüngere Menschen sitzen in den Cafés oder gehen spazieren.

■ Unabhängigkeitsmuseum

Das Unabhängigkeitsmuseum (Muzeu Kombëtar Pavarësisë) liegt etwas versteckt zwischen den Hotels am Hafen. Zur Zeit der Verkündung der Unabhängigkeit lag das Haus weit außerhalb der Stadt. Alle Stadtteile am Meer sind jüngeren Datums, denn das Zentrum der

Strandpromenade in Vlorë

▲ Karte S. 271

Stadt liegt bis zu 1,5 Kilometer nördlich des Hafens im Landesinneren.
Die Erklärung der Unabhängigkeit ist ein Ereignis, das in der albanischen Geschichte ganz groß geschrieben wird. Als das Osmanische Reich durch den Druck Bulgariens, Griechenlands, Montenegros und Serbiens die Macht in Europa nicht mehr aufrechterhalten konnte, wurde am 28. November 1912 unter großer Beihilfe Österreich-Ungarns und Großbritanniens die Staatsgründung Albaniens in Vlorë initiiert, auch um die nahezu chancenlosen Albaner vor einem größeren Dilemma im Ersten Balkankrieg zu bewahren. Ein Großteil der Ausstellung ist Ismail Qemali gewidmet, dem Vorkämpfer, der in Wien seine Fürsprecher fand und danach erster Ministerpräsident des Landes wurde. An ihn erinnern sein Schreibtisch, sein Sessel, die Siegel sowie die Feder, mit der er die Unabhängigkeitserklärung unterschrieb. In diesem kleinen, unscheinbaren Haus wurde das erste Parlament eröffnet. Schon 1936 wurde es als Museum konzipiert und gilt damit als das älteste Museum in ganz Albanien. Museumspädagogisch unzeitgemäß, können sich die Besucher anhand von Statuen und Fotografien die ersten Minister des albanischen Parlaments anschauen. Wer sich in der Geschichte Südosteuropas gut auskennt, kann in den unterschiedlichen politischen Karten lesen, die die Zeit um 1912 in Südosteuropas näher beschreiben sollen. Da es keine Erklärungen auf Englisch gibt, ist sich jeder etwas selbst überlassen. Eines der wenigen Frauenporträts in der Ausstellung zeigt Marigo Posio. Sie engagierte sich in der Unabhängigkeitsbewegung und soll die Fahne genäht haben, die Qemali am 28. November auf dem Dach des Parlaments hisste. Eine zweite Variante lässt Marigo Posio eine in den USA hergestellte Fahne von Korfu nach Vlorë schmuggeln. Die Originalflagge ist nicht erhalten, als Ersatz dient die im Museum zusammengenähte Fahne.
Eine Kuriosität ist das Foto, auf dem mehrere Männer auf einem Balkon stehen. Es zeigt das heutige Museum und soll die Ausrufung der Unabhängigkeit 1912 darstellen. Da im November 1912 kein Foto entstand, musste die Szene 1913 nachgestellt werden (→ S. 270).
Marigo Posio, der Frau mit der albanischen Flagge, wurde auf einer kleinen Grünfläche an der Promenade Rruga Sa-

Palmengesäumter Boulevard

Minarett der Muradie-Moschee im Stadtzentrum von Vlorë

dik Zotaj ein kleines **Denkmal** gesetzt. Die Promenade verbindet das alte Zentrum mit dem Hafen. Eine Besonderheit in einer albanischen Stadt sind die Palmen, die den Boulevard säumen. Auf dieser Straße und den Nebenstraßen sind die meisten Geschäfte und Cafés der Stadt zu finden. In nördliche Richtung gelangt man automatisch zur Muradie-Moschee (Xhamia e Muradies).

Muradie-Moschee

Auf diesen Bau sind die Einwohner von Vlorë sehr stolz, da der Entwurf für die 1542 errichtete Moschee vom großen osmanischen Architekten Mimar Sinan stammt, der für die schönsten und bedeutendsten Prachtbauten seiner Zeit bekannt ist. Die Moschee überlebte die Zeit der Volksrepublik unbeschadet. Ein Besuch des Inneren bringt die Erfahrung, einmal drinnen gewesen zu sein – mehr als einen ganz nüchternen, schmucklosen Innenraum gibt es nicht zu sehen.

Unabhängigkeitsdenkmal

Schräg gegenüber vom Ausgang der Moschee steht ein kleines **Denkmal** aus schwarzem Stein, das an die **Unruhen von 1997** erinnert. Es steht auf dem **Platz der Flagge** (Sheshi i Flamurit), auf dem 1912 die erste albanische Flagge gehisst wurde. Der Nationalfeiertag am 28. November trägt bis heute den Namen Flaggentag (Dita e flamurit). Das Gebäude mit der ersten gehissten Fahne wurde 1932 endgültig abgerissen, nachdem es 1912 durch griechische Bombardierung im Ersten Balkankrieg bereits sehr beschädigt worden war. Die Flagge nimmt seit der Staatsbildung 1912 eine zentrale Rolle in der Identitätsstiftung aller Albaner weltweit ein. Sie zeigt auf roter Fläche den schwarzen, doppelköpfigen Skanderbeg-Adler, der wiederum auf den alten, byzantinischen Doppeladler zurückgeht. Seit dem 60. Jahrestag der Unabhängigkeitserklärung 1972 ziert den Platz das monumentale **Unabhängigkeitsdenkmal** aus Bronze des Bildhauers Mumtaz Dhrami mit der zentralen Darstellung des ersten Ministerpräsidenten Ismail Qemali. Hinter ihm steht Isa Boletini, der sich für den Anschluss des Kosovo an Albanien einsetzte, jedoch keinen Erfolg hatte. Um das Ganze in die lineare Entwicklung hin zum Sozialismus einzubetten, werden die beiden von militärisch

▸ Karte S. 271

drapierten Partisanen und Soldaten mit Waffen umrahmt. Und über allen steht der triumphierende Fahnenträger.
Am Platz der Flagge liegen die **Reste der antiken Stadt Aulon**, die bei Ausgrabungen entdeckt wurden. Etwas versteckt befindet sich an diesem Platz noch das **Grab von Ismail Qemali**.

Historisches und Ethnografisches Museum

Noch weiter nördlich stehen fast nebeneinander zwei Museen. Das **Historische Museum** an der Straßenkreuzung zeichnet die Geschichte der Region anhand von Funden archäologischer Grabungen vom Neolithikum über die Antike und das Mittelalter bis ins 20. Jahrhundert nach. Ein eigenwilliger Ort ist das **Ethnografische Museum**, das sich hinter dem nicht fertigen Betongebäude gegenüber dem Historischen Museum befindet. Die Ausstellung ist passend in einem Haus aus der osmanischen Zeit untergebracht. Insgesamt ist das Flair des Hauses interessanter als die altmodische ethnografische Ausstellung. Eine Küche mit Haushaltsgegenständen und sogar mit eigener Quelle wird gezeigt sowie Relikte der Landwirtschaft und des Fischfangs. Im Obergeschoss wird es spannender, hier ist Porzellan aus der sozialistischen Produktion zu sehen. Die restlichen Räume sind ein Männer- und Frauenzimmer, wie sie in den ethnografischen Museen Albaniens oft zu sehen sind.

Aussichtspunkte

Zwei Aussichtspunkte in der Stadt ermöglichen eine gute Aussicht. Gleich bei der Muradie-Moschee liegt der **Kuzum Baba**, der seinen Namen von der dort erhaltenen Bektaschi-Türbe erhalten hat. Ein großes **Restaurant** steht als Ziel zur Verfügung. Noch zu Vlorë zu rechnen ist die etwa zwei Kilometer vom Stadtrand entfernte, auf dem 390 Meter hohen Hügel stehende **Burg Kaninë** (Kalaja e Kaninës). Der Blick über Vlorë und die Umgebung lohnt sich. Die ältesten Aufzeichnungen über die Burg stammen aus dem 3. Jahrhundert vor Christus, doch wird eine vorherige Besiedlung durch illyrische Stämme vermutet. Von der eigentlichen Burg ist außer den Festungsmauern nichts erhalten geblieben. Diese erzählen durch ihre Bauweise aber etwas über die Herrscher der Burg. Die ältesten Steine stammen aus dem 3. Jahrhundert vor Christus, danach baute Byzanz im 6. und 11. Jahrhundert weiter, es folgten im 13. Jahrhundert die Anjous aus Neapel und schließlich die Osmanen. Zur Burg gelangt man auf einer asphaltierten Straße oder mit einem Taxi aus Vlorë.

Ausblick von der Burg Kaninë

Die Umgebung von Vlorë

Strände

In direkter Nähe der Stadt gibt es mehrere Strände. Im Süden erstreckt sich der **Neue Strand** (Plazhi i Ri), der Bus dorthin fährt an der Muradie-Moschee ab. Ein kleiner Teil des Strandes diente den Funktionären des sozialistischen Albaniens. Die Villa von Enver Hoxha ging während der Rebellion 1997 in Flammen auf und wurde völlig zerstört.

Im Norden bis zur Halbinsel Zvërnec erstreckt sich der **Alte Strand** (Plazhi i Vjetër). Auf der Halbinsel lassen sich einfache Wanderungen unternehmen, da die Strecken zwischen Meer und der **Lagune Narta** (Laguna e Nartës) liegen und auch ohne Markierungen leicht zu überblicken sind. Die vielen Kiefernwälder wurden im Sozialismus angepflanzt, um die Ausbreitung der Sanddünen einzudämmen. In der Lagunenlandschaft wird seit der Antike Salz gewonnen.

In der Lagune liegt auf der kleinen, vorgelagerten Insel **Zvërnec**, die von der gleichnamigen Halbinsel zu Fuß über eine Holzbrücke zu erreichen ist, eine **Marienkirche** (Kisha e Shën Mërisë) aus dem 13. oder 14. Jahrhundert. Bis 1966 war diese Kirche Teil eines Klosters. Die Mönche wurden vertrieben, und ein Jahr später wurde die Bibliothek in Brand gesetzt, danach wurde die Insel als Internierungslager genutzt. Die in Vlorë zu Ruhm gekommene Marigo Posio fand auf dem alten Klostergelände ihre letzte Ruhestätte. In diesem Fall kann man einen Fischer fragen, ob er mit seinem Boot zur Insel fährt. Von der Narta-Lagune ist es möglich, am Meer entlang die etwa sieben Kilometer nördlich bis zur Vjosa-Mündung zu laufen und dabei die Sanddünen zu erleben.

Blick zur Halbinsel Karaburun

▶ Karte S. 262

Im Süden von Vlorë

Orikum

Die archäologischen Ausgrabungen in Orikum (Orikumi) sind nicht weit fortgeschritten, gut zu sehen sind aber das **Theater** und ein **Brunnen**. An diesem schön gelegenen Ort, etwa 27 Kilometer südlich von Vlorë, kann man mit etwas Phantasie eine antike Stadt im Geist auferstehen lassen. Der Ort war über einen Kanal mit dem Meer verbunden. Er soll im 6. Jahrhundert vor Christus von griechischen Kolonisten von Euböa errichtet worden sein. Die Römer nutzten den Hafen für ihre Kriege gegen die Illyrer. Julius Cäsar stationierte in Orikum einen Teil seiner Kriegsflotte. Der Ort selbst ist eine Ansiedlung neuer, wild gebauter Häuser, Hotels und Restaurants. Auf dem Weg zur Halbinsel **Karaburun** liegt eine von zwei albanischen Marinebasen, **Pashaliman**. Berühmt wurde diese Bucht, als ab 1955 hier für einige Jahre die zwölf sowjetischen U-Boote stationiert wurden, der bis dahin westlichste sowjetischer Einflussnahme im Mittelmeerraum. Seit Albaniens Beitritt zur Nato 2009 wird die Basis gelegentlich von verbündeten Armeen besucht. Ein Betreten der Anlage ist streng verboten.

Im Hinterland von Vlorë

Nationalpark Karaburun-Sazan

Die Landzunge Karaburun ist die Grenze zwischen dem Ionischen Meer im Süden und der Adria im Norden. Die Halbinsel war im Sozialismus militärisches Sperrgebiet. Bis heute können Besucher Albaniens einzigen ›maritimen Nationalpark‹ nur mit einem Boot oder zu Fuß von **Orikum** aus erreichen. Einige Albaner brettern auch mit dem Geländewagen bis zu ihrem Lieblingsstrand. Da die 30 Kilometer lange Halbinsel unbewohnt ist, können Wanderer die Natur und Ruhe richtig genießen. Wichtig ist, genug Wasser und Verpflegung mitzunehmen, denn es gibt keine Läden oder Gaststätten im Nationalpark.

Die Insel **Sazan** ist ehemaliges Militärgebiet und beheimatet den Außenposten des italienischen Zolls. Für die Zukunft ist eine touristische Nutzung der kleinen Insel geplant.

Amantia

An der alten Straße von Vlorë nach Tepelenë liegt die antike illyrische Siedlung Amantia, benannt nach dem illyrischen Stamm der Amantier. Es erscheint seltsam, dass diese Anlage nicht touristisch erschlossen ist, da doch in Albanien der illyrischen Geschichte sehr viel Bedeutung beigemessen wird. Im Gegensatz zu den griechischen Ausgrabungsstätten sind die illyrischen Funde sehr schlecht markiert und werden auch selten als Ausflugsziele beworben. Der Kulturtransfer der um die illyrischen Siedlungen angelegten griechischen Städte war sehr groß, was sich im Aussehen der ehemaligen städtischen Anlagen niederschlug, wie auch in der Münzprägung und dem Verehren der griechischen Gottheiten.

Wie viele illyrische Anlagen befindet sich auch Amatia auf einem Hügel, der heute wie damals für gute Ausblicke sorgt. Zu sehen sind ein Stadion, ein Torbogen sowie Reste von Tempel- und Wohnanlagen. Auf dem Gelände arbeiten ein Archäologe und zwei Helfer. Das Eintrittsgeld beträgt 200 Lek. Die Fahrt von Vlorë nach Amantia dauert etwa eine halbe Stunde.

Im Osten von Vlorë

Ballsh

Ballsh muss man nicht sehen, man kann es riechen. In der ganzen Umgebung wird seit den 1920er-Jahren verstärkt Erdöl gefördert. Entlang der Straßen stehen alte Erdölpumpen aus dem Sozialismus, die meistens außer Betrieb genommen wurden. Neuere Pumpanlagen fördern heute den begehrten Rohstoff, die Anlagen befinden sich meistens in ausländischer Hand. Die Raffinerie in Ballsh ist einer der wenigen verbliebenen alten Industriekomplexe, die noch in Betrieb ist. Errichtet 1978, arbeitet sie mit alter Technologie wenig effizient und produziert Benzin und Diesel für den albanischen Markt. Der Boden um die stillgelegten Anlagen wurde nie ausgetauscht, und das Trinkwasser ist durch undichte Stellen an den Anlagen verunreinigt. Aus den Schornsteinen steigt dreckiger Rauch auf. Im Ort wurden die **Reste einer Basilika** ausgegraben, deren Pfeiler gemauert waren und deren Säulen aus ägyptischem Granit bestanden. Die Basilika wurde zwischen dem 6. bis 12. Jahrhundert gebaut und immer wieder umgebaut. Nachdem der Einfluss Byzanz gesunken war, erstarkte vom späten 9. bis ins frühe 11. Jahrhundert Bulgarien, das seinen Einfluss bis ins heutige Albanien ausdehnen konnte. Teile der Basilika wurden in dieser Phase geändert. Am Eingang der Ausgrabung steht deshalb ein kleiner, neuer **Kirchenbau**, der von Bulgarien gefördert wurde. Aus der bulgarischen Epoche blieben viele slawische Ortsnamen in Albanien erhalten, Kirchen aber kaum. Interessanterweise wurde während der osmanischen Zeit

Kapitelle in Byllis

Karte S. 262

Erdölraffinerie in Ballsh

an den Stellen, an denen die Kirchen einst standen, nichts Neues erbaut. Der Hauptgrund wird im Aberglauben der Menschen gesehen, die nicht den Zorn der Geister der Vergangenheit auf sich ziehen wollten.

Byllis

Eine große illyrische Stadtanlage befindet sich auf einem 523 Meter hohen Berg über dem Vjosa-Tal und der Nationalstraße SH4. Leider ist die Auffahrt von der vierspurigen Straße nach Byllis sehr schlecht. Es ist besser, am Ende der Serpentinen beim Verlassen von Ballsh in südöstlicher Richtung rechts zum Dorf **Hekal** abzubiegen. Von hier ist Byllis ausgeschildert; es liegt genau südlich von Ballsh oberhalb der Straße SH 4. Das archäologische Gelände ist für die Besucher neben Albanisch auch auf Englisch ausgeschildert.

Die Stadt lag auf den Handelswegen der Illyrer zur griechischen Kolonie Apollonia. Sie wurde im 4. Jahrhundert neu gegründet, nachdem das benachbarte Nikaia zu klein geworden war. Die Reste von **Nikaia** sind auf dem benachbarten Hügel von Byllis aus zu sehen, es führt auch ein Weg dorthin. In römischer Zeit wurde die Stadt der Herrschaft Roms unterstellt, es kam aber kaum zu baulichen Veränderungen. Ähnlich wie in Butrint wurden hier unter Kaiser Augustus römische Kriegsveteranen untergebracht. Eine letzte große Bedeutung bekam Byllis im 6. Jahrhundert: Bisher wurden auf dem Gelände fünf Basiliken ausgegraben, für deren Bau das antike Gemäuer benutzt wurde. Der Bischof von Apollonia zog es vor, im höhergelegenen Byllis zu residieren. Durch die Einfälle der Slawen im 6. Jahrhundert wurde die Stadt zerstört und anschließend aufgegeben.

In der **Basilika B** blieben sehr dekorative Fußbodenmosaike mit Darstellungen von Menschen und Tieren erhalten, die aber meistens zum Schutz gegen Zerstörungen und Verwitterung mit Sand abgedeckt sind. Zu sehen sind die Reste der **Agora**, des Handels- und Marktzentrums, das in römischer Zeit zum Forum umgewandelt wurde. Das ursprüngliche **Theater** erkennt man an dem halbrunden Kreis im Hügel, außerdem sind ein **Stadion** und die Überreste der **Zisterne**, **Stadttore** und der **Stadtmauern** zu sehen, die über zwei Kilometer lang waren. Am Rand der Ausgrabungsfläche steht das sehr gute Restaurant **Bylis** mit einer Terrasse, von der es sich gut in das Vjosa-Tal und Richtung Adria blicken lässt. Einfache Zimmer stehen auch zur Verfügung.

Öffnungszeiten Archäologisches Gelände: tgl. 8–18 Uhr, Eintritt 300 Lek.

Vlorë und Umgebung

Vorwahl: +355/(0)33.

Es gibt eine **Touristeninformation** in der Rr. Liria, am Unabhängigkeitsdenkmal, die allerdings selten geöffnet ist.

Post, Rr. Demokracia, zwischen Rr. 8 Marsi und Rr. Tasin Januzi; tägl. 8 - 16 Uhr.

Die Straßen nach Vlorë und in die Umgebung sind meist sehr gut ausgebaut. In den Neubauvierteln der Stadt fehlt oft der Asphalt, weshalb ein Schlagloch dem anderen folgt und bei Regen alles schlammig wird.

Busse nach Tirana: 4, 5, 6, ab 6.30 halbstündlich bis 18 Uhr, 18–22 Uhr stündlich.

Sarandë: 7, 8, 10.30 und 12.30 Uhr.

Fähren verbinden Vlorë mit **Brindisi** in Italien (5–7,5 Std., Red Star Ferries, European Ferries Service).

Bootsfahrten in den Nationalpark Karaburun-Sazan starten am kleinen Hafen bei Radhimë, südlich von Vlorë.

Hotel Partner, Rr. Pelivan Leskaj, Tel. +355/(0)33/408282; 57 Zimmer, EZ 55 Euro, DZ 70 Euro, Suite 150 Euro. Nur 200 m vom Stadtzentrum, der Muradie-Moschee und dem Meer entfernt. www.hotelpartner.al

Palace, Rr. Gjergj Arianiti, Tel. +355/(0)33/404555; 50 Zimmer, 6 Suiten, 45–180 Euro. Im Zentrum, 750 Meter vom Hafen und Strand entfernt. www.hotelpalace.al

Liro, Rr. Aleksandër Moisiu, Tel. +355/(0)69/2492001; 18 Zimmer und Apartments 49–85 Euro, 1 Suite 120–185 Euro. Südlich der Stadt; kleine Privatbucht mit kostenfreien Liegestühlen und Sonnenschirmen. www.hotel-liro.com

Nika, Rr. Dhimitër Konomi, Uji I Ftohtë, Tel. +355/(0)69/7851822, 10 Zimmer, 25–65 Euro. Südlich, 2 Min. zu Fuß vom Strand entfernt. vilanikavlore@yahoo.com; www.nikahotelalbania.com

4 Stinet, Rr. Janaq Kilica, Tel. +355/(0)69/3014997, hotel4stinet@gmail.com; 15 Zimmer, 25–35 Euro. 500 m vom Platz der Unabhängigkeit.

Vlora Backpackers Hostel, Rr. Haki Isufi, Tel. +355/(0)69/6135752; 3 Schlafsäle,

10 Zelte, 8–12 Euro/Pers., 5 Euro/Pers. im Zelt. In einem alten Haus im Stadtzentrum in ruhiger Umgebung, nah am Busbahnhof.
vlorabackpackers@gmail.com,
http://vlora-backpackers-hostel-vlore1-al.book.direct
Vila Rias, Rr. Aleks Çaçi, Tel. +355/(0)69/3734875, arbengjoka@gmail.com; 12 Zimmer 18–21 Euro, 1 Apartment 23–37 Euro. 1 Min. zu Fuß vom Strand entfernt.
www.vila-rias.vlore.hotels-al.com
Hotel Zvërneci, Tel. +355/(0)33/404300, hotelzverneci@hotmail.com; 21 Zimmer, 30–50 Euro. Für Naturliebhaber ideal gelegen auf der Halbinsel Zvërnec, direkt am Meer, in der Nähe zu den Stränden. Guter Ausgangspunkt für Wanderungen über die Halbinsel.
www.sites.google.com/site/hotelzverneci

In Vlorë führen die meisten Restaurants italienische Küche, was meistens auch am Namen oder an dem Zusatz ›Piceri‹ zu erkennen ist. Viele Cafés und Bars befinden sich in Hafennähe und auf der Rruga Sadik Zotaj. Mehrere Restaurants liegen nördlich von Vlorë sehr schön im Wald zwischen dem Dorf Nartë und den Stränden von Zvërnec, z. B. **Bar Restaurant Malko**, Tel. +355/(0)69/2767458.
Restaurant Pulëbardha, Rr. Sadik Zotaj, Skelë, Tel. mobil +355/(0)69/3169611. Eines der beliebtesten Fischrestaurants in Vlorë, auch in Orikum gibt es ein ›Pulëbardha‹.
Sofra e Lakrorit, Rr. Çajupi, Tel. +355/(0)69/6735282. Albanisches Essen.
Restorant Piceri Mustafa, Rr. Murat Terbaçi, Tel. +355/(0)69/4404989. Typische Fleisch- und Fischgerichte, Pizza und Pasta.
www.restorantmustafa.com
RS Self-Service Restorant, Rr. Sulejman Delvina, Tel. +355/(0)69/3747065. Hier wird man zu vernünftigen Preisen satt.
Ini Restaurant, Blv. Ismail Qemali, Tel. +355/(0)69/6422655. Griechische und italienische Küche, Pizza, Meeresfrüchte, Steakhaus.
La Dolce Vita, Universiteti, Tel. +355/(0)69/9470142. Tapas-Bar und Restaurant.
Beer House Vlora, Blv. Vlorë-Skelë, Tel. +355/(0)69/9747492. Für Freunde rustikalerer Einrichtungen.
Bojo Resort, Straße Vlorë–Radhimë, Tel. +355/(0)69/2079023, Sehr gutes Fischrestaurant.
Kompleksifreskia@gmail.com
Laberia, Straße Vlorë–Radhimë, Tel. +355/(0)69/4446167. Spezialität des Restaurants ist Lammfleisch.

Kaffa – Coffee & More, Rr. Çamëria, Tel. +355/(0)69/6745664. Sehr guter Espresso, ausgewählte Teesorten, toller Wein und Whiskey, perfekter Platz in Vlorë.

Summer Depo, Rr. Aleksandër Moisiu. Partys und Konzerte, direkt am Strand im südlichen Vlorë.
Coco Bongo Beach Club, noch südlicher gelegen an der SH8. Große DJ-Partys.

Unabhängigkeitsmuseum (Muzeu Kombëtar i Pavarësisë), Rr. Sadik Zotaj; Di–Sa 9–17, So 10–14 Uhr, 100 Leke.
Historisches Museum (Muzeu Historik); tägl. 8–14 Uhr, Di–Do zusätzlich 17–20 Uhr, 100 Lek.
Ethnografisches Museum (Muzeu Etnografik); Mo–Fr 9–14, 17–20 Uhr, Sa, So 9–12 Uhr, 100 Lek.

Nationalpark Karaburun: Eine Hilfe für Wanderer könnte der englischsprachige Blog zum Wandern entlang der Riviera sein, der einen Weg im Nationalpark beschreibt:
www.albanian-riviera.net/karaburun.

Krankenhaus (Spitali Rajonal Vlorë), Rr. Mitaq Sallata, Tel. +355/(0)33/22657, Notaufnahme +355/(0)33/222631.

▶ Karte S. 262/271

Apollonia

Wie in Butrint hat sich in der Neuzeit auch in Apollonia keine neue Stadt etabliert, und so können Ausgrabungsteams das gesamte Gelände bearbeiten. Die Arbeiten kommen aber nur sehr schleppend voran. Den albanischen Archäologen sind aufgrund der finanziellen Ebbe die Hände gebunden. Ab und zu zeigt die französische Regierung Interesse, stellt Gelder zur Verfügung und ermöglicht albanischen Archäologiestudenten das Studium in Frankreich, wo die Bedingungen besser sind als in Albanien.
Leider sind auf dem Gelände einer der wichtigsten albanischen Ausgrabungsstätten nicht ausreichend Tafeln aufgestellt worden, weshalb eine eigenständige Exkursion ziemlich schwer fällt. Die wenigen vorhandenen Tafeln sind auf Albanisch, Französisch und Englisch beschriftet. Im Museum ist ein Buch des Archäologen Vangjel Dimo auf Deutsch erhältlich. In Albanien lieferte der Archäologe Neritan Ceka die derzeit beste Zusammenfassung, die auf Englisch vorliegt. In den älteren deutschen Kunstführern ist Apollonia neben anderen bekannten Ausgrabungen und Sehenswürdigkeiten oft ausführlich beschrieben. Bei Interesse kann man sich einer der Gruppen anschließen, deren Sprache man versteht. Die Führungen finden regelmäßig auf dem gesamten Gelände statt. Wer Apollonia ausführlicher kennenlernen möchte, sollte mindestens einen halben Tag für den Besuch einplanen.

Geschichte

Gegründet wurde die ehemalige Hafenstadt am Fluss Vjosa aller Wahrscheinlichkeit nach von griechischen Kolonisten aus Korinth und von Korfu im 6. Jahrhundert vor Christus. Keramikfunde vor Ort aus der Zeit um 620 vor Christus könnten den Entstehungszeitpunkt auch etwas nach vorn verlegen. Den Namen erhielt die Stadt vom griechischen Gott Apollon, der unter anderem Schutzherr für das Licht, den Frühling, die Heilung und Reinheit war. Das albanische Apollonia ist unter den Städten gleichen Namens die bekannteste. Die Stadt ent-

Ausgrabungen in Apollonia

stand auf dem Gebiet illyrischer Stämme, und es wird angenommen, dass die Illyrer nicht nur im Handel mit den Griechen standen, sondern diese auch zahlreich in der Stadt wohnten und als Handwerker arbeiteten. Die Stadt entwickelte sich prächtig, es lebten schätzungsweise 60 000 Menschen auf der 80 Hektar großen Stadtfläche, die von einer über fünf Kilometer langen Stadtmauer geschützt wurde. Die Oberschicht wurde durch den Sklavenhandel, die Landwirtschaft und Produktion reich. Für die Landwirtschaft nutzte man bereits in der Antike die große Myzeqeja-Ebene (→ S. 182), die die Stadt umschließt. Die Handwerker produzierten Keramik, Werkzeuge, Bronze, Silber- und Goldschmuck sowie Waffen für den Bedarf in der Stadt und den Verkauf. Der Handel mit natürlichen Asphalt aus dem nahen Hinterland trug zur Prosperität bei, denn dieser wurde zum Abdichten von Schiffen gebraucht. Die Schiffe ankerten in einem Hafen auf dem Fluss Vjosa, der nur knapp zwei Kilometer vom offenen Meer entfernt lag.

Die Stadt wurde auf zwei rund 100 Meter hohen Hügeln angelegt. Auf dem einen befindet sich das Apollo-Heiligtum, genannt **Temenos**, auf dem zweiten die **Akropolis** mit den Militärlagern, die zur Zeit Cäsars ›Arx‹ genannt wurde. Denn ab 229 vor Christus gelangte die Stadt in den Einflussbereich des Römischen Reiches und diente den Römern als wichtiger Stützpunkt für das weitere Vordringen nach Südosteuropa. Darüber hinaus entwickelte sich der Ort zu einem bedeutenden Bildungszentrum, in dem die römische Elite ausgebildet wurde. Seit Mitte des 2. Jahrhunderts begannen die Römer, den südlichen Zweig der Via Egnatia (→ S. 33) von Apollonia aus zu bauen, der die Gegend bis ins 19. Jahrhundert über den Ohridsee und Thessaloniki mit Istanbul verband.

▶ Karte S. 262

Durch ein Erdbeben im 4. Jahrhundert schwand allmählich die Bedeutung der Stadt. Der wichtigste infrastrukturelle Knotenpunkt, der Vjosa-Hafen, war nicht mehr nutzbar, wodurch die Anbindung an die Adria wegfiel. Durch das Erdbeben bekam der Fluss ein neues Bett und fließt seither in einem weiten südlichen Bogen um die Stadt.

Ausgrabungsgeschichte

Im Gegensatz zu Butrint ist das Gelände sehr groß, jedoch weniger intensiv archäologisch bearbeitet. Das zwischen beiden Hügeln liegende ehemalige Zentrum der Stadt, die **Agora**, wurde am intensivsten erkundet und stellt mit der Rekonstruktion den am besten nachvollziehbaren Eindruck der antiken Stadt dar. Die Erforschung des Gebiets begann im 19. Jahrhundert. Der französische Archäologe Léon Heuzey nahm die Chance wahr, mehrere Statuen nach Frankreich zu bringen und dem Louvre zu vermachen. Die ersten wirklichen Ausgrabungen unternahmen zwischen 1916 und 1918 der österreichische Archäologe Camillo Praschniker während der österreichisch-ungarischen Okkupation im Ersten Weltkrieg. Er veröffentlichte seine Erkenntnisse und bereicherte mit vielen Fundstücken die Sammlungen der Wiener Museen. Die weiteren bedeutenden Forschungen begannen zwischen 1924 bis 1938 unter Leitung des Franzosen Léon Rey, der die Bereiche der Agora freizulegen begann und das bekannteste Fotomotiv Apollonias, das **Säulenportal des Buleuterions** rekonstruierte. Im Zweiten Weltkrieg legten italienische Fachleute das **Gymnasium** frei. Nach Ende des Zweiten Weltkriegs übernahmen albanische Forschergruppen in Zusammenarbeit mit Kollegen aus der Sowjetunion die Arbeiten. Wie in Butrint arbeitete auch hier der Archäo-

Das Marienkloster in Apollonia stammt aus dem 13. Jahrhundert

loge Hasan Ceka. Vor Ort lernte er bei Léon Rey und in Butrint von Luigi Maria Ugolini, da es in Albanien vor dem Zweiten Weltkrieg keine institutionalisierte Archäologie gab. Sein Sohn Neritan Ceka stieg in die Fußstapfen des Vaters, er knüpfte nach dem Ende des Sozialismus wichtige Kontakte zu französischen Universitäten, um weitere Ausgrabungen vornehmen zu können.

Seit 2006 wird das Gesamtgelände als Archäologischer Park bezeichnet. Diese Bezeichnung verfolgt eine Strategie, mit der mehr Besucher nach Apollonia gelockt werden sollen, da diese Ausgrabungsstätte keinen UNESCO-Titel trägt. Um einen Überblick über Apollonia zu erhalten, wird ein Rundgang vorgeschlagen.

Kloster

Beim Betreten des Geländes machen alle Besucher zuerst Bekanntschaft mit dem jüngsten Gebäude in Apollonia. Das Kloster wurde im frühen 14. Jahrhundert gegründet, die **Marienkirche** (Kisha e Shën Mërisë) stammt aus dem späten 13. Jahrhundert. Die Kalksteine zum Bau des unteren Teils der Kirche stammen aus dem antiken Theater. Für den oberen Teil der Kirche sind Ziegelsteine zum Einsatz gelangt. Diese Kombination der Steine ist in der byzantinischen Architektur äußerst selten anzutreffen. Der Einfluss der apulischen Architektur wird bei dieser Kirche unterstrichen und mit ähnlichen Bauten im italienischen Bari, im kroatischen Dubrovnik und im montenegrinischen Bar verglichen. Wer sich die Ecken der Kirche anschaut, wird merken, dass keine im rechten Winkel gebaut ist. Um die Kirche wurden in den folgenden Jahren etliche Räume und kleine Gebäude hinzugebaut. Am südlichen Exonarthex sind am Außenbau **griechische Inschriften** zu sehen. Der Stein wurde in der Antike als Grabstein genutzt und später zum Bau der Kirche verwendet. Von den Fresken haben sich nur wenige erhalten, die Ikonostase stammt aus dem 19. Jahrhundert. Die Fresken im benachbarten **Refektorium** aus dem 16. Jahrhundert werden zu den schönsten Albaniens gerechnet. In einem kürzlich eröffeneten Raum neben dem Refek-torium befindet ein Mosaik aus dem 5. Jahrhundert.

Auf dem Gelände des ehemaligen Klosters wurde vor einigen Jahren ein **Museum** (wieder-)eröffnet. Es lohnt sich, vor

Skulpturenreste im Marienkloster

▲ Karte S. 262

Das rekonstruierte Portal des Buleuterion

Betreten des Ausgrabungsgeländes die Grabungsfunde und die Geschichte Apollonias in den drei Räumen anzuschauen. Zu sehen sind die importierten griechischen Vasen und Nutzgegenstände, Münzen aus verschiedenen Regionen, ein Schild aus dem 4. Jahrhundert vor Christus sowie viele Skulpturenfragmente und Plastiken. Beeindruckend ist die große Anzahl kleiner Gläser, die für Salben benutzt wurden und als Grabbeigabe Verwendung fanden (Unguentarium).

Rundgang

Agora

Auf dem Rundgang fällt schnell das Säulenportal des **Buleuterions** als Teil der Agora auf. Es wurde bereits 1926 entdeckt, jedoch erst 1976 rekonstruiert. Einige Säulen wurden in Beton ausgeführt, um das Portal erneut entstehen zu lassen. Der Beton ist nicht mehr im besten Zustand und soll in den kommenden Jahren ausgetauscht werden. Die restlichen Säulen bestehen aus Marmor und tragen gut erhaltene korinthische Akanthuskapitelle. Dieses Gebäude aus dem letzten Viertel des 2. Jahrhunderts diente der Bule, dem Stadtrat für Versammlungen. Auf dem Architrav im Giebelfeld steht auf Griechisch geschrieben, dass der einflussreiche Quintus Villius Crispinus Furius Proculus das Buleuterion in Erinnerung an den Präfekten von Syrien, seinen Bruder, errichten ließ. Die Agora (ab dem 6. Jahrhundert vor Christus) behielt während der gesamten Entwicklung der Stadt den Zentrumscharakter, so dass in diesem Bereich viele Relikte aus den unterschiedlichen Epochen gefunden wurden. Das rechtwinklige Straßensystem ist in allen Zeiten beibehalten worden. Auf der Agora fanden alle wichtigen Feste, politischen Reden und Handelsgeschäfte statt.

Im Bereich der Agora sind viele weitere Gebäudereste zu finden. Das **Odeon**, die **Bibliothek**, der **Triumphbogen**, der **Diana-Tempe**l sind aus Ziegel im 2. Jahrhundert errichtet worden.

In nordwestlicher Richtung, direkt neben dem Buleuterion, sind in den 1960er-Jahren die Fundamente eines Gebäudes entdeckt worden, die für das **Prytaneions** gehalten werden. Dies war der Sitz der Prytanen, die die Regierungsgeschäfte der Polis regelten. Dies wird angenommen, da die hier ausgegrabenen Statuen hohe Repräsentanten darzustellen scheinen.

Nischen der Stoa B

Triumphbogen und Bibliothek

Direkt vor dem Buleuterion sind auf dem Rasen die gemauerten Überreste des **Triumphbogens** zu erkennen, der drei Durchgänge besaß und mit Marmor verkleidet war. In der verlängerten Blickrichtung liegt direkt dahinter die **Bibliothek** (2. Jahrhundert). Die Gebäudereste bekamen vom französischen Archäologen Léon Rey diesen Namen. Bis heute ist jedoch nicht geklärt, was die tatsächliche Funktion dieses Komplexes war.

Odeon

Am nördlichen Ende der Agora erscheint das Odeon (Mitte 2. Jahrhundert), das öffentlichen Veranstaltungen wie Musikaufführungen oder politischen Diskussionen diente und etwa 300 Menschen Platz bot. Neben dem Odeon schließt sich das **Kleine Sanktuarium** an. An diesem Gebäude mischen sich am Mauerwerk die griechischen und römischen Techniken.

Diana-Tempel

Ganz im Westen der Agora steht das jüngste Gebäude der Agora, der Diana-Tempel (Ende 2. Jahrhundert). Reste einer Marmorstatue, die Diana darstellt, wurden an dieser Stelle gefunden.

Ganz am östlichen Rand der Agora steht ein kleiner **Obelisk** aus dem 3. Jahrhundert vor Christus, der Apollon, dem Schutzgott der Stadt gewidmet war.

Stoa B

Die Mauerüberreste des Temenos und die 72 Meter lange Stoa B mit ihren charakteristischen 17 Nischen entlang des Hügels stammen aus dem 4. Jahrhundert vor Christus.

Stoa A

Die kleinere Stoa A stammt aus der römischen Zeit (3. Jahrhundert vor Christus). Die untere Stufenreihe des Gebäudes ist noch sehr gut zu erkennen, ebenso die

▸ Karte S. 262

Ansätze der dorischen Säulen. Am Ende der Stoa B ist ein Teil der ehemaligen **Lagerhäuser** rekonstruiert worden, zu erkennen an dem nachgebauten Bogen. Daneben liegen Reste der **Zisternenanlagen**.

Temenos

Hinter der Agora schließt sich der Apollon-Hügel an, genannt Temenos (ab dem 6. Jahrhundert vor Christus.). Es ist mit 104 Metern die höchste Erhebung der Stadt und galt als heiliger Ort.
Die Überreste des **Apollon-Tempels** sind erkennbar. Das Gebäude schien nach Osten ausgerichtet zu sein, in Richtung des Sonnenaufgangs. Eines der Attribute Apollons war das Licht.

Akropolis

Der strategisch wichtigere Hügel war die Akropolis (ab dem 5. Jahrhundert vor Christus) in die sich die Bevölkerung im Kriegsfall zurückziehen konnte. In diesen geschützten Bereich führte lediglich ein Tor, das im Süden des Hügels lag.

Theater

Noch zum Bereich der Agora wird das Theater gerechnet, das aber abseits der restlichen Gebäude liegt. Es bot seit dem 3. Jahrhundert vor Christus Platz für 10 000 Zuschauer.
Derzeit liegen einige Steine aus den unteren Reihen übereinandergestapelt auf dem Bühnenraum, da eine deutsche Archäologengruppe ihre Arbeiten nicht mehr beenden konnte. In der ersten Reihe des Theaters sind Monogramme auf den Steinen erhalten, die die Namen einflussreicher Familien zeigen. Teile eines Frieses werden im Museum ausgestellt.

Nymphaeum

Noch abgelegener, am nördlichsten Punkt des Parks unterhalb der Akropolis, liegt das Nymphaeum, das als Wasserspiel und Brunnen diente (Mitte 3. Jahrhundert vor Christus). Es ist die am besten erhaltene Anlage in Apollonia und gut zu erkennen an der Lage am Hang – um das Wasser der Quellen aufzufangen – und an der Reihe dorischer Säulen vor dem Bassin.
Weitere Ausgrabungen umfassen verschiedene ehemalige **Wohnhäuser** mit teilweise wunderbar erhalten Mosaikfußböden, **Tempel**, **Straßen**, die **Stadtmauern** und zwei **Nekropolen**, eine aus der griechischen und eine aus der römischen Zeit.

Apollonia

Parkverwaltung, Postanschrift Manastiri i Apollonise, Pojani, P.B. 612, Tel. +355/(0)38/320464, parku.apollonia@yahoo.fr; April–Sept. jeden Tag 8–20, Okt.–März tägl. 9–17 Uhr, 400 Lek, freier Eintritt jeden letzten Sonntag im Monat, außer im Juni, Juli und August.
http://archeoparks-albania.com

Mit dem Auto aus Richtung Fier sind es 12 km nach Apollonia. Für eine der wichtigsten archäologischen Stätten ist der Park schlecht ausgeschildert, auf allen Landkarten ist Apollonia aber verzeichnet und deshalb einfach zu finden.
Eine Anbindung an den öffentlichen Verkehr gibt es nicht.
Eine **Taxifahrt** zum Gelände von Fier aus ist möglich. Mit dem Fahrer sollte auch gleich der Termin für die Rückfahrt abgesprochen werden.

Bar Restaurant Apollonia, gleich neben dem Kloster. Albanisches Essen.
Bar Restaurant Leon Rey, auf dem Temenos. Mit toller Aussicht in die Ebene bis zur Adria.

Der Norden erfüllt das Bild, das viele von Albanien haben, wahrscheinlich am besten. Die hohen Berge der Albanischen Alpen sind ein Paradies für Wanderer, Alpinisten und Bergsteiger. Der Nordosten ist die abgeschiedenste und am schwersten zugängliche Region Albaniens, die Grenzregionen zum Kosovo und zu Nordmazedonien sind bisher touristisch kaum erschlossen. Die Region zwischen Kukës und Peshkopi ist wunderschön und lohnt sich für jene, die Abgeschiedenheit suchen.

In den Nordalbanischen Alpen

DER NORDEN

Lezhë

Lezhë (Lezha) lohnt sich für einen Zwischenhalt. Für viele Albaner ist die Stadt wichtig, da sich hier das ehemalige Grab von Skanderbeg befand. Zu erkennen ist der ehemalige Begräbnisort an den Überresten der Kirche, um die sich eine akropolisartige Betonkonstruktion befindet. Große Bedeutung für das heutige Albanien hatte die Liga von Lezhë (Besëlidhja e Lezhës) oder auch Albanische Liga (Besëlidhja shqiptare), die am 2. März 1444 einberufen wurde. Sie wurde finanziell von Venedig ermöglicht und sollte albanische und montenegrinische Stammesführer für den Kampf gegen die Osmanen mobilisieren. Sie hatte aber nicht den Charakter einer institutionalisierten Organisation. Vielmehr waren die einzelnen Mitglieder eigenständig und konnten über ihre militärische und finanzielle Beteiligung selbst entscheiden. Skanderbeg fungierte als Sprecher und militärischer Anführer der Liga. Seine eigene Gefolgschaft bestand aus etwa 2000 bis 3000 Männern. Die gesamte Liga brachte ein Kontingent von 8000 bis 10 000 Personen auf. Diese Vorstufe

Aussicht von der Festung Lezhë

zu einem albanischen Staat darf nicht überbewertet werden, da die einzelnen Teilfürsten ihre Selbstherrschaft suchten und Skanderbeg nicht als Souverän ansahen. Skanderbeg waren die albanischen Besitzungen Venedigs ein Dorn im Auge, so dass die Liga 1447/48 auch in einen Krieg mit Venedig geriet. Vorrückende osmanische Heere brachten Skanderbeg dazu, mit Venedig Frieden zu schließen. Der Einfluss Venedigs in der Küstenregion blieb bestehen, dafür wurde die Liga jährlich mit 1400 Dukaten versorgt, und alle Mitglieder der Liga konnten in der Serenissima Asyl bekommen. Die Liga wollte sich ein zweites Mal treffen, um die Allianz zu festigen, doch Skanderbeg starb kurz vorher am 17. Januar 1468. Er wurde in der Stadtkirche beerdigt, die nach der Eroberung des Landes von den Osmanen geplündert und in eine Moschee umgebaut wurde.

Sehenswürdigkeiten

Unumstritten der wichtigste Ort der ansonsten nicht sehenswerten Stadt ist die **Skanderbeg-Gedenkstätte** (Vendvarrimi i Skënderbeut) im Herzen der Stadt. Die Osmanen plünderten die Überreste des Volkshelden und trugen sie angeblich als Glücksbringer mit sich. Die Osmanen verehrten demnach die Stärke und Willenskraft des ehemaligen Kontrahenten, dem es bis zu seinem Tod gelang, die Osmanen aus einem Gebiet, das sich grob mit den Umrissen des heutigen Albaniens deckt, herauszuhalten. Dieser historische Umstand erfüllt die meisten Albaner auch heute noch mit Stolz. Die osmanische Zeit wird in Albanien oft negativ bewertet, obwohl sie ihre Spuren bis heute auf vielen Ebenen hinterlassen hat und fester Bestandteil der albanischen Kultur geworden ist.

Mittelpunkt der Anlage sind die Ruinen der ehemaligen **Nikolaus-Kirche**. In ihr sind die Repliken von Skanderbegs Helm und Schwert zu sehen. Hinter diesen steht die Büste Skanderbegs von Odhise Paskali, die fast religiös anmutet. Skanderbeg nahm in der Geschichtsschreibung des Sozialismus als Kämpfer für das Volk und dessen Einheit eine zentrale Rolle ein. An den Wänden sind alle 25 Schlachten, die Skanderbeg mit seinen Heeren gegen die Osmanen für sich entscheiden konnte, auf Tafeln zu sehen. Über der ehemaligen Apsis wurde ein großes Mosaik mit der albanischen Flagge angebracht, die auf die Zeit von Skanderbeg zurückgeht. Die 25 Federn an den Flügeln und dem Schwanz des Adlers symbolisieren die gewonnenen Schlachten. Das Betongebäude mit dem einfachen Dach wurde wie die Gedenkstätte selbst 1981 eingeweiht. Die Gedenkstätte ist jeden Tag von 8 bis 16 Uhr geöffnet, der Eintritt kostet 100 Lek. Außerhalb der Öffnungszeiten ist das Innere der ehemaligen Kirche verschlossen, aber die Außenanlagen sind begehbar.

Um die Anlage herum soll einmal ein Archäologie-Park entstehen. Die großen Steinquader, die bereits ausgegraben wurden, waren Teil des ehemaligen Hafentors aus dem 4. Jahrhundert vor Christus.

Oberhalb der Stadt liegt die **Festung** (Kalaja e Lezhës), deren untere Wehrmauern aus der Antike stammen. Den Umbau zu den heutigen Ausmaßen veranlasste Sultan Süleyman I. im frühen 16. Jahrhundert. Nur die Außenmauern sind erhalten geblieben. Im Inneren finden regelmäßig archäologische Untersuchungen statt. Vom Festungsberg, auf den man auch mit dem Auto gelangen kann, bietet sich ein schöner Blick über die Stadt bis zur nahegelegenen Adria und den Lagunen. Das Innere der Festung ist nur zwischen 8 und 16 Uhr geöffnet, der Eintritt kostet 100 Lek.

Die Umgebung von Lezhë

Auf einem Berg oberhalb von **Laç** steht die **Wallfahrtskirche des heiligen Antonius von Padua** (Shën Ndou). Am 13. Juni jedes Jahres werden die Kirche und die dazugehörige Grotte der wichtigste Wallfahrtsort Albaniens, zu dem nicht nur Katholiken, sondern auch Menschen anderer Religionen strömen. Die Wallfahrt bildet den Abschluss von 13 aufeinanderfolgenden Gebeten an den vorhergehenden Dienstagen, die in der ganzen Region in den katholischen Kirchen begangen werden.

Wer nicht Fan des in **Fishtë** geborenen Dichters Gjergj Fishta (1871–1940) ist, für den gibt es eigentlich nur einen Grund, das Dorf zu besuchen: das **Restorant Mrizi i zanave**. Dieses Restaurant ist albanienweit einzigartig. Besonders ausgewählte, ausschließlich regionale Produkte kommen auf den Tisch, die köstlich schmecken und obendrein kreativ dekoriert werden. Vor dem Essen bekommt jeder Gast einen Granatapfelsaft, die Weine sind vom nahegelegenen Weingut Kallmet (www.kantinakallmeti.com), das seine Produkte auch ins Ausland verkauft. Zur Mittagszeit ist es besser, zwei Tage im Voraus zu reservieren, am Abend ist nicht ganz so großer Andrang. Auf dem kleinen Bauernhof gibt es auch drei Gästezimmer mit Bad im Stil alter Bauernzimmer für 1500 Lek pro Person (Restorant Mrizi i zanave, Fishtë, Abfahrt von der Nationalstraße SH1, Tel. +355/(0)69/2108032, www.mrizizanave.com; tägl. 12–16 und 18–22 Uhr).

▶ Karte S. 290

Naturreservat Kune-Vain

Südwestlich von Lezhë liegt das Lagunengebiet Kune-Vain, das als Naturreservat geschützt ist (Rezervati Kune-Vain-Tale). In dem fast 45 Quadratkilometer großen Gebiet mit Sumpfgebieten und Wäldern wurden 150 verschiedene Vogelarten gezählt, bis zu 17 000 Vögel überwintern hier oder legen eine Zwischenstation ein. Dazu gehören die in den Lagunen der Adria weitverbreiteten Löffler, Kormorane und die im Winter hier lebende Kolbenente. Am besten gelangt man in den Naturpark mit dem Auto oder Fahrrad von der Nationalstraße SH1 auf der kleinen Straße, die direkt südlich des Flusses Drin in westliche Richtung führt (Eintrittspreise: 50 Lek/Tag, Auto 100 Lek, Zelt 50 Lek). Auf einem geraden **Wanderweg,** der auf etwa zwei Kilometern zum Mündungsgebiet des Drins führt, läuft man über sehr schöne Strandabschnitte. Ein kleines Stück südlich liegen in wunderschöner Umgebung zwei Restaurants. Nach der einzigen Kreuzung kommt auf dem rechten Abzweig nach wenigen Metern das Restaurant **Laguna Blu** und auf dem Pfad weiter geradeaus **Trëndafili Mistik**, direkt am Lagunenbecken.

Ein einfaches Restaurant mit einem kleinen Hotel ist das **Hoteli i Gjuetisë** vor dem Naturpark südlich der Ortschaft Lagjja e Hotelit, die zu Lezhë gehört. Nebenan ist das schicke Resort **Kompleksi Sebastiano** (DZ etwa 40 Euro), Tel. +355/(0)68/2256406.

Shkodër

Mit 100 000 Einwohnern ist Shkodër (Shkodra) das Zentrum Nordalbaniens und die mit Abstand größte Stadt der Region. Von Shkodër ist es nicht weit bis zur Adria, zum Skutarisee und in die Nordalbanischen Alpen. Die Einwohner werden als stolz bezeichnet, da sie ihre bürgerliche Tradition pflegen. Die Stadt ist seit dem 19. Jahrhundert sehr durch die italienische und österreichische Kultur und Architektur geprägt worden.

Shkodër ist in Albanien ein Inbegriff für die Wiederbelebung der Religionen, nachdem alle Religionen 1967 verboten wurden und besonders die Katholiken, die in Shkodër und Nordalbanien die Mehrheit bilden, stark verfolgt wurden. 1989 besuchte Mutter Teresa Albanien zum ersten Mal, und 1991 konnte sie bei der Weihe der Katholischen Kathedrale von Shkodër anwesend sein. Auf den 16. November 1990 fällt die Wiedereröffnung der **Bleimoschee** (→ S. 300) vor den Toren der Stadt. Mit diesem Ereignis erhielt auch der Islam seine Beachtung im Land zurück.

Einmalig in ganz Albanien ist die große Zahl an Fahrradfahrern in der ganzen Stadt. Im Rest Albaniens wird bewundert, dass viele Frauen in Shkodër das Fahrrad benutzen, ansonsten ist das auf den Dörfern eher Männersache.

Geschichte

Mit dem 5. oder 4. Jahrhundert vor Christus begann die Geschichte der Stadt mit dem Bau einer Festung. Am gleichen Ort befindet sich noch heute 130 Meter über dem Meer die Festung Rozafa. Der illyrische Stamm der Labeaten bewohnte dieses Gebiet. Aus diesem Geschlecht stammte auch die Königin Teuta (→ S. 31). 228 vor Christus wurde das Gebiet erstmals vom expandierenden Römischen Reich angegriffen, bevor es 168 vor Christus gänzlich in diesem aufging. In den folgenden Jahrhunderten ähneln die geschichtlichen Entwicklungen der Stadt Shkodër denen ganz Albaniens. Die Stadt lag bis ins 20. Jahrhundert immer wieder im Einflussbereich der Montenegriner und Serben, die zu unterschiedlichen Zeiten

Blick auf die Bleimoschee bei Shkodër

Ein Denkmal erinnert an die Demonstrationen 1990

in dieses Gebiet eindrangen und in Shkodër vom 11. bis zum 14. Jahrhundert herrschten. Da sie die Stadt gegen die eindringenden Osmanen nicht verteidigen konnten, wurde Venedig zu Hilfe gerufen. Die Venezianer nannten die Stadt Scutari, der deutsche Name des Skutarisees leitet sich davon ab. Die Venezianer besetzen die Stadt ab 1396. Sie bauten die Festung neu aus und gaben ihr die bis heute vorhandenen Grundzüge. Genau 80 Jahre später, im Jahr 1479, regierten in der Stadt die Osmanen. Wie überall im Osmanischen Reich blühte ab dem 17. Jahrhundert das Handwerk auf, besonders die Kupfer-, Silber- und Seidenverarbeitung. Parallel zur Regentschaft von Ali Pascha Tepelena (→ S. 247) in Südalbanien und Nordgriechenland entstand in Nordalbanien das Paschalik der Familie Bushati. Mahmud Pascha Bushati versuchte im ausgehenden 18. Jahrhundert, ein eigenständiges Territorium zu etablieren. In einer Schlacht gegen die Montenegriner verlor er sein Leben, und sein Nachfolger wurde ein treuer Untertan des Sultans. Im 19. Jahrhundert gingen von der Bevölkerung Shkodërs viele Impulse für eine Staatsgründung Albaniens aus, und es entstanden Pläne, wie südmontenegrinische Gebiete für ein zukünftiges Albanien erobert werden könnten. 1912 erfolgte im Verlauf des Ersten Balkankriegs die Unabhängigkeitserklärung Albaniens (→ S. 44). In dieser Zeit war die Stadt von serbisch-montenegrinischen Truppen besetzt, die das gesamte Gebiet um den Skutarisee erobern wollten. Genau diese Besatzung Nordalbaniens durch Serbien und Montenegro und in Südalbanien durch Griechenland beschleunigte die Nationsbildung Albaniens. Den Zerstörungen während der Atheisierungsphase zwischen 1967 und 1990 fielen in Shkodër besonders viele religiöse Gebäude zum Opfer. Von den ehemals 28 Moscheen überstand nur die Bleimoschee unterhalb der Rozafa-Festung die Zerstörungen. Von ursprünglich sieben katholischen Kirchen blieben nur drei übrig. Das Hoxha-Regime wollte den Bürgern der Stadt, die katholisch und europäisch gebildet waren, beweisen, wer am längeren Hebel sitzt. Nach 1991 wurden die umgebauten Kirchen in ihre ehemalige Funktion zurückversetzt. Die Moscheen und die orthodoxe Kathedrale entstanden neu. Die historischen Stadtviertel aus dem späten 19. und

›Blumen‹ aus Munition und Waffen

▲ Karte S. 296

Die Große Moschee

frühen 20. Jahrhundert wurden in den letzten Jahren liebevoll restauriert und verleihen der Stadt einen sympathischen Charme. Die Museumslandschaft der Stadt ist für albanische Verhältnisse sehr umfangreich, auch modern und ansprechend. Um die wesentlichen Dinge in der Stadt zu sehen, können durchaus zwei Tage eingeplant werden.

Sehenswürdigkeiten

■ Sheshi 2 Prilli

Einer der zentralen Plätze ist der Sheshi 2 Prilli. In dem kleinen Park stehen verschiedene interessante **Skulpturen**. Eine auf den ersten Blick nicht besonders vielsagende Installation sind die 20 großen, blumenförmigen Gebilde auf Ständern aus Metall. Die grandiose Idee dahinter ist, dass die ›Metallblumen‹ aus alter Munition und alten Waffen hergestellt wurden. Ein sehr schönes Zeichen, aus Material für den Krieg eine Erinnerung an diesen zu schaffen und gleichzeitig ein Symbol des Friedens zu kreieren. Ein Stück weiter im Park erinnert ein kleines **Denkmal an die ersten Demonstrationen von 1990**, die den Sozialismus langsam, aber kontinuierlich beendeten. Gut zu erkennen an den geöffneten Handschellen, die auf dem Denkmal dargestellt sind, ist die Sehnsucht der Menschen nach Freiheit. Auch am Sheshi 2 Prilli steht die **Parruca-Moschee** (Xhamia e Parrucës). Für Albanien sehr untypisch, aber umso schöner ist, dass die erst 2006 errichtete Moschee ein originaler Nachbau der Moschee ist, die bis 1967 hier gestanden hatte. Im Gegensatz zu den sonst einfach gehaltenen Innenräumen wurde besonders viel Mühe in die schlichten, aber ansprechenden Ausmalungen gesteckt.

■ Fußgängerzone und Rruga Teuta

Vom Sheshi 2 Prilli aus führt die Fußgängerzone (Pedonale), die Rruga 13 Dhjetori, ins Zentrum. Der Weg führt vorbei am ehemaligen **Großen Kaffeehaus**, das nicht mehr in Betrieb ist, da nach der Wende verschiedene Besitzer das Gebäude aufteilten. Heute befinden sich verschiedene Läden und Cafés darin. Die Fußgängerzone führt zur Rruga Teuta, an der ein **Denkmal für Mutter Teresa** aufgestellt wurde. Die katholisch geprägte Region ist besonders stolz darauf, dass Mutter Teresa (→ S. 89) die Stadt zweimal besuchte: 1989, als sie noch von Enver Hoxhas Frau Nexhmije begrüßt wurde, und 1991 zur Einweihung der Kathedrale.

Kurz vor dem Platz Sheshi Demokracia steht ein kleiner **Uhrturm** auf der rechten Seite. Der Engländer Lord Padget wollte den Protestantismus in dieser Region verbreiten und begann 1880 mit dem Bau des Turmes, der zur Missionierungszentrale gehörte.

■ Große Moschee

In die eigentliche Innenstadt führt der Weg vorbei an der **Großen Moschee** (Xhamia e Madhe). Diese für südosteuropäische Verhältnisse große Moschee für 1300 Gläubige hat zwei Minarette

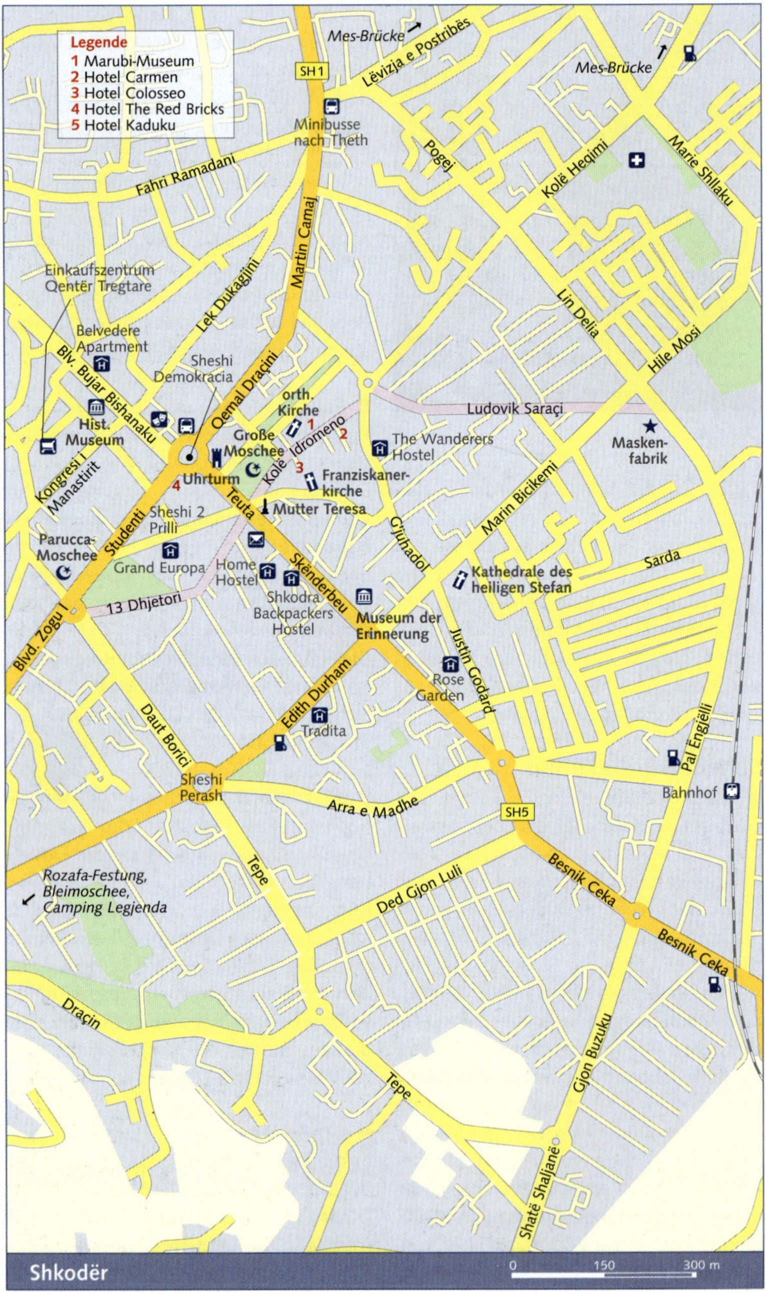
Legende
1 Marubi-Museum
2 Hotel Carmen
3 Hotel Colosseo
4 Hotel The Red Bricks
5 Hotel Kaduku
Mes-Brücke
Lëvizja e Postribës
SH 1
Minibusse nach Theth
Fahri Ramadani
Pogej
Kolë Heqimi
Marie Shllaku
Martin Camaj
Einkaufszentrum Qentër Tregtare
Lek Dukagjini
Lin Delia
Hile Mosi
Belvedere Apartment
Blv. Bujar Bishanaku
Sheshi Demokracia
Qemal Draçini
orth. Kirche
Ludovik Saraçi
Hist. Museum
Große Moschee
Kolë Idromeno
The Wanderers Hostel
Masken-fabrik
Uhrturm
Franziskaner-kirche
Kongresi i Manastirit
Teuta
Mutter Teresa
Marin Bicikemi
Sheshi 2 Prilli
Studenti
Parucca-Moschee
Gjuhadol
Grand Europa
Home Hostel
Skënderbeu
Kathedrale des heiligen Stefan
Sarda
Shkodra Backpackers Hostel
13 Dhjetori
Museum der Erinnerung
Blvd. Zogu I
Justin Godard
Rose Garden
Edith Durham
Daut Borici
Tradita
Pal Engjëlli
Sheshi Perash
Arra e Madhe
Bahnhof
SH5
Besnik Ceka
Tepe
Rozafa-Festung, Bleimoschee, Camping Legjenda
Ded Gjon Luli
Draçin
Gjon Buzuku
Shatë Shaljanë
Shkodër
0
150
300 m

und wurde 1995 eröffnet. Die Mittel für den Bau stammten vom saudi-arabischen Scheich Zamil Abdullah Al Zamil. Die Moschee steht an derselben Stelle, an der im Kulturrevolutionswahn von Enver Hoxha die Fushë-Çelës-Moschee abgerissen wurde.

Die Fußgängerzone wird mit der **Rruga Kolë Idromeno** fortgesetzt. Die Straße trägt den Namen des Mannes, der für die architektonische Gestaltung im ausgehenden 19. Jahrhundert verantwortlich war. Die Straße ist nach der Wende als erste herausgeputzt worden; sie erfreut sich bei den Einheimischen großer Beliebtheit und wird auch ›Venezianische Straße‹ genannt. Etwas versteckt liegt in einer Seitengasse die orthodoxe **Kathedrale der Geburt des Herrn** (Katedralja e Lindjes së Zotit) aus dem Jahr 2000. Der Vorgängerbau wurde nach 1967 zerstört. Der Innenraum weist nichts Nennenswertes auf.

Franziskanerkirche

Sehr sehenswert ist die Franziskanerkirche (Kisha Françeskane), da sich in ihr viel über die Geschichte des 20. Jahrhunderts lernen lässt. Das Gebäude wurde zwischen 1967 und 1991 als Kino benutzt. Für viele Albaner hat die Kirche etwas Heiliges, da sich hier das Grab von Gjergj Fishta (1871–1940) befand, 1967 wurde es zerstört. Gjergj Fishta galt als ein Wegbereiter der modernen albanischen Schriftsprache und schuf das albanische Heldenepos ›Lahuta e Malcís‹ (Die Laute des Hochlands), das den Kampf der Nordalbaner gegen alle Eindringlinge zum Thema hat. Während der Herrschaft Hoxhas wurde er als faschistischer Kollaborateur bezeichnet, der mit den Italienern paktierte. Erst nach 1990 konnte Fishta wieder in den nationalen Literaturkanon aufgenommen werden. In der Kirche erinnern das schwarze Kreuz mit seinem Namen und ein Stein auf dem Fußboden

In der Fußgängerzone Rruga Kolë Idromeno

an ihn. Ein Stück seines Fingers hat sich wohl retten lassen. Diese Reliquie wird verehrt und im linken Seitenaltar in einem Kästchen aufbewahrt. Die übrigen Überreste seines Körpers wurden in die nahegelegene Buna geschüttet, um eine Kultbildung zu verhindern.
In dem schlichten Gebäude befinden sich vier interessante **Gemälde** aus den 1990er Jahren. Das erste Bild auf der linken Seite zeigt Franziskaner mit Gewehren in der Hand. Auf der linken Seite rückt der Teufel einem uniformierten Partisanen auf den Rücken, im Bildvordergrund ist die verzweifelte Gemeinde abgebildet. Hintergrund des Bildes, das den Namen **Die große Verleumdung** (Shpifja e madhe) trägt, war eine von den Partisanen angeblich geplante Aktion, einen Tag vor einer beabsichtigten Razzia in der Kirche Waffen zu verstecken, um symbolisch eine Waffe gegen die Katholiken in der Hand zu haben. Damit sollte die katholische Kirche als Kollaborateur der Faschisten entlarvt werden. Das zweite Bild auf der linken Seite heißt **Die Unsterblichkeit der Religion** (Pavdeksia e fesë). Die unterschiedlichen Menschen im Vordergrund vergessen ihre Religion, hier nur als Katholizismus dargestellt, nicht. Im Hintergrund stehen an den Gebäuden der Stadt die Parolen ›Religion ist das Opium für das Volk‹ und ›Krieg den religiösen Vorurteilen‹. Ein Engel und die Sonnenstrahlen am oberen Bildrand lassen auf Veränderungen hoffen. Das Gebäude mit dem roten Transparent stellt die Kathedrale von Shkodër dar, wie sie nach 1967 aussah, als sie als Kino diente. Die dunklen, qualmenden Wolken lassen das Unheilvolle der Zeit im Sozialismus erahnen. Diese beiden Bilder setzen in der Auseinandersetzung mit der eigenen Geschichte auf die völlige Dämonisierung des Sozialismus. Auf der rechten

›Die große Verleumdung‹ in der Franziskanerkirche

Seite zeigt das hintere Bild eine Gruppe Geistlicher, in deren Mitte der Erzbischof Vinçenc Prennushi hervortritt. Er war einer der 38 Märtyrer von Albanien (→ S. 299) und starb 1949 an den Folgen der Folterungen. Er weigerte sich, die Abspaltung der katholischen Kirche vom Vatikan zuzulassen, wodurch das sozialistische Regime die vollständige Kontrolle über die Kirche erlangt hätte. Der martialische Bildname lautet **Für Religion und Vaterland** (Per fe e Atdhe). Es soll damit die vermeintlich unumstößliche Einheit aus Glaubenszugehörigkeit und Nation bestärken werden. Das vierte Bild zeigt ein wenig versöhnliches Bild. Im Zentrum sind gepfählte Franziskaner zu sehen. Sie werden umringt von Personen, die osmanisch gekleidet sind. Das Bild trägt den Titel **Blutvergießen für die Religion** (Fe e dëshmueme me gjak).

■ Kathedrale des heiligen Stefan

Ein Stück weiter steht die katholische Hauptkirche, die Kathedrale des heiligen Stefan (Katedralja e Shën Shtjefnit). Sie

▸ Karte S. 296

wurde 1898 als größte katholische Kirche Südosteuropas eröffnet. Nach der Umwidmung zu einer Sporthalle ab 1967 blieb nur noch die reich verzierte, hölzerne Flachdecke original erhalten. Der restliche Raum und die Fenster mussten bei den Rekonstruktionen ab 1991 vereinfacht gestaltet werden.

Beim Betreten der Kathedrale sieht man auf der linken Seite eine kleine **Büste von Papst Johannes Paul II.**, sie erinnert an dessen Besuch im April 1993. Mit dieser Skulptur wird die Bedeutung des Erzbischofsitzes unterstrichen. Bereits 1990 wurde in der Kathedrale der erste katholische Gottesdienst durchgeführt. Dieses Ereignis ist für viele Albaner auch heute noch von besonders großer Bedeutung. In dem schlichten Raum wurde links vor dem Altar ein großes **Porträt von Mutter Teresa** (→ S. 89) aufgehängt. Das große zentrale Bild über dem Altar zeigt die in Shkodër und Umgebung verehrte **Gesegnete Maria**. Laut einer Legende floh das Bild vor den Osmanen bis nach Serbien. Die Männer auf der linken Seite versuchen dem Bild zu folgen, doch sie verlieren es aus den Augen. Symbolisch gelangt das Bild nach Genazzano bei Rom, wo es sich in der Nähe des katholischen Machtzentrums in Sicherheit befindet. Auf der rechten Seite im Altarraum ist ein großformatiges Bild aufgehängt, das die **Grundsteinlegung der Kathedrale** darstellt. Anwesend sind auch Vertreter aller anderen Religionsgruppen. 1967 wurde das Bild in mehrere längere Stücke geteilt, die 1991 alle wieder zusammengenäht wurden. Rechts vor dem Altar befindet sich eine Darstellung mit 38 Personen, den **38 Märtyrern von Albanien**. Sie wurden zwischen 1945 und 1974 für ihre Zugehörigkeit zum Katholizismus gefoltert, anschließend wurden die meisten erschossen. Am 5. November 2016 erfolgte die Seligsprechung der 38 Märtyrer durch Angelo Amato, den Kardinalpräfekt des Vatikans. Alle Opfer sagten angeblich vor ihrer Erschießung: ›Es lebe Christkönig, es lebe Albanien. Wir verzeihen denjenigen, die uns töten‹. Diese Worte besiegelten ihren Tod. In jener Zeit war selbst das Tragen eines Kreuzes an einer Halskette ein Grund zur Inhaftierung. Neben Vinçenc Prennushi starben unter anderem Bischof Frano Gjini, Bischof Jul Bonati, Don Alfons Tracki und Maria Tuci, deren Namen in Shkodër an mehreren Orten zu finden sind. Maria Tuci war von Beruf Lehrerin und lehrte ihre Schüler den christlichen Glauben. Dafür wurde sie inhaftiert und gefoltert, unter anderem wurde sie mit Katzen in einen Sack gesteckt, auf den dann eingeschlagen wurde. 1950 starb Maria Tuci an den Folgen der Misshandlungen. Jeder der Märtyrer erlitt sein eigenes Schicksal, nicht alle können hier aufgezählt werden. Ein weiterer der 38 Märtyrer, Lazër Shantoja, war ein katholischer Priester, der 1945 gefoltert wurde. Ihm wurden alle Gliedmaßen gebrochen, so dass er nur noch durch seine Gefängniszelle kriechen konnte. Angeblich bat seine Mutter darum, ihn zu erschießen, um ihn von seinen Schmerzen zu befreien. Auf diese Bitte wurde eingegangen. Lazër Shantoja gehört zu den ersten Opfern der menschenverachtenden Verfolgungen im sozialistischen Albanien. Auf dem Platz vor der Kathedrale steht ein **Denkmal, das an die ermordeten Märtyrer erinnert**. Neben der Kathedrale befindet sich der prachtvoll gestaltete **Erzbischofssitz**.

In der Kathedrale befindet sich auch das **Diözesanmuseum**, → S. 302.

Eine eher unscheinbare Sehenswürdigkeit ist die **Maskenfabrik** in der Rruga Pal Ëngjëlli, in der venezianische Karnevalsmasken in Handarbeit produziert und verkauft werden (Mo–Sa 8–15 Uhr.)

Kühe, Bleimoschee und Festung

Bleimoschee

Schon fast vor der Stadt, südlich der Rozafa-Festung, liegt versteckt die Bleimoschee (Xhamia e Plumbit) an der Ruga Bexhene. Sie wurde von der einflussreichsten Familie des Paschaliks Shkodër, den Bushati, 1773/74 errichtet. Sie ist die landesweit einzige historische Prachtmoschee, in dem Sinne, dass sie über einen großen, offenen Vorraum verfügt. Von den ehemals sieben Moscheen in Shkodër ist nur die Bleimoschee erhalten geblieben. Bis zu einem schweren Erdbeben 1967 besaß die Moschee auch ein Minarett, das nicht wieder aufgebaut wurde. Von 1967 an war sie geschlossen, bis zur Wiedereröffnung am 16. November 1990. Bilder in der Moschee zeigen, wie die Menschen Ende 1990 das gesamte Gebäude bis zum Dach in Beschlag nahmen. Die Bleimoschee war die erste Moschee in Albanien, die 1990 geöffnet wurde und in der eine Predigt abgehalten wurde. Sie symbolisiert damit die Wiederbelebung des Islams wie auch der anderen Religionen in Albanien. Ihr Inneres ist ein schlichter weißer Raum, der unter der Kuppel hellgrün gestrichen wurde.

Aussicht von der Rozafa-Festung

▸ Karte S. 296

Rozafa-Festung

Oberhalb der Stadt liegt die große Rozafa-Festung (Kalaja e Rozafës). Der ursprüngliche Bau geht auf das 4. Jahrhundert vor Christus zurück, danach wurde er von den Römern und Byzantinern genutzt und umgebaut. Während der kurzen venezianischen Herrschaft in Shkodër erhielt die Festung ihr heutiges Aussehen. Die Festung wurde bis zum Ende des Osmanischen Reiches 1912 genutzt. Am Eingang zur Festung wird Besuchern eine Legende erzählt: Da der Bau immer wieder einstürzte, opferte sich eine Frau und ließ sich lebendig einmauern, ihr Name war Rozafa. Dieses Menschenopfer sollte die Mauern vor dem Einstürzen bewahren. Sie bat jedoch darum, dass ihre Brust und eine Hand frei bleiben, damit sie ihren Sohn stillen und streicheln könne. ›Seither‹ fließt im Torbogen die milchig-weiße Flüssigkeit aus dem Kalkstein. Leider hat sich bisher noch niemand eine schönere Geschichte einfallen lassen.

Die Festung besteht aus drei großen Teilen. Am Eingang sind große **Stein-**

blöcke für den Mauerbau zu sehen. Sie stammen aus der illyrischen Zeit, als die Blöcke ohne Mörtel oder andere Bindemittel übereinandergesetzt wurden. Im Innenhof befanden sich ursprünglich die Nutz- und Wohngebäude. **Reste einer Moschee**, die aus einer Kirche aus dem 14. Jahrhundert umgebaut wurde, sind zu sehen. Im obersten, letzten Bereich der Festung befand sich das Arsenal, in dem ein **Museum** eingerichtet wurde. Besonders der Ausblick von der Festung lohnt sich. Unterhalb fließen die Flüsse Buna, Kir und Drin, die Berge an der Grenze zu Montenegro sind ganz nah.

Das Marubi-Museum

Museen

In Shkodër gibt es für albanische Verhältnisse viele Museen. Besonders das Marubi-Museum und das Diözesanmuseum lohnen sich. Beide Museen wurden erst 2016 eröffnet, sind wesentlich aussagekräftiger als ältere Ausstellungen und verraten viel über die Geschichte Nordalbaniens vom 19. Jahrhundert bis zur Gegenwart.

Marubi-Museum

Das wichtigste Museum der Stadt bezog im Mai 2016 sein neues Domizil mitten in der Fußgängerzone Rruga Kolë Idromeno. Im Marubi-Museum werden Fotografien aus dem 19. und 20. Jahrhundert gezeigt. Die Fotografen-Dynastie Marubi fertigte die ersten Fotos in Albanien an und begleitete die Entwicklung der politischen Geschichte Albaniens bis in die frühen 1950er-Jahre, die Zeit, als das Atelier verstaatlicht und in eine Kooperative umgewandelt wurde.

Zu den historisch bedeutsamen Aufnahmen gehört das **Bild der Alphabeten-Kommission von Manastir** (Bitola) von 1908, die versuchte, die albanische Sprache zu normieren. Mitglied der Kommission war auch der Franziskanermönch und Dichter Gjergj Fishta, der auf dem Bild an seiner Mönchskutte zu erkennen ist. **Fishtas Begräbnis** 1940, das im kollektiven Gedächtnis der Stadt bis heute eine große Bedeutung hat, ist ebenfalls in der Ausstellung zu sehen. Porträtiert wurden des weiteren Kosovo-Albaner, die für die Verbindung des Kosovos mit Albanien kämpften. Auch die Königsfamilie um König Zog I. zählte zu den Auftraggebern des Fotostudios.

Paar aus Elbasan, Foto von Pietro Marubi

Alles begann mit Pietro Marubi, der aus Italien stammte und sich 1836 in Shkodër niederließ. In seinem Atelier fotografierte er auch Stadtbürger und Menschen aus den Dörfern Nordalbaniens, und hinterließ so eine umfangreiche und spannende ethnografische Sammlung. Da Pietro Marubi keine Kinder hatte, sorgte er für die Ausbildung der Söhne seines Gärtners, Mati und Kel Kodheli. Mati starb jung, und so führte Kel die Tradition des Fotostudios fort. Er lernte in Italien und Frankreich die Neuentwicklungen der Fototechnik kennen. Nach Pietro Marubis Tod 1903 übernahm er seinen Nachnamen und das Studio.
Für Besucher, die sich für die Entwicklung der Fotografie interessieren, ist dieses Museum der richtige und in ganz Albanien einzige Ort. 1970 vermachte der Erbe Gegë Marubi das Archiv mit knapp einer halben Million Glasnegative dem Staat.

■ Diözesanmuseum

Besonders für ausländische Besucher lohnt sich der Besuch des Diözesanmuseums (Muzeu dioqezan) in der Kathedrale. Schwerpunkt der am 2. Juli 2016 eröffneten Ausstellung sind Monstranzen, liturgische Gegenstände, Heiligenstatuen, Kreuze und Glocken, die die Menschen wegen des Religionsverbots zwischen 1967 und 1990 auf unterschiedliche Weise verstecken mussten. An einigen Stellen wird dies sehr bildhaft nachgestellt: Einige Statuen liegen halb in der Erde vergraben, oder die Statue des heiligen Rochus steht in einer Nische, deren unterer Teil nicht verputzt ist. Dies soll illustrieren, dass die Figur einst komplett eingemauert war.
Im ersten Stock ist auf Fotos zu sehen, wie die Menschen ab 1990 die versteckten Gegenstände für die Kirchen zusammentrugen. Gleich im Eingangsbereich sind eine **Monstranz** und ein altes **Gästebuch** zu sehen, die ursprünglich zur Ausstellung des Atheistischen Museums gehörten, das ab 1972 in Shkodër über die als ausgelöscht deklarierten Religionen informieren sollten. Die beiden Gegenstände konnten vor den Zerstörungen der Aufstände in den 1990er-Jahren gerettet werden. Im Untergeschoss soll mit Fotos und einem Film auf die Zerstörung von katholischen Kirchen in Nordalbanien zwischen 1967 und 1990 hingewiesen werden. Zu sehen ist eine Kopie der albanischen Übersetzung von ›Im Namen des Vaters, des Sohnes und des Heiligen Geistes‹ (Unte paghesont premetit Atit et birit et spertit senit) aus dem 14. Jahrhundert, das den ältesten schriftlichen Nachweis des Albanischen darstellt.

■ Museum der Erinnerung

Das Museum der Erinnerung (Muzeu i Memories) ist für Shkodër ein bedeutender Ort, da im Sozialismus neben politisch Verfolgten in besonderem Maß die katholische Bevölkerung von Repressionen betroffen war. Die Ausstellung wurde vom Albanischen Institut für politische Studien konzipiert und informiert über das Gefängnis mitten in der Stadt, in dem zur Zeit des Sozialismus politische Gegner inhaftiert wurden, wie auch in vielen anderen albanischen Städten. Neben Ausstellungen in Tirana (→ S. 140) und dem Gefangenenlager Spaç (→ S. 323) lohnt sich der Besuch dieses Museums, um mehr über die Foltermethoden, Verhöre und die große Anzahl an Gefängnissen in Albanien zu erfahren.

■ Historisches Museum

Das Historische Museum (Muzeu historik) oder auch Oso-Kuka-Museum ist in einem schönen Haus einer vermögenden Händlerfamilie aus dem 19. Jahrhundert untergebracht. Leider sind von den einst

▸ Karte S. 296

Das Historische Museum

vielen osmanisch geprägten Häusern in Shkodër nicht viele erhalten geblieben, allein deshalb lohnt sich der Besuch. Im Haus gibt es eine kleine **archäologische Ausstellung** und eine **ethnografische Sammlung** im Obergeschoss zur Entwicklung der Volkskunst, Musik und Nutzgeräte in Nordalbanien. Das ehemalige **Speisezimmer**, in dem die Männer die Gäste empfingen, ist zu besichtigen.

Museum in der Festung

Im höchst gelegenen Teil der Rozafa-Festung wurde im ehemaligen Arsenal ein **Museum** eingerichtet. Zu sehen sind Funde archäologischer Grabungen der Region, viele Karten und Informationen zum heldenhaften Verteidungskampf der Burgbewohner gegen die Osmanen. Im Anschluss führt ein Weg in die **Kasematten**, die die Burg einst mit der Stadt verbanden.

Die Umgebung von Shkodër

Skutarisee

Der Skutarisee ist in Montenegro ein Nationalpark, in dem Flora und Fauna unter Schutz stehen. Etwa ein Drittel des Sees gehört zu Albanien, wo ein umfassender Umweltschutz nicht stattfindet. Der See ist der flächenmäßig größte See Südosteuropas und besticht durch die türkise Wasserfarbe und die Bergwelt Albaniens und Montenegros. Für die Einwohner von Shkodër ist das südliche Ufer ein beliebtes Ausflugsziel. Das Nordufer ist weniger interessant und von starker Zersiedlung geprägt. Nahe der großen Brücke über die Buna liegt eine **Roma-Siedlung**. Jedem dürfte auffallen, dass die Roma wesentlich ärmer sind als die übrigen Bewohner der Stadt.

Bis Shirokë führt parallel zur Straße ein Fuß- und Radweg. Die Straße bis zum Dorf Zogaj ist schmal, aber in gutem Zustand und endet als Sackgasse. Auf dieser Seite gibt es keinen Grenzübergang nach Montenegro. Der See ist im Schnitt nur sieben Meter tief und sammelt das Wasser der Bergflüsse Albaniens und Montenegros, gerade im Frühjahr kann der Wasserpegel durch die Schneeschmelze ansteigen. Der Fluss Buna ist die einzige Austrittsstelle des Sees. Da bei Hochwasser die Wassermassen nicht aufgenommen werden, kann in kurzer Zeit eine für Shkodër verhängnisvolle Überflutung entstehen. Es wurde bereits über eine Verbreiterung

Blick auf Zogaj und den Skutarisee

Die osmanische Mesi-Brücke

der Buna nachgedacht. Da der See auf montenegrinischer Seite unter Naturschutz steht, wurde allerdings von einer solchen Maßnahme abgesehen.

In **Shirokë** (Shiroka) gibt es viele Restaurants, in denen vorrangig Fisch wie Karpfen und Aal aus dem Skutarisee serviert wird. Es lohnt sich nicht, einzelne Lokale aufzuzählen, am einfachsten ist, man entscheidet sich vor Ort. Am Wochenende kann es sehr betriebsam zugehen.

Im Ort steht eine große **Villa**, die König Zog I. (→ S.214) von reichen Händlern aus Shkodër Anfang der 1930er-Jahre geschenkt wurde. 1997 wurde die Villa während der Unruhen stark beschädigt. Derzeit wird über die Rückgabe an die Königsfamilie verhandelt.

Die Fahrt bis **Zogaj** lohnt sich, da der Ort ruhiger und romantischer liegt als Shirokë. In der Umgebung wächst sehr viel Salbei, bei einem Abendspaziergang duftet es herrlich. Im Ort gibt es eine kleine **Weberei** für die traditionellen **Qilim**. Frauen aus der Region arbeiten in der kleinen Werkstatt. Die gewebten Teppiche werden für 4000 Lek pro Quadratmeter verkauft. Es gibt abstrakte Motive und auch Darstellungen von Krebsen oder albanischen Adlern. Gefärbt wird mit natürlichen Farben in Beigetönen, alle kräftigen Farben sind chemisch. Für die Werkstatt gibt es nirgends eine Ausschilderung. Am einfachsten ist sie zu finden, wenn man am Café auf Höhe der kleinen Mole die Treppen etwa 100 Meter bergauf geht. Auf der rechten Seite befindet sich ein Metalltor.

▶ Karte S. 290

Mesi-Brücke

Die Mesi-Brücke (Ura e Mesit) ist die größte erhaltene Steinbrücke aus der Zeit der Osmanen in Albanien. Sie wurde im 18. Jahrhundert über den Fluss Kir gebaut, um Shkodër mit dem Kosovo zu verbinden. Die Brücke besteht aus 13 Bögen, einer wellig verlaufenden Fahrbahn, ist 108 Meter lang und je nach Wasserstand knapp 18 Meter hoch. Die Brüstung ist recht niedrig, so dass Nicht-Schwindel-

freie beim Überqueren gut aufpassen sollten. Die Brücke lässt sich sehr gut fotografieren, da neben ihr im 20. Jahrhundert eine neue Brücke für den Straßenverkehr gebaut wurde.
Der Weg zur Brücke ist einfach. Man verlässt Shkodër in nordöstliche Richtung parallel zum Fluss Kir zum Ort Fshat i Ri. Auf der dortigen Straße Rruga Mesit Postribe biegt man an der ersten größeren Kreuzung leicht rechts nach unten ab und steht direkt vor der Brücke. Ein kleines Stück flussaufwärts stehen die Ruinen der **Burg von Drisht** (Kalaja e Drishtit), die in der byzantinischen und venezianischen Zeit Teil eines engmaschigen Burgensystems zur Verteidigung der Rozafa-Festung darstellte. Alle Burgen der Umgebung sind nur noch als Ruinen erhalten.

■ Koman-Stausee

Der Koman-Stausee (Liqeni i Komanit) ist eine wichtige Verbindung zwischen der Region Shkodër und dem Gebiet um Bajram Curri (→ S. 314) sowie dem Valbonatal (→ S. 313). Der See entstand als Teil eines gigantischen Projekts zur Stromerzeugung, der Fluss Drin wurde auf dem Gebiet Albaniens dafür fast vollständig aufgestaut. Der Koman-Stausee ist die Fortsetzung des Fierzë-Stausees (Liqeni i Fierzës), des größten albanischen Stausees. Nach dem Koman-Stausee werden die Wassermassen noch durch den Vau-Dejës-Stausee (Liqeni i Vaut të Dejës) geschleust. Wer nicht die Autobahn Richtung **Kukës** oder die Landstraßen über **Pukë** nutzen möchte, kann mit **Personen- und Autofähren** über den Koman-Stausee von Koman bis nach Fierzë fahren. Die Fahrt führt durch fast menschenleere Täler, das türkise Wasser glänzt unter der Fähre. Nur der mitgeschwemmte Müll, der sich meist an den Biegungen sammelt, beeinträchtigt die ansonsten perfekte Naturidylle. Am Sees gibt es kleine Dörfer, einige von ihnen sieht man vom Wasser aus nicht. Die Fähren halten unterwegs mehrmals. Mittlerweile gibt es nach etwa 40 Minuten Fahrt vom Abfahrtspunkt Koman eine kleine Pension. Das einfache Hostel **Ferry Berisha** (Tel. +355/69/6800748), das zum Fährbetreiber gehört, bietet eine Schlafmöglichkeit für zehn Euro die Nacht an. So lässt sich ganz individuell und in Ruhe die Schönheit und Abgeschiedenheit am Koman-Stausee genießen. Das Hostel besitzt auch Kanus für Bootstouren. Der See hat mehrere Nebenarme, die auf eigene Faust erkundet werden können.
Zur Anlegestelle aus Richtung Shkodër gelangt man über die Straßen SH5 und anschließend SH25. Für die nur 55 Kilometer lange Strecke sollten etwa 90 Minuten Fahrtzeit eingeplant werden, da der Straßenbelag auf der SH25 nicht immer der beste ist. Mit einem normalen PKW ist die Strecke jedoch befahrbar. Zwischen Fierzë und Bajram Curri ist die Straße SH22 gut ausgebaut. Für die 20 Kilometer benötigt man eine knappe halbe Stunde.
Von Bajram Curri gelangt man entweder ins Valbonatal (→ S. 313) oder ins Kosovo.

Unterwegs auf dem Koman-Stausee

Strand bei Velipojë

Die Adriaküste

Alle Orte an der Adria, ob **Velipojë** oder **Shëngjin**, lohnen sich für einen Ausflug für Badelustige. Die Orte wurden in den letzten Jahren zu Hotel- und Apartmentburgen ausgebaut, um die Masse an einheimischen Besuchern und denen aus dem Kosovo aufnehmen zu können. Dadurch entstand eine Häusermauer, die durch Gigantomanie und wenig Feingefühl für die Umgebung besticht. Um Velipojë erstreckt sich ein Naturschutzgebiet mit dem gleichen Namen, in dem das Mündungsgebiet der Buna liegt. In dem geröll- und schlammreichen Feuchtgebieten nisten viele verschiedene Vogelarten. Leider ist das Gebiet durch den weiteren Bau verschiedener Ferienresorts bedroht.

Shkodër und Umgebung

Vorwahl: +355/(0)22

Post, Rr. 28 Nëntori; Mo–Sa 10–17, So 10–14 Uhr.

Mit dem Auto ist die An- und Abreise nach Shkodër problemlos. Von **Tirana** sind es knapp 100 km (2 Std.). Von und nach Montenegro ist es eine kurze Fahrt auf guten Straßen. Bis zum Grenzübergang **Muriqani** in Richtung montenegrinische Küste fährt man knapp 30 Min. In den Sommermonaten kann der Grenzübertritt länger dauern. Bis zum Grenzübergang **Han i Hotit** Richtung Podgorica (Montenegro) sind es etwa 40 Min. Fahrt. Die reine Fahrtzeit bis Podgorica beträgt eine gute Stunde. Die Straßen in die **Albanischen Alpen** sind unterschiedlich ausgebaut.

Wer mit dem **Rad** in Richtung Kosovo fahren möchte, braucht eine gute körperliche Verfassung, sind doch mehrere Pässe und viele Kilometer zu überwinden. Da der Verkehr sich auf die Autobahn ›Rruga e Kombit‹ (Durrës–Kosovo) konzentriert, sind die anderen Routen (Rrëshen–Fushë Arrëz–Kukës, Pukë–Fushë Arrëz–Kukës, Vau-Deja–Koman–Fähre–Bajram Curri) sehr ruhig, aber über weite Strecken auch in schlechtem Zustand. Ein Highlight ist natürlich letztgenannte Route mit der Fährfahrt. Von Milot über Rubik nach Rrëshen kann man auf die alte Straße ausweichen. Wer in Richtung Mat möchte, hat keine richtige Alternative zur Hauptverkehrsachse, die in diesem Abschnitt nicht zur Autobahn ausgebaut ist. Zwischen Kukës und der Grenze gibt es stellenweise keine Parallelstraße – meist finden sich aber Reste der alten Straße oder Nebenwege.

Die Strecken in die Dörfer in den **Albanischen Alpen** sind ebenfalls problemlos

▶Karte S. 290

befahrbar, auch wenn die Kondition stark gefordert ist. Die **Straßen nach Valbonë** und **von Han i Hotit nach Tamara** sind asphaltiert, ebenso die Strecke von **Koplik nach Theth bis Bogë**.
Alle unasphaltierten Strecken sind meist in schlechtem Zustand und nur schwierig zu befahren.

Die **Busse** und **Furgons** fahren am Theater ab. Dort stehen für die Busse Schilder mit den Abfahrtszeiten. Die wichtigsten Verbindungen sind:
Nach Durrës: 7.15 und 13.15 Uhr.
Elbasan: 7.30 und 10.30 Uhr.
Lezhë: 8.15 und 13.30 Uhr.
Librazhd: 6.45 Uhr.
Pogradec: 6.30, 9.30 und 13 Uhr.
Rinas (Flughafen): 8.15 und 12.45 Uhr.
Tirana: 14 Verbindungen 6–17 Uhr, im 45- oder 60-Minuten-Takt.
Vlorë: 6.15 Uhr.
Mit den Bussen aus **Montenegro** ist Shkodër gut verbunden. Entweder vom montenegrinischen Küstenort Ulcinj (albanisch: Ulqini) oder Podgorica.

Züge Shkodër–Durrës: 6.30 Uhr (Ankunft 10.20 Uhr); **Durrës–Shkodër**: 13 Uhr (Ankunft (16.30 Uhr)

Allgemeine Informationen zum **Koman-Stausee**: www.komanilake-explore.com.
Die Fähre **Berisha** befördert Autos und Karavans und fährt in der Regel in Koman 9 Uhr und in Fierzë 13 Uhr ab.
Die Fähre von **Dragobia** befördert nur Personen und Motorräder. Sie fährt in der Regel in Koman 9 Uhr und in Fierzë 6 Uhr ab. www.komanilakeferry.com
Eine Fähre mit großer Kapazität für Pkw bis hin zu Bussen und Lkw verkehrt von der Firma ›Alpin‹. Sie ist ab Mitte Mai bis Oktober in Betrieb. Die Fähre **Alpin** fährt von Koman um 12 und von Fierzë um 9 Uhr ab. www.alpin.al

Hotel Grand Europa, Sheshi 2 Prilli, Tel. +355/(0)22/241211; 49 Zimmer, 65–170 Euro. 5-Sterne-Hotel im Zentrum. www.europagrandhotel.com
Hotel Colosseo, Rr. Kolë Idromeno, Tel. +355/(0)22/247513; 45 Zimmer, 60–120 Euro. Im Zentrum, viele Bars, Restaurants, Cafés und Nachtclubs in der Nähe. www.colosseohotel.com
Hotel Carmen, Rr. Kolë Idromeno, Tel. +355/(0)22/249064; 17 Zimmer, 40–60 Euro. In der Fußgängerzone, sehr angenehm gelegen. www.hotelcarmen.al
Hotel Tradita, Rr. Edith Durham 4, Tel. +355/(0)22/240537; 51 Zimmer, 35–64 Euro. 300 Jahre altes Haus, traditionell eingerichtet. www.hoteltradita.com
Rose Garden Hotel, Rr. Justin Godard 18, Tel. +355/(0)22/245296; 10 Zimmer, 35–45 Euro. Boutiquehotel im historischen Teil von Shkodër. Wunderschön restaurierte Villa in der Nähe der Kathedrale. www.rosegardenhotel.al
The Red Bricks Hotel, Rr. Studenti/Sheshi Demokracia, Tel. +355/(0)22/900888; 14 Zimmer, 34–45 Euro. In der Nähe des Stadtzentrums. www.theredbricks-al.com
Hotel Kaduku, Rr. Studenti 84/1, Tel. +355/(0)22/242216; 17 Zimmer, 25–64 Euro. Im Zentrum. www.hotel-kaduku.com
Belvedere Apartment, Blv. Bujar Bishanaku 16, Tel. +355/(0)69/2111166; Apartment 40 Euro. Ruhiges Wohnviertel, Geschäfte, Märkte und Cafés im Erdgeschoss und in der Umgebung. www.belvedere.al
Home Hostel, Rr. Franc Baron Nopca, Tel. +355/(0)69/8670887; 6 Zimmer, 10–15 Euro/Pers. Im alten scutarinischen Stil, mit zeitgenössischem Komfort, im Zentrum. www.athomehostelshkoder.com
Shkodra Backpackers Hostel, Blv. Skënderbeu, 26 Tel. +355/(0)69/3812054, hostelshkoder@gmail.com; 5 Zimmer, 1 DZ 7–40 Euro. Fast im Zentrum bei der Hauptmoschee. www.micasaestucasa.it
The Wanderers Hostel, Gjuhadol, Tel. +355/(0)69/2121062, 4 Zimmer 5–9 Euro, 1 Privatzimmer 17–25 Euro. Entspannte

Atmosphäre in einem historischen Haus, nur wenige Minuten vom Stadtzentrum entfernt in einer der schönsten Straßen der Stadt. hostelshkoder@hotmail.com; www.thewanderershostel.com

Camping Legjenda, Rr. Shaqir Oso Zeqja, gleich an der großen Buna-Brücke; 6 Euro/Übernachtung, Wohnwagen 3 Euro. Recht groß, mit Restaurant und Bar. www.campinglegjenda.com

Camping Natura, kurz vor der Fähranlegestelle am Koman-See, neben einer Brücke, auch zum Baden geeignet.

Restorant Legjenda, Rr. Agron, Tel. +355/(0)69/9332024. Gute Küche, direkt an der Buna, schöner Garten mit Campingplatz. www.campinglegjenda.com

Vila Bekteshi, Rr. Hasan Riza Pasha 33, Tel. +355/(0)22/240799. Gutes Essen und sehr aufmerksames Personal in einer entspannten Atmosphäre.

Fish Art, Sheshi 2 Prilli, Tel. +355/(0)67/4209584. Gutes Fischrestaurant.

Restaurant Sofra, Pedonale, Pijace, Tel. +355/(0)69/5866999. Albanisches Essen.

Vëllezërit Vataksi, Ura e Bunës, Tel. +355/(0)69/3334356. Am Ufer des Flusses Buna mit Blick auf die Festung Rozafa, albanische und italienische Küche. vellezerit_vataksi@yahoo.com

Buna Park Restaurant, an der Buna-Brücke, Tel. +355/(0)69/4261875. Fleisch und Fischrestaurant. www.bunapark.com

Zum Rappen, Skutarisee, Shirokë-Zogaj, Tel. +355/(0)68/3220986. Sehr gutes Fischrestaurant mit Blick auf den See.

B7 Zogaj, zwischen Shirokë und Zogaj, Tel. +355/(0)695705791. Gutes Fischrestaurant mit wunderschöner Terrasse direkt am Ufer des Skutarisees.

Shega e Eger, Rr. Gjuhadol, Tel. +355/(0)66/6196553, e_kacerja@hotmail.com, Teestube, Smoothies und frische Säfte, Bar.

Bar Restaurant Elita, Rr. At Gjergj Fishta 64, Tel. +355/(0)22/700008. Bar und Grill.

Marubi-Museum, Rr. Kolë Idromeno, Tel. +355/(0)22400500; Di–So 9–14, 15–18 Uhr, 700 Lek, Gruppen über 30 Personen 500 Lek/Pers., Studierende 200 Lek, Kinder frei.

Diözesanmuseum (Muzeu dioqezan), Sheshi Gjon Pali II, in der Kathedrale, Tel. +355/(0)67/5552076, Mo–Fr 9–13, 15–17, Sa 9–13, 200 Lek. Die Mitarbeiterin Rita spricht Deutsch. muzeudioqezansp@gmail.com

Museum der Erinnerung (Muzeu i Memories, Vendi i Dëshmisë dhe i Kujtesës), Blv. Skënderbeu 26; Mo–Fr 8.30–14.30, Di/Mi zusätzlich 17–19, Sa 9–12 Uhr, 150 Lek, Kinder 50 Lek. www.vdkshkoder.com www.muzeuimemories.info

Historisches Museum (Muzeu Historik), Rr. Oso Kuka, Mo–Fr 9–15, Sa 9–13 Uhr, 100 Lek. www.muzeuhistorikshkoder.com

Rozafa-Festung, aus der Innenstadt zu erreichen über den Blv. Zogu I oder Rr. Edith Durham; 200 Lek, weitere 200 Lek für das Museum im Arsenal.

Festa e Karnavaleve; Februar, Ende der Faschingszeit. Karnevalsumzüge der Katholiken.

Festa i Liqenit; 3. Sonntag im Juni. See-Fest, das die Einwohner Albaniens und Montenegros feiern.

Handgewebte **Qillim** (traditionelle Teppiche) gibt es im Dorf Zogaj am Skutarisee. Die Besitzerin Nebije Qotaj beschäftigt damit mehrere Frauen aus dem Dorf, Tel. +355/(0)68/2262678, nesa.zogaj@gmail.com, auf facebook.

Krankenhaus, Spitali Rajonal Shkodër, Rr. Kolë 11, Tel. +355/(0)22/247289.

▸Karte S. 296

Nordalbanische Alpen

In den Nordalbanischen Alpen gibt es drei Hauptregionen (Kelmend, Theth, Valbonatal), die nur durch Wanderwege direkt miteinander verbunden sind. In jede einzelne Teilregion gelangt man auch mit dem Auto oder dem Fahrrad.

Das GIZ-Projekt **Peaks of the Balkans** (www.peaksofthebalkans.com) entstand in Zusammenarbeit mit dem Deutschen Alpenverein und bietet Wanderungen im Dreiländereck zwischen Albanien, Kosovo und Montenegro an (→ S. 337). Diese Wanderungen kann man seit einigen Jahren bei verschiedenen Reiseagenturen innerhalb und außerhalb Albaniens buchen. Die Wanderungen sind sehr anspruchsvoll und führen über die höchsten Pässe der Berge. Ein größer angelegtes, jedoch unbekannteres Wanderprojekt ist die **Via Dinarica** (www.via-dinarica.org, → S. 344). Durch einen 2000 Kilometer langen Wanderweg durch alle Staaten des ehemaligen Jugoslawiens und Albanien sollen die Regionen des Westlichen Balkans besser verbunden werden. Auf der Homepage werden Touren angeboten, Gruppen können auch maßgeschneiderte Wanderungen in Auftrag geben.

In Shkodër lebt der aus den Albanischen Alpen stammende junge Reiseleiter **Mario Shenaj**, der sich in allen drei Teilregionen sehr gut auskennt. Er führt Individualtouristen und Gruppen und spricht ein sehr schönes, gewähltes Deutsch (shenajmario@yahoo.com, Tel. +355/(0)68/5000052).

Ein Unternehmen mit einem breiten Angebot an Wandertouren in ganz Albanien ist der deutsch-albanische Veranstalter **Zbulo – Discover Albania** mit Sitz in Tirana.

Detaillierte Beschreibung einzelner Wanderrouten → S. 334.

Kelmend

Für die gesamte Region hat unter anderem die italienische, regierungsunabhängige Vereinigung CESVI ein **Informationszentrum** in **Tamarë** eröffnet, die einzige offizielle Anlaufstelle für Touristen in dieser Region. In den Ortschaften gibt es viele **Gästehäuser**, fast alle Besitzer kennen sich gut aus und können die Gäste beraten. Die verschiedenen Unterkünfte sind einfach zu finden, denn die meisten Gästehäuser haben Schilder aufgestellt.

Serpentinen in den Nordalbanischen Alpen

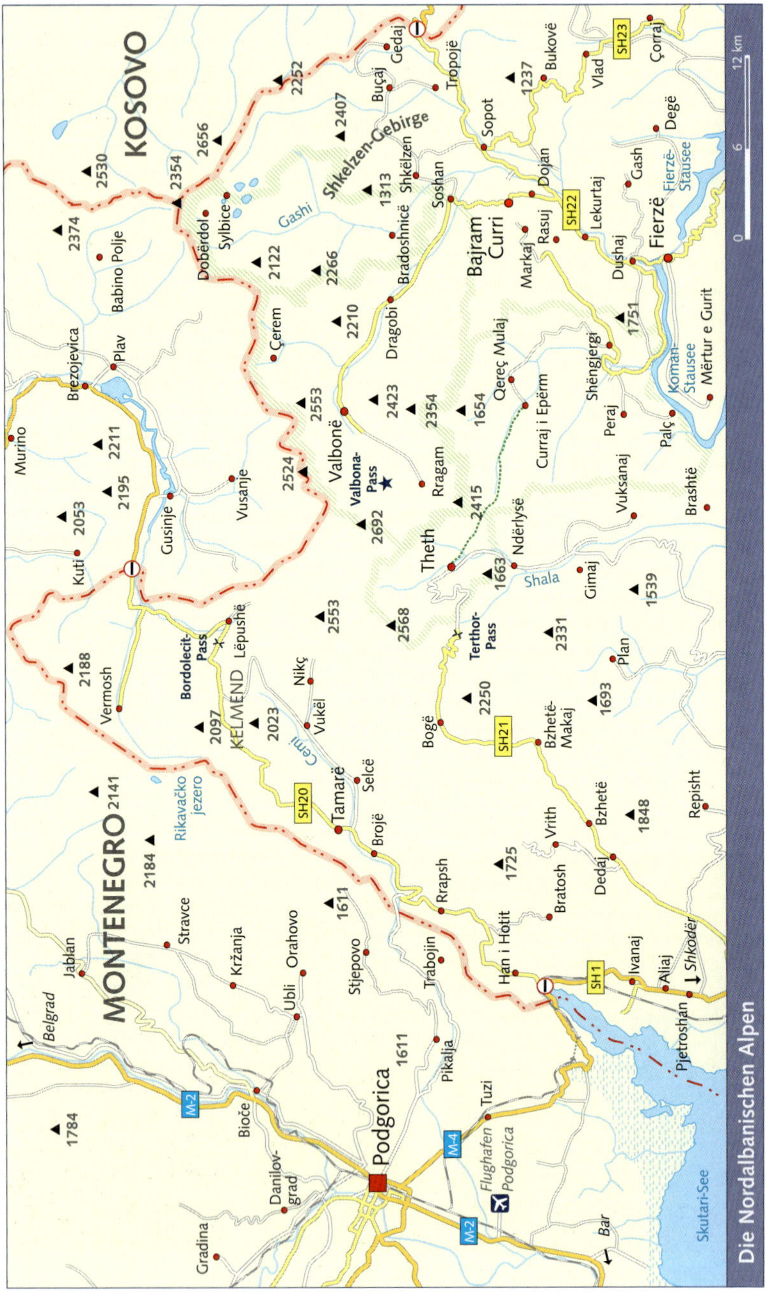
Die Nordalbanischen Alpen
KOSOVO
MONTENEGRO
Podgorica
Flughafen Podgorica
Shkelzen-Gebirge
Bajram Curri
Fierzë
Fierzë-Stausee
Koman-Stausee
Skutari-See
Valbonë
Valbona-Pass
Theth
Terthor-Pass
Bordolecit-Pass
KELMEND
Tamarë
Shala
Gashi
Cemi
Rikavačko jezero
Plav
Gusinje
Vusanje
Murino
Brezojevica
Babino Polje
Dobërdol
Sylbice
Çerem
Dragobi
Bradoshnicë
Shkëlzen
Soshan
Tropojë
Gedaj
Buçaj
Sopot
Bukovë
Vlad
Çorraj
Dojan
Rasuj
Lekurtaj
Gash
Degë
Markaj
Dushaj
Qereç Mulaj
Curraj i Epërm
Shëngjergj
Peraj
Palç
Mërtur e Gurit
Rragam
Ndërlysë
Vuksanaj
Brashtë
Gimaj
Plan
Bzhetë-Makaj
Bzhetë
Bogë
Repisht
Vrith
Dedaj
Bratosh
Rrapsh
Han i Hotit
Ivanaj
Aliaj
Shkodër
Pjetroshan
Selcë
Vukël
Nikç
Lëpushë
Brojë
Kuti
Vermosh
Stravce
Kržanja
Orahovo
Ubli
Stjepovo
Trabojin
Pikalja
Tuzi
Jablan
Belgrad
Bioče
Danilovgrad
Gradina
Bar
SH1
SH20
SH21
SH22
SH23
M-2
M-4
2530
2374
2656
2354
2252
2407
1313
1237
2122
2266
2210
2553
2423
2354
1654
1751
2524
2692
2415
1663
1539
2553
2568
2331
2053
2195
2211
2188
2097
2023
2250
1693
2141
2184
1848
1725
1611
1611
1784
0
6
12 km

Sowohl im Informationszentrum als auch in den Gästehäusern werden **Wanderkarten** für die Region zur Verfügung gestellt, mit deren Hilfe die meisten Wanderwege gut zu finden sind. Eine gute Wanderkarte erstellte Barbara Hausmann, die mit der Region sehr verbunden ist. Sie kann in einigen Unterkünften oder vor der Reise zu Hause gekauft werden (→ S. 345).

Der Tourismus in Kelmend ist noch nicht so stark wie in Theth oder im Valbonatal, da die Straße von Han i Hotit bis Tamarë erst 2014 rekonstruiert wurde, die Straße zwischen Tamarë und Vermosh erst 2016. Vom sehr guten Zustand der Hauptstraße profitieren seit kurzem die Einwohner, und der Tourismus blüht langsam auf. Für jüngere Menschen gibt es nunmehr einen Grund, hierzubleiben. Bisher wanderten viele junge Menschen aus, vor allem nach Nordamerika. Der Vorteil für die Reisenden ist, dass die Preise für Übernachtung und Essen in Kelmend noch wesentlich günstiger sind als in den übrigen Gebieten der Albanischen Alpen. Die Menschen sind meistens Selbstversorger, weshalb es bestimmte Nahrungsmittel häufiger gibt. Typisch sind Byrek mit Kräutern, Zwiebeln, Käse, Joghurt, Spinat oder Lauch, Bohnen, Lamm, Ferkel und Rind vom Spieß mit Sauerrahm sowie Risotto mit Champignons. Hühnchen wird in dieser Gegend selten oder gar nicht gegessen, nur die Eier werden genutzt. Der Wein wird selbst hergestellt, die Trauben dafür müssen jedoch eingekauft werden. Typische Obstler sind Pflaumen-, Heidelbeer und Traubenschnaps; Heidelbeersaft wird fast überall angeboten.

Tamarë

In Tamarë (Tamara), dem ersten touristisch ausgebauten Ort der Region Kelmend befindet sich eine **Touristeninformation**, in der Wanderkarten und regionale Lebensmittel verkauft werden.

Ortszentrum in Tamarë

Tamarë ist der einzige Ort mit **Restaurants** in der Region. In den letzten Jahren entstand ein kleines Ortszentrum, das die Restaurants, Unterkünfte und Läden beherbergt.

Lepushë

Lepushë (Lepusha) ist sehr einfach zu erreichen und liegt malerisch auf etwa 1250 Metern. Derzeit gibt es sechs **Gästehäuser**, jedoch kein Restaurant. Aber in allen Häusern wird gekocht, und die Gäste können Vollpension bestellen. In einigen Häusern kocht man zusammen

Lepushë

In Vermosh

mit den Besitzern. Mehrere **Wanderwege** führen in die Berge.

Die neue **Kirche** im Ort wird von einem deutschen Kardinal finanziert, dem Lepushë sehr gut gefallen hat.

Vermosh

Das Dorf liegt am Ende der Straße, nur die letzten Kilometer sind nicht asphaltiert. Im Ort existieren derzeit mehrere Gästeunterkünfte. Die Idee der Herbergsbesitzer ist, dass Besucher nur die Übernachtung und das Frühstück bezahlen und an jedem Tag entscheiden, ob sie in der eigenen Unterkunft oder bei jemand anderem essen möchten. Die **Wanderwege** in der Umgebung sind gut zu finden. Zum See **Rikavačko jezero** in Montenegro kann man problemlos wandern, dort gibt es ein kleines Restaurant. Die offizielle Währung in Montenegro ist der Euro.

Nikç

Im Dorf Nikç gibt es zurzeit zwei **Gästehäuser**, jedoch ist das Dorf nur zu Fuß zu erreichen. Auf einer Wanderung kann man auch das Dorf **Vukël** kennenlernen, allerdings gibt es bisher noch keine Schlafmöglichkeit.

▶ Karte S. 310

Theth

Seit einigen Jahren ist Theth (Thethi) der Star unter den Bergdörfern Albaniens, über den bereits in vielen deutschsprachigen Zeitungen geschrieben wurde. Die Straße Richtung Theth ist bis kurz hinter **Bogë** asphaltiert. Die letzten 14 Kilometer ab dem **Thore-Pass** (Qafa e Terthorës) sind sehr schlecht. Ein Geländewagen ist dafür notwendig, wenn auch manche wagemutigen Touristen mit dem Pkw fahren. Auf dem Pass lohnt sich eine kurze Pause, um den Blick in die Berge zu genießen. Die entspannteste Variante ist, mit einem Furgon oder öffentlich fahrenden Geländewagen ab Shkodër anzureisen. Den Tourismus begründeten tschechische Wanderer ab 2005. Die Einwohner waren anfänglich noch skeptisch, was die Fremden hier wollten, da sie die Schönheit der Bergwelt als nichts Besonderes ansahen. In der Zwischenzeit ist in Zusammenarbeit mit vielen ausländischen Akteuren ein reger Tourismus entstanden, der den Menschen ein wenig Wohlstand sichert. In Theth gibt es etwa 25 **Gästehäuser** und ein weitverzweigtes Wanderwegenetz.

Die Kirche in Theth

Im Shala-Tal

In der Mitte des langgestreckten Ortes steht eine kleine **Kirche**. Sehr gut zugänglich ist der **Blutracheturm** (→ S. 320), direkt aus dem Albanischen würde er als ›Einschließturm‹ (Kulla e Ngujimit) übersetzt werden. Sein Alter wird auf bis zu 400 Jahre geschätzt, er wird heute als **Museum** genutzt und kostet 150 Lek Eintritt. Zu sehen sind einige Bilder und Trachten. Der Besitzer Sokol empfängt die Gäste in der Saison mit Kaffee und anderen Getränken; manchmal spielt er auch Melodien auf einem Pflaumenblatt.

Shala-Tal

Es gibt die Möglichkeit, zum nahegelegenen, 30 Meter hohen **Wasserfall** zu wandern und von da weiter talabwärts ins **Shala-Tal** bis zum Dorf **Ndërlysë** (zwei Übernachtungsmöglichkeiten in Gästehäusern). Die reine Gehzeit beträgt etwa drei Stunden. Entweder kann man auf der Straße auf der rechten Flussseite oder auf einem halbwegs anspruchsvollen Wanderweg auf der linken Seite wandern.

Ein Abstecher zum **Blauen Auge** (Syri i Kaltër), einer Quelle mit wunderschönem blau-grünen Wasser, lohnt sich. Der Hin- und Rückweg dauert etwa eine Stunde. Einige Wanderer nutzen das Shala-Tal, um zum Koman-Stausee (→ S. 305) zu gelangen. Die Einwohner von Theth nutzen auch heute noch den **Valbona-Pass**, um etwa im Valbonatal jemanden zu besuchen. Diese Wanderung dauert jedoch acht Stunden, und man muss einmal im Valbonatal übernachten (→ S. 314). Mittlerweile ist der Pfad markiert worden.

Bogë

Auf dem Weg nach Theth fährt man durch Bogë. In der letzten Zeit entstanden hier viele **Gästehäuser** und ein **Campingplatz**. Leider lassen sich vom Ort nicht viele Wanderungen unternehmen, da keine ausgeschilderten Wanderwege in die umliegenden Berge führen.

Valbona-Nationalpark

Die gesamte Region um das Valbonatal (Lugina e Valbonës, Nationalpark: Parku kombëtar lugina e Valbonës) und Bajram Curri wird **Tropojë** genannt. Die meisten Besucher kommen wegen der Natur in dieses Gebiet, kulturell und architektonisch gibt es in diesem abgeschiedenen Winkel nicht viel zu entdecken. Im Gegensatz zu den sonst rein katholisch geprägten Gegenden in den Nordalbanischen Alpen ist das Valbonatal mehrheitlich muslimisch geprägt. Das Valbonatal ist mit dem Auto oder Fahrrad nur von Bajram Curri zu erreichen. Die frisch asphaltierte Straße führt bis zu den letzten Dörfern im Tal. Der Hauptort des Tals ist **Valbonë**, in dem sich mehrere Hotels und Pensionen befinden. Abseits des Hauptweges und nur über Schotterstraßen zu erreichen sind die Orte **Çerem** und **Rragam**. Das Valbonatal ist durch die gute Anbindung einer der Touristenmagnete in den Albanischen Alpen geworden. Naturliebhaber schätzen den Kontrast zwischen den schroffen Bergen und den saftigen

Wiesen für Schafe und Kühe. Mehrere Wanderwege mit unterschiedlichen Schwierigkeitsgraden sprechen für einen mehrtägigen Aufenthalt in der Region. Für Wanderer im Valbonatal gibt es seit neuestem eine Bergwacht. Zwei Deutsche, Anke Sommerhäuser und Wolfgang Schüßler, waren im Frühjahr 2016 auf Klettertour und haben festgestellt, dass für das steile Terrain und die anspruchsvollen Wege eine Bergwacht notwendig ist. Jetzt verfügt das Valbonatal als einzige Region in Albanien über eine professionelle Bergrettung. Mehr über das Projekt, das auch die regionale Schulausbildung fördert und neue Kletterrouten erschließt, findet man unter www.startnext.com/valbonatal.

In Valbonë leben auch zwei Ausländerinnen mit ihren albanischen Männern. Die eine ist Jeanette aus Magdeburg, die das Hotel ›Margjeka‹ betreibt, die andere die US-Amerikanerin Cathrine Bohne, die auch selbst Wandergruppen durch die Berge führt und das Hotel und Restaurant ›Rilindja‹ besitzt. Sie engagiert sich seit mehreren Jahren für den Schutz der Natur. Es ist ihr ein großes Anliegen, die gesamte Region der Nordalbanischen Alpen vor dem Bau von Wasserkraftstationen zu bewahren, weshalb sie mit anderen Akteuren die Organisation ›Toka‹ ins Leben rief, die mit unterschiedlichen Projekten öffentlichkeitswirksam auftreten. Mehr Informationen auf Englisch unter www.toka-albania.org.

Im Sozialismus gab es in Valbonë ein Hotel, das Politikern vorbehalten war. Der Zorn der Menschen in den 90er-Jahren führte zur völligen Zerstörung des alten Hotels, das noch heute verwahrlost im zentralen Bereich der Ortschaft steht.

Die Wanderungen im Tal reichen von einfachen Touren entlang der Straße und des Flusses und zu einem Bergsee. Weitaus schwierigere Touren führen bis in die hohen Lagen der Berge. Das Highlight für Wanderer ist der **Valbona-Pass** (Qafa e Valbonës), der von Valbonë nach Theth (→ S. 312) führt. Die Wanderung dauert etwa acht Stunden. Eine Übernachtung in Theth muss eingeplant werden. Am Pass gibt es im Sommer zwei Cafés, in denen sich Wanderer mit Getränken und Snacks versorgen können.

Informationen liefern ein kleines **Informationszentrum** im Zentrum von Valbonë. **Wanderkarten** verteilen die Besitzer der der meisten Unterkünfte.

▸ Karte S. 310

Bajram Curri

Bajram Curri eignet sich für eine Pause auf dem Weg ins Valbonatal. Außer einigen heruntergekommenen Wohngebäuden aus der sozialistischen Zeit hat der Ort allerdings nicht viel zu bieten. Bis 1952 hieß er Kolgeçaj. In Erinnerung an den einflussreichen Kosovaren Bajram Curri, der gegen die Osmanen kämpfte und in den 1920er-Jahren einige Ministerposten im albanischen Parlament innehatte, wurde sie umbenannt. Da Curri der Kontrahent König Zogus I. (→ S. 42) war, musste er fliehen und sich in den nordalbanischen Bergen verstecken. Die Armee verfolgte ihn, und um einer Gefangenschaft zu entgehen, erschoss er sich. Vor dem Museum am Sheshi Dardania ist eine große Statue von dem Volkshelden aufgestellt worden. In der Stadt gibt es viele Hotels.

Im Dorf **Bujan** südlich von Bajram Curri kann der Wehrturm Kulla e Mic Sokolit besichtigt werden, der ursprünglich zum Rückzug der Familienmitglieder diente, die von der Blutrache bedroht waren. Mic Sokoli war ein Mitglied der Liga von Prizren, die 1878 erfolglos für die Unabhängigkeit Albaniens kämpfte. Anlässlich des 100-jährigen Jubiläums der Liga wurde der Turm der Familie Sokoli restauriert.

Brücke im Valbonatal

Nordalbanische Alpen

Post, in Bajram Curri, Rruga Mic Sokoli; Mo–Fr 8–17 Uhr.

Informationszentrum in Tamarë am Hauptplatz, Tel. +355/(0)69/5719099.

Theth: Ein offizielles Informationszentrum gibt es nicht. Die Informationen liefern vor Ort alle Besitzer der Gästehäuser. Die Hauptansprechpartnerin für alle Fragen ist Roza Rupa.

Valbonë: Kleines Informationszentrum in der Ortsmitte, wenn es geöffnet ist, wird Kartenmaterial verkauft.

Informationen zu den Wanderungen erhält man auch im **Hotel Rilindja** (→ S. 317).

▸ **Kelmend**

Mit dem Auto aus Richtung Shkodër und Skutarisee ist die Fahrt auf der Hauptstraße in die Region Kelmend sehr gut befahrbar. Der Asphalt ist neu, und alle Orte und Unterkünfte sind sehr gut ausgeschildert. In Dörfer wie Nikç oder Vukël führen Schotterwege, die nur für Geländewagen geeignet sind.

▸ **Theth und Shala-Tal**

Mit einem Pkw ist die Fahrt nicht zu empfehlen, da die Strecke nach Bogë nicht asphaltiert und in einem sehr schlechten Zustand ist.

▸ **Valbonatal**

Von Shkodër ist es am besten, die Autofähren über den Koman-See (→ S. 305) zu nutzen, die bis Fierzë fahren. Von dort führen gute Straßen über Bajram Curri ins Valbonatal.

Auf dem Landweg dauert die Fahrt von Kukës mindestens 2,5 Stunden für 100 Kilometer. Die schnellste Zufahrt ins Valbonatal führt vom Kosovo über den Grenzübergang Morina und Bajram Curri.

Von Shkodër bis Vermosh fährt pro Richtung einmal am Tag ein **Furgon** (ca. 2,5

Std.). Mit Zwischenhalten in allen Ortschaften auf der Hauptstraße.
Shkodër–Vermosh: 14 Uhr.
Vermosh–Shkodër: 6 Uhr.
Theth und Shala-Tal: In Shkodër fahren die **Furgons** jeden Tag vom Kreisverkehr im Stadtteil Rus ab. Es lohnt sich, bereits gegen 7 Uhr dort zu sein, da die Minibusse an einigen Tagen sehr voll sind. Sie werden auch für die Belieferung der Dörfer an der Strecke genutzt. Bis Theth dauert die Fahrt etwa 3 Std. Bei Schnee fahren nur Jeeps.
Shkodër–**Theth und Shala-Tal**: 7.30–8 Uhr.
Theth–Shkodër: 11.30–12 Uhr.

Region Kelmend

In allen Orten sind die Unterkünfte auf Tafeln angeschrieben, die in der Nähe der Häuser aufgestellt sind.

▸ **Tamarë**

Guesthouse Kol Turkaj, Tel. +355/(0)696333135; 8 Betten, 3000 Lek pro Zimmer, Doppel- oder Dreibettzimmer.
›Hotel‹ am Hauptplatz, Luk Noçaj, Tel. +355/(0)69/2290124; 15 Betten, 3000 Lek pro Zimmer, Doppel- oder Dreibettzimmer.

▸ **Lepushë**

Alle Gästehäuser kosten 10 Euro für die Unterkunft zuzüglich 3 Euro für Frühstück, sowie 6 Euro für Mittag- und Abendessen.
Besnik Pepushaj, Tel. +355/(0)69/7890149; 7 Zimmer, 25 Betten, außerdem zwei Holzhütten. Sehr schön gelegen, die Besitzer empfangen die Gäste sehr liebevoll.
Alpin, Luigj Cekaj, Tel. +355/(0)269/455603; 4 Zimmer mit 15 Betten, 3 Bäder, Vollpension 25 Euro, Camping mit Strom 3 Euro ohne Verpflegung. Großes Gästehaus etwas am Rand vom Ort, kleine, unbefestigte, abschüssige Straße dorthin. Luigj Çekaj und seine Familie können die Gäste auf den Wanderungen ein Stück begleiten oder zumindest den Weg erklären.

▸ **Vermosh**

Die Unterkünfte kosten meistens 13 Euro, Frühstück inbegriffen. Da es kein Restaurant im Ort gibt, können Mittag- und Abendessen in den Gästehäusern bestellt werden. Vermosh hat derzeit 6 Unterkünfte.
Prele & Antonio Vuktilaj, Tel. +382/(0)69/552435. Das Haus ist schon fast zu romantisch und beschert einem einen schönen Aufenthalt.
Guesthouse Peraj, am Ende des Dorfs, Tel. +355/(0)66/6669022. Die Familie betreibt das Gästehaus seit 2016, es gibt mehrere Zimmern mit einer etwas gehobeneren Ausstattung. Die Tochter spricht gut Englisch.
guesthouseperaj@yahoo.com
Vasel Mitaj, gleich am Anfang des Dorfes, Tel. +382/(0)69/526118 (durch die Nähe zu Montenegro nutzt Vasel eine montenegrinische Handynummer), auf facebook unter seinem Namen zu finden. Vasel Mitaj ist um die 80 Jahre und liebt es, Gedichte zu rezitieren. Neben mehreren Häusern und einem kleinen Laden hat er ein Baumhaus in luftiger Höhe gebaut.

Theth und Shala-Tal

Etwa 25 Gästehäuser stehen in der Region zur Verfügung. Die angegebenen Preise beziehen sich auf einzelne Gästehäuser und auf die reine Übernachtung ohne Verpflegung für eine Person. In allen Unterkünften wird Frühstück, Halb- und Vollpension angeboten.

▸ **Theth**

Guesthouse Rupa, Theth, Tel. +355/(0)68/2003393, ropupaog@yahoo.com; 8 Euro. Das Gästehaus führt die junge Roza Rupa, eine der Hauptinitiatoren für die Entwicklung des Tourismus in Theth, gemeinsam mit ihren Eltern serviert sie den Gästen sehr gutes Essen.
Bujtina & Restorant Blerim Gurra, Theth, Tel. +355/(0)67/2931302, 3 Zimmer, 12 Betten, 10 Euro. Kleines Haus mit Garten.
gurraqendertheth@yahoo.com
Bujtina & Restorant Polia, Theth, Tel. +355/(0)69/3016781, pavpolia@gmail.com; 10 Zimmer, 45 Betten, 15–20 Euro. Zwar ist

▸ Karte S. 310

das Haus moderner als die anderen, dafür ist der Komfort sehr angenehm

Bujtina Marjan Çardaku, Ndërlysë, Tel. +355/(0)68/5203911; 3 Zimmer, 15 Betten, 10 Euro. Eines von 2 Gästehäusern in Ndërlysë, dem ersten Ort nach Theth im Shala-Tal.

▸ **Bogë:**
Die Unterkünfte liegen an der Straße.

Zef Mikaj, Tel. +355/(0)69/6631963. Mit Restaurant.

Kroni i Boges, Tel. +355/(0)694342208. Mit Restaurant.

Valbonatal

Im Gegensatz zu den anderen Orten sind im Valbonatal einige größere Hotels gebaut worden.

▸ **Valbonë**

Hotel Rilindja, Tel. +355/(0)67/3014637; DZ 35 Euro, EZ 25 Euro mit Frühstück. Angenehme Zimmer, mit Restaurant. Kontakt kann über ein Formular auf der Homepage aufgenommen werden. Die Besitzer begleiten Touristen in die Berge. Sie bieten auch Reitausflüge und einen Transfer von und nach Bajram Curr an. www.journeytovalbona.com

Hotel Margjeka, Tel. +355/(0)67/3382162; DZ um die 40 Euro. Der Zimmerstil passt eher zu einer Kleinstadt. www.hotelmargjeka.al

Gasthaus Kol Gjoni, Tel. +355/(0)67/2313311, +355/(0)67/3022876, auf facebook; 11 Zimmer, 37 Betten, DZ mit Frühstück 30 Euro, im Mehrbettzimmer 12 Euro/Pers. Eine der besten Küchen im Valbonatal. bledarjubani@yahoo.com

Villa Dini, Tel. +355/(0)67/3230951; 10 Zimmer, DZ mit Frühstück rund 40 Euro. Sehr gepflegtes Hotel, schöne Lage und sehr gutes Essen.

Valbona Relax, Tel. +355/(0)68/3502088; 16 Holzhütten, 49 Betten, Preis pro Hütte 45 Euro.

▸ **Bajram Curri**

Hotel Eurobushi, Rr. me pisha, Tel. +355/(0)69/7798777; DZ ab 15 Euro. Einfache, saubere Zimmer.

Hotel Vllaznimi, Rr. Ram Sadria, Tel. +35521323098; 19 Zimmer, ab 10 Euro/Pers.

Die Gästehäuser stellen teilweise auch Platz für Zelte zur Verfügung.

Guesthouse Rupa, Theth.

Boga Alpine Resort, Tel. +44/77/66114465, boga.alpineresort@gmail.com. Auf dem Platz darf auch Lagerfeuer gemacht werden.

Nur in **Tamarë** gibt es Restaurants. Derzeit sind es vier direkt am und um den zentralen Platz. Ein Restaurant mit lokaler Küche ist **Bukë, Kripë, Zemër** direkt am Dorfplatz, Tel. +355/(0)69/6896990. In Valbonë bietet das Restaurant **Rilindja** Essen an.

Folklorefestival Logu i Bjeshkëve, in Lepushë; 2. Samstag im August.

Gesangsfestival Hëna e plotë, in Tamarë; 3. Samstag im August.

Folklorefest Sofra Dardane, in Bajram Curri; Mitte Juni.

In **Tamarë** gibt es am neuen Hauptplatz ein kleines Geschäft, in dem lokale Produkte wie Bergtee, Säfte, Liköre, Schnäpse, Käse und Honig verkauft wird. Die meisten Besitzer der Gästehäuser verkaufen auch Selbstproduziertes.

In **Theth** gibt es im Sommer eine 24-stündige Ambulanz, die aber keine Bergrettung anbietet. In **Valbonë** gibt es eine Bergrettung (→ S. 314).

Das nächste Krankenhaus ist in Shkodër (→ S. 308) bzw. bei Bajram Curri:

Krankenhaus (Spitali Tropojë), in Tropojë nordöstlich von Bajram Curri, Rr. Sulejman Vokshi, Tel. +355/(0)213/2222.

Mirditë

Die Mirditë (Mirdita) ist ein katholisch geprägter Landstrich, in dem nur wenige Menschen leben. Berühmtheit erlangte sie durch den Roman ›Der zerrissene April‹ von Ismail Kadare.

Nach 1945 wurden in der Region der Abbau von Mineralien vorangetrieben, in der Region um Rrëshen lag der Fokus auf Kupfer. Vielerorts sind die Spuren des Bergbaus, der bis in die frühen 1990er-Jahre betrieben wurde, noch heute zu sehen. Wichtig waren auch die Chromvorkommen, sie werden heute noch von privaten Personen abgebaut und über Zwischenhändler bis nach China verkauft.

Das bekannteste albanische Internierungslager aus der Zeit des Sozialismus befand sich in **Spaç**, wo die politischen Häftlinge unter unmenschlichen Bedingungen in Stollen arbeiteten. Die unterernährten Häftlinge wurden oft zu Tode gefoltert. Die Anlage wird schrittweise zu einem Erinnerungsort für die politisch Gefangenen ausgebaut (→ S. 323).

Teile der Mirditë sind gut angebunden, da die Autobahn von Tirana nach Kukës durch dieses Gebiet führt. Für Erkundungen der Region eignen sich Übernachtungen in den Städten **Rrëshen** oder **Rubik**, die an der Autobahn liegen. Die Ortschaften Fushë Arrëz und Pukë haben nichts Sehenswertes zu bieten. Wer Lust verspürt, nicht auf der Autobahn, sondern auf kurvenreichen Landstraßen unterwegs zu sein, wird mit schönen Aussichten in die weite, hügelig bis bergige Landschaft der Mirditë belohnt.

Kleidungsstil vieler älterer Frauen in der Mirditë

▸ Karte S. 290

Rubik

Rubik ist ein eher unscheinbarer Ort an der Autobahn A1, in dem im Sozialismus Kupfer und Gold veredelt wurden. Durch den Ort schlängelt sich der türkisfarbene Fluss Fan. Sehr gut sichtbar ist die auf einem Felsen stehende **Christi-Auferstehungs-Kirche** (Kisha e Shëlbuemit), die von den Menschen der Region sehr hoch geschätzt wird. Der schlichte Bau wurde im Sozialismus nicht abgerissen, und auch die halbwegs erhaltenen Fresken in den Apsiden des Vorgängerbaus aus dem 12. Jahrhundert im byzantinischen Stil blieben erhalten. Ursprünglich wurden die Kirche und das Kloster von Benediktinern benutzt, ab dem 16. Jahrhundert von den Franziskanern. Von den Klostergebäuden sind nur noch Ruinen erhalten. Oberhalb der Kirche steht auf einem Felsen die alte Glocke der Kirche. Im Sozialismus diente sie dem im Tal liegenden Kupferwerk als Warnglocke.

Der Name Dr. Marianne Graf, die ein österreichisches Hilfsprojekt betreibt, ist auch auf dem Gelände des Kirchhofes anzutreffen. Sie stiftete einen Brunnen, auf dem ihr Name steht. Hinter der Kirche steht ein Stein, der die drei monotheistischen Buchreligionen vereint und die ganze Welt durch die Nennung großer Städte verbindet. Unter den Ortsnamen taucht auch Gössendorf auf. Es ist das österreichische Dorf, in dem Dr. Graf lebt. In der

Die Christi-Auferstehungs-Kirche in Rubik

ganzen Region erinnern Tafeln an ihre großzügigen Taten.
In den umliegenden Bergen von Rubik können kürzere Wanderungen unternommen werden. Als Unterkunft eignet sich die **Bujtina Biba** (→ S. 325).

Orosh

Ursprünglich war die Region um Orosh das wichtigste Zentrum der gesamten Mirdita. Nach den Zerstörungen im Sozialismus ist in Orosh, das nun Orosh-Grykë genannt wird, nicht viel erhalten geblieben. Damit sich die Bergbewohner an die Vorschriften der Osmanen hielten, etablierte der Sultan ab Ende des 17. Jahrhunderts die Verwaltungsstruktur des Bayrak; übersetzt bedeutet dies Banner und besagte, dass eine Verwaltungseinheit autonom regiert werden konnte. Dieser politische Schachzug ermöglichte die Beobachtung und Kontrolle der katholischen Bevölkerung. Im Gegenzug erlangten die Clans dieser Region eine gewisse Eigenständigkeit. Der Vermittler zwischen beiden Seiten war der islamische Bylykbashi (von türk. *bölükbaşi*). In Shkodër vertrat er vor dem Pascha, der dem Sultan unterstand, die Interessen der Bergclans. Gleichzeitig achtete er darauf, dass die Anweisungen des Sultans von der Bevölkerung beachtet wurden. Der Einfluss dieser islamischen Institution hatte Auswirkungen auf das nordalbanische Gewohnheitsrecht wie den Kanun von Lekë Dukagjini (→ S. 320), die ihn stark beeinflusste und dadurch bedeutende Clanfamilien in ihrem Machtbereich beschnitt. In Orosh kamen die wichtigsten Familien zum Altenrat zusammen, der Teil des Kanuns war. Ihnen stand der Kapedan vor, das Oberhaupt, das letztendlich alle Entscheidungen traf. Dieser Kapedan stammte immer aus der Familie Gjonmarku. Diesen Namen kann man heute noch oft in dieser Gegend antreffen. Wer sich zu diesem Thema einlesen möchte, sollte den Roman ›Der zerrissene April‹ von Ismail Kadare lesen. Um die stolze Bevölkerung mit den einflussreichen Familie und der katholischen Tradition zu demütigen, wurde unter Enver Hoxha in Orosh viel zerstört und abgerissen.
In der Umgebung von Orosh sind jedoch zum Glück mehrere **Wehrtürme** (Kulla) erhalten geblieben, die ursprünglich für die Menschen gedacht waren, die sich vor der Blutrache verstecken mussten (→ S. 320). Nach 1990 wurde die alte **Bischofskirche** (Kisha e Shën Llezhdrit) ohne Bischofsfunktion wieder aufgebaut. Als Ersatz wurde in **Rrëshen** 2002 die neue Bischofskirche eröffnet. An der Stelle der jetzigen Kathedrale stand ursprünglich eine katholische Kirche, die nach 1967 abgerissen wurde. Von Reps aus liegt der Ort östlich. Man nutzt die Autobahnabfahrt und kann mit dem Auto auf der Landstraße etwa bis zum östlichen Ortsausgang von Reps fahren. Von dort schafft es nur ein Geländewagen bis zur Kirche. Oder man entscheidet sich, die fünf Kilometer zu wandern. Auf Karten steht manchmal auch Kisha e Oroshit, das bedeutet einfach Kirche von Orosh.

Blutrache, Kanun und Schwörende Jungfrauen

Der Begriff Blutrache wird sehr eng mit Albanien assoziiert. Bis in die erste Hälfte des 20. Jahrhunderts wurde das Recht, jemanden zu töten, in Gesetzbüchern geregelt. Das bekannteste ist der Kanun des Lekë Dukagjini. Die Blutrache wurde als Strafe für einen Mord umgesetzt und war keinesfalls der einzige Bestandteil dieses Regelwerks. Der Kanun regelte auch viele andere Angelegenheiten, mit dem Ziel, das Zusammenleben der Menschen zu verbessern. So wurden auch Geld- und Sachstrafen verhängt, zum Beispiel für Diebstahl. Haftstrafen und körperliche Bestrafungen gab es nicht, da diese die Ehre eines Mannes verletzt hätten.

Beim Kanun handelte sich um einen niedergeschriebenen Verhaltenscodex. Dieser war besonders für die Bergwelten Nordalbaniens wichtig, da religiöse Regeln wie die Gebote der Bibel oder staatliche Rechtsnormen nicht existierten. In Albanien wird oft behauptet, dass das niedergeschriebene Gewohnheitsrecht von Lekë Dukagjini gesammelt und verschriftlicht wurde; dafür gibt es allerdings keine Beweise. Historisch wurde der Codex in einem kleinen Gebiet Nordalbaniens verwendet, dem Hochland um Lezhë, der Mirditë, dem Shala-Tal (Theth) und dem westlichen Kosovo. Diese Region wird als Dukagjin bezeichnet. Das Gewohnheitsrecht ist in zwölf Bücher (Abschnitte) eingeteilt: 1. Kirche, 2. Familie, 3. Heirat, 4. Hochzeit, 5. Erbschaft, 6. Haus, Vieh und Landgut, 7. Handel, 8. Ehre, 9. Schäden, 10. Verbrechen, 11. Altenrat und 12. Befreiung und Ausnahmen. Durch diese Bücher wurde ein großer Teil des Alltagslebens und des sozialen Zusammenhalts bestimmt. Eine privilegierte Stellung nahmen Priester der katholischen Kirche ein, niemals jedoch islamische Geistliche. Die Rollenverteilung von Männern und Frauen wurde eindeutig definiert, indem der Mann im eigenen Haus den ›Kopfplatz‹ einnimmt und die Frau als ›Schlauch‹ (*shakull*) bezeichnet wird, in dem im übertragenen Sinn Dinge transportiert werden; gemeint sind vorrangig die Kinder. Mit der Bezeichnung ›Schlauch‹ wird der untergeordnete Status der Frauen ausgedrückt. Das Haus, das Grundstück und dessen unveränderliche Grenzen besaßen einen hohen Wert, wie auch die zum Hof gehörenden Tiere. Selbst der an der Kette gehaltene Hund bekam seinen eigenen Paragraphen, denn er war zum Beschützen der Schafherden sehr wichtig.

Ehre ist ein wichtiger Begriff im System des Kanuns und der Verhaltenszwänge in der nordalbanischen Gesellschaft. Nur ein Individuum, also ein Mann, konnte Ehre besitzen, es stand jedoch die gesamte Familie oder der Clan im weiteren Bezugsfeld. War die Ehre geschändet worden, wurde Rache genommen, um das Ansehen des Mannes zu bewahren. Früher gehörte zur Schändung der Ehre, dass jemand eine andere Person anspuckte, ihr die Waffe wegnahm oder bei jemand anderem den Deckel vom Topf nahm. Zum Begriff Ehre wurden auch der Gast und die ihm entgegengebrachte Gastfreundschaft gerechnet. Die Gastfreundschaft hat nichts Uneigennütziges, sondern kann in der rauen, menschenarmen Bergwelt lebenswichtig sein.

Die bekannteste Bestrafung ist die Blutrache (alb. *gjakmarrje*), wörtlich ›Blutnehmen‹. Der Blutrache fielen bis zum Zweiten Weltkrieg sehr viele Männer zum Opfer. Frauen können nicht betroffen sein. Sollte eine Frau einen Mord begehen, würde in der Regel ihr Vater oder ein naher männlicher Verwandter zur Rechenschaft gezogen werden. Durch das systematische Morden herrschte in Nordalbanien meist chronischer Männermangel. Anwendung fand die Blutrache oft bei Verletzung der Ehre oder Mord. Sie wird als Kompensierung des Schadens und Mittel der Gerechtigkeit verstanden. Betroffen sind Familien, aber auch ganze Stämme. Sollte eine Ehrverletzung oder ein Mord nicht schnell gerächt werden können, lebt die in ›Blut gefallene‹ Familie über Jahre, in einigen Fällen über Generation, mit der Angst. Vor dem Zweiten Weltkrieg verschanzten sich die betroffenen ›Opfer‹ in hohen Türmen mit wenigen Öffnungen. In Nordalbanien sind diese Kulla noch an einigen Orten zu sehen und zu besichtigen, zum Beispiel in Theth (→ S. 312) und bei Bajram Curri (→ S. 314). Es gab wohl Fälle, bei denen der eigentliche Grund für die Blutrache nicht mehr bekannt war, aber die Rache musste verübt werden. Einzig die Frauen können mit den Frauen der anderen Familie eine Art Mediation vorantreiben, indem sie besprechen, die Blutrache zu beenden.

Nach einem Mord ist der Täter laut Kanun verpflichtet, der Familie des Opfers Bescheid zu sagen, die Leiche in ihr Haus zu bringen und sie auch zu begraben. Die Besa, ein mehrdeutig auszulegendes Ehrenwort, sichert dem Täter das Überleben,

Blutturm in Theth

da ihm im Haus der Trauernden nichts angetan werden darf. Würde sich jemand an ihm vergreifen, so fiele die Opferfamilie ›in Blut‹. Der Täter hat durch die Besa rund 30 Tage Zeit, alles zu organisieren, es herrscht also Waffenstillstand. Nach den 30 Tagen wird aus dem Täter Freiwild, da ihn die Familie des Getöteten töten darf. Diese Rache kann auch an einem nahestehenden männlichen Verwandten verübt werden, was die Angelegenheit sehr unübersichtlich werden lässt. Das Wort ›Besa‹ wird heute auch allgemein gern in den Mund genommen, um jemandem zu versichern, dass eine Abmachung gilt. Gerade in Nordalbanien wird gern unterstrichen, wie ernst man es mit der Besa nimmt.

Mehrmals wurde versucht, die Blutrache und die Gesetze des Kanuns abzuschaffen. In der Regierungszeit König Zogus (→ S. 42) zwischen den beiden Weltkriegen war dies kaum möglich, da er viele einflussreiche Nordalbaner eng in die Regierungsgeschäfte einbezog. Eine wirksamere Verhinderung erzwang erst Enver Hoxha mit seinem Kampf gegen Religionen und traditionelle Lebensgewohnheiten. Offiziell galt die Blutrache bis 1990 als ausgerottet. Doch sofort nach der politischen Umwälzung begannen die ersten Ritualmorde, die auch emigrierte Familien in den USA betrafen. Anders als bis in die Mitte des 20. Jahrhunderts entschied nun kein Altenrat mehr über das Strafmaß, und so entwickelte sich eine Form der Selbst- und Lynchjustiz, die parallel zum staatlichen Justizsystem angewendet wird. Betroffen sind in der Regel Jungen und Männer. Sind Jungen von der Blutrache bedroht, müssen sie sich im Haus versteckt halten und können nicht in die Schule gehen. Nichtregierungsorganisationen in Nordalbanien und vorrangig in Shkodër versuchen zu helfen. Nach deren Schätzungen sind derzeit etwa 1500 Kinder betroffen. Bisher starben seit 1991 geschätzt rund 10000 Menschen durch Racheakte.

Heutzutage werden die Betroffenen in den Wohnhäusern versteckt oder verlassen die Region, in einigen Fällen sogar das Land.

Albaniens erfolgreichster Schriftsteller Ismail Kadare hat in seinem Roman ›Der zerrissene April‹ sehr eindrucksvoll die Regeln des Kanun, die Blutrache und die damit verbundenen Sitten detailliert beschrieben.

Die Welt der Frauen konnte durch den Kanun stark verändert werden, und in wenigen Fällen wird sie es noch heute. Das Phänomen der ›Schwörenden Jungfrauen‹ (*burrneshë*) war auch in den Nachbarländern anzutreffen, stellt aber heute ein Phänomen ausschließlich in Albanien dar. Die Frauen konnten, wenn es keinen Mann mehr in der Familie gab, Haus und Geld verwalten. Auch äußerlich wechseln diese Frauen in die Rolle des Mannes. Sie trinken Raki, rauchen Tabak – das war früher ein Tabu für Frauen – und tragen Männerkleidung und kurze Haare. Sie lassen sich nicht an ihren Geschlechtsteilen operieren, sondern nutzen nur die äußeren Kennzeichen der Männerwelt. Um diese Position einnehmen zu können, ›schwören‹ sie, auf sexuelle Kontakte zu verzichten, und sie dürfen keine Kinder mehr zur Welt bringen. Für heutige Zeiten erscheinen diese Praktiken altmodisch, doch die Macht einer Frau konnte durch diesen Brauch sehr groß werden. Wo war das bis ins frühe 20. Jahrhundert in Europa sonst zu finden? Die aus Albanien stammende Autorin Elvira Dones, die in den USA lebt, hat Bücher über die Lebensweisen dieser Frauen geschrieben. Bisher liegen ›Hana‹ und ›Sworn Virgins‹ nur auf Englisch vor. Der Roman ›Hana‹ wurde bereits in Italien als ›Vergini giurate‹ verfilmt, jedoch nicht in eine andere Sprache untertitelt oder synchronisiert.

Spaç

Einer der grausamsten Orte des sozialistischen Albaniens war das Strafgefangenenlager Spaç. Es steht symbolisch für eine Vielzahl anderer Internierungslager und Gefängnisse, wie die in den Städten Ballsh, Burrel und vielen anderen Orten Albaniens. 1968 wurde mit dem Bau der Anlage begonnen, in der Kupfer und Pyrit in Stollen abgebaut wurden.

Etwa die Hälfte der maximal 1500 Gefangenen waren politisch Verfolgte, die anderen sogenannte Kriminelle, je nach Definition des damaligen Staates. Die Nutzung des Komplexes erfolgte bis 1990, das gewonnene Kupfer wurde in der nahegelegenen Stadt Rubik geschmolzen. Die stillgelegte Fabrikanlage mit den großen Schornsteinen ist heute noch in Rubik zu sehen.

Spaç liegt sehr abgeschieden, und das natürliche Gelände wurde als Zwinger genutzt. Um das Gefängnis wurden Stacheldrahtzäune aufgestellt, Reste des Stacheldrahts liegen noch heute auf dem Gelände verstreut. Die Stimmung ist immer noch sehr bedrückend. Mittlerweile wurden von den Verbänden zur Aufarbeitung der Verbrechen große Hinweistafeln aufgestellt, die über das Gelände und die ehemaligen Häuser mit ihren unterschiedlichen Funktionen informieren. Die Fassaden der Gebäude sind erhalten, die Innenräume sind weitgehend zerstört. Die Wut der Menschen gegen alles aus der Zeit des Sozialismus verwüstete auch Spaç. Die Armut der Menschen führte dazu, dass viel Material aus Metall bis 2010 entwendet wurde. Inzwischen kann das Erhaltene als gesichert gelten.

Stolleneingang in Spaç

Die erste Tafel vor dem eigentlichen Gefängnisbereich verweist auf eine helle, fast baumlose Stelle im Wald auf der anderen Seite des Baches, an der die Toten des Lagers ohne Gräber beerdigt wurden. Ein Mann, der derzeit das Gelände beaufsichtigt und offiziell Museumsmitarbeiter ist, hält die kleine Fläche bewusst kahl, um an die getöteten Opfer zu erinnern. Bis heute gibt es keine verlässliche Zahl, wie viele Menschen in ganz Albanien zwischen 1944 und 1990 exekutiert wurden. Die Zahlen schwanken meist zwischen 6000 bis 100 000 Menschen.

Die ersten Gebäude der Anlage waren die **Unterkünfte der sogenannten freien Arbeiter**, die zusätzlich für die Arbeit in den Stollen gebraucht wurden. Weiter gelangt man zu dem **Aufsichtsgebäude**, das den Eingang in die Anlage bildet. Dahinter steht ein kleines Gebäude, das für die Besuche der Angehörigen diente. Nur die Berührungen der Finger durch die Gitterstäbe waren erlaubt. In einem folgenden Gebäudekomplex waren ursprünglich die Ärzte, Essenslager und die Bücherei untergebracht. Wer sich von den Häftlingen ›gut‹ führte, durfte ab und zu ein Buch lesen und ab den 80er-Jahren auch Fernsehen schauen. Unterhalb dieses ehemaligen Mehrzweckgebäudes steht das größte Gebäude der Anlage. Das **Wohngebäude für die Häftlinge** besteht aus drei Stockwerken. In einem Raum lebten bis zu 54 Gefangene. Am Objekt sind noch viele Sprüche zu erkennen, unter denen der Name Enver Hoxhas geschrieben steht. Den Inhaftierten wurde mittels der Parolen vorgehalten, sie hätten gegen den Staat und die Gerechtigkeit verstoßen. Die Führungsposition der Partei unter Enver Hoxha wurde dauerhaft und allgegenwärtig unterstrichen, und der psychische Druck auf die Menschen war immens.

Gegen die Haftbedingungen kam es am 21. Mai 1973 zu einem Aufstand, an den eine große Tafel mit albanischem Adler im Innenhof zwischen dem Wohngebäude der Gefangenen und dem Multifunktionshaus erinnert. Die Aufständischen hissten eine albanische Flagge ohne den damals über dem doppelköpfigen Adler sich befindenden roten Stern. Für diese Aktion wurden vier Menschen getötet. Nach drei Tagen endete der Aufstand. Die Sträflinge protestierten gegen die schlechten Haftbedingungen, die Mangelernährung und Folterungen. Viele Häftlinge starben an den Folgen von Erschöpfung und Unterernährung und wurden anschließend auf dem Hang gegenüber ohne Nennung ihrer Identität vergraben. Die Gefangenen erhielten 30 Prozent des Lohnes der ›freien Arbeiter‹, das die Familien ausgezahlt bekamen. In den kommenden Jahren sollen Entschädigungszahlungen an die Opfer erfolgen (→ S. 137).

Die Stadtverwaltung von Rrëshen plant in den kommenden Jahren den Bau eines Museums auf dem Gelände, um dem zunehmenden Verfall entgegenzuwirken und an die Gräueltaten an diesem Ort zu erinnern. Bisher gibt es in Albanien keinen konkreten Ort, an dem der ehemaligen politischen Gefangenen gedacht werden kann.

▲ Karte S. 290

Winter im Lura-Nationalpark

Anfahrt: Von der Autobahn A1 fährt man in Reps ab. Sofort nach Verlassen der Autobahn führt die Straße nur als Schotterstraße weiter. Auf braunen Schildern wird sporadisch der Weg nach Spaç ausgeschildert. Die sieben Kilometer von der Abfahrt bis zum Gefängnis können mit einem normalen Pkw gefahren werden. Etwas makaber erscheint die Tatsache, dass eine türkische Firma heute Kupfer oberhalb des Gefängnisses abbaut. Die Auflage der Gemeinde war die Aufrechterhaltung der Straße, die dadurch in einem verhältnismäßig guten Zustand ist.

Lura-Nationalpark

Eigentlich gehört dieser Park zur Region Dibër/Peshkopi. Die Anfahrt erfolgt aber von Rrëshen und Kurbnesh in der Mirdita. Diesen Nationalpark zu besuchen, bedeutet tief in eine abgelegene und menschenarme Region zu fahren. Vom Ort **Perlat** zweigt die Strecke Richtung Kurbnesh in östliche Richtung ab. Die Straße ist eine Sand-/Schotterpiste, die mit einem Pkw gerade noch befahren werden kann. Ab **Kurbnesh** ist eine Weiterfahrt zum Dorf Lurë mit einem Pkw nicht zu empfehlen. Von Tirana über Rrëshen fahren Minibusse bis Lurë.

In **Lurë** gibt es ein einfaches Hotel. Wer mit dem Minibus anreist, sollte zwei Tage einplanen. Das Dorf hat viele reizvolle, ältere Häuser und viele Schafweiden. Am Ortseingang steht eine Tafel, auf der der Park auch auf Englisch vorgestellt wird und die Entfernung zu den insgesamt zwölf **Seen** im Park angezeigt wird, die auf einer Höhe zwischen 1500 bis 1700 Metern liegen. Der Weg hinter dem Schild führt direkt zu den Seen. Der erste liegt knapp acht Kilometer, der am weitesten entfernteste 17 Kilometer in Richtung der felsigen Bergkuppe, die in Verlängerung des Weges zu sehen ist. Der Weg steigt kontinuierlich an. Nach frühestens zwei Stunden ist der erste See erreicht, drei weitere folgen. Seit den späten 1990er-Jahren wurden die Kiefernwälder im Nationalpark zu großen Teilen illegal gerodet. Teilweise hält der Kahlschlag an, obwohl mindestens 80 000 Lek (fast 600 Euro) Strafe für einen gefällten Baum drohen. Junge Menschen haben um den **Großen See** (Liqeni i Madh) neue Kiefern angepflanzt, um ein Zeichen gegen die illegale Abholzung zu setzen.

Mirdita und Lura-Nationalpark

Post, Rrëshen, Rr. e Arbërit; Mo–Sa 10–17, So 10–14.

Die Autobahn **A1** von Rrëshen bis Kukës ermöglicht ein schnelles Durchfahren eines Teils der Mirdita. Die Autobahn ist meistens vierspurig ausgebaut und in einem guten Zustand. Einige Landstraßen der Region können in einem schlechten Zustand sein, so um die Stadt Pukë.

Die Bushaltestelle in **Rrëshen** befindet sich in der Rruga Vincenco D'Paoli gegenüber der Kathedrale.
Tirana–Rrëshen: 12 Busse 6–18 Uhr.
Rrëshen–Tirana: 12 Busse 5.30–16 Uhr
Rrëshen–Shkodër: 9 Uhr.
Shkodër–Rrëshen: 15 Uhr.
Lurë–Tirana: Minibus 8 Uhr (3–4 Std.)
Tirana–Lurë: Minibus 8 Uhr (3–4 Std.)

Als zentrale Übernachtungsmöglichkeiten bieten sich Rrëshen oder Rubik an.
Rrëshen: Hotel Arbri, Rr. Vincenco D'Paoli, Tel. +355/(0)216/23376, 1500 Lek pro Person mit Frühstück.
petrit_prendi@yahoo.com
Rubik: Hotel Marubi, Rr. Katund i Vjetër, Tel. +355/(0)284/50013; 19 Zimmer, DZ 30 Euro. Größeres Hotel, in dem bewusst natürlichere Materialien beim Bau verwendet wurden und die Küche lokale Bauern unterstützt. Hinter dem Projekt steht die Österreicherin Dr. Marianne Graf, die sich mit ihrem Projekt Albania-Austria-Partnerschaft in der Region von Rubik für die Verbesserung der Lebensverhältnisse einsetzt.
www.hotelmarub.com
Bujtina Biba, Tel. +355/(0)68/4805166, palbiba6@gmail.com; Zimmer 20 Euro mit Frühstück. Einfaches Gästehaus von Herrn Pal Biba, sehr ruhig auf einem Berg oberhalb von Rubik. Gäste werden wegen der schlechten Straße mit dem Jeep zur Unterkunft gebracht. Vom Gästehaus können kleinere Wanderungen unternommen werden.
Lura-Nationalpark: **Hotel Lura**, im Dorf Lurë, Tel. +355/(0)68/4565888; 15 Zimmer, 40 Betten, 30 Euro/Zimmer mit Frühstück. Leider gibt es noch keine Internetseite oder E-Mail, aber die Besitzer sprechen Englisch. Mit Restaurant.

Großes **Schlachtefest** in der Gemeinde Zajs bei Kurbnesh; 15. August.

Krankenhaus, ganz im Norden von Rrëshen an der Rruga Vincenco D'Paoli.

Kukës und Umgebung

Kukës hat kulturell und geschichtlich zwar nicht viel zu bieten, versprüht aber etwas Authentisches und Bodenständiges und lohnt sich durchaus für einen kurzen Zwischenhalt. Die Orte in der Umgebung sind durch die gut ausgebauten und asphaltierten Straßen gut zu erreichen. Kukës liegt vor der imposanten Kulisse des Pashtrik-Gebirges, das sich östlich der Stadt erstreckt und die Grenze zum Kosovo bildet. Direkt hinter dem Gebirge liegt die kosovarische Stadt Prizren. Wer die Möglichkeit für einen Abstecher nach Prizren hat, sollte mindestens einen zusätzlichen Tag einplanen. Die multiethnische Stadt hat ein angenehmes Flair, viele historische Bauten, eine unter UNESCO-Schutz stehende **serbisch-orthodoxe Kirche** und ein schönes Zentrum.

Der offizielle Name von Kukës (Kukësi) ist Neu-Kukës (Kukës i Ri). Die Stadt wurde ab 1968 errichtet und steht oberhalb eines Stausees, in dem die alte Stadt 1976 unterging. Wenn der Wasserpegel des Stausees fällt, sind die letzten Reste der alten Stadt zu sehen. Mit Hilfe Chinas wurde der Weiße Drin (Drin i Bardhë) angestaut und ein Wasserkraftwerk gebaut, das damals den Namen ›Licht der Partei‹ trug. Die Stadt wird von dem künstlich angelegten See umschlossen und liegt auf einer Halbinsel. Die Einwohner nutzen besonders am Abend die **Rruga Eksod 99** bis zum ehemaligen Hotel ›Turizmi‹ für ihren Abendspaziergang, den Xhiro, da sich von dieser Straße aus der See gut sehen lässt. Viele absolvieren ihren Korso nicht mehr zu Fuß, sondern drehen ihre Runden im Auto.

Kukës ist bisher die einzige Stadt, die für den Friedensnobelpreis nominiert war. Während des Kosovokriegs von 1998 bis 1999 flüchteten viele Kosovo-Albaner nach Albanien. Da die Grenze sehr nah ist, entstand in Kukës ein Flüchtlingslager für etwa 100 000 Menschen. Die Stadt trug die Hauptlast. Flüchtlinge, die nicht in den Wohnungen und Häusern der Bewohner aufgenommen werden konnten, mussten in Zelten direkt im Zentrum schlafen. Die Straße Rruga Eksod 99 wurde zur Erinnerung an das Jahr der Vertreibungen, des Exodus, benannt. Der große **Wehrturm** (Kulla) am Sheshi Skënderbej wurde 2009 zum zehnjährigen Gedenkjahr an die Vertreibung der Kosovo-Albaner errichtet. Bisher blieben er und das danebenstehende Museum aber geschlossen.

Hauptplatz in Kukës, rechts der 2009 errichtete Gedenkturm

▲ Karte S. 290

Kukës

Vorwahl: +355/(0)24

Touristische Informationen erhält man nur in den Hotels.

Post, Rr. Islam Spahiu, Mo–Sa 10–17, So 10–14 Uhr.

Über die Autobahn A1 ist Kukës sehr gut an das **Kosovo** angebunden. Nach **Tirana** benötigt man etwa 2 bis 2,5 Stunden (150 Kilometer), nach **Shkodër** 2 Stunden (150 Kilometer). Die Straße nach **Peshkopi** ist zwar kurvenreich, aber in einem guten Zustand.

Kukës: **Hotel Amerika**, Sheshi Skënderbej, Tel. +355/(0)24/223278; DZ 40 Euro. Zentral gelegen, 1995 erbaut. http://www.baramerika.com (alb.)

Hotel Gjallica, Rruga Dituria, Tel. +355 24222527; DZ 25 Euro. Zentral gelegen, Bau aus dem Sozialismus mit teilweise bizarr bunten Zimmerdekorationen. http://hotelgjallica.al

Restorant Ura Drinit Zi, direkt an der A1 am Stausee.

Krankenhaus, Rr. Spitali, nördlich des Zentrums, Notruf 112.

Shishtavec

Zu diesem Dorf gelangt man dank des Straßenausbaus von Kukës aus innerhalb von 40 Minuten mit dem Auto. Der Ort wird von Goranen bewohnt, die eine dem Mazedonischen sehr ähnliche Sprache sprechen. Von den Mazedoniern unterscheiden sie sich in erster Linie dadurch, dass sie nicht orthodox, sondern muslimisch sind. Auch in Dörfern wie **Kollovoz**, **Shtrezë** oder **Novosejë** wohnen Goranen. Viele Häuser sind sehr alt und schmiegen sich romantisch an die steilen Berge. Die Goranen lernen erst in der Schule Albanisch, denn mit den Kindern wird zu Hause nur Goranisch gesprochen. Sie verstehen sich jedoch als Albaner. Da es nur wenige Goranen gibt, wissen nicht einmal alle Albaner, dass es sie überhaupt gibt. Sie leben meistens von der Landwirtschaft und Viehhaltung. Mittlerweile entsteht auch ein kleiner Tourismusbetrieb.

In Shishtavec, wo sich die enge Bergwelt, die bislang die Straße von Kukës begleitet hat, in eine weite Panoramalandschaft mit Bergen um die 2000 Meter öffnet, fährt die Bevölkerung traditionell Ski. Oberhalb des Ortes liegt die Abfahrtpiste, an der 2015 die Herberge **Skiatori** eröffnet wurde. Hier können auch Skier ausgeliehen werden. Viele nichtalbanische Touristen kommen auch im Sommer, um Wanderungen durch die weite, unberührte Landschaft zu unternehmen. Zwar sind bis zum Berg **Korab** (→ S. 332) keine Wanderwege ausgeschildert, jedoch ist das Gebiet sehr übersichtlich, und die Orientierung dürfte nicht schwer fallen. Beim Wandern sollte man beachten, dass sich an diesem Punkt das Dreiländereck von Albanien, dem Kosovo und Nordmazedonien befindet. Ein Grenzübertritt ohne Passkon-

In Novosejë

trolle gilt als illegal und sollte unbedingt vermieden werden. Das Mitführen eines Ausweisdokumentes ist hier angebracht, für das Kosovo brauchen auch EU-Bürger einen Reisepass oder einen neuen Personalausweis (im Kreditkartenformat). Für Wildcamper eignet sich die Wanderung bis zum Korab, acht Stunden sollten für die Strecke eingeplant werden. In der Nähe von Shishtavec führt ein Grenzübergang ins Kosovo. Es ist ein sehr kurzer Weg in das dortige Dragash-/Dragaš-Tal, das auch von Goranen bewohnt wird, die sich um die Entwicklung des Tourismus bemühen. **Anfahrt**: Die Anfahrt von Kukës aus ist besonders im Bereich der Stadt etwas verwirrend. In Richtung Shishtavec nutzt man auf der A1 die Ausfahrt Kukës Qendër und biegt auf die parallel zur Autobahn verlaufende Landstraße ab, um unter der großen Brücke auf Höhe des großen Schornsteins in die Schlucht Richtung Shishtavec zu fahren. Erst auf der Landstraße ist Shishtavec ausgeschildert.

Shishtavec

Shishtavec–Kukës: tägl. 7 Uhr.
Kukës–Shishtavec: 15 Uhr. Wer mit diesem Bus fährt, muss also mindestens eine Nacht in Shishtavec bleiben.

Herberge Skiatori, Tel. +355/(0)69/5210957, bar-skiatori@gmail.com, facebook: Ski Club Shishtaveci; 2 kleine Zimmer für max. 4 Pers. mit Toilette und Bad, größeres Zimmer für 10–14 Personen, seit 2017 gibt es auch 4 kleine Bungalows; 10 Euro/Pers. mit Frühstück. Restaurant mit sehr guter Küche, außerdem Skiverleih. Da die Herberge etwa sechs Kilometer von Shishtavec entfernt auf dem Berg liegt und der Weg sehr schlecht ist, sollte bei der Reservierung die Abholung mit dem Jeep abgesprochen werden.

▸ Karte S. 290/330

Peshkopi

Der Tourismus in der gesamten Region Dibër wurde bisher nicht gefördert. Ganz langsam beginnt die Entwicklung des Dorf- und Bergtourismus. Die Region gibt Besuchern, die abseits der touristischen Wege unterwegs sein möchten, immer noch das Gefühl, die Ersten zu sein.

Grehans Uka, ein junger, Englisch sprechender Reiseleiter arbeitet daran, die Region Dibër, die in Nordmazedonien ihre Fortsetzung findet, länderübergreifend besser zu erschließen. Er bereitet Programme vor, mit denen innerhalb von bis zu sieben Tagen die Region intensiv erkundet werden kann (Discover Dibra, Tel. +355/(0)69/3214210, udhetomegresin@gmail.com). Des Weiteren gibt es eine Agentur für Wandertouren (→ S. 333). Besonders einige Dörfer in der näheren Umgebung von Peshkopi lohnen sich für Ausflüge.

Peshkopi (Peshkopia) selbst hat nicht viel Sehenswertes zu bieten. Es gibt einige Hotels, so dass Tagesausflüge in die Region gut organisiert werden können. Der alte **Basar** (Pazari i Vjetër) erinnert mit seiner Bauweise und den Geschäften an Märkte im Kosovo. Von hier aus führt eine Straße zum **Thermalkomplex** (Llixhat) im Kurpark (Parku kurativ). Der Geruch fauler Eier liegt in der Luft, das Wasser ist stark schwefelhaltig. Ein Bad in der etwas heruntergekommen wirkenden Anlage kostet im Sommer 100 Lek, sonst 250 Lek.

Die Region wird vom Fluss S**chwarzer Drin** (Drin i Zi) geprägt, der im Ohridsee in Nordmazedonien entspringt. In der Region um Peshkopi ist er leicht zugänglich. In den Sommermonaten können hier über Grehans Uka auch Raftingtouren gebucht werden. Der Fluss formt auf seinem weiteren Weg Richtung Norden entlang der Straße nach Kukës ein kurvenreiches, tief liegendes Tal.

Die Hauptstraße von Peshkopi

Dörfer bei Peshkopi

In der Umgebung von Peshkopi wurde damit begonnen, Wanderwege mit weiß-rot-weißen Streifen zu markieren. Die sehr sehenswerten Dörfer **Bellovë** und **Rabdishtë** liegen östlich von Peshkopi. Nach dem Kurgelände von Peshkopi (Llixhat) steht am Peshkopi-Bach eine **Wassermühle** von 1951, die vor kurzem renoviert wurde. Jeden Sonntag lassen die Bauern der Region ihren Mais dort zu Mehl mahlen. Der Müller lässt Touristen bei diesem auch in Albanien nicht mehr üblichen Arbeitsprozess zuschauen. Der Straße folgend, führen die Wanderungen zu den beiden sehr reizvoll gelegenen Dörfern. Leider eignen sich die Wege bisher noch nicht, um mit einem

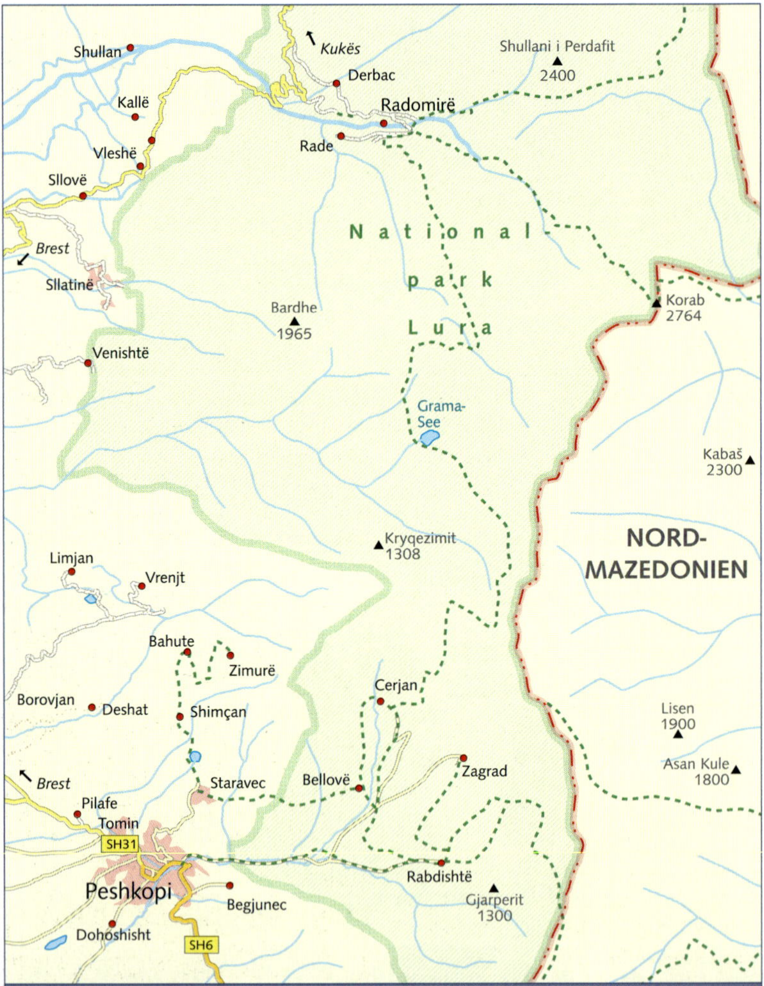

Die Umgebung von Peshkopi

Schwefelwasserbecken in Peshkopi

Pkw in die Dörfer zu gelangen. An der Wegkreuzung zwischen beiden Dörfern, in Richtung Rabdishtë liegt eine Quelle mit kaltem Wasser, das trinkbar ist.

Bellovë

Etwa sechs Kilometer vom Zentrum Peshkopis liegt Bellovë (Bellova). Es ist möglich, auf einem Rundwanderweg, der von Bellovë über das Dorf Staravec führt, wieder nach Peshkopi zurückzulaufen. Für den gesamten Weg sollten vier Stunden reine Wanderzeit eingeplant werden. In Bellovë gibt es große, teilweise aufwendig gebaute und verzierte Bauernhäuser zu sehen, die an die großen Bürgerhäuser in Gjirokastër erinnern. Viele dieser Häuser sind verlassen und zum Teil verfallen. Unterhalb des Dorfs liegt ein wunderschöner, **muslimischer Friedhof** mit Apfelbäumen. In Bellovë gibt es keine Gaststätte und auch kein Geschäft, weshalb der nötige Proviant mitgebracht werden muss.

Rabdishtë

Rabdishtë (Rabdishta) liegt sehr versteckt. Mittlerweile wird im Dorf ein Gästehaus gebaut, das ideal für Wanderer ist, die in den Bergen um das Dorf und Richtung Grenze zu Nordmazedonien wandern möchten. Erst beim Spazieren durch den Ort wird klar, wie viele Natursteinhäuser es gibt. Nicht nur die Häuser, auch die Wege sind aus Stein, so dass der ganze Ort wie aus einem Guss erscheint. Die Häuser sind zum größten Teil bewohnt, was für ein Bergdorf in dieser Gegend nicht mehr üblich ist. Viele Menschen halten sich Tiere; man riecht es überall.

Im zentralen Bereich des Dorfes gibt es einen kleinen **Laden**, der die notwendigsten Lebensmittel verkauft und in dem auch ein Kaffee oder Schnaps getrunken werden kann.

Ein markierter Wanderweg führt bis durch den Nadelwald oberhalb des Dorfes. Von da an gibt es weniger Bäume, und die Orientierung fällt leichter. Für besonders Abenteuerlustige ist eine Wanderung bis zum Korab möglich. Dafür muss man an ein Zelt denken, da es keine Übernachtungsmöglichkeiten gibt.

Häuser in Bellovë

Korab

Der höchste Berg Albaniens ist der Korab (Maja e Korabit) mit 2764 Metern. Von der gesamten Region ist der Berg aus zu sehen. Vom Dorf **Radomirë** mit zwei Herbergen führen zwei Wanderwege auf den Gipfel. Mehrtägige Wanderungen sind auch von Shishtavec (→ S. 327) oder Rabdishtë (→ S. 331) möglich, der Weg führt entlang der Kammlagen mit Sicht zum Korab. Im Gebirge gibt es keine offiziellen Schlafplätze und auch keine Verpflegungsmöglichkeiten. Wer eine Tour plant, sollte sich gut vorbereiten, genügend Essen und Getränke einpacken und Ausdauer für die langen Wanderungen einplanen, die alle mehr als acht Stunden dauern.

Wanderungen zum Korab → S. 344.

Burim

In der großen Tiefebene von Dibër liegt am Rand des Dorfes Burim die von außen sehr schöne **Allajbeg-Moschee** (Xhamia e Allaj-begisë). Ihr relativ kleiner quadratischer Hauptbau – die Seitenlänge beträgt nur gut sechs Meter – stammt aus dem 16. Jahrhundert und wurde als Schächtelmauerwerk ausgeführt, wobei sich Ziegel- und Naturstein abwechseln. Das Minarett wurde nach 1967 abgerissen, das neue Minarett wurde in den 1990er-Jahren auf den Fundamenten des alten errichtet.

Die Moschee ist verschlossen, jedoch ist im Inneren außer weißen Wänden ohnehin nichts zu sehen.

Holzschilder an der Hauptstraße weisen den Weg zur Moschee.

Wanderer am Korab

▶ Karte S. 330

Peshkopi und Umgebung

Vorwahl: +355/(0)218.

Touristeninformation, Grehans Uka, Tel. +355/(0)69/3214210, udhetomegresin@gmail.com. Für Trekkingtouren in die Berge ist der Ansprechpartner: **Korabi Trekking Tour**, Tel. +355/(0)218/4638, +355/(0)69/2053492.

Post, Blv. Elez Isufi 7; Mo–Sa 10–17, So 10–14 Uhr.

Alle Busse fahren in Peshkopi an der Schule Nazmi Rrushiti ab.

Nach Durrës: 6, 7.30 und 9 Uhr.

Kukës: (weiter bis Prizren/Kososvo): 6.30 und 7.30 Uhr.

Tirana: 6.30, 7, 11, 12.40, 13.30, 14.30 Uhr.

Radomirë: 1x täglich Minibus von und nach Tirana.

▸ **Peshkopi**

Hotel Korabi, Rr. Rahim Gjika 17, Tel. +355/(0)69/2070107, hotelkorabi@yahoo.com; DZ ab 26 Euro. Hotel aus dem Sozialismus, das modernisiert wurde und den für Albanien typischen bunten, etwas wilden Look besitzt.

Hotel Brooklyn, Blv. Elez Isufi; 1000 Lek pro Person ohne Frühstück. Kleines Hotel mit 10 Zimmern, sehr sauber.

Guesthouse Uka, Blv. Elez Isufi, Tel. +355/(0)69/3214210; Zimmer 8 Euro/Pers., Camping 5 Euro/Pers., jeweils mit kleinem Frühstück. Der Guide Grehans Uka bietet und seine Familie bieten Schlafmöglichkeiten im Haus und für Camper mit Zelt im Hof an.

Peshkopi Backpacker Hostel, Ish shtëpia e pritjes, Tel. +355/(0)68/2776848, auf facebook; 10 Euro/Pers. Einfache, aber saubere Unterkunft. peshkopiahostel@hotmail.com

▸ **Peshkopi**

Camping Kapxhiu, Rr. Llixha, gegenüber dem Kurpark (Parku kurativ), Tel. +355/(0)21822854, matiz84@hotmail.it; Platz für 10 Zelte, auch 2 DZ, Camping 5 Euro/Pers., Zimmer 6 Euro, Auto und Caravan 2 Euro. www.campingpeshkopi.com

→ **Guesthouse Uka**, Blv. Elez Isufi.

▸ **Korab**

Im Dorf Radomirë unterhalb des Korab gibt es zwei **Gästehäuser** und die Gaststätte **Haxhi Hima**.

Guesthouse M. Domi.

Guesthouse Haxhi Hima, Tel. +355/(0)69/2538172, im Nachbarort Stordok.

Die Spezialität in Peshkopi sind die Nudeln, **Jufka**. Sie werden mit Fleisch kombiniert.

Hotel Veri, Rr. Tercilio Kardinali, Tel. +355/(0)218/25090. Wirkt zwar von außen steril, aber im Erdgeschoss gibt es ein Restaurant mit sehr gutem Essen. Im Rest des Ortes gibt es fast nur Fast-Food-Läden.

Museum zur Stadtgeschichte Peshkopi; Mo–Fr 8–16 Uhr, 100 Lek. Ethnografische und archäologische Sammlung sowie ein Herrenzimmer aus der osmanischen Zeit.

Georgstag; 6. Mai. im Gegensatz zu den meisten anderen Regionen, die den Frühling am 14. März begrüßen, wird in dieser eher orthodox geprägten Region der Georgstag (Dita e Shën Gjergjit) gefeiert, um sich vom Winter zu verabschieden. Es ist üblich, ihn draußen mit der Familie und Freunden zu verbringen und dabei viel zu essen.

Jufka, die Nudeln aus Peshkopi, können auch abgepackt gekauft werden.

Krankenhaus, Rr. Sul Shehu, Notruf 112.

Wanderungen in Albanien

Von Ricardo Fahrig/Zbulo! Discover Albania

Nordalbanien – die Albanischen Alpen

Längst ist Albanien nicht mehr der unbekannte weiße Fleck auf der Landkarte, der es vor wenigen Jahren noch war. Vor allem die Albanischen Alpen haben sich längst vom Geheimtipp für Wanderer zum Synonym für unberührte Natur und individuelle Erlebnisse abseits des Massentourismus gemausert. Die beste Besuchszeit der karstigen Gebirgsregion, die in ihrer Erscheinung den Dolomiten ähnelt, fällt auf die Sommermonate zwischen Juni und Oktober. Im Winter ist das Gebiet zwar interessant für den Wintersport (Schneeschuhwanderungen und Skitouren), starker Schneefall macht aber Straßen und hohe Pässe vor Juni teils unzugänglich, es empfiehlt sich, bei einem Besuch in den entsprechenden Monaten aktuelle Informationen einzuholen. Übernachtet wird mehrheitlich in familienbetriebenen Herbergen, die Mehrbettzimmer und Logis bieten, in den entlegenen Regionen auch einmal einfacher in Schäferhütten. Die Alpen bieten etwas für jedermann und genug für alle, von kurzen Spaziergängen mit nicht weniger dramatischer Aussicht in den Tälern bis zu Mehrtagestrekking und anspruchsvollen Gipfelbesteigungen. Kurz, sie sind das Wandermekka Albaniens, in dem man einfach zwei Wochen verplanen und in Zukunft mehrmals zurückkehren kann.

» Theth und Valbonë – Höhepunkte und Klassiker

Wenn es einen Geburtsort des Wandertourismus in Albanien gibt, dann liegt dieser in **Theth** (→ S. 312). 2005 nahm alles mit vier Projektfamilien, die einige Betten und ein modernes Badezimmer erhielten, seinen Anfang. 2014 kamen bereits über 15000 Gäste, und heute scheint beinahe jedes Haus Zimmer anzubieten. Ähnlich hat auch in **Valbonë** (→ S. 313) ein Boom eingesetzt, seitdem eine neue Asphaltstraße bis in den letzten Winkel des Tals führt. Hierher verschlägt es vor allem albanische und kosovarische Besucher auf Wochenendausflügen, weniger jedoch zum Wandern.

Für erste individuelle Wanderungen in Albanien ist dieses Gebiet prädestiniert, Wege sind ausreichend gut markiert, Englisch wird in vielen Häusern bereits gesprochen, und ausländische Besucher gehören zum Alltag. Beide Täler bieten eine breite Auswahl an Unterkünften, vom einfachen Gästehaus bis zum Hotel mit Doppelzimmer, Balkon, eigenem Bad und Zentralheizung. Die **klassische Alpen-Runde** funktioniert am besten mit öffentlichen Transportmitteln und setzt einen frühen **Start in Shkodër** voraus. Die Fahrt aus der Stadt führt durch die Schluchten des **Vau-Dejës-Stausees** zum **Koman-Stausee**. Die anschließende dreistündige Bootsfahrt ist wahrhaft szenisch und endet in **Fierzë**, ein Minibus nach **Bajram Curri** steht dort bereit. Von hier geht es nach der Mittagspause und letzter Einkaufsgelegenheit weiter ins **Valbonë-Tal**. Am nächsten Morgen wandert man, optional begleitet von einem Maultier für das Gepäck, dessen Führer als Guide fungiert, von **Rragam** über den **Valbonë-Pass** nach **Theth** (7–8 Std.). Nach der Erkundung des Dorfes am nächsten

Fantastische Bergwelt

Wegweiser im Valbonë-Tal

Morgen fährt um die Mittagszeit ein Minibus über den **Thore-Pass** zurück nach **Shkodër**. Das ist die kürzeste Runde, quasi ein Blitzbesuch der Albanischen Alpen in drei Tagen. Die klassische Route kann mit anderen Wanderungen auf eine gute Woche erweitert werden. Möglich sind in Valbonë Wanderungen entlang des Flusses, zu den **Gjarperit-Almen**, ins Seitental von **Çerem** oder **Kukaj**. In Theth erfreuen sich der **Peja-Pass**, das **Deneli-Feld** sowie das Dorf **Ndërlysë** mit den Gletschermühlen und die **Blaues Auge** genannte Karstquelle großer Beliebtheit.

» Kelmend – The Land of the Living Past

Westlich von Theth zieht sich die Kelmend-Region (→ S. 309) vom Shkodër-See entlang der Grenze mit Montenegro zum Dorf **Vermosh** und zum Grenzübergang in der Nähe des Ortes Gusinje, dem nördlichsten Punkt Albaniens. Das Tal fällt eine Stunde nördlich von Shkodër an den **Stufen von Hoti**, dem Eingang zum Kelmend, in Kehren 500 Meter tief in die beeindruckende Schlucht des türkisenen **Cemi-Flusses** ab und steigt dann auf einem Streckenverlauf von 40 Kilometern bis zum **Bordolecit-Pass** wieder auf über 1300 Meter an. Auf gut 1000 Metern liegt kurz dahinter der Grenzübergang zu Montenegro. Die Strecke durch das Kelmend ist mittlerweile komplett asphaltiert, und ein weiterer geplanter Grenzübergang soll die montenegrinische Hauptstadt Podgorica durch Albanien hindurch schneller mit der östlichen Region Plav verbinden.

Die pastorale Weidewirtschaft ist hier noch sehr lebendig, und im Sommer strömen die Dorfbewohner auf die Hochalmen, um der Hitze zu entfliehen. Die Wege sind meist gut ausgetreten, und am Rande des Zentralmassivs genießt man die beste Aussicht auf die schroffen Karsttürme im Zentrum. Nirgendwo anders existiert in Albanien ein markiertes Wegenetz solchen Ausmaßes und entsprechende Gästehäuser. Nur weiß leider niemand davon, und größere Besuchermengen bleiben bisher aus. Einzig das **Logu i Bjeshkeve** (Miss Mountain Festival) zieht jährlich am zweiten Samstag des Augustes mit der Zurschaustellung alter Bräuche, Trachten und Musik aus den Hochländern auch ausländische Besucher an.

Die Region spricht individuelle Wanderer an, die auf eigene Faust die Schönheit der Albanischen Alpen erkunden möchten und Theth und Valbonë vielleicht bereits gesehen haben. Einfache Gästehäuser existieren in jeder größeren Siedlung, und bis auf die Sprachbarriere ist das Reisen hier einfach. **Tamarë** ist das Zentrum der Kommune, hier gibt es letzte Einkaufsmöglichkeiten, eine Mikrobrauerei, ein Internetcafé so-

Das Bergdorf Theth

Im Valbonë-Tal

wie ein Informationszentrum, das eine kostenlose, informative Wanderkarte zur Verfügung stellt und bei Reservierungen behilflich ist. Alle Minibusse, die Shkodër um die Mittagszeit (Abfahrt ca. 13 Uhr) Richtung der Dörfer des Kelmend verlassen, passieren die Ansiedlung.

Das kurz dahinter gelegene **Selcë** ist ein günstiger Ausgangspunkt für eine Rundwanderung, die zuerst durch **Jeshnica** und **Vila** nach **Vermosh** führt, dann über den Aussichtsberg **Greben** zurück nach **Lepushë** geht und mit der Überquerung der Weiden von **Berizdholit** nach **Vukël** und **Nikç** endet. Die Strecke nimmt mindestens drei bis vier Tage in Anspruch und kann frei erweitert werden. Optional wandert man auch über die Karsttafel nach Theth und weiter nach Valbonë.

Als Ausgangsbasis für **Sternwanderungen** eignet sich aufgrund seiner schönen Position aber vor allem **Lepushë**.

» Tropojë – Besuch bei Hirten und Schäfern

Die Hochländer von Tropojë (→ S. 313) sind die entlegenste und unbekannteste Region der Albanischen Alpen. Bis vor wenigen Jahren hat es kaum einen Wanderer hierhin verschlagen, doch die ungezähmte Natur lockt erste Pioniere an. Das Gebiet liegt nordöstlich einer Linie, die das Valbonë-Tal, Bajram Curri und das Dorf Tropojë bilden, und reicht bis zur kosovarischen Grenze. Das **Shkëlzen-Massiv** (2407 m), die Täler des **Gashi-** und des **Sylbicë-Flusses** dominieren die Landschaft aus runden, grünen Hochweiden und Gletscherseen, die wie Tupfer in der Landschaft verteilt liegen. Schäfer aus den Dörfern der angrenzenden Has-Region verbringen ihre Sommermonate hier. Es ist ein entbehrungsreicher Lebensstil ohne Elektrizität, Mobilfunk und Verbindung zur Außenwelt, die Zeit scheint hier still zu stehen und Albanien weiterhin im frühen 20. Jahrhundert zu stecken. Das macht auch genau den Reiz eines Besuches aus.

Die ersten Besucher finden hier eine gastfreundliche, konservativ geprägte und archaische Hirtenkultur, die anderswo schon verschwunden ist und auch hier vermutlich nicht mehr lange existieren wird. Wegen der Abgeschiedenheit der Region empfiehlt es sich, eine Kontaktperson über die geplante Wanderroute zu informieren und ein Wörterbuch zur Kommunikation bei sich zu führen. Die Schäfer werden oft in ihre einfachen Hütten einladen, die Gastfreundschaft sollte man entsprechend würdigen. Eine **drei- bis viertägige Runde** könnte in **Tropojë** starten, an einem ersten langen

Tag wird **Sylbicë** erreicht, am nächsten Tag mit Pausen an den Gletscherseen die Siedlung **Dobërdol**, die auch Bestandteil des internationalen Wanderweges ›Peaks of the Balkans‹ ist. Von dort wandert man durch den **Gashi-Nationalpark** Richtung Süden via **Bradoshnicë** zurück nach **Bajram Curri**. Unzählige Seitenrouten zu umliegenden Gipfeln und Schäfersiedlungen sind möglich, viele davon tauchen auf keiner Landkarte auf.

» The Peaks of the Balkans – Wandertouren im Dreiländereck

Dieser Trail ist ein grenzübergreifender, 192 Kilometer langer Fernwanderweg, der in zehn Etappen die schönsten Bergregionen im Dreiländereck Albanien, Kosovo und Montenegro miteinander verbindet. Das Projekt macht die Grenzüberquerungen in den Bergen durch ein Erlaubnissystem möglich und erfreut sich seit 2012 großer Beliebtheit. Wanderern bietet es ein abwechslungsreiches Trekking, das sowohl die schroffen Westalpen und ihre Buchenwälder als auch alpine Tundra mit ihren Gletscherseen und die Nadelwälder der Ostalpen durchquert. Durch seinen Charakter und die langen Gehzeiten von 6 bis 9 Stunden täglich ist diese Tour vor allem für Wanderer mit Erfahrung im alpinen Gelände gedacht.

Wanderpause am Strand

Wer die Route in Angriff nimmt, wird nicht enttäuscht werden, sollte sich aber gut vorbereiten oder eine geführte Tour wählen. Die Wege führen auf Höhen über 2300 Meter und durch entlegene Gebiete ohne Mobilfunknetz und Straßenzugang, technischen Anspruch haben sie jedoch nicht. Die Route ist beliebig anpassbar, der vorgeschlagene Weg dient vielmehr als Orientierung für individuelle Wanderer. Einige Abschnitte bestehen aus Fahrwegen und können übersprungen oder durch Alternativen ersetzt werden, Gipfel und Seitenrouten gibt es entlang der Route viele. Den Gesamtverlauf sollte man anpassen oder darauf vorbereitet sein, auch einmal auf Dusche und WC zu verzichten und einfacher zu übernachten. Es ist möglich, die Route sowohl unabhängig mit dem Zelt und mit eigener Verpflegung zu bestreiten als auch mit kleinem Tagesrucksack von Unterkunft zu Unterkunft zu wandern, während das Gepäck transportiert wird. Wer auf ein Dach über dem Kopf angewiesen ist, sollte sich an den Zeitraum 15. Juni bis 25. September halten, außerhalb dieser Zeiten ist in **Babino Polje**, **Milishevc** und **Dobërdol** meist niemand anzutreffen. Auch einen Ruhe- und Schlechtwettertag sollte man in die Planung miteinbeziehen. Es ist unbedingt nötig, ein GPS-Gerät mit voraufgezeichneten Routen mit sich zu tragen, ansonsten ist im Nebel und bei schlechter Witterung schnell Schluss.

Südalbanien – Riviera und Hochländer

Der Süden und Südosten des Landes wird am besten im Frühling zwischen Ende März und Anfang Juni oder im Herbst von der zweiten Septemberhälfte bis Anfang November bewandert. Mit Regenfällen sollte man zum Ende des Herbstes aber rechnen. Im Sommer, vor allem im Juli und August, sind die Temperaturen für Aktivitäten zu hoch und die Zufahrtsstraßen zu den Küsten von albanischen Strandurlaubern blockiert. Besucht man die Region in diesem Zeitraum, muss man auf längere Wartezei-

Wandern im Dreiländereck Albanien, Kosovo und Montenegro

ten und ausgebuchte Unterkünfte sowie erhöhte Preise an der Küste und an den Seen vorbereitet sein.
Ein guter Anhaltspunkt ist das GIZ-Projekt **The Mysterious South** (www.south.al) nach dem Vorbild des Peaks-of-the-Balkans-Trails werden hier einige Mountainbike- und Wanderrouten entwickelt, die als Tagesausflüge oder mehrtägiges Trekking absolviert werden können.

» Strandwanderungen, durch Olivenhaine und zu malerischen Dörfern

Vom tiefen Norden springen wir in den Süden des Landes, der neben karibisch anmutenden Stränden auch als Wanderregion einiges zu bieten hat. Die Wege zwischen den Stränden und alten Dörfern hoch über der Küste existieren noch. Sie folgen teils gepflasterten Eselpfaden und führen durch Olivenhaine und Zitrusplantagen. Entlang der Küste lässt es sich so im Frühling und Herbst ganz allein wandern, während man zwischen den Dörfern öfter einmal Reitern, Hirten und Bauern begegnet.
Von ersten Strand der Riviera hinter dem **Llogara-Pass** (→ S. 266), **Palasë**, kann man entlang der gesamten Küste über Strände, Buchten und Dörfer bis nach **Himarë** (→ S. 265) wandern (20 km). Badegelegenheiten bieten sich in **Drymades**, **Dhërmi** (→ S. 266), **Gjipe**, **Jal**, **Aquarium** und **Livadhi**. Oberhalb der Küste laden Pfade wie der zwischen Dhërmi und dem Kloster von Ilias zum Erkunden ein.
In Himarë schwenkt die Route endgültig ins Inland. Das Dorf **Pilur** liegt 700 Meter oberhalb des Ortes und wird oft als der ›Balkon der Riviera‹ bezeichnet, in **Kudhës** (→ S. 264) wird an einem Museum über die kommunistische Vergangenheit gearbeitet und in **Qeparo** erwartet den Wanderer eine schöne und gleichzeitig etwas gespenstische Altstadt, die hoch auf einem Kliff über den zahllosen Olivenbäumen thront. Oberhalb der Bucht führt die Route mit Panoramablick nach **Borsh** und wieder entlang von Stränden in die Olivenhaine von **Piqeras**, an **Bunec** vorbei bis nach **Lukovë**. Hier verändert sich die Küste, und große ins Meer abfallenden Steinplatten sowie zahlreiche alte Bunkeranlagen prägen den Weg zum abgeschiedenen Strand **Krorëz**. Es ist einer der schönsten Flecken, den die Riviera zu bieten hat und den man höchstwahrscheinlich verlassen vorfindet. Oberhalb im Wald liegt ein verstecktes **Kloster**, in der Kirche sind einige der Fresken noch zu erkennen. Es bietet sich an, ein Boot für den Rücktransport oder die Weiterfahrt nach Sarandë zu organisieren. Alternativ besteht aber auch die Möglichkeit über die angrenzende **Kakome-Bucht** und alte Militärinstallationen bis zum Bektashi-Tempel in **Sarandë** (→ S. 248) weiterzuwandern – das ist aber an einem Tag nicht zu schaffen.
Bis auf die Bucht von Krorez ist Straßenzugang entlang des Weges gegeben, und man kann bequem mit dem Taxi oder öffentlichen Transportmitteln zum Ausgangspunkt zurückfahren, auch Unterkünfte und Hotels gibt es reichlich. Das Gepäck kann vom Hotel zum nächsten Punkt transportiert werden, die Etappen sind je nach persönlicher Präferenz in ihrer Länge anpassbar.

» Ceraunisches Küstengebirge

Der **Llogara-Pass** (→ S. 266) ist mit 1043 Metern der höchste Punkt, der auf der Fahrt gen Süden überquert werden muss, um die Riviera zu erreichen. Viele stoppen nur für kurze Zeit, um den traumhaften Blick über das azurblaue Ionische Meer, die teils noch unberührten Strände und das steil aufsteigende Küstengebirge zu bewundern.
Der Pass spaltet das Gebirge in einen westlichen Ausläufer, der als **Karaburun-Halbinsel** bekannt ist, die Adria vom Ionischen Meer trennt und mit Italien die Straße von Otranto bildet, und den östlichen Teil, wo das **Ceraunische Gebirge** unweit des Passes in den Gipfeln des **Qorre** (2016 m) und **Çika** (2045 m) seine Höhepunkte findet und dann parallel zur Küste kurz vor Sarandë ausläuft. Der Name stammt aus dem Griechischen und bedeutet ›Donnergespaltene Gipfel‹, dementsprechend sollte man wäh-

rend der Wanderungen auf Wetterumbrüche vorbereitet sein.

Die Nähe zum Meer macht das Küstengebirge zusammen mit seiner einfachen Erreichbarkeit zum attraktivsten Ziel für Wanderer in Südalbanien. Dank der Höhenlage kann man hier noch unterwegs sein, wenn anderswo Aktivitäten durch hohe Temperaturen unmöglich werden. Von Tirana aus sind es vier Stunden Fahrzeit bis zum **Llogara-Nationalpark** (→ S. 266), von Sarandë (mit Option Flughafen Korfu) nur zwei.

Drei Kilometer vor der Passhöhe liegen einige bequeme **Berghotels** mit Zentralheizung, Kamin und Doppelzimmern, ein Ausgangspunkt zahlreicher Wanderungen. Neben einem kurzen Spaziergang zum historischen **Cäsaren-Pass** startet direkt an den Unterkünften auch die Wanderung zum **Tiefen Pass** (Qafa e Thelle), dem Knotenpunkt für Wanderungen auf der Karaburun-Halbinsel. Dort teilen sich die Wege auf: zur 8-stündigen Wanderung mit Übernachtung in der **Grama-Bucht**, der mehrtägigen Wanderung zur **Spitze der Landzunge** und zur beliebten etwa fünfstündigen Rundwanderung über den **Grat des St. Thanas** (1360 m). Von dort genießt man die beste Aussicht über das Meer, die Küstenlinie bis nach Korfu und die dramatischen Gipfel des Gebirges vor dem Abstieg zum Llogara-Pass.

Schöne Aussicht vom Llogara-Pass

Direkt am **Llogara-Pass** starten die Wanderungen zu den Gipfeln des Küstengebirges. An Bunkern vorbei schlängelt sich der gut begehbare, aber teils schmale Eselsweg die Bergflanke hinauf, ein Ziel könnte der **Dhjopur-Sattel** sein (4 Std.), nach weiterem weglosen Terrain der Gipfel **Qorre** (6.30 Std.), **Çika** dagegen ist an einem Tag kaum zu erreichen. Die Wanderung kann mit ein oder zwei Zeltübernachtungen als Traverse über das Gebirge fortgesetzt werden, um im Dorf Pilur hoch über Himarë enden. Es bestehen zahlreiche weitere Möglichkeiten, zu beiden Seiten ins Shushicë-Tal oder zur Riviera abzusteigen.

» Kurvelesh – versteckte Täler im Hinterland

Das Kurvelesh (→ S. 263) ist das Herzland von Labëria, einer historische Region Südalbaniens und Wiege der polyphonen Musik, deren Bewohner sich in ihren Traditionen und Bräuchen deutlich von den umliegenden Gebieten unterscheiden und während der osmanischen Invasion als kriegerische, seminomadische Hirtenvölker bekannt wurden. Im Zweiten Weltkrieg zählte die hier beheimatete Brigade V zu den loyalsten und entschlossensten Einheiten der Partisanen, eine Vielzahl an kommunistischen Monumenten erinnert an die Gefallenen, und der Glaube an Enver Hoxha ist noch nicht erloschen. Heute bevorzugen die meisten Besucher die asphaltierte Küstenstraße und nur wenige Off-Road-Fahrer und Biker verirren sich in die Region. Das Shushicë-Tal verbindet Vlorë über einen teils guten, in Abschnitten aber ruppigen Fahrweg durch das Hinterland mit Borsh an der Riviera-Küste. Die recht neue Wanderregion dürfte vor allem Pioniere ansprechen und solche, die bereits die Albanischen Alpen oder eine andere Region erwandert haben. Die Gehzeiten sind meist moderat und die Unterkunftsstandards akzeptabel.

Ein **dreitägiges Trekking** startet etwa 30 Kilometer südlich von Vlorë im Dorf **Dukat** und endet an der Rivieraküste. Der Karavanenverbindung vom Hafen in **Orikum**

(→ S. 276) folgend, erklimmt man über Weiden und durch den Wald auf einem leicht überwachsenen Weg den **Sankt-Georgs-Pass** und steigt auf gerölligen Eselpfaden zum Dorf **Tërbaç** ins **Shushicë-Tal** (→ S. 267) ab. Pfade zwischen den Dörfern verbinden Tërbaç mit **Vranisht** und **Kallarat**, die letzten Kilometer nach **Kuç** können mit dem Auto zurückgelegt werden. In allen vier Dörfern nehmen Gastfamilien Wanderer auf, oft erhält man sein eigenes Zimmer, teilt sich aber mit der Familie das Bad und wird von dieser verköstigt. Von Vranisht und Kallarat kann man alternativ auch auf den Rücken der Küstengebirgskette steigen und dort wie im vorherigen Kapitel beschrieben die Wanderung zum Beispiel am Llogara-Pass oder in Pilur beenden. Andernfalls erreicht man von Kuç durch ein quergestelltes Seitental, das zur Küste durchbricht, die Dörfer **Kudhës** und **Qeparo**, kann in der Altstadt oder am Strand übernachten oder alternativ bis Himarë mit dem Auto fahren.

» Gjirokastër, Përmet und das Zagoria-Tal

Gjirokastër (→ S. 233) mit seinen osmanischen Herrenhäusern und verwinkelten Altstadtgassen ist bereits zum festen Bestandteil jeder Südalbanienreise geworden **Përmet** (→ S. 225) dagegen ist der neue Star, es beeindruckt vor allem durch seine Naturwunder, ist für seine Gaumenfreuden bekannt und hat es schon auf das Cover von mehreren Reiseführern geschafft. Versteckt dazwischen und von hohen Bergkämmen abgeschirmt liegt das **Zagoria-Tal**. Es besticht nicht nur durch seine Lage, sondern beeindruckt auch mit hochgewölbten Steinbrücken, byzantinischem Kirchengut und den charakteristischen Siedlungen aus Trockensteinmauern und schiefergedeckten Dächern. Wenn die Gipfel schneebedeckt sind, wandert man hier wie in Bhutan.

Ein Trekking von der **Këlcyrë-Schlucht** bis nach **Përmet** dauert drei bis vier Tage. Die Schlucht ist mit dem Auto und öffentlichen Verkehrsmitteln von beiden Städten in 30

Landschaft bei Limar

bis 40 Minuten zu erreichen. Ausgangspunkt der Wanderung sind das Dorf **Peshtan** oder die **Hotels in der Schlucht**. Übernachtet wird in den Dörfern in familienbetriebenen Herbergen, die alle ihre eigene spezielle Geschichte haben und mit dem Gepäcktransport auf Pferden oder Eseln behilflich sein können. Die Gehzeiten zwischen 5 und 7 Stunden sind als moderat bis gehoben anzusehen, das Terrain ist bis auf den letzten steinigen Abstieg meist einfach und oft eben, also gut zu begehen. Die erste Etappe führt nach **Limar**, dem isoliertesten Dorf, das wie Theth im fernen Norden mein Herz für sich gewonnen hat. Weiter geht es durch abgelegene Steindörfer und an einem Wasserfall vorbei nach **Hoshtevë** und zur schönsten Kirche des Zagoria-Tals. Nach der Übernachtung führt der Weg mit schönster Bergsicht durchs Zentrum der Kommune in **Nivan** nach **Sheper** und von dort über den **Dhëmbel-Pass** und das schöne Dorf **Leusë** mit seiner beeindruckenden Kirche nach Përmet.

Weitere Abstecher und Seitenrouten sind beidseits möglich, der Wanderführer **Hiking around Përmet** gibt auf Englisch Auskunft über diese und weitere insgesamt 15 Optionen, eine davon auch mehrtägig. Die Wanderung zum **Sopot-Wasserfall** ist sehr lohnenswert, befindet sich dieser doch direkt am Fuß der 650 Meter hohen Steilwand des Nemercka-Gebirges. Ebenso eindrücklich bleiben die Thermalbäder von **Bënjë**, die unter der Kadiu-Steinbrücke aus dem 17. Jahrhundert am Eingang zur Lengarica-Schlucht liegen, in Erinnerung. Auch das gleichnamige kleine Dorf ist einen Besuch wert. In Përmet und bei Bënjë existieren Hotels, einige sind Teil des **Slow-Food-Konsortiums** und servieren ausgewählte lokale Spezialitäten wie das Dessert ›Gliko‹, das neben den Weinen und Raki sowie der Musik der Stadt zu den größten Anziehungspunkten zählt. Geleitet wird die Tourismusentwicklung von der NGO CESVI, die als **ProPërmet** mit einer Information im Zentrum fundierten Rat geben kann. Përmet ist der beste Zwischenstopp auf der Route zwischen Gjirokastër und Korçë.

Südostalbanien

Ein langer Transfer durch die einsamen Kolonja-Hochländer ist nötig, um von Gjiro-kastër nach Korçë zu gelangen, Reisende haben die Region deshalb lange auf Rundreisen gemieden. Mit verbesserten Straßenverhältnissen (2, 5 Std. Fahrzeit von Tirana) erfreut sie sich aber immer größerer Beliebtheit. Nicht zuletzt wegen der Anziehungskraft von Korçë, oft als Paris des Balkans bezeichnet, aber auch wegen der Seenplatte im Dreiländereck Albanien–Nordmazedonien–Griechenland.

» Korçë und seine Dörfer: auf den Spuren der Aromunen

Korçë (→ S. 205) ist Albaniens sechstgrößte Stadt und liegt auf einem fruchtbaren Plateau auf 850 Metern Höhe unterhalb der braunkohlereichen Morava-Berge, die südlich ins 2500 Meter hohe Pindus-Gebirge übergehen. Die Stadt ist stark durch ausländische Einflüsse geprägt, früh wurde hier eine griechischsprachige, wenig später die erste albanische Schule des Landes eröffnet. 1916 wurde die Stadt im Ersten Weltkrieg ein französisches Protektorat, das Lyceum existiert heute noch. Dem französischen Einfluss verdankt die Stadt ihren Beinamen, ihre charakteristischen Unterkünfte und Restaurants machen sie zu einer interessanten Basis für Ausflüge in die Dörfer und zu den beiden großen Seen, dem Prespasee und Ohridsee.

In den drei umliegenden Dörfern **Voskopojë**, **Dardhë** und **Vithkuq** existieren jeweils drei bis vier markierte Wege – für einige braucht man nicht länger als 90 Minuten – sowie weitere moderate Ausflugsmöglichkeiten mit bis zu fünf Stunden Gehzeit. Die Wege folgen meist einfachem Terrain, führen durch die Hügellandschaft zu Aussichtspunkten und durch im Herbst besonders schöne Wälder. Einige erkunden die eindrucksvollen Kirchenschätze vergangener Jahrhunderte, besonders die Wanderung

Am Prespasee

Herbstwald bei Korçë

zur **Kirche von Shipska** ist empfehlenswert. **Voskopojë** (→ S. 214) liegt etwa 30 Minuten Fahrzeit von Korçë entfernt auf 1200 Metern Höhe und war einst die Hauptstadt der Aromunen. Dieses über ganz Südosteuropa verstreute Hirtenvolk hatte hier im 17. und 18. Jahrhundert ein blühendes Handels- und Kirchenzentrum errichtet und verfügte über die einzige Druckerpresse des Balkan. Die Stadt war dem Untergang geweiht, aber noch heute können auf den Rundwegen die reichverzierten mittelalterlichen **Kirchen** entdeckt werden. Ebenso wie das südöstlich von Korçë gelegene **Dardhë** erfreut sich Voskopojë im Winter unter den Albanern großer Beliebtheit. Sie entdecken hier mit Hilfe der ersten Liftanlage des Landes den Wintersport.

Viel ruhiger und abgelegener, aber mit ähnlicher Geschichte wie Voskopojë ist **Vithkuq** (40 Min., 1250 m); es ist eher ländlicher geprägt und der einzige Ort ohne eigene Unterkünfte, aber dafür mit einer Vielzahl an Tavernen. Am Abend kehrt man üblicherweise in eine solche ein, um das schmackhafte Bier aus Korçë zu genießen und den typischen Serenaden und Gesängen der Stadt an einem lauen Sommerabend zu lauschen. Aufgrund der Höhe genießt man hier im Hochsommer mehr als anderswo ein moderates Klima.

» Wandern im Grenzdreieck

Der **Ohridsee** (→ S. 218) und die dazugehörige mazedonische Stadt **Ohrid** sind schon lange die größten Publikumsmagnete der Region, aber nur wenige Reisende nutzen bisher die Möglichkeit eines Ausfluges in die Natur. Ohridsee, Prespasee und der griechische Mikri Prespa (Kleiner Prespasee) sind tektonischen Ursprungs und zählen zu den ältesten Gewässern des Planeten. Der Ohridsee und die beiden Prespaseen werden vom **Galičica-Berg** getrennt, der in Albanien **Mali i Thatë** (Trockener Berg) genannt wird. Der dazugehörige Nationalpark umfasst elf endemische Pflanzenspezies, der Koran ist die einzigartige Forelle des Sees, und zudem tummeln sich über 150 Vogelarten hier, meist aquatische und unter ihnen auch der seltene Rosa- und Krauskopfpelikan. Als Feuchtgebiete sind die Seen als geschützte Biotope gemäß der Ramsar-Konvention gelistet, und von den drei Ländern wurde ein gemeinsamer grenzübergreifender Nationalpark gebildet. Der Galičica-Berg bildet eine natürliche Barriere zwischen den Seen, die sich in der Höhenlage ihres Wasserspiegels um 150 Meter unterscheiden. Verbunden sind sie durch eine aussichtsreichen **Passstraße**, die im West-Ost-Verlauf den Berg quert. Vom 1550 Meter hohen Sattel (**Lipova Livada**) lassen sich Wanderungen zum einfach erreichbaren **Lako Signoj** (2,5 Std., 1985 m) und zum höchstem Punkt auf mazedonischer Seite, dem **Magaro** (5 Std., 2254 m), unternehmen. Die Gipfel bescheren ein spektakuläres Panorama über die Seen zu beiden Seiten. Auch eine Traverse bis in den Ort Ohrid und Wanderungen von und zwischen den Dörfern sowie direkt in der Stadt startend sind möglich.

Auf der **albanischen Seite des Prespasees** wurde ein neues Netz aus elf Wanderwegen geschaffen, diese sind auf der lokal erhältlichen Karte vermerkt und beschrieben. Die Wanderungen reichen vom 90-minütigen Spaziergang bis zur 9,5-stündigen Überquerung des Berges, inklusive Aufstieg zum höchsten Gipfel. Die Mehrheit der Wanderungen befindet sich jedoch in Seenähe zwischen **Liqenas** und **Kallamas** und dauert nicht länger als fünf Stunden. Die Fischerdörfer bestechen durch ihren ursprünglichen Charakter und landwirtschaftliche Prägung – hier herrscht noch echte Idylle. In einfachen Gästehäusern kann direkt vor Ort in **Glloboçeni** oder **Gorica e Vogël** (Klein-Gorica) übernachtet werden; in **Oteševo** (auf der mazedonischen Seite) existiert auch ein international geführtes Hotel. **Korçë** ist ein weiterer denkbarer Ausgangspunkt, die Anfahrt von dort zum See dauert etwa 40 Minuten.

Die Wege bieten etwas für jeden Geschmack und Anspruch; sie dürften besonders auch für Vogelbeobachter interessant sein, die am Kleinen Prespasee voll auf ihre Kosten kommen. Für Kulturinteressierte sollten die Inseln **Maligrad** und **Golem Grad** mit ihren Eremitenklöstern nicht unerwähnt bleiben.

Ostalbanien

Die Region **Dibra** (Dibër) und ihr Zentrum Peshkopi (→ S. 226) waren für lange Zeit verkehrstechnisch nur schwer erreichbar. Mit der neuen Verbindungsstraße, die entlang des Schwarzen Drin von Kukës ins Zentrum der Dibra-Region bis nach **Peshkopi** führt, und einer zweiten akzeptablen Südroute über Burrel ist das heute nicht mehr der Fall. Aufgrund der Höhenlage sollte man hier frühestens im Mai oder Juni wandern, die meisten Orte liegen auf weit über 1000 Metern Höhe und sind lange schneebedeckt, Skitourengeher fühlen sich hier zuhause.

» Der Berg Korab – zum höchsten Punkt Albaniens

Auch in Zukunft wird es wohl der Korab (2764 m, → S. 332) sein, der als höchster Berg Albaniens und Nordmazedoniens Besucher anzieht. Vom Dorf **Radomirë** führen zwei markierte Routen zum Gipfel. Es ist empfehlenswert, auf der **Westroute** aufzusteigen und die längere **Ostroute** über Maze-donien zum Abstieg zu nutzen. Je nach Routenwahl ergibt sich eine Entfernung von 17,5 und 25,5 Kilometer mit 1500 Metern Auf-/Abstieg und einer Gehzeit von 10 bis 11 Stunden – kein einfaches, aber generell ein technisch anspruchsloses Unterfangen im weitaus einfacheren Gelände als in den Albanischen Alpen. Die Region kombiniert die dramatische Szenerie der Alpen mit der Gastfreundschaft der versteckten Täler des Südens und ist ein Kernstück von Europas jüngstem Langwanderweg: Die **Via Dinarica** verbindet auf über 2000 Kilometern Strecke Slowenien mit Nordmazedonien und verläuft ab dem Prespa- und Ohridsee entlang auf einer Nord-Süd-Achse im Grenzgebiet Richtung Kosovo. Gute Einstiegspunkte sind die Dörfer **Rabdishtë** (→ S. 331), **Bellovë** und **Zagrad**. Die Steindörfer mit traditionellem Charme liegen nur acht Kilometer östlich von Peshkopi und sind bestens für Tagestouren geeignet. Anschließend folgt der **Grama-See** und hinter einem 2000 Meter hohen Pass **Tejza** und **Kala e Dodës**, Startpunkte für die Wanderung zum Korab. Insgesamt kann man eine volle Wanderwoche zwischen dem Grenzort **Maqellarë** und dem Dorf **Shishtavec** (→ S. 327) verbringen, das Trekking optional in den Kosovo oder nach Nordmazedonien verlängern.

Wer das Gebiet gerne noch weiter erkunden möchte, für den bieten sich die **Lura-Seen** im gleichnamigen Nationalpark an (→ S. 324). Diese befinden sich nur etwa 25 Kilometer westlich von Peshkopi, sind aber nur über eine raue Piste oder zu Fuß von **Cidhën** zu erreichen. In die Schlucht führt ein schmaler Kanal – teils ist die Begehung mit Stahlseilen gesichert – als abenteuerlicher Fußweg ins abgelegene Dorf **Gurë-Lurë** und weiter in die Hauptansiedlung **Fushë-Lurë**. Von hier können die sieben Lura-Seen besucht werden, vom größten startet die Wanderung zum höchsten Gipfel des Massivs. Besucher sollten aber gewarnt sein, seit dem Ende der 90er-Jahre wird hier massiver Raubbau an der Natur betrieben. Der Lura-Nationalpark wurde fast komplett zerstört, und die Natur erholt sich nur langsam wieder. Neben Unterkünften gibt es in der Hauptsiedlung auch eine Minibus-Linie Richtung Rrëshen, wo man wieder auf den unteren Teil der Kosovo-Autobahn trifft.

Reiseplanung und Kartenmaterial

Neben der Anschaffung einer allgemeinen Straßenkarte zahlt es sich aus, schon zu Hause die Planung der Routen anhand von detaillierterem Kartenmaterial und GPS-Daten durchzuführen. Im Papierformat erhältlich ist von **Kartographie Huber** die Reihe **hiking & biking Albania** (1:50 000), Ausgabe 1 und 2 für Nordalbanien, 7 und 8 für den Osten und Süden des Landes. Ebenfalls im Huber-Verlag sind die Karte **Nordalbanien: Theth und Kelmend** (1:50 000) samt dazugehörigem Wanderführer sowie die Karten **Peaks of the Balkans** (1:60 000) erschienen (www.kartographie.de). Die Karte **Prespa National Park** (1:50 000) wird vom Nationalpark herausgegeben. Auch die Karten des albanischen Verlags **Vektor Editions** können herangezogen werden, es gibt laminierte Wanderkarten im Maßstab 1:30 000 für die Albanischen Alpen sowie hilfreiche Übersichtskarten für die Gegend um Përmet in Südalbanien (www.vektor.al). Für das **GPS-Gerät** sind Garmin-kompatibel die Karten von www.bunkertrails.org sowie von http://opencyclemap.org kostenlos verfügbar, auf letzterer sind in den letzten beiden Jahren schon einige Wege verzeichnet worden, zusätzlich kann die **Garmin AdriaTopo Pro** mit vielen Ortsnamen und Routing-Funktion behilflich sein. Routen sind als GPX-Tracks vielerorts online abrufbar, das größte Portal dafür ist https://de.wikiloc.com.

Detlef und Gabi Palm haben ein gigantisches Archiv an Wanderungen mit Fotos und Wegbeschreibungen angehäuft, das im Internet auf www.palmtreeproduction.com zu finden ist.

Gepäcktransport per Pferd

Reisetipps von A bis Z

Alkohol

Obwohl Albanien mehrheitlich muslimisch geprägt ist, kann Alkohol überall gekauft und konsumiert werden. Lediglich unter strenger lebenden Muslimen wird während des Ramadan auf Alkohol verzichtet, was auf Touristen aber keinen Einfluss hat. Beliebt bei jeder privaten Begegnung ist Schnaps, meist wird **Traubenobstler** (*raki rrushi*) getrunken. Ansonsten stehen **Biersorten** wie Korça, Tirana oder Elbar zur Auswahl. Der albanische Wein hat regionale Bedeutung.

Im Straßenverkehr gilt die **0,5-Promille-Grenze**.

Anreise mit Auto und Fähre

Eines vorab: Mit dem Auto kommt man nicht schnell nach und auch nicht schnell durch Albanien. Für die Einreise nach Albanien braucht man die **Grüne Versicherungskarte**. Bei einem **Mietwagen**, den Sie außerhalb Albaniens mieten, sollten Sie im Vorfeld klären, ob eine Fahrt nach Albanien überhaupt möglich ist.

Anreise mit Auto und Fähre: Von den deutschsprachigen Ländern aus gibt es einmal die Anfahrt über **Italien**. Mit der Autofähre ab Ancona, Bari, Brindisi oder Triest gelangt man unter anderem mit den Gesellschaften Adria Ferries, European Seaways, GNV, Red Star Ferries, Tirrenia oder Ventouris Ferries nach Durrës, Sarandë oder Vlorë.

Von **Korfu** (Griechenland) ist es ein kurzes Stück nach **Sarandë** mit einer Fähre von Ionian Cruises. www.ionian-cruises.com

Landweg: Es gibt die Möglichkeit, über Slowenien und dann durch Kroatien zu fahren, entweder entlang der alten Adria-Magistrale oder auf der Autobahn Zagreb–Split–Neretva-Delta. Richtung Dubrovnik und in Montenegro führt die Strecke nur an der Küste entlang. Zwischen Montenegro und Albanien kann es an den Grenzen manchmal etwas länger dauern. Wer gern über den inneren Balkan reisen möchte, nutzt die Autobahn von Slowenien über Kroatien nach Serbien und dann wahlweise über Nordmazedonien oder das Kosovo nach Albanien. Die Fahrt zwischen den grenznahen Räumen in Serbien und dem Kosovo ist eine recht zeitraubende Angelegenheit. Von Griechenland aus kann es im Sommer zu längeren Wartezeiten an der Grenze kommen.

Privatautos dürfen in Albanien sechs Monate (180 Tage) gefahren werden, danach werden hohe Zollgebühren verlangt.

Anreise mit der Bahn

Da es sich beim albanischen Eisenbahnnetz um ein Binnennetz handelt, sind die Endpunkte einer Bahnreise in den Nachbarländern erreicht, die Anschlüsse an die europäischen Bahnnetze besitzen.

Anreise mit dem Bus

Busse von **Eurolines** fahren zweimal wöchentlich von Dortmund aus über München mit mehreren Zwischenhalten nach Bari in Italien und von dort mit der Fähre nach Durrës und Tirana und wieder zurück. Eine Tour dauert je nach Abfahrts- und Ankunftsort immer mehr als 24 Stunden. Die **Agentur Iliria** bietet einmal pro Woche

2 PS mehr

Der Fuhrpark der Eisenbahn ist äußerst betagt

die Verbindung von Kassel über München und Bari nach Durrës, Tirana und Endziel Prishtina (Priština/Kosovo) und zurück an. Die Fahrt von Kassel nach Tirana dauert fast 48 Stunden.
In alle **Nachbarländer** bestehen gute Verbindungen. Da es in Albanien fast keine Eisenbahn mehr gibt, stellen Busse neben Taxis die einzig verlässliche Beförderungsmöglichkeit dar. **Busbahnhöfe in Tirana** → S. 142). In kleineren Städten gibt es meist einen zentralen Busbahnhof.
www.eurolines.de, www.iliria-agentur.com

Anreise mit dem Flugzeug

Am schnellsten gelangt man mit dem Flugzeug nach Albanien. Zum **Mutter-Teresa-Flughafen** (Aeroporti Ndërkombëtar i Tiranës Nënë Tereza, TIA) in Rinas, 17 Kilometer nordwestlich vom Zentrum Tiranas, fliegt man von Athen, Belgrad, Brüssel, Frankfurt, Istanbul, Ljubljana, München, Rom, Wien und von vielen Städten in Italien.
Um vom Flughafen nach Tirana zu gelangen, fährt zwischen 8 und 19 Uhr jede volle Stunde und zusätzlich um 21 und 23 Uhr ein Bus von **LU-NA** ins Zentrum, Rruga Ludovik Shllaku (250 Lek/1,85 Euro). Zurück fährt der Bus von den Haltestellen in der Rruga Ludovik Shllaku gegenüber dem Hotel ›Plaza‹ zwischen 7 und 18 Uhr jede Stunde, zusätzlich um 20 und 22 Uhr. Busse von **Adis Travel and Tours** fahren nach Durrës um 9.45, 12.15, 14, 15.30, 17.15, 19 Uhr beziehungsweise von Durrës zurück um 7, 9.30, 11, 13, 15 und 16.30 Uhr (480 Lek).
Taxis kosten je nach Zielort zwischen 2000 bis 3000 Lek (15–22 Euro), die Fahrt bis ins Zentrum dauert etwa eine halbe Stunde. Auf dem Flughafen gibt es mehrere **Mietwagenanbieter**.
Wahlweise lohnt es sich für die Anreise, je nach Reiseroute oder Budget, nach Flügen in die Nachbarstaaten zu schauen. Recht günstig fliegt man nach **Skopje**/Nordmazedonien (SKP), **Podgorica**/Mazedonien (TGD) und **Prishtina** (Priština)/Kosovo (PRN), von wo aus günstige Busverbindungen nach Albanien bestehen.
Eine Alternative ist **Korfu**/Griechenland (CFU) und weiter mit der Fähre nach Sarandë (www.ionian-cruises.com).
www.tirana-airport.com

Anreise mit der Fähre

Autofähren gibt es Italien in den Städten Ancona, Bari, Brindisi oder Triest. Im Einsatz sind die Fährgesellschaften **Adria Ferries**, **European Seaways**, **GNV**, **Red Star**

Crew von Albawings

Ferries, **Tirrenia** oder **Ventouris Ferries**. Sie steuern die albanischen Städte Durrës, Sarandë oder Vlorë an.
www.adriaferries.com
www.europeanseaways.com
www.gnv.it
www.tirrenia.de
http://ventourisferries.com

Apotheken

Apotheken gibt es in ausreichender Anzahl in allen Städten. Bei Aufenthalten in abgelegenen Regionen sollte man im Voraus an alles denken. Wer bestimmte Medikamente einnehmen muss, sollte alles von zu Hause mitnehmen. In Albanien ist die Palette an freiverkäuflichen Arzneimitteln größer als in Mitteleuropa.

Ärztliche Versorgung

Die ärztliche Versorgung ist unzureichend. In abgelegenen Regionen gibt es keine Krankenhäuser und auch keine Bergrettung. Eine **Auslandskrankenversicherung** mit Flugrettung und eine Rückholversicherung sind empfehlenswert, damit anfallende Kosten später erstattet werden.
Kleinere Verletzungen lassen sich in staatlichen Krankenhäusern behandeln. Für größere Eingriffe stehen in Tirana Privatkliniken zur Verfügung, zum Beispiel das **Hygeia-Krankenhaus**, das **German Hospital**, www.spitaligjerman.com, und die drei Häuser des **American Hospital**, https://al.spitaliamerikan.com. Wie im Land üblich, spricht das Personal in den Krankenhäusern meistens Englisch und Italienisch und nur gelegentlich Deutsch.
Besondere **Impfungen** braucht man in Albanien nicht. www.hygeia.al

Autofahren

In Albanien sind die **Zustände von Straßen, Brücken und Beleuchtung** sehr unterschiedlich. Es ist ratsam, unbekannte Strecken nur bei Tageslicht zu befahren. Einige Streckenabschnitte sind nicht ausreichend asphaltiert, haben Schlaglöcher oder Verwerfungen.

Autowäsche mit Bunker

Benzin und **Diesel** kosten meistens ähnlich viel, ein Liter rund 170 Lek (1,25 Euro). Einige Tankstellen benutzen Tanksäulen aus Euro-Ländern. Der angezeigte ›Euro-Preis‹ stellt aber Lek dar.

Gefahren

Die **Übergänge zwischen Straße und Brücke** sind oft schlecht, was schnell zum Verreißen des Lenkrads führen kann: Deshalb lieber langsamer fahren. Auch das Einfahren in **Kurven in bergigen Gebieten** sollte langsam erfolgen, da Steinschlag droht und größere Steine oder Felsbrocken auf der Straße liegen können. Zwar gibt es meistens Verkehrs- und Hinweisschilder, doch können sie auch an einigen wichtigen Stellen fehlen.
Menschen, die am Straßenrand laufen oder mitgenommen werden möchten, sind in bewohnten Gebieten häufig anzutreffen. Auf den Straßen sind auch verschiedene **Nutztiere** wie Esel und Ziegen anzutreffen. Vor einer großen Schafs- oder Ziegenherde am besten anhalten und die Tiere passieren lassen. Außerdem kann es passieren, dass einem **Fahrradfahrer** auf dem rechten Streifen entgegenfahren.
Ein häufig zu lesendes Wort auf den Straßen ist **Kujdes**, was Achtung bedeutet. Ein Phänomen stellen die **Kreisverkehre** dar.

Niemandem in Albanien scheint klar zu sein, wie das funktioniert, das Gesetz des Stärkeren ist in voller Anwendung.

■ Vorschriften

Auch tagsüber muss mit **Licht** gefahren werden. Die recht häufigen Polizeikontrollen an den Straßen ziehen Fahrer ohne Licht sofort raus. Beim Fahren bestehen **Anschnallpflicht** und die **0,5-Promille-Grenze** für Alkohol.

Die **Höchstgeschwindigkeiten** in der Stadt liegen bei 40 km/h, auf Landstraßen bei 80 km/h, auf blau markierten Schnellstraßen bei 90 km/h, und auf den grün markierten Autobahnen sind 120 km/h erlaubt. Je nach Straßenzustand kann eine Reise in abgelegene Regionen länger dauern als man denkt oder elektronische Routenplaner errechnen.

■ Straßen und Autobahnen

Nur für den **Kalimash-Tunnel** auf der A1 muss in Albanien eine Maut bezahlt werden (Pkw 5 Euro).

Unterschieden werden die Straßen in **Autobahn** (Rruga Autostradale) mit der Abkürzung A sowie **Nationalstraße** (Rruga Shtetërore) mit der Abkürzung SH. Nationalstraßen mit den Abkürzungen SH1–SH9 haben überregionalen Charakter, Straßen mit einer zweistelligen Zahl haben lokale

Staubige Nebenstraße im Valbonatal

Strand bei Dhërmi

Bedeutung und können gut, aber leider auch noch sehr schlecht sein.

Die einzige längere Autobahn ist die **A1**, die mit kurzen Unterbrechungen vom Grenzübergang Morina zum Kosovo über Kukës nach Durrës führt. Ganz kurze Autobahnen sind die A2 nördlich von Vlorë und die A3 südlich von Tirana nach Elbasan. Meistens ist die Strecke vierspurig ausgebaut, an einigen Stellen wird sie auf zwei Spuren eingeengt.

Die Nationalstraßen **SH2** zwischen Durrës und Tirana sowie **SH4** von Durrës nach Levan haben autobahnähnliche Bedingungen. Einige Ein- und Ausfahrten sind Kreisverkehre. Sie werden zwar immer angekündigt, aber Achtung; **Kreisverkehr**! Ansonsten sind **Nationalstraßen** meist zweispurig.

Der **Zustand der kleinen Straßen** ist oft schlecht, und es fehlt eine ausreichend gute Ausschilderung. Vom TAP-Projekt (→ S. 63) profitierten einige Regionen durch den 2015 begonnenen Straßen- und Brückenbau, gerade in Südostalbanien.

Baden

Die besten Bademöglichkeiten bestehen zweifellos an der **Albanischen Riviera** zwischen der griechischen Grenze und dem Llogora-Pass. Die Wasserqualität des Ionischen Meers ist fantastisch, die Strände sind breit, und es gibt ausreichend Unterkünfte. Meist sind es Kieselstein-Strände. Die **Adria** ist in Albanien nicht ganz so schön, da sich an einigen Stellen Schlamm mit Sand vermischt. In den nördlicheren Regionen eignen sich die Strände der Adria mehr zum Baden als bei Vlorë und Durrës. Im Landesinneren können zum Baden der **Ohridsee** und der **Prespasee** genutzt werden. In Pogradec ist der Strand eher sandig, ansonsten eher mit Kies bedeckt. Der **Skutarisee** eignet sich zum Baden nicht wirklich, da recht viel Müll an den Stränden liegt. In den Bergen gibt es **Gletscherseen**, wie im Lura-Nationalpark, wo eher die Füße kurz eingetaucht werden können.

Botschaften

Deutsche Botschaft
Rruga Skënderbeg 8, Tirana
Tel. +355/(0)4/2274505
www.tirana.diplo.de

Österreichische Botschaft
Rruga Xibrakeve 4, Tirana
Tel. +355/(0)4/2274855/56
www.bmeia.gv.at/botschaft/tirana.html

Schweizer Botschaft
Rruga Ibrahim Rugova 3/1, Tirana
Tel. innerhalb Albaniens +355/(0)4/2240102 oder +355/(0)4/2236535
Tel. außerhalb Albaniens +41/(0)58/4801764
www.eda.admin.ch/tirana

Die deutsche Botschaft in Tirana

Souvenirs aus Albanien

Busverkehr

In Albanien gibt es entweder die Überlandbusse oder Minibusse, die *furgon* genannt werden. **Überlandbusse** sind am langsamsten, fahren aber nach einem festen Fahrplan, wobei ein Fahrplan im Internet und an den Busbahnhöfen der größeren Städte zu finden ist. Es ist am sinnvollsten, am Vortag zu fragen, wann ein Bus fährt.
Die zweite Möglichkeit sind die **Furgons**. Sie werden auch von den Einheimischen rege genutzt. Sie fahren prinzipiell überall, halten auch an Haltestellen und fahren ab, wenn das Fahrzeug gut gefüllt ist, einen festen Fahrplan gibt es nicht. Die Minibusse sind meistens schneller als die Busse. Der Fahrer und sein Helfer, ähnlich einem Schaffner, sind manchmal auch sehr umsichtig und fragen Touristen nach ihrem Ziel. Im Preis liegen die Minibusse etwas über den Bussen.

Camping

Prinzipiell ist **wildes Campen** in Albanien problemlos möglich. Falls sich ein Dorf oder eine Weide in der Nähe befindet, sollte man fragen, ob das Zelt an der gewünschten Stelle aufgeschlagen werden darf.
Wie bei allen Unterkünften ist auch auf **Campingplätzen** die Sauberkeit sehr groß, wobei der Standard sehr einfach ist, was Toi-

letten und öffentliche Bereiche anbelangt. In Albanien gibt es auf den Plätzen am Meer die Möglichkeit, Halb- und Vollpension zu buchen. Oft befinden sich auf diesen Zeltplätzen aufgebaute Zelte mit Matratzen und Wolldecken. Das Angebot an Campingplätzen ist noch gering, die folgende Internetseite informiert über viele der aktuellen Campingplätze: www.camping.info

Einkaufen

In ganz Albanien gibt es keine großen internationalen Ketten, da für Investoren die Wirtschaft zu schwach ist. Dafür werden in allen Städten Bekleidungsartikel verkauft, die oft aus der Türkei importiert werden. Das größte Shoppingangebot bietet die Innenstadt von Tirana.

Die Läden verkaufen mittelteure bis recht teure Schuhe, Kleidung und Kosmetik, stellenweise auch aus Italien. Aber Achtung, wahre Luxusartikel gibt es kaum, große Modelabel werden kopiert und viel zu teuer verkauft. In den kleineren Städten und an den Stadträndern gibt es größere Märkte oder Straßenverkäufe, auf denen alles günstig Produzierte zu kleinen Preisen verkauft wird. Lohnenswerter sind verschiedene Produkte, die in Albanien hergestellt werden, ob **Kunsthandwerk** wie **gewebte Teppiche** (*qilim*) aus Krujë, **Holzschnitzarbeiten**, **Steinmetzerzeugnisse** oder **Naturprodukte** wie der sogenannte Bergtee (*çaj mali*), verschiedene Fruchtaufstriche oder Spirituosen aus Geschäften oder von Märkten. In den Städten gibt es eine Mischung aus kleinen Läden und Supermärkten. In den **Supermärkten** findet man fast alles. Eine sehr schöne Auswahl frischer, einheimischer Produkte der Saison lassen sich immer auf den **Märkten** unter freiem Himmel einkaufen.

Im Bereich **Souvenirs** gibt es in Albanien viele bunte Dinge mit Nationalemblemen, die in allen touristischen Gegenden zu finden sind. Wer **Trachten** sucht, wird in Albanien schnell fündig. Die wenigen **Antiquitätenläden** verkaufen nicht immer zum Festpreis, weshalb hier Feilschen möglich ist. Ansonsten steht der Preis fest und ist nicht verhandelbar, es sei denn, die Verkäufer bieten selbst einen günstigeren Preis an.

Einreisebestimmungen

Reisende aus der EU und der Schweiz benötigen für die Einreise nach Albanien einen **Personalausweis**, eine **ID-Karte** oder einen **Reisepass** mit noch sechsmonatiger Gültigkeit. Ein Visum wird nicht benötigt. Nach der Einreise können sich Touristen 90 Tage frei im Land bewegen.

Autofahrer benötigen die **Fahrerlaubnis**. Bei den alten rosafarbenen Ausweisen in Deutschland kann es bei Kontrollen durchaus zu Verwirrungen kommen, da die Kontrolleure an diese Dokumente nicht ge-

Markthalle in Tirana

wöhnt sind. Notwendig sind ebenfalls die **Zulassungspapiere** und die **Grüne Versicherungskarte**.

Elektrizität

Die Netzspannung beträgt in Albanien 220 Volt, und die Steckdosen entsprechen europäischem Standard, so dass kein Adapter notwendig ist.

Nur noch gelegentlich kommt es zu **Stromausfällen**. Große Hotels und einige Privathaushalte überbrücken diese Zeiten mit Generatoren. In Cafés wird bei Stromausfall meist ein Kaffee nach türkischer Art vom Gaskocher angeboten.

Feier- und Gedenktage

An **staatlichen Feiertagen** sind alle öffentlichen Gebäude, Banken und Geschäfte geschlossen. Fällt ein staatlicher Feiertag auf einen Samstag oder Sonntag, ist der folgende Montag der jeweilige Feiertag, an dem öffentliche Einrichtungen, Banken und Geschäfte geschlossen bleiben. An Feiertagen der religiösen Gruppen bleiben öffentliche Gebäude und Banken geschlossen, Geschäfte bleiben meistens geöffnet, wobei es regionale Unterschiede gibt.

Weihnachten heißt auf Albanisch **Krishtlindjet** und Ostern **Pashkët**. Das Fastenbrechen (Eid-al-Fitr) heißt auf Albanisch **Bajrami i Madh**, also Großer Bajram, das Opferfest (Eid-al-Addha oder Kurban Bajram) **Bajrami i Vogël**, was Kleiner Bajram bedeutet.

1. und 2. Januar: Neujahr (offiziell)
7. Januar: orthodoxes Weihnachtsfest
8. März: Internationaler Frauentag
14. März: Tag des Sommers
22. März: Nevruz-Fest der Bektaschi
1. Mai: Internationaler Tag der Arbeit (offiziell)
19. Oktober: Seligsprechung von Mutter Teresa (katholisch)
28. November: Tag der Unabhängigkeit und Flagge (offizieller Nationalfeiertag)
29. November: Tag der Befreiung (Ende des Zweiten Weltkriegs)
8. Dezember: Tag der Jugend
25./26. Dezember: katholisches Weihnachtsfest

Bewegliche Feiertage

Feiertag	2019	2020	2021	2022
Karfreitag (katholisch)	19.4.	10.4.	2.4.	15.4.
Ostersonntag (katholisch)	21.4.	12.4.	4.4.	17.4.
Pfingstsonntag (katholisch)	9.6.	31.5.	23.5.	5.6.
Ostern (orthodox)	28.4.	19.4.	2.5.	24.4.
Vatertag	16.6.	21.6.	20.6.	19.6.
Fastenbrechen (islamisch)	4.6.	23.5.	12.5.	2.5.
Opferfest (islamisch)	11.8.	30.7.	19.7.	9.7.

FKK

Strengstens verboten! Informieren Sie sich im Zweifelsfall auch in einem Hotel, wie die Sauna betreten werden soll.

Fotografieren und Filmen

In den größeren Städten gibt es in großen Einkaufszentren im Elektronikmarkt **Neptun** alle technischen Dinge zum Nachkaufen. Auf der Internetseite von Neptun sind alle Filialen verzeichnet. Freunde analoger Fotografie finden kaum Möglichkeiten, einen Film zu kaufen und sollten nichts von der benötigten Ausstattung zu Hause vergessen. Prinzipiell darf alles fotografiert und gefilmt werden. Kinder und Jugendliche finden es eher amüsant, fotografiert zu werden, bei Erwachsenen sollte gefragt werden.

In **Moscheen** ist Fotografieren nie ein Problem, in Kirchen meist auch nicht. Alle **Museen** hingegen haben ein Fotoverbot verhängt, manchmal lässt sich eine Fotoerlaubnis kaufen. http://www.neptun.al/index.php/al/rrjeti-i-dyqaneve

Friseur und Barbier

Ein besonderes Erlebnis ist der Besuch eines Frisier- und Barbiersalons (*frizer/sallon* und *berber*). In Albanien wird nach Damen- und Herrenfriseur unterschieden. *Per Fem-*

Wasserspeicher auf Wohnhäusern

ra bedeutet Damenfriseur, *per meshkuj* ist für Herren gedacht. Sprachbarrieren sollten einen nicht davon abhalten, durch einen Friseurbesuch mit den Einheimischen in Kontakt zu kommen. Meist spricht jemand Englisch oder Italienisch, und es ergeben sich vielleicht schöne Momente. Obendrein ist diese Dienstleistung sehr günstig für Mitteleuropäer. Frauenhaarschnitte kosten um die 600 Lek, Männer kostet der Schnitt 300 bis 500 Lek ohne und mit Waschen, die Rasur kostet meistens um die 200 Lek.

Geld

Das gültige Zahlungsmittel heißt **Lek**. Albanische Lek gibt es als Banknoten zu 200, 500, 1000, 2000 und 5000 Lek, Münzen zu 1, 5, 10, 20, 50 und 100 Lek. Die kleinere Einheit Qindarka (100 Qindarka = 1 Lek) ist nicht im Umlauf.

Der **Wechselkurs** ist seit mehreren Jahren recht stabil, für 1 Euro bekommt man rund 125 Lek, für 1 Schweizer Franken rund 110 Lek (Stand: März 2019). Die Währung wird in den Nachbarländern nicht getauscht, in der EU oder der Schweiz lassen sich Lek besorgen.

Der **Euro** gilt zwar nicht als offizielle Währung, aber oft wird er problemlos akzeptiert, gerade in Unterkünften und Taxis. Natürlich fällt der Wechselkurs zugunsten der Dienstleister aus. In Supermärkten oder auf der Post wird der Euro nicht akzeptiert. **EC-Karten** können in Hotels, Supermärkten, in auf Touristen spezialisierten Restaurants und Tankstellen eingesetzt werden. **Kreditkarten** werden fast nur von hochpreisigen Hotels und Mietwagenfirmen anerkannt. **Reiseschecks** gehören weltweit zur fast ausgestorbenen Zahlungsart und können nur in Tirana in der Nationalbank eingelöst werden. Es empfiehlt sich vor einer **Fahrt in eine abgelegene Gegend**, genügend Bargeld in Lek mitzunehmen, da nicht überall im Land Geldautomaten stehen. In allen urbaneren Gebieten sind sie in den zentralen Bereichen zu finden.

Das **Preisniveau** ist für Mitteleuropäer sehr niedrig, da Restaurantbesuche, Bus- und Fährfahrten innerhalb Albaniens günstig sind. Unterkünfte machen den Großteil des Budgets aus.

Grenzen

Es muss keinesfalls dazu kommen, aber manchmal freut sich das Personal an der Grenze über ein kleines **Trinkgeld**, auch um ihre Dokumente ein bisschen schneller zu bearbeiten. Bei einer Reise durch Südosteuropa haben Sie sich vielleicht auch schon in anderen Ländern an derartige Sitten gewöhnt.

Grenzübergänge (im Uhrzeigersinn):

Montenegro: Muriqan-Sukobin (SH41), Han i Hotit-Božaj (SH1), Vermosh-Guci (Gusinje) (SH20)

Kosovo: Qafë e Morinës-Morina (SH22), Qafë e Prushit-Gjakova/Đakovica (SH23), Morinë/Vërmicë-Vrbnica (SH5), Orgjost-Oroqushë/Orčuša (nur Fußgänger), Borjë-Glloboçica/Globočica (nur Fußgänger), Shishtavec/Krushevë/Kruševo (SH26)

Nordmazedonien: Bllatë (Bllatë e Epërme)-Debar (SH44), Trebisht-Džepište, Qafë Thana-Struga (Ohridsee, SH9), Tushemisht-Sveti Naum (Ohridsee, SH64), Goricë-Stenje (Prespasee, SH79)

Griechenland: Kapshticë-Krystallopigi (SH3), Tre Urat-Melissopetra (SH80), Sopik-Drymades, Kakavija-Ktismata (SH4), Rips-Ampelonas, Janjar/Palampas (nur Fußgänger), Qafë Botë-Sagiada (SH97)

Haustiere

Ein wirkliches Paradies für Haustiere ist Albanien nicht. Falls ein Tier mit auf Reisen kommen soll, dann benötigt es ein tierärztliches **Gesundheitszeugnis** und einen **internationalen Impfausweis**.

Hygiene

In der Regel sind alle Unterkünfte sehr sauber, öffentliche Toiletten allerdings nicht. Verschiedene Desinfektionsmittel, ob für Hände oder Gegenstände, können die Erlebnisse schneller vergessen machen. **Leitungswasser** sollte in den größeren Städten nicht getrunken werden, da frisches Wasser meistens nur einige Stunden geliefert wird und es in Vorratsbehältern gespeichert werden muss. Es ist am besten, die Gastgeber zu fragen, ob das Wasser aus der Leitung trinkbar ist. In Dörfern in den Bergen kommt das Leitungswasser auch direkt aus dem Berg und ist genießbar.

Individuell reisen

Ob mit Minibus, Auto, Fahrrad oder als Rucksacktourist, als Individualreisender kommt man in Albanien problemlos durch. Zwar wird oft kein gutes Englisch und nur sehr selten Deutsch gesprochen, aber da die Menschen sehr freundlich, entgegenkommend und hilfsbereit sind, lassen sich die meisten Situationen gut meistern. Gerade für Rucksacktouristen ist es wichtig zu wissen, dass die **Kriminalität** in Albanien keinesfalls höher ist als sonst in Europa. **Trampen** geht sehr gut.
Der **Busverkehr** (→ S.350) ist sehr schlecht organisiert, da es Aushangfahrpläne nur auf den Busbahnhöfen der größeren Städte gibt. Improvisieren und geduldig bleiben sind die wichtigsten Voraussetzungen. Da das Land klein ist, ist Hilfe meistens nicht weit. Allen **Auto-** und **Fahrradfahrern** seien die Hinweise in den jeweiligen Rubriken ans Herz gelegt (→ S.348, 356).

Eine einfache, saubere und günstige **Unterkunft** findet sich meistens schnell, da in allen Städten Pensionen oder Hotels, seit kurzer Zeit auch Ferienwohnungen oder -zimmer über Plattformen wie www.airbnb.de, zur Verfügung stehen. In den ländlichen Regionen mit Tourismus sind auch wenige **Campingplätze** (→ S. 350) und **Gästehäuser** vorhanden.

Informationen vor Reiseantritt

Vor jeder Reise ist es gut, auf die Internetseite des **Auswärtigen Amtes** zu schauen (www.auswaertiges-amt.de). Leider gibt es im Internet nicht viele Informationen auf Deutsch; Literatur und Internetadressen → S. 380.

Informationen vor Ort

Zwar gibt es in einigen Orten touristische Informationsstellen, doch sind sie meistens nicht gut ausgestattet, das Informationsmaterial zwar bunt, aber meist nutzlos. In einigen Fällen scheint auch das Personal ein wenig überfordert zu sein. Das trifft leider auch Tirana zu. Eine Ausnahme sind die Informationsstruktur der Stadt und Region **Përmet** sowie der Ausgrabungsstätten **Butrint** und **Apollonia**. In den **größeren Hotels** sollten alle Informationen für Touristen erhältlich sein.

Selbstgebastelte Antenne für Handyempfang

Frau in den Nordalbanischen Alpen

Internet und Handys

In allen Unterkünften, Cafés und Restaurants steht Gästen **WLAN** (in Albanien durch ›WiFi‹ gekennzeichnet) zur Verfügung. Leider reicht in den Hotels das Signal nicht immer bis auf das Zimmer oder nur die Lobby ist zum Surfen im Internet nutzbar. Wer **Roaming** nutzt, bezahlt für eingehende und ausgehende Telefonate und die Datennutzung recht hohe Gebühren. Leider gibt es bei den großen Mobilfunkanbietern kaum noch Tarifoptionen für Reisen außerhalb der EU, und so kann es schon mal sein, dass ein Mobilfunkanbieter 15 Euro pro MB Datennutzung berechnet. Wenn man sich länger in Albanien aufhält, kann man sich eine **albanische SIM-Karte** zulegen. Beim Kauf wird gegebenenfalls der Personalausweis oder Reisepass zur Legitimierung verlangt. **Prepaid-Karten** kosten umgerechnet etwa 15 Euro und lassen sich mit Guthaben aufladen. Damit kann man günstig innerhalb Albaniens telefonieren oder das Internet über das Handy nutzen.

Kino

Neben den Kinos in Tirana (→ S. 149) lohnt sich ein Blick auf die Homepage des albanischen Kinematografie-Zentrums mit englischsprachigen Tipps für Filmfestivals in ganz Albanien: www.nationalfilmcenter.gov.al/index.php/film-festivals-in-albania

Kleidung

Für **Wanderungen** im Gebirge sind praktische Kleidungsstücke sowie Wanderschuhe notwendig. Da es in den Gebirgen auch kälter sein kann, sollte immer ein warmes Kleidungsstück mitgenommen werden.

In den **Städten** kleiden sich die meisten Einheimischen nach den aktuellen Trends. Wer am Abend ausgeht, sieht eher nur schick und auffällig angezogene Leute.

In **religiösen Objekten** sollten keine kurzen Röcke oder Hosen getragen werden. Frauen benötigen beim Besuch von Moscheen eine Kopfbedeckung.

Krankenversicherung

Deutsche, österreichische und Schweizer Krankenkassen übernehmen Arzt- und Krankenhauskosten nicht, weshalb man unbedingt eine **private Auslandskrankenversicherung** abschließen sollte.

Landkarten und Stadtpläne

Diese Sparte ist leider überhaupt keine Stärke des Landes. Die besten Landkarten werden von **freytag&berndt** im Maßstab 1:150 000 und von **Reise Know How** im Maßstab 1:220 000 herausgegeben.

Der albanische Kartenhersteller **Vector** gibt verschiedene Karten heraus. Die Landkarte für Albanien ist recht grob, die Stadtpläne lassen sich besser benutzen.

Das Angebot an **Stadtplänen** ist insgesamt sehr klein. Für alle größeren Städte haben die Tourismusinformationen eigene Stadtpläne entworfen. Um auf dem Handy Landkarten und Stadtpläne offline zu nutzen, empfiehlt es sich, die App **PhoneMaps** herunterzuladen, die kostenlos im Apple Store, Google Play Store und Windows Phone Store zu finden ist. www.phonemaps.de

Mietwagen

In den großen Städten, dort in den Hotels und am Flughafen gibt es eine große Auswahl an internationalen und albanischen Mietwagenfirmen. Der Preis für einen Kleinwagen liegt meist bei 20 Euro pro Tag. Kleinere PKW eignen sich für die Städte, die küstennahen Gebiete, für Fahrten zwischen größeren Städten und Autobahnfahrten. Für Fahrten auf kleineren Straßen und in die Gebirge Nordalbaniens oder die Gegend um Gjirokastër, Korçë oder Përmet empfehlen sich Allradwagen. Diese kosten pro Tag mindestens 40 Euro. Alle Anbieter auf dem **Flughafen Tirana** finden sich auf der Website www.tirana-airport.com. In der Hauptstadt gibt es darüber hinaus in den großen Hotels Mietwagenbüros, z. B. im ›Rogner‹-und ›Sheraton‹-Hotel.

RCA, im ›Rogner‹-Hotel: Tel. +355/(0)4/ 2240819. www.rentacarinalbania.al

Easy Rent a Car, Am Kreisverkehr Zogu i Zi an der Rr. Dritan Hoxha,Tel. +355/(0)67/ 2041614.

Notfälle

Internationale Vorwahl für Albanien: +355 oder 00355

Arzt: 127

Verkehrspolizei: 126

Polizei: 129

Feuerwehr: 128

Zentrale Notrufnummer zum Sperren von EC-/Kredit-/Handykarten:

Deutschland: alles unter +49/116116

Österreich: EC/Master/Visa +43/1/ 711110

Schweiz: EC/Master +41/848/846360; Visa +41/800/881884

In abgelegenen Regionen funktionieren Mobiltelefone nicht immer.

Bei kompletten Geldverlust lässt sich Bargeld über die **Western Union Bank** überweisen, in Tirana beispielsweise in der Rruga Lord Bajron, Tel. +355/66/2077550; Standorte gibt es in jeder größeren Stadt. www.westernunion.com

Partys und Feiern

Der definitiv sicherste Ort, an dem das ganze Jahr über was los ist, ist das **Bllok-Viertel in Tirana**. Hier reihen sich unzählige Bars, Kneipen und Clubs aneinander. Hier kann (fast) jeder, der Lust aufs Feiern hat, losziehen und wird etwas nach seinem Geschmack finden. Einzige Ausnahme: Schwule oder lesbische Clubs oder Bars sind nicht vorhanden. Im Sommer toben die Partys auch in einzelnen **Strandorten**. Es ist sehr einfach, diese Clubs und Diskos zu finden, da viel Werbung für sie gemacht wird. Außerhalb der Saison ist Albanien schon fast unheimlich ruhig, und auch in größeren Städten ist nicht viel los.

Polizei

Die Polizei steht meistens an den Landstraßen und wartet auf Raser und Fahrer, die das Licht nicht angeschaltet haben. Ausländer und besonders Touristen brauchen nichts Schlimmes zu befürchten; Lächeln und Freundlichkeit bringen einen oft weiter.

Paragliding

Dieser Sport findet auch in Albanien seine ersten Anhänger. Besonders im Gebiet um den Llogara-Pass und an der Albanischen Riviera wird er an einigen Orten angeboten, darüber hinaus auch im Dajti-Gebirge bei Tirana. Mehr Infos unter: http://aeroclubalbania.com

Post

Die Postämter (Posta shqiptare) haben von 8 bis 20 Uhr geöffnet. Die Grundfarbe ist meistens Gelb, so auch bei den Briefkästen. In Hotels können Postkarten meist aufgegeben werden.

Radfahren

Touren auf dem Rad oder Bergstrecken im Gebirge mit einem Mountainbike sind möglich. Überzeugte Fahrradfahrer finden ausreichend Straßen, um die tolle Landschaft genießen zu können. Vermieden werden sollten alle Autobahnen mit der Kennzeichnung A und die stärker befahrenen Nationalstraßen, besonders der Abschnitt Tirana–Lezhë–Shkodër der SH1, Hinweise zu den Schnellstraßen → S. 349. Abgesehen von wenigen Radwegen in einigen Städten gibt es keine Radrouten. Da aber der Verkehr, gerade auch der LKW-Verkehr, im Land nicht stark ist, lässt sich auch auf den größeren Straßen Fahrrad fahren. Ähnlich wie beim Autofahren sollten die unterschiedlichen Zustände der Straßen beachtet werden und gerade Brücken mit Vorsicht überfahren werden, da die Übergänge sehr schlecht sein können. Die traditionelle Fahrradstadt ist **Shkodër**, in der viele Einheimische ihre Wege auf dem Rad zurücklegen. In **Tirana** ist Fahrradfahren eine gewisse Kunst, das Einatmen der Abgase ist nicht besonders angenehm. Aber in der Stadt gibt es mehrere Ausleihstationen für Mieträder.

Albanien ist ein sehr gebirgiges Land. Lediglich der Küstenstreifen zwischen Vlorë bis Shkodër ist recht flach. Da es fast keine Tunnel gibt, müssen die Straßen dem Terrain folgen, wodurch sich ein ständiges Auf und Ab ergibt. Gerade in den Bergen bieten sich eher **Mountainbikes** als Tourenräder an. Die Schotterwege können den Reifen zusetzen, so dass genug Material zum Reparieren im Gepäck sein sollte. Sollte etwas fehlen, kann man in einer Autowerkstatt sein Glück versuchen.

Entweder hilft eine **Landkarte** (→ S. 355) bei der Orientierung oder man nutzt das Roaming-Angebot seines Mobilfunkanbieters, um das **mobile Internet** zu verwenden. Hierbei können allerdings sehr hohe Kosten entstehen, und es ist auch nicht gewährleistet, dass an abgelegenen Orten überhaupt ein Mobilfunksignal ankommt.

Filiale der albanischen Post

Albanisches Mädchen

Eine weitere Möglichkeit ist der Kauf einer albanischen SIM-Karte. Die für die deutschsprachigen Länder übliche Anzeige geeigneter Fahrradwege auf Google Maps ist für ganz Südosteuropa nicht nutzbar, da es keine Einträge gibt.

Bei einer Reise mit der **Bahn** Richtung Albanien sollten ausreichend Informationen eingeholt werden, in welchen Zügen die Mitnahme eines Fahrrads erlaubt ist. Bei der Anreise im **Flugzeug** sollte man vorher Konditionen und Preise für die Mitnahme bei der jeweiligen Airline erfragen.

Ein Reiseanbieter speziell für Radreisen durch Albanien ist das Schweizer ›Velo-Fan-Team‹ **Ride Albania Mountain Biking**, das organisierte Touren mit festen Terminen anbietet. www.ride-albania.com

In Tirana hat sich der Veranstalter **Outdoor Albania** neben verschiedenen Touren auch auf Radtouren spezialisiert. www.outdooralbania.com

Reisen mit Kindern

Prinzipiell ist das Reisen mit älteren Kindern kein Problem sein. An den Küsten gibt es ausreichend **Strände**, die oft sandig oder kiesig und für Kinder gut geeignet sind.

Die Einwohner und Hotelmitarbeiter sind oft sehr kinderlieb.

Für kleinere Kinder eignet sich ein Urlaub in Albanien nicht, da die Hotels und die

Straßen nicht gut genug ausgebaut sind. In den meisten Städten gibt es keine Spielplätze. Gerade Tirana eignet sich für Kinder wegen der vielen Autos und der dichten Bebauung nicht.
Kindermuseen oder Museen mit Museumspädagogik gibt es nicht.
Für Kinder, die sich gern in der Natur aufhalten, gibt es besonders im Norden ausgeschilderte, jedoch auch recht schwere Wanderwege. Da in den abgelegenen Regionen kaum Autos fahren, können sich Kinder wiederum sehr frei bewegen.
Im Land gibt es zwei Anbieter, die sich stärker auf Kinder spezialisiert haben. Das **Llogora Tourist Village** (→ S. 269) liegt an der Straße Vlorë–Sarandë (www.llogora.com, Tel. +355/69/3344400) im Nationalpark Llogora. Neben einer Schwimmhalle gibt es Spielplätze, speziell für die Kinder werden verschiedene Aktivitäten angeboten, und auch Kleinkinder werden betreut.
Der zweite Ort ist der **Camping- und Bungalowort Sotira** (→ S. 224) an der Straße Nr. 75 zwischen Ersekë und Leskovik im Südosten. Dort werden viele Nutztiere gehalten, mit denen die Kinder in Kontakt kommen können. www.farmasotira.com

Reiseveranstalter

Albanien wird zusehends stärker besucht, so dass auch Reiseanbieter mit Pauschalreisen werben. Die Bandbreite reicht von klassischen Rundfahrten bis hin zu exzessiven Wandertouren. Auch ist die Kombination mit einer Tour durch die Nachbarländer bei einigen Anbietern zu finden.

Adventure Offroad
Robert-Blum-Str.11
D-07545 Gera
Tel. +49/(0)365/37325
www.adventure-offroad.de
Interessante Touren im Geländewagen.

BUND-Reisen
Stresemannplatz 10
D-90489 Nürnberg
Tel. +49/(0)911/5888820
www.bund-reisen.de
Wander- und Kulturreisen.

Deutscher Alpenverein
DAV Summit Club
Am Perlacher Forst 186
D-81545 München
Tel. +49/(0)89/64240196
www.dav-summit-club.de
Unterschiedliche Wandertouren durch Albanien.

Dreizack Reisen
Graunstr. 36
D-13355 Berlin
Tel. +49/(0)30/46777146
www.dreizackreisen.de
Individual- und Gruppenreisen.

Ex Oriente Lux
Neue Grünstr. 38
D-10179 Berlin
Tel. +49/(0)30/62908205
www.eol-reisen.de
Kultur-Rundreisen.

Go East
Bahrenfelder Chaussee 53
D-22761 Hamburg
Tel. +49/(0)40/8969090
www.go-east.de
Rundreisen, auch in Kombination mit Nordmazedonien und Montenegro.

Haase Touristik
Dickhardtstr. 56
D-12159 Berlin
Tel. +49/(0)30/84183226
www.haase-touristik.de
Rundreisen in Kombination mit dem Kosovo, Individualreisen.

Ikarus Tours
Am Kaltenborn 49–51
D-61462 Königstein/Ts.
Tel. +49/(0)6174/29020
www.ikarus.com
Studienreisen, Kombinationsreisen mit Montenegro, Kosovo, Nordmazedonien.

Iliria Agentur
Hauptstr. 190
D-44892 Bochum
Tel. +49/(0)234/387431
www.iliria-agentur.com
Wird von Albanern geleitet und bietet verschiedene Rundfahrten durch Albanien und die Nachbarländer an.

Vom Massentourismus noch weitgehend unberührt

Outdoor Albania
Rruga Gjin Bue Shpata 9/1 Sh. 2 Ap. 4
Tirana
Tel. +355/(0)42/227121
www.outdooralbania.com
Rund-, Wander- und Radreisen an. Alles ist auf einer sehr übersichtlichen und ansprechenden Homepage zu finden.

Reiseland Albanien (Naccon)
Vor dem Kreuzberg 17
72070 Tübingen
Tel. +49/(0)7071/6393484
www.reiseland-albanien.de
Familien-, Wander- und Radwanderreisen.

Reisen in Albanien
Hummelsteiner Weg 72
D-90459 Nürnberg
Tel. +49/(0)911/2874824
www.reisen-in-albanien.de
Große Auswahl an Gruppen- und Individualreisen, auch in Kombination mit den Nachbarländern.

Ride Albania Mountain Biking
Tirana
Tel. +355/(0)69/2847018
Schweizer, die Mountainbike-Touren anbieten.
www.ride-albania.com

Skanderbeg-Reisen
Friederikastr. 97
D-44789 Bochum
Tel. +49/(0)234/308686
www.skanderbeg.de
Individual-, Studien- und Gruppenreisen.

Studiosus-Reisen
Riesstr. 25
D-80992 München
Tel. +49/(0)89/500600
www.studiosus.com
Studienreisen und leichtere Wanderreisen, auch in Kombination mit den Nachbarländern.

Travel Service Asia
Riedäckerweg 4
D-90765 Fürth
Tel. +49/(0)911/9795990
www.tsa-reisen.de
Rundreisen, teils in Kombination mit Mazedonien.

Ventus Reisen
Krefelder Straße 8
D-10555 Berlin
Tel. +49/(0)30/39100332
www.ventus.com
Wander- und Rundreisen, auch in Kombination mit Montenegro und Serbien.

Reitergruppe bei Gjirokastër

Weltweitwandern
Gaswerkstr. 99
A-8020 Graz
Tel. +43/(0)316/5835040
Interessante Wanderangebote.
www.weltweitwandern.at

Wikinger Reisen
Kölner Str. 20
D-58135 Hagen
Tel. +49/(0)2331/9046
www.wikinger-reisen.de
Ausgedehntere Wander- und Radreisen.

Zbulo! Discover Albania
Tel. Deutschland +49/34743/807950
Tel. Albanien +355/(0)69/2121612
www.zbulo.org
Das deutsch-albanische Team bietet verschiedene Wandertouren im ganzen Land an, auch Peaks of the Balkans und Via Dinarica.

Reiten

Caravan Travel
Lagj. 18 Shtatori, Pall. 26, sh. 3. h 3. ap. 6
AL-Gjirokastër
travelcaravan@ymail.com
www.caravanhorseriding.com
Veranstalter für mehrtägige Aufritte durch die Berglandschaften Südalbaniens. Ansprechpartner sind Kristina Fidhi (Tel. +355/(0)69/5375743, kristinafidhi@yahoo.co.uk) und Ilir Hitaj (+355/(0)69/2234137, ilir_hitaj@yahoo.com).

Das **Hotel Rilindja** im Valbonatal bietet Tagesausflüge mit Pferden an (→ S. 317).

Sicherheit

Bestimmte Klischees über Albanien werden sicher die meisten Reisenden schnell vergessen. Auch wenn die organisierte Kriminalität im Land hoch ist, so betrifft die Kleinkriminalität Touristen nicht mehr als andernorts.

Als Faustregel im Tourismus gilt: Je voller ein Ort mit Touristen ist, desto mehr wird geklaut. Da in Albanien fast nirgends Touristenmassen auftreten, ist organisierter Diebstahl nicht anzutreffen.

Eine Gefahr stellt die **Fahrweise** der Albaner dar, an die man sich aber auch gewöhnen kann. Auffällig für Mitteleuropäer ist, dass wenig vorausschauend gefahren wird, Blinker nicht immer eingesetzt werden und Kreisverkehre nach einem Zufallsprinzip funktionieren. In einigen Orten kann die **Straßenbeleuchtung** fehlen, weshalb eine Taschenlampe oder ein Licht am Handy sehr hilfreich sein können.

Frauen, die alleine oder in Frauengruppen unterwegs sind, können sich relativ sicher im Land bewegen. In den meisten Fällen gehen die Einheimischen gerade mit Frauen sehr höflich um.

Andere Lebensformen als die heterosexuelle werden in Albanien wenig öffentlich gelebt, und jegliche nicht-heterosexuelle Lebensarten gehören nicht zu den Lieblingsthemen im Land.

Strafen und Verbote

Nutzung und Handel von **Drogen** sind in vollem Umfang verboten, Spritzen dürfen nirgends liegen gelassen werden.

FKK ist in Albanien nirgends erlaubt und führt zudem bei den Einheimischen zu Irritationen.

Prostitution ist in Albanien verboten und wird mit Geldstrafen und Freiheitsentzug bis zu drei Jahren bestraft.

Bei **illegalem Handel mit Kunst** können Gefängnisstrafen bis zu 15 Jahren verhängt werden.

Taxi

Das Taxi ist ein beliebtes Fortbewegungsmittel nicht nur innerhalb der Städte. Es ist zwar die teuerste, dafür auch die schnellste Variante. Einige Reisende nutzen Taxis von einer grenznahen Stadt bis zu einem Grenzübergang, da die öffentlichen Verkehrsmittel nicht ausreichend häufig fahren. Gelbe Taxis sind offiziell, parallel dazu gibt es Privattaxen in unterschiedlichen Farben, die ohne Taxameter fahren. Es ist ratsam, sich vor der Fahrt auf einen Preis zu einigen.

Telefonieren

Die Handybenutzung in Albanien ist recht teuer, da das Land nicht zur EU gehört. Gerade Individualtouristen, die sich eine längere Zeit in Albanien aufhalten, können sich eine albanische Sim-Karte zulegen. Die Vorteile bestehen darin, dass albanische Nummern günstiger angerufen werden können, der Rückruf von einer albanischen Nummer die Scheu nimmt, eine teure, ausländische Nummer anzurufen, und je nach Vertrag ist auf mobilen Geräten das Internet nutzbar.
Vorwahl nach Albanien: +355 (00355)
Nach Deutschland: +49 (0049)
Nach Österreich: +43 (0043)
In die Schweiz: +41 (0041)

Trinkgeld

In der Gastronomie, im Hotelwesen und beim Friseur ist es üblich, ein Trinkgeld von maximal zehn Prozent zu zahlen. Taxifahrer und Imbissverkäufer erwarten in der Regel kein Trinkgeld. Falls Einheimische spontan zu einem Getränk oder einer Kleinigkeit zu Essen einladen, für das sie kein Geld möchten, liegt es im eigenen Ermessen, ob ein kleines Dankeschön in Form von Geld eine nette Anerkennung ist.

Uhrzeit

Wie in Deutschland und Mitteleuropa.

Unterkünfte

Die Auswahl an Unterkünften ist zwar nicht riesig, aber in den touristisch genutzten Regionen ausreichend. Eine Ausnahme sind die Küstenorte in den Monaten Juli und August, da viele Albaner selbst dort ihren Urlaub verbringen. Der Großteil der Unterkünfte ist sehr gepflegt und sauber.
In **Tirana** sind die Unterkünfte mit Abstand am teuersten. Ein Doppelzimmer kostet oft zwischen 30 und 70 Euro, einige internationale Spitzenhotels liegen preislich auch darüber.
Recht häufig sind in den Städten **Hostels** zu finden, für 8 bis 12 Euro pro Person ist das Frühstück meist mit inbegriffen. Ähnlich günstig sind **Privatunterkünfte**, von denen über Seiten wie www.airbnb.de gerade in Tirana viele zu finden sind.
Zur Grundausstattung gehört oft eine einfache **Decke** oder ein **Laken**. Wem es zu kalt sein sollte, der kann sich mit einer zusätzlichen Wolldecke zudecken. Ob sie immer alle gewaschen sind, da sie nicht mit einem Laken überzogen werden, ist schwer zu sagen. Zur weiteren Ausstattung gehören oft **Plastebadeschuhe**.
Manchmal ist in den Bädern eine **Duschecke** ohne Vorhang oder Tür integriert, wodurch das gesamte Badezimmer beim Duschen nass wird. Toilettenpapier und Handtücher in solchen Bädern also rechtzeitig sichern! Teurere Hotels und Pensionen verfügen über Duschkabinen mit Türen.

Taxis in Tirana

Wandergruppe

Das **Campen** ist prinzipiell überall im Land, selbst in den Nationalparks, auch außerhalb der Campingplätze möglich (→ S. 350).

Wandern

Das Wandern ist in Albanien besonders beliebt. Verschiedene Reiseveranstalter haben sich in den letzten Jahren auf Wanderreisen in Albanien spezialisiert (→ S. 358). Im Vordergrund stehen Touren in den Albanischen Alpen und in den küstennahen Regionen des Ionischen Meeres. Individuell ist das Wandern auch möglich, doch sind Wanderwege nicht flächendeckend angelegt, wodurch die Orientierung sehr schwer fallen kann. In den meisten Nationalparks helfen Hinweisschilder, den richtigen Weg einzuschlagen. In einem beliebigen Ort bei Einheimischen zu übernachten, ist oft möglich. Ansonsten gibt es in den touristisch erschlosseneren Regionen Campingplätze, Gästehäuser, Pensionen und Hotels.

Zeit

Es gilt wie für Mitteleuropa die Mitteleuropäische Zeit (MEZ), und die Uhren werden im März und Oktober entsprechend umgestellt.

Zoll

Eine Zollkontrolle bei der Einreise ist selten. Nach Albanien dürfen keine Drogen, Waffen und pornographischen Schriften eingeführt werden. Daneben wird immer darauf verwiesen, dass größere **Bargeldbeträge** bei der Einreise anzumelden sind. **Private Fahrzeuge** mit ausländischen Kennzeichen dürfen bis zu 6 Monaten (180 Tage) gefahren werden. Bei einer Nutzung über diesen Zeitraum hinaus werden hohe Zollgebühren erhoben.

Bei der Ausreise sollten für **antiquarische Gegenstände** und **Kunstartikel** eine Ausfuhrbestätigung ausgestellt werden.

Zugfahren

Der Zugverkehr ist mittlerweile sehr eingeschränkt. Das Eisenbahnnetz hat seinen Knotenpunkt in Durrës und keinen Anschluss an das internationale Bahnnetz und demzufolge keine Verknüpfung mit den Bahngesellschaften der Nachbaarstaaten. Derzeit wird nur die **Strecke zwischen Durrës und Kashar** bedient. Ein Bus von Kashar stellt die Verbindung nach Tirana her. Die Preise sind sehr gering, die Reisegeschwindigkeit ist minimal. Eine Schnellverbindung von Tirana über den Flughafen Rinas nach Durrës ist geplant.

Stillgelegte Bahnstrecke bei Elbasan

Sprachführer

Buchstabe	Aussprache
A, a	a
B, b	b
C, c	v
Ç, ç	tsch
D, d	d
Dh, dh	Ähnlich dem stimmhaften englischen ›th‹ (the)
E, e	e
Ë, ë	Am Wortanfang und in der Wortmittel ähnlich dem deutschen ›ö‹, am Wortende nicht ausgesprochen
F, f	f
G, g	g
Gj, gj	Etwa wie ›tj‹ bei ›tja‹
H, h	h
I, i	i
J, j	j
K, k	j
L, l	Weiches ›l‹
Ll, ll	Hartes ›l‹
M, m	m
N, n	n
Nj, nj	Wie in Englisch ›news‹
O, o	o
P, p	p
Q, q	Weiches ›tsch‹, eher wie ›ch‹ in nicht
R, r	r, Zungenspitze zurückgezogen, klingt wie amerikanisches ›r‹
Rr	Gerolltes ›r‹
S, s	s
Sh, sh	sch
T, t	t
Th, th	Wie das stimmlose Englischen ›th‹ (thing)
U, u	u
V, v	w
X, x	ds
Xh, xh	Wie ›j‹ in ›Jeans‹
Y, y	ü
Z, z	s
Zh, zh	Wie ›j‹ in›Journal‹

Deutsch	Albanisch	Aussprache
Allgemeine Wendungen		
Guten Morgen!	Mirëmengjes!	Mirmendjes!
Guten Tag!	Mirëdita!	Mirdita!
Guten Abend!	Mirëmbrëma!	Mirmbröma!
Gute Nacht!	Natën e mirë!	Natön e mir!
Hallo!/Tschüss!	Tungjatjeta!/ Mirë u pafshim!	Tundjatjeta!/ Mir u pafschim!
Auf Wiedersehen!	Mirë u pafshim!	Mirupafschim!
ja/nein	po/jo	po/jo
bitte/danke	te/ju lutem/faleminderit	te/ju lutem/faleminderit
Nein, danke./Ja, bitte.	Jo, faleminderit./ Po, ju lutem.	Jo, faleminderit/ Po, ju lutem
Entschuldigung, Verzeihung!	Më fal, më falni!	Möfal(ni)!
Kein Problem.	S'ka problem.	Ska problem.
Macht nichts/Keine Ursache.	S'ka gjë.	Ska gjö.
Ich spreche kein ...	Unë nuk flas ...	Un nuk flas ...
Ich verstehe nicht.	Unë nuk kuptoj.	Un nuk kuptoj.
Sprechen Sie Deutsch/ Englisch/Französisch?	A flisni gjermanisht/ anglisht/frëngjisht?	A flisni djermanischt/ anglischt/fröngjischt?
Wie bitte?	Si ju lutem?	Si ju lutem?
Bitte sprechen Sie etwas langsamer.	Ju lutem flisni më ngadalë.	Ju lutem flisni mö ngadal.
gut/einverstanden	mirë/dakord, në rregull	mir/dakord, nö rregull
Wie geht es Ihnen?/ Wie geht's?	Si jeni?/ Si je?	Si jeni?/ Si je?
gut	mirë	mir
Wie heißen Sie/heißt Du?	Si quheni?/Si quhesh?	Si chuheni?/si chuhesch?
Mein Name ist ...	Më quajnë .../ Emri im është ...	Mö chuajn .../ Emri im öschtö ...
Frau/Herr	Zonja/Zoti	Sonja/soti
Woher kommen Sie?	Nga jeni?	Nga jeni?
Ich komme aus Deutschland/Österreich/der Schweiz	Jam nga Gjermania/ Austria/Zvicra	Jam nga Djermania/ Austria/Switzra
Fragen		
Wann?	Kur?	Kur

Deutsch	Albanisch	Aussprache
Warum?	Përse?/Pse?	Pörseh?/Psä?
Was?	Çfarë?	Tschfar?
Wie?	Si?	Si?
Wieviel?	Sa?	Sa?
Wie bitte?	Si ju lutem?	Si ju lutem?
Wo? Wohin? Woher?	Ku? Për ku? Prej nga?	Ku?/Pör ku?/Prej nga?
Wo ist .../Wo sind ...?	Ku është ...?/Ku janë...?	Ku öscht ...?/Ku jan ...?
Wie heißt das auf ...?	Si i thonë në... ?	Si i thon nö ...?
Wie spricht man das aus?	Si shqiptohet kjo?	Si schchiptohet kjo?
Gibt es/Haben Sie ...?	A ka?/A keni?Keni?	A ka/A keni/Keni
Wieviel kostet das?	Sa kushton kjo?/Sa kushton?	Sa kushton kjo?/sa kushton?
Zahlen		
0	zero	sero
1	një	nje
2	dy	dü
3	tre	träh
4	katër	katör
5	pesë	pähs
6	gjashtë	djascht
7	shtatë	schtat
8	tetë	tät
9	nëntë	nönt
10	dhjetë	dhjät
11	njëmbëdhjetë	njömbödhjät
12	dymbëdhjetë	dümbödhjät
13	trembëdhjetë	trämbödhjät
14	katërmbëdhjetë	katörbödhjät
15	pesëmbëdhjetë	pähsömbödhjät
16	gjashtëmbëdhjetë	djaschtömbödhjät
17	shtatëmbëdhjetë	schtatömbödhjät
18	tetëmbëdhjetë	tätömbödhjät
19	nëntëmbëdhjetë	nöntömbödhjät
20	njëzet	njözät
21	njëzet e një	njözätänji

Deutsch	Albanisch	Aussprache
22	njëzet e dy	njözätädü
30	tridhjetë	tridjät
40	dyzet	düzät
50	pesëdhjetë	pähsödjät
60	gjashtëdhjetë	djaschtdjät
70	shtatëdhjetë	schtadhjät
80	tetëdhjetë	tädjät
90	nëntëdhjetë	nöndjät
100	njëqind	njöchind
500	pesëqind	pähschind
1000	njëmijë	njömij
2000	dymijë	dümij
Zeit		
Minute	minutë	minut
Stunde	orë	or
stündlich	çdo orë	tschdo or
Tag	ditë	dit
täglich	çdo ditë	tschdo dit
wöchentlich	çdo javë	tschdo jav
Monat	muaj	muaj
Jahr	vit	wit
Frühling	pranverë	pranwer
Sommer	verë	wer
Herbst	vjeshtë	vjescht
Winter	dimër	dimör
früh	herët	heröt
spät	vonë	won
gestern	dje	djä
vorgestern	pardje	pardjä
heute	sot	ssot
morgen	nesër	nässör
übermorgen	pasnesër	pasnässör
morgens	në mëngjes	nö möndjes
mittags	në drekë	nö dräk
nachmittags/abends	pasdite/në mbrëmje	pasditä/nömbrömje

Deutsch	Albanisch	Aussprache
nachts	natën	natön
Wann?	Kur?	Kur?
Wie lange?	Sa?	Sa?
Wie spät ist es?	Sa është ora?	Sa öscht ora?
Monate/Wochentage		
Januar	janar	janar
Februar	shkurt	schkurt
März	mars	mars
April	prill	prill
Mai	maj	maj
Juni	qershor	cherschor
Juli	korrik	korrik
August	gusht	guscht
September	shtator	schtator
Oktober	tetor	tätor
November	nentor	näntor
Dezember	dhjetor	dhjätor
Montag	e hënë	ä hön
Dienstag	e martë	ä mart
Mittwoch	e mërkurë	ä mörkur
Donnerstag	e enjte	ä änjte
Freitag	e premte	ä prämtä
Samstag	e shtunë	ä schtun
Sonntag	e dielë	ä djel
Orientierung		
an der Ecke	në cep	nö zäp
um die Ecke	në cep	nö zäp
drinnen	brenda	brända
draußen	jashtë	jascht
geradeaus	drejt	drejt
gegenüber	përballë	pörball
hier	këtu	kötu
dort	atje	atje
hinter	prapa	prapa
in der Mitte	në mes	nömes

Deutsch	Albanisch	Aussprache
links/nach links	majtas	majtas
von	nga	nga
vor	para	para
nach	pas	pas
nah	afër	afför
weit	larg	larg
neben	pranë	pran
Norden	veriu	veriu
Süden	jugu	jugu
Osten	lindja	lindja
Westen	perëndimi	päröndimi
Wo ist ...?	Ku është... ?	Ku öscht ...?
Ich suche ...	Po kërkoj ...	Po körkoj ...
Wie komme ich nach ...?	Si mund të shkoj në ... ?	Si mund tö schkoj nö ...?
Wie heißt die Straße?	Si quhet kjo rrugë?	Si chuhet kjo rrug?
Wie weit ist es nach/ zum ...?	Sa larg është deri në ...?/ Sa mban deri në ...?	Sa larg öscht däri nö ...?/ Sa mban däri nö ...?
Ich habe mich verlaufen.	Kam humbur rrugën.	Kam humbur rrugön.
Können Sie das bitte aufschreiben?	A mund të ma shkruani ju lutem?	A mund tö ma schkruani ju lutäm?
Ortsangaben		
Altstadt	qyteti i vjetër	chüteti i vjätör
Berg/Hügel	mal/kodër	mal/kodör
Burg	kala	kala
Café	kafe	kafeh
Brücke	urë	ur
Denkmal	monument	monument
Dorf	fshat	fschat
Festung	keshtjellë	köschtjell
Fluss	lumë	lum
Höhle/Grotte	shpellë	schpell
Hotel	hotel	hotel
Kirche	kishë	kisch
Kloster	manastir	manastir
Küste	bregdet	brägdät

Deutsch	Albanisch	Aussprache
Meer	det	dät
Moschee	xhami	dschami
Museum	Muzeu	Museu
Oper	opera	opera
Ruine	rrënojë	rrönoj
Schloss	kala	kala
Stadtzentrum	qendër	chändör
Strand	plazh	plasch
Straße	rrugë	rrug
Theater	teatër	täatör
Wissen Sie, wer den Schlüssel für die Kirche/ Moschee hat?	Ae dini kush e ka çelësin e kishës/xhamisë?	Ae dini kush e ka tschelösin e kischös/dschamis?
Unterwegs		
Abfahrt	nisje	nisje
Abflug	nisje	nisje
Ankunft	mbërritje	mbörritje
Ausgang	dalje	dalje
Bahnhof	stacion i trenit	stazion i tränit
Bahnsteig	platformë	platform
Busbahnhof	stacion i autobuzave	stazion i autobusawä
einfache Fahrkarte	biletë e thjeshtë	bilät e thjäscht
Eingang	hyrje	hürjä
ermäßigt	e reduktuar	ä räduktuar
Fahrkartenschalter	biletari	bilätari
Fahrplan	orar	orar
Flughafen	aeroport	aäroport
Gepäckaufbewahrung	vendi ku ruhen valixhet	wändi ku ruhän walidschät
Gleis	pistë	pist
Hafen	port	port
Hin- und Rückfahrkarte	biletë me kthim	bilät mä kthim
Schiff	anije	anijä
Taxi	taksi	taxi
Verspätung	vonesë	vonäs
Wo kann ich Fahrkarten/ Tickets kaufen?	Ku mund të blej biletë/ bileta?	Ku mund tö blej bilet?

Deutsch	Albanisch	Aussprache
Ich hätte gerne eine Fahrkarte nach ...	Desha një biletë për...	Däscha njö bilät pör ...
Verzeihung, ich möchte aussteigen.	Më falni, dua të zbres.	Mö falni, dua tö sbräs.
Von welchem Pier fährt das Schiff nach ...?	Në cilën pistë niset anija për ... ?	Nö zilön pist nisät anija pör ...?
Wann kommen wir in ... an?	Kur mbërrijmë në ... ?	Kur mbörrijm nö ...?
Welcher Zug/Bus fährt nach ...?	Cili tren/autobuz shkon për ... ?	Zili trän/autobus schkon pör ...?
Welches ist die nächste Station?	Cili është stacioni tjetër?	Zili öschtö stazioni tjätör?
Wie lange dauert die Fahrt?	Sa zgjat rruga?	Sa zgjat ruga?
Wo ist die Endstation?	Cili është stacioni i fundit?	Zili öscht stazioni i fundit?
Zum Flughafen, bitte!	Për në aeroport, ju lutem!	Pör nö ääroport, ju lutem!
Können Sie mir ein Taxi rufen?	A mund të më thërrisni një taksi?	A mund tö mö thörrisni nj taxi?
Wo ist ein Taxistand?	Ku ka taksi?	Ku ka taxi?

Auto, Fahrrad

Deutsch	Albanisch	Aussprache
Auspuff	marmitë	marmit
Auto/Autovermietung	makinë/makina me qera	makin/makina mä chära
Batterie	bateri	batäri
Benzin	benzinë	bänsin
bleifrei	pa plumb	pa plumb
Bremsen	frena	fräna
Diesel	naftë	naft
Fahrrad	biçikletë	bitschiklät
Glatteis	e rrëshqitshme	ä rröschchitschmä
Pannenhilfe	ndihmë në rast avarie	ndihm nö rast awarije
Reifen	goma	goma
Tankstelle	pikë karburanti	pik karburanti
Werkstatt	oficinë	ofitschin
Bitte Benzin für ... (Zahl, Währung).	Ju lutem benzinë për... (lekë)	Ju lutem bänsin ...
Brauche ich Schneeketten?	A më duhen zinxhirët?	A mö duhän sindschiröt?
Ich habe eine Panne.	Kam një avari.	Kam njö avari.

Deutsch	Albanisch	Aussprache
Ist der ...-Pass geöffnet?	A është ... qafa e hapur?	A öscht ...chafa e hapur?
Können Sie das reparieren?	A mund ta riparoni?	A mund ta riparoni?
Volltanken, bitte.	Mbusheni plot, ju lutem.	Mbuschäni plot, ju lutem.
Wann ist es fertig?	Kur mbaron?	Kur mbaron?
Wieviel kostet das?	Sa kushton?	Sa kuschton?
Wo ist die nächste Tankstelle/Werkstatt?	Ku është pika tjetër e karburantit?/ofiçina?	Ku öscht pika tjätör ä karburanti/ofitschina?

Unterkunft

Badezimmer/Dusche	banjo/dush	banjo/dusch
Balkon/Terrasse	ballkon/tarracë/verandë	ballkon/tarraz/wärand
Campingplatz	kamping	kamping
Doppelzimmer	dhomë dopio	dhom dopio
Ferienwohnung/-haus	shtëpi pushimi	schtöpi puschimi
Hotel	hotel	hotel
(Jugend-)Herberge	hostel	hostel
Kinderbett/-stuhl	krevat fëmijësh/karrige	kräwat fömijösch/karrigä
Küche	kuzhinë	kuschin
Parkplatz	vend parkimi	vänd parkimi
Pension	pension	pänsion
Zimmer	dhomë	dhom
... funktioniert nicht.	... nuk funksionon/nuk punon.	... nuk funksionon/nuk punon.
Wissen Sie, ob es im Ort oder in der Nähe eine Unterkunft gibt?	A e dini nëse ka këtu ose këtu afër ndonjë vend për të fjetur?	A ä dini nösä ka ktu osä ktu aför ndonj wänd pör tö fjätur?
Haben Sie ein Zimmer für ... Person(en)?	A keni një dhomë për... persona/veta?	A keni njö dhom pör ... perssona/veta?
Ich möchte ... Nächte bleiben.	Unë dua të qëndroj për... netë.	Un dua tö chöndroj pör ... nät.
Wir haben ein Zimmer reserviert.	Ne kemi rezervuar një dhomë.	Nä kämi räserwuar nj dhom.

Krankheit und Notfälle

Hilfe!	Ndihmë!	Ndihm
Allergie	alergji	alerdji
Arzt	mjek	mjäk
Botschaft/Konsulat	ambasadë/konsullatë	ambasad/konsulat

Deutsch	Albanisch	Aussprache
Desinfektionsmittel	dezinfektues	däsinfäktues
Feuerwehr	zjarrfikës	sjarrfikös
Krankenhaus	spital	spital
Krankenversicherung	sigurim i shëndetit	sigurim i shöndätit
Medikament	Ilaç/medikament	llatsch
Notarzt	mjeku i rojes	mjäku i rojäs
Polizei	policia	politzia
Zahnarzt	dentist	däntist
Zeckenzange	pincë e dentistit	pintz e däntistit
Bitte helfen Sie mir.	Ju lutem më ndihmoni.	Ju lutem mö ndihmoni.
Haben Sie ein Medikament gegen ...?	A keni një ilaç kundër/ për... ?	A keni nj ilatsch ...?
Ich bin gestürzt.	Jam rrëzuar.	Jam rrözuar.
Ich bin schwanger.	Jam shtatzënë.	Jam schtatsän.
Ich bin von einer/m ... gebissen/gestochen worden.	Më ka kafshuar .../ pickuar ...	Mö ka kafschuar ..../ pitzkuar ....
Ich habe starke Schmerzen.	Kam shumë dhimbje.	Kam schum dhimbjä.
Mir ist übel/schwindelig.	Më vjen për të vjellë./ Më merren mendtë.	Mö wjän pör tö wjell/ Mö märren mändt.
Rufen Sie die Feuerwehr/ den Notarzt!	Merrni në telefon zjarrfikësin/mjekun e rojes!	Märrni nö täläfon sjarrfiksin/mjäkun e rojäs!
Was ist passiert?	Çfarë ka ndodhur?	Tschfar ka ndodhur?

Erkrankungen

Bienen-/Wespenstich	pickim blete/grenze	pitzkin blätäh/gränsäh
Blase	flluskë	fllusk
Bruch	thyerrje	thüerrjäh
Durchfall	diarre/bark	diarräh/bark
Entzündung	infeksion	infäksion
Erbrechen	të vjella	tö wjälla
Erkältung	ftohje	ftohjä
Fieber	temperaturë/ethe	temperatur/äthäh
Husten	kollë	koll
Krampf	ngërç/spazëm	ngörtsch/spasöm
Qualle	kandil deti	kandil däti
Schlangenbiss	pickim/kafshim gjarpëri	pitzkim/kafschim djarpöri
Schnupfen	rufë	ruff

Deutsch	Albanisch	Aussprache
Schüttelfrost	të dridhura	tö dridhura
Schwellung	ënjtje/ fryrje	önjtjäh/frürjäh
Sonnenbrand	djegie nga dielli	djägiä nga diälli
Spinne	merimangë	märimang
Tollwut	tërbim	törbim
Zecke	rriqër/këpushë	rrichör/köpusch
Einkäufe, Besorgungen		
Bäckerei	furrë buke	furr bukä
Buchhandlung	librari	librari
Drogerie	dyqan artikujsh të përzier	düchan artikujsh tö pörsiär
Fischgeschäft	dyqan peshku	düchan päschku
Fleischerei	dyqan mishi/mishtore	düchan mischi/ mischtore
Fotogeschäft	dyqan fotografish	düchan fotografisch
Internetcafé	internetkafe	internetkafeh
Kiosk	kjoskë	kjosk
Markt	treg	träg
Souvenirs	suvenire	suwänirāh
Supermarkt	supermarket	supermarkät
Wäscherei/Reinigung	lavanteri/pastrim kimik	lawantäri/pastrim kimik
Akzeptieren Sie Kreditkarten?	A pranoni kartë krediti?	A pranoni kart kräditi?
Das ist alles, danke.	Kaq ishte, faleminderit.	Kach ischtä, faleminderit.
Das ist mir zu teuer.	Kjo është shumë e shtrenjtë për mua.	Kjo öscht schum e schtränjt pör mua.
Das gefällt mir (nicht).	Kjo (nuk) më pëlqen.	Kjo (nuk) mö pölchän.
Dieses hier, bitte.	Këtë këtu, të lutem.	Kötö ktu, tö lutem.
Ein Kilo, bitte!	Një kile, të lutem!	Nj kilä, tö lutem!
Gibt es ...?/Haben Sie ...?	A ka... ?/keni... ?	A ka?/keni?
Wieviel kostet das?	Sa kushton kjo?	Sa kuschton kjo?
Wo finde ich ...?	Ku mund të gjej... ?	Ku mund tö djej ...?
Post, Bank		
Bank	banka	banka
Brief	letër	lätör
Briefkasten	kuti postare	kuti postaräh
Briefmarke/n	pullë/pulla postare	pull postaräh

Deutsch	Albanisch	Aussprache
Briefumschlag	zarf	sarf
Geldautomat	bankomat/ATM	bankomat
Handy	celular/hendi	zelular
Kreditkarte	kartë krediti	kart kräditi
Paket/Päckchen	pako/paketë	pako/paket
Postamt	posta	posta
Postkarte	kartolinë	kartolin
SIM-Karte	kartë SIM	kart SIM
Telefon	telefon	täläfon
Telefonkarte	kartë telefoni	kart täläfoni
Telefonzelle	kabinë telefoni	kabin täläfoni
Vorwahl	prefiks	präfiks
Wechselstube	zyra e këmbimit/exchange	süra e kömbimit
Wo kann ich Geld wechseln?	Ku mund të thyej lekët?	Ku mund tö thüej läköt?
Nützliche Wörter	**fjalë të nevojshme**	
Flasche	shishe	schische
Gramm	gram	gramm
groß	i/e madh/e	madh
halb/e/er/es	gjysëm/gjysma	djüsöm/djüsma
Kilo	kile	kilä
klein	i/e vogël	Wogöl
Kurz	i/e shkurtër/shkurt	schkurtör
Lang	i/e gjatë	djat
Liter	litër	litör
mehr	më shumë	mö schumm
Packung	pako/paketë	pako/paket
Pfund	fund	fund
Stück	copë/pjesë	cop/pjäs
Tüte	qese/çantë	chäsä/tschant
weniger	më pak	mö pak
Lebensmittel	**ushqim**	
Brot	bukë	buk
Brötchen	panine/simite	paninä/simitä
Butter/Margarine	gjalpë/margarinë	djalp/margarin

Deutsch	Albanisch	Aussprache
Eier	vezë	wäzö
Fisch	peshk	päschk
Fleisch	mish	misch
Gemüse	perime	pärimä
Joghurt	kos	kos
Kartoffeln	patate	patatäh
Käse	djath	djath
Marmelade	reçel/marmelatë	rätschäl/marmalat
Milch	qumësht	chumöscht
Obst	fruta	fruta
Oliven	ullinj	ullinj
Orangen	portokalle	portokalläh
Salami	sallam	sallam
Salat	sallatë	sallat
Schinken	proshutë	proschut
Tomaten	domate	domatäh
Weintrauben	rrush	rrusch
Wurst	sallam/suxhuk	sallam/sudschuk
Zitronen	limon	limon
Zucker	sheqer	schächär
Zwiebeln	qepë	chäp
Getränke	**pije**	
Apfel-/Orangensaft	lëng molle/portokalle	löng molläh/portokalläh
Bier (vom Fass)	birrë (me kriko)	birr (mä kriko)
alkoholfrei	pa alkohol	pa alkol
Cocktail	kokteil	kockteil
Kaffee	kafe	kafeh
Kakao	kakao	kakao
Limonade	limonatë	limonat
Milch	qumësht	chumöscht
Mineralwasser mit Kohlensäure	ujë mineral me gaz	uj mineral mä gas
ohne Kohlensäure	pa gaz	pa gas
Rot-/Weißwein	verë e kuqe/e bardhë	wärö e kuchäh/e bardh

Deutsch	Albanisch	Aussprache
Sekt	spumante/shampanjë	spumantäh/schampanj
Tee	çaj	tschai
Wasser	ujë	uj
Sonstiges	**të ndryshme**	
Batterie	bateri	bateri
Chipkarte (Kamera)	kartë çip (aparat fotografik/kamera)	kart tschip (aparat fotografik/Kamera)
Feuerzeug	çakmak	tschakmak
Haarbürste	krehër (flokësh)	krähör (floksöch)
Kugelschreiber	stilokalem, stilolaps	stilokaläm, stilolaps
Shampoo	shampo	schampo
Sonnencreme	krem dielli	kräm diälli
Taschentücher	letër/shami duarsh	lätör/schami duarsch
Toilettenpapier	letër higjenike	lätör hidjänikäh
Zahnpasta/Zahnbürste	pastë/furçë dhëmbësh	past/furtsch tdhömbösch
Kleidung	**veshje**	
Badehose/Badeanzug	rrobebanje/banjoje	rrobebanjäh/banjojäh
Bluse	bluzë	blus
Hemd	këmishë	kömisch
Hose	pantallona	pantallona
Knopf	kopsë	kops
Mütze	kapele	kapeläh
Pullover	pulover/triko	pullover/triko
Rock	fund	fund
T-Shirt	tishërt/bluzë	tischört/blus
Im Café, Restaurant	**Në kafe, restorant**	
Abendessen	darkë	dark
Besteck	takëm/set për të ngrënë	taköm/sät pör tö ngrön
Café	kafe	kafeh
Eisdiele	akullore	akulloräh
Essen	ha	ha
Flasche	shishe	schische
Frühstück	mëngjes	möndjäs
gebacken	e pjekur në furrë	e pjäkur nö furr
gebraten	e skuqur	e skuchur

Deutsch	Albanisch	Aussprache
gekocht	e zierë	e ziär
Glas	gotë/xham	got/dscham
groß/klein	i/e madh/e/, i/e vogël	madh/wogöl
Imbiss	rostiçeri	rostitschäri
Löffel	lugë	lug
Messer	thikë	thik
Mittagessen	drekë	dräk
Öl/Essig	vaj/uthull	vaj/uthull
Restaurant	restorant	rästorant
Salz/Pfeffer	kripë/piper	krip/pipär
Serviette	pecetë	pätzät
Speisekarte	meny	mänü
Tagesmenü	menyja e ditës	mänüja ä ditös
Tasse	filxhan	fildschan
Trinken	pi	pi
Zucker	sheqer	schächär
Herr Ober/mein Herr ...	Zoti kamarier .../Zotëri ...	Soti kamariär .../sotri ...
Frau Ober/meine Dame ...	Zonja kamariere .../ Zonja ...	Sonja kamariäräh .../ sonja ...
Guten Appetit!	Ju bëftë mirë!	Ju böftö mir!
Mahlzeit!	Vakt/Ju bëftë mirë!	Wakt/Ju böftö mir!
Prost!	Gëzuar!	Gözu(a)r!
Bitte die Rechnung!/Zahlen, bitte!	Ju lutem llogarinë!/ A mund të paguajmë, ju lutem?	Ju lutäm llogarin!/ A mund tö paguajm, ju lutäm?
Das geht zusammen/getrennt.	Në një llogari/secili më vete.	Nö nj llogari/sätzili mö vätäh.
Der Rest ist für Sie.	Kusuri është për ju.	Kusuri öscht pör ju.
Die Speisekarte, bitte!	Menynë, ju lutem!	Menün, ju lutäm!
Ich bin allergisch gegen ...	Jam alergjik ndaj ...	Jam alärdschik ndaj ...
Ich hätte gerne ...	Unë dua ...	Un dua ...
Haben Sie vegetarische Gerichte?	Keni gjellë vegjetariane?	Käni djäll wädschätarianäh?
Speisen	**gjellët**	
Beilagen	garniturë	garnitur
Brot	bukë	buk
Brötchen	panine/simite	paninäh/simitäh

Deutsch	Albanisch	Aussprache
Butter/Margarine	gjalpë/margarinë	djalp/margarin
Ei	vezë	wäz
Eis	akullore	akulloräh
Fisch	peshk	päschk
Gemüse	perime	pärimäh
Hauptspeise	pjata kryesore / Gjella kryesore	pjata krüäsoräh/ djälla krüäsöräh
Honig	mjalt	mjalt
Hühnchen	pulë	pul
Joghurt	kos	kos
Kalbfleisch	mish viçi	misch vitschi
Kartoffeln	patate	patatäh
Käse	djathë	djath
Kuchen/Torte	tortë/ëmbëlsirë	tort/ömbölsir
Lammfleisch	mish qingji	misch chindschi
Marmelade	reçel/marmelatë	rätschäl/marmelat
Müsli	mysli	müsli
Nachspeise	ëmbëlsirë	ömbölsir
Nudeln	makarona	makarona
Obst	fruta	fruta
Omelett	omelet	omälät
Pommes frites	patate të skuqura	patatäh tö skuchura
Pudding	puding	puding
Reis	oriz	oris
Rindfleisch	mish gjedhi/lope	misch djedhi/lope
Rührei	vezë të fërguara	wäzö tö förguara
Salat	sallatë	sallat
Sandwich	sanduiç	sanduitsch
Schweinefleisch	mish derri	misch därri
Spiegelei	vezë sy	wäzö sü
Steak	biftek	biftäk
Suppe	supë	sup
Vorspeise	meze/antipastë	mäsäh/antipast
Wurst	sallam	sallam
Würstchen	salçiçe	saltschitschäh

Albanisch	Deutsch
udhëzime, tabela	**Hinweise, Schilder**
(E) hapur/(E) mbyllur	Geöffnet/Geschlossen
Arka	Kasse
Benzinë (pa plumb)	Benzin (bleifrei)
Burra/Zotërinj	Herren
Dalje (nga autostrada)	Ausfahrt (an Autobahnen)
Devijim	Umleitung
E lirë/E zënë	Frei/Besetzt
E rezervuar	Reserviert
Ftohtë/Ngrohtë	Kalt/Warm
Fund	Ende
Gra/Zonja	Damen
Hyrja e ndaluar	Betreten verboten
Hyrje/dalje	Eingang/Ausgang
Informacion	Information
Jashtë funksionit/nuk punon	Außer Betrieb
Jo duhanpirës	Nichtraucher
Kujdes!	Achtung!/Vorsicht!
Mbërritje/Arritje	Ankunft
Naftë	Diesel
Ndalohet duhani	Rauchen verboten
Ndalohet hyrja	Durchgang verboten
Në ndërtim/rinovim	Umbau/Renovierung
Nisje/Fluturim	Abfahrt/Abflug
Pikë karburanti	Tankstelle
Rrezik vdekje!	Lebensgefahr!
Tualet/Banjo	Toiletten
Vend parkimi (që ruhet)	(bewachter) Parkplatz

Albanien im Internet

Touristisches

www.albanien.ch Seite, die aus Liebe zum Land entstanden ist. Sehr interessante Blogeinträge.

Verschiedene Themengebiete

www.albanien-dafg.de Internetseite der Deutsch-Albanischen Freundschaftsgesellschaft, die den Dialog zwischen den beiden Ländern fördern will. Gute Seite, die die aktuellsten Berichte, Zeitungsartikel, Diskussionen und Vorträge, die mit Albanien im Zusammenhang stehen, zusammengefasst auflistet.

www.albanien-dafg.de/albanische-hefte Einige Hefte sind auf der Seite online lesbar, die restlichen als Hefte bestellbar.

www.albanianstudies.org.uk/publication-archive Einige Publikationen dieser britischen Forschungseinrichtung sind kostenlos auf Englisch zu lesen.

www.martin-camaj.de Martin-Camaj-Gesellschaft in München, die als Kulturvermittlung zwischen Albanern und Deutschen auftreten und die albanische Kultur und Literatur fördern möchte.

www.elsie.de Homepage des Albanologen Robert Elsie mit vielen spannenden Rubriken.

www.joachim-roehm.info Homepage des Übersetzers Joachim Röhm, der viele Gegenwartsautoren vorstellt und Leseproben zur Verfügung stellt.

www.sprichworte-der-welt.de Über Sprichwörter lassen sich auch einige Bräuche, Sitten und Verhaltensweisen verstehen.

www.youtube.com Viele Dokumentationen über Albanien, unter anderem ein Zweiteiler von Arte über Albanien: Zauberhaftes Albanien: Teil 1 und 2.

Nachrichten

www.derstandard.at Die österreichische Zeitung schreibt im deutschsprachigen Raum am regelmäßigsten und präsentiert sehr gute Recherchen über den Westlichen Balkan und Albanien.

www.top-channel.tv
Albanischer Fernsehsender, der Neuigkeiten auch auf Englisch bereitstellt.

www.tiranatimes.com Englischsprachiges Nachrichtenportal über Tirana und Albanien.

www.esiweb.org Auf der Homepage der European Stability Initiative (ESI) finden sich unter dem Suchbegriff Albanien etliche Artikel (engl).

www.balkaninsight.com Nachrichtenportal auf Englisch.

Kiosk in Tirana

Literaturtipps

Cufaj, Beqë: projekt@party, Zürich 2012. Junger kosovo-albanischer Schriftsteller, der einen Einblick in die Welt der UN und Hilfsorganisationen im Kosovo gewährt. Wie kaum ein anderer albanischschreibender Autor besitzt sein Stil Leichtigkeit. Die kosovo-albanische Literatur ist sehr jung und wird selten ins Deutsche übersetzt.

Durham, Edith: Durch das Land der Helden und Hirten: Balkan-Reisen zwischen 1900 und 1908, Wien 1995. Spannende literarische Reportage der britischen Journalistin, die durch das damalige europäische Osmanische Reich reist. Die Autorin ist in Albanien sehr beliebt, da sie das Land und die Menschen aus Sicht der Albaner mit viel Respekt, Einfühlungsvermögen und Wissen schilderte. Nach ihr sind viele Plätze und Straßen benannt worden.

Eberhard, Helmut/Kaser, Karl (Hg.): Albanien. Stammesleben zwischen Tradition und Moderne, Wien 1995. Zusammenfassung einer Forschungsreise von Historikern und Ethnologen aus dem Jahr 1992, die Lebensformen in Nordalbanien untersuchten.

Elsie, Robert: Handbuch zur albanischen Volkskunde. Mythologie, Religion, Volksglaube, Sitten, Gebräuche und kulturelle Besonderheiten, Wiesbaden 2002. Der Untertitel beschreibt sehr gut den Inhalt dieses umfassenden und alphabetischen Nachschlagewerks, das die nichtmateriellen Traditionen vorstellt, Dinge, die niemand beim Reisen einfach sehen könnte.

Elsie, Robert: Albanian Literature. A Short History, London 2005. Die einzige Publikation über die Geschichte der albanischsprachigen Literatur unter Einbeziehung der Entwicklungen in den Nachbarstaaten.

Ferra, Ilir: Rauchschatten, Wien 2010. Einblicke in ein Familienleben während des Sozialismus aus der Sicht eines aus Albanien stammenden, in Wien lebenden Autors.

Hristova, Pepa: Sworn Virgins, Heidelberg 2013. Kostenintensiver Bildband der bulgarischen Fotografin über die ›Schwörenden Jungfrauen‹.

Ihlau, Olaf/Mayr, Walter: Minenfeld Balkan. Der unruhige Hinterhof Europas, Bonn 2009. Veröffentlichung der deutschen Bundeszentrale für politische Bildung mit sehr gut recherchierten Aufsätzen zu den politischen Entwicklungen in Südosteuropa des 20. und frühen 21. Jahrhunderts. Geeignet für diejenigen, die die Lage in Albanien im Zusammenhang mit den Nachbarländern besser verstehen möchten.

Kadare, Ismail: Romane und Aufsätze des bedeutendsten Gegenwartsautoren. Viele seiner Werke wurden ins Deutsche übersetzt.

Renovabis (Hg.): Albanien, Ost-West. Europäische Perspektiven, 4/2010, Freising. Kleines Länderheft mit sehr guten, kurzen Artikeln zu unterschiedlichen Themen. Einsehbar und bestellbar unter www.owep.de.

Kongoli, Fatos: Zwei Romane wurden ins Deutsche übersetzt, die beide Retrospektiven des Lebens im Sozialismus sind: ›Die albanische Braut‹, Zürich 2000, und ›Hundehaut‹, Dänikon 2008.

May, Karl: Durch das Land der Skipetaren, Dinslaken 2013. Ein Teil des Orientzyklus. Der europäische Teil des Osmanischen Reichs wurde zu Mays Zeiten als Orient oder Naher Osten beschrieben. Für seine Abenteuergeschichten beschreibt der Autor Landschaften, in denen er selbst nie war.

Mehmeti, Kim: Das Dorf der verfluchten Kinder, Klagenfurt 2002. Die Stimme eines albano-mazedonischen Autors, der in düsteren Farben die Geschichte eines kleinen albanischsprachigen Dorfes in Mazedonien erzählt.

Merdani, Arlinda: Das Verhältnis der Religionen in Albanien, Wiesbaden 2013. Die Autorin zeigt einen Überblick über die historische Entwicklung der Religionen in Albanien, die heutige Situation und Albaniens toleranteres Umgehen mit den Religionen als interreligiöses Modell, das sich für die EU eignen würde.

Mustafaj, Besnik: Kleine Saga aus dem Kerker, Frankfurt/M. 1997. Der ehemalige

Außenminister Albaniens zeichnet Bilder in einem Gefängnis von den Wärtern und Inhaftierten mit seiner Sicht auf Albanien mit der Hoffnung, das Land möge sich stärker öffnen.

Mutter Teresa: Komm, sei mein Licht, München 2007. Ein Buch mit ihren Aufzeichnungen und Briefen, in denen es um ihre religiösen Zweifel geht.

Niegelhell, Anita/Ponisch, Gabriele: Wir sind immer im Feuer, Wien 2001. Die Inhaftierten und Gefolterten aus der Zeit des Sozialismus bekommen in dieser Dokumentaion eine Stimme und berichten Erschütterndes.

Otten, Karl: Die Reise durch Albanien und andere Prosa, Zürich 1989. Die deutschsprachige Variante eines Reiseberichts über Albanien kurz vor der Staatsgründung 1912, der heute noch sehr lesenswert ist.

Schmidt-Neke, Michael: Chronologie eines albanischen Vierteljahrhunderts, London 2016. Drei Bände, in denen die wesentlichen politischen und gesellschaftlichen Ereignisse von 1990 bis 2015 stichpunktartig und streng aufgelistet werden.

Schmitt, Oliver Jens: Skanderbeg. Der neue Alexander auf dem Balkan, Regensburg 2009. Letzte große Monografie über den albanischen Volkshelden, die viel Diskussion hervorgerufen hat.

Schmitt, Oliver Jens/Franz, Eva Anne: Albanische Geschichte. Stand und Perspektiven der Forschung, München 2009. Sehr gut zu lesendes, nicht zu dickes Buch.

Schwandner-Sievers, Stephanie: Albanian Identities: Myth and History, London 2002. Wie es der Untertitel bereits andeutet, eine spannende Recherche und teilweise Dekonstruktion von Mythen und deren Nutzung in der Konstruktion von Geschichte.

Vorpsi, Ornela: Das ewige Leben der Albaner, Wien 2007. Die in Paris lebende Autorin beschreibt die späten Jahre des Sozialismus aus der Kinderperspektive. Diese Form der Erzählung hat ihren Reiz durch das naivere, aber ehrlich erscheinende Erzählen. Die Kritik lobte die Autorin, da sie weniger schwülstig als ihre männlichen Vertreter schreibe.

Wilms, Anila: Das albanische Öl oder Mord auf der Straße des Nordens, Berlin 2012. Nach der Staatsgründung Albaniens kommt es zum Mord an zwei US-Amerikanern. Hintergrund der Story ist die Suche Albaniens und der einflussreichsten Länder nach Erdöl in Albanien. Die passende Lektüre zum Geruch der erdölfördernden Anlagen in der Umgebung der Stadt Ballsh.

Zabern, Philipp von: Albanien, Schätze aus dem Land der Skipetaren, Mainz 1988. Schön bebilderter Ausstellungskatalog, der jedoch nur die Zeit von der Vorgeschichte bis ins Mittelalter abdeckt.

Filme

Cineastisch lässt sich eine Albanien-Reise schwer vor- und nachbearbeiten. Die Filmproduktion im Land ist gering, und die internationalen Verleihe zeigen selten Interesse an albanischen Themen.

Der Albaner ist eine albanisch-deutsche Co-Produktion von 2010, die die Enge und Armut in den nordalbanischen Alpen porträtiert (Regie: Johannes Naber). Der junge Protagonist geht nach Deutschland, um mit dem dort verdienten Geld seine Beziehung zu retten. Doch der Plan funktioniert nicht.

Balkanexpress ist eine spannende Dokumentationsreihe über zehn Länder Südosteuropas. Ein Teil ist Albanien gewidmet.

Der Freund mein Feind von 2004. Dieser Film des Regisseurs Gjergj Xhuvani erzählt eine Geschichte in Elbasan vom September 1943, als Deutschland Italien bei der Okkupation Albaniens ablöst. Alle religiösen und ethnischen Gruppen spielen in dem Film eine Rolle und erzeugen eine skurrile Atmosphäre.

Skanderbeg, Ritter der Berge ist ein Historienfilm von 1953, der das Leben Skanderbegs erzählt (Regie: Sergei Iossifowitsch Jutkewitsch). Der Film wurde durch die Unterstützung der Sowjetunion möglich und ging in die Kinogeschichte als erster albanischer Film ein.

Alive von 2009 ist ein albanischer Film über einen jungen Mann aus Tirana, der zur Beerdigung seines Vaters in dessen Heimatort fährt und mit der Blutrache konfrontiert wird. Das Erlebte lässt ihn auch bei seiner Rückkehr in die Hauptstadt nicht wieder los.

Bloodlands erschien 2017 und ist damit der erste albanische Horrorfilm überhaupt. Thema ist mal wieder der Streit zwischen zwei Familien. Aber diesmal mischen sich übernatürliche Wesen in den restlichen Spuk mit ein.

Über die Autoren

Beide Autoren liebten die Idee, Albanien aus der Sicht eines einheimischen und eines deutschen Reiseleiters zu beschreiben. Dadurch ergänzen sich unterschiedliche Blickpunkte, die zu diesem Buch führten.

Frank Dietze wurde 1980 geboren und wohnt in Leipzig. Nach dem Studium der Slawistik und Kunstgeschichte in Leipzig und Prag sammelte er vielfältige Erfahrungen in verschiedenen Berufen und Projekten. Das viele Reisen durch Europa weckte in ihm die Lust, Reiseleiter zu werden. Selbstständig und als freier Mitarbeiter bei Studiosus-Reisen, Hauptreisegebiete sind der Westliche Balkan, Tschechien und Deutschland.

Shkëlzen Alite wurde in Tirana, Albanien, geboren. 1991 ging er nach Deutschland, wo er neun Jahre lang lebte und eine Ausbildung zum Reiseverkehrskaufmann absolvierte. 2001 kehrte er in seine Heimat zurück und studierte an der Universität Tirana vier Jahre lang Germanistik. Seitdem ist er in Albanien und auf dem Balkan als Reiseleiter tätig. Leidenschaftlich gerne bringt er seinen Gästen sein Heimatland nahe. Dort kennt er jeden Winkel und ist bestens vernetzt. Er interessiert sich für Fremdsprachen, wandert und schwimmt gerne.

Danksagung

Wir möchten uns bedanken bei unseren Familien, die uns unterstützt haben. Für Shkëlzen war es seine Frau Aurora, die sich allein um die Kinder kümmerte, während wir unterwegs waren. Frank bedankt sich bei seinem Freund Falko Berthold für das aufwendige Korrekturlesen und bei Norma Driske für das Lesen eines Textes.

Ein großes Dankeschön gebührt der Mietwagenfirma Rent a car in Albania (RCA) aus Tirana, die auch als Reiseveranstalter ›Travel in Albania‹ arbeiten. Sie stellten uns für zwei Touren ein Auto ihrer Flotte kostenlos zur Verfügung. Damit wurde das Reisen nicht nur komfortabel, sondern auch sehr günstig.

Des Weiteren möchten wir vielen Hotel- und Herbergsbesitzern danken, die uns finanziell entgegengekommen sind. Im Land verdanken wir sehr viel der Hilfe anderer Menschen, die im Tourismus arbeiten. Genannt seien ausdrücklich Mario Shenaj aus Shkodër, Aleks Tane aus Përmet und Grehans Uka aus Peshkopi, die alle einen oder mehrere Tage mit völliger Begeisterung mit uns unterwegs waren.

Wir freuen und bedanken uns für die wunderschönen Fotos, die uns Prof. Dr. Peter Thiele, Helge Hemme und Christian Möser, alle drei aus Berlin, zur Verfügung gestellt haben.

Q

R

S

Bildnachweis

Alle Bilder von Frank Dietze, außer:
Alfred Diebold: S. 14
Ricardo Fahrig: S. 334, 335, 336, 337, 338, 340, 341, 342, 343, 345
George Grantham Bain Collection, Library of Congress: S. 42
Helge Hemme: hintere Umschlagklappe, S. 10, 13 o.re., 23, 27, 47, 95u., 114 o., 288/289, 293, 300o., 315, 335o., 348, 349u., 361, 362o.
Grit Hofmann: S. 24, 185
Viktor Loki/shutterstock: Titelbild
Johann Maria Just: S. 58, 305
Pjetër Marubi: S. 301
Christian Möser: S. 84, 115, 118/119, 133u., 150
Frieder Monzer: S. 332
ollirg/Shutterstock: S. 153
Prof. Dr. Peter Thiele: S. 12 o.re., 13 li., 18/19, 26, 32, 36, 39, 54, 57, 64o., 65, 69, 71, 72, 78, 97, 102, 103, 108, 120, 126, 129, 133 o., 143, 158, 159, 162, 164, 175, 178, 182, 192, 248, 255, 256u., 258, 260, 265 u., 266, 272, 273, 276, 281, 283, 284, 285, 286, 300u., 350 o., 357o., 360u.
Tilman Wagner: vordere Umschlagklappe, S. 177, 206u., 291o., 329, 380
posztos/Shutterstock: Titelbild

Kartenregister

Reisen nach Maß
Ihr Spezialist für Individualreisen nach Albanien
HAASE
TOURISTIK
www.haase-touristik.de
info@haase-touristik.com
fon 030 84 183 226
fax 030 84 183 227
Dickhardtstr. 56
12159 Berlin

Ventus Reisen
Spezialist für anspruchsvolle Individual- und Gruppenreisen
Albanien
Ein Land für Kulturinteressierte und Entdecker.
UNESCO-Weltkulturerbe und einsame Natur.
individuell | maßgeschneidert | reisen
Wir organisieren jede Reise nach Ihren Wünschen.
Osteuropa | Kaukasus | Russland | Orient | Zentralasien
Krefelder Straße 8, 10555 Berlin I Tel: 030 - 391 00 332
www.ventus-reisen.de
office@ventus.com

www.reisen-in-albanien.de
Ihr Spezialist für aktives Reisen in Albanien
Rundreisen für Gruppen und Individuell
Mit eigener Agentur vor Ort
Tel. 0911-2874824
info@reisen-in-albanien.de

Reiseland – Albanien
...mal was neues!
Reiseagentur für maßgeschneiderte Reisen!
Individual, Gruppen, Mietwagen uvm.
www.reiseland-albanien.de
office@naccon.de

AKTIVREISEN IN ALBANIEN
Zbulo! Discover Albania
Zu Fuße, auf Rädern und im Schnee von den Albanischen Alpen bis zum Ionischen Meer unterwegs.
zbulo
www.zbulo.org
+355 69 2121 612
▪ attraktive Preise vom Veranstalter vor Ort
▪ Kleingruppen mit garantierter Durchführung
▪ deutsch und englischsprachige Reiseleitung

ALBANIEN
entdecken!
IKARUS
TOURS
STUDIEN- & ERLEBNISREISEN
mit verschiedenartigen
Themenschwerpunkten &
unterschiedlicher Reisedauer
in unserem Programm
FERNE WELTEN.
www.ikarus.com · Tel. 06174 - 29 02 0

BUND-Reisen
Nah dran. Natur erleben und verstehen
BUND
Naturschutz
in Bayern e.V.
BUND
FRIENDS OF THE EARTH GERMANY
©Christian Baumgartner
Entdecken Sie mit BUND-Reisen die wunderschönen
Naturlandschaften Albaniens und seine Nationalparke.
Viele weitere spannende Ziele in Osteuropa. Fordern Sie unseren Jahreskatalog an!
BUND-Reisen • Stresemannplatz 10 • D-90489 Nürnberg • Tel. +49 (0)911 58888-20
Fax +49 (0)911 58888-22 • info@bund-reisen.de, www.bund-reisen.de

Kartenlegende

- Autofähre
- Bahnhof
- Bar
- Brunnen
- Burg/Festung
- Burgruine
- Busbahnhof
- Café
- Campingplatz
- Denkmal
- Dorfkirche
- Fähre
- Flughafen
- Hafen
- Höhle
- Hotel
- Kino
- Kirche
- Kloster
- Klosterruine
- Krankenhaus

- Leuchtturm
- Markt
- Moschee
- Museum
- Oper
- Parken
- Post
- Restaurant
- Ruine/Ausgrabungsstätte
- Segeln
- Sehenswürdigkeit
- Seilbahn
- Strand
- Geschäft
- Theater
- Tor
- Touristeninformation
- Turm
- Zoo

- Aussichtspunkt
- Sehenswürdigkeit
- Burg
- Kirche
- Friedhof
- Zeltplatz
- Berggipfel
- Seilbahn

- Autobahn
- Schnellstraße
- Hauptstraße
- sonstige Straßen
- E 65 Europastraße
- A 65 Autobahn
- 243 Bundesstraße
- Eisenbahn
- Grenzübergang
- Staatsgrenze
- Hauptstadt
- Stadt/Ortschaft

Zeichenlegende

- Vorwahlen, Touristeninformationen, Postämter
- Anfahrt mit dem Auto
- Busbahnhöfe, Anfahrt mit dem Bus
- Zugverbindungen
- Fährverbindungen, Schiffsausflüge
- Anfahrt mit dem Fahrrad, Radtouren
- Taxiruf, Tarife
- Hotels, Pensionen, Hostels
- Campingplätze
- Restaurants
- Cafés
- Bars, Clubs
- Museen, Sehenswürdigkeiten
- Veranstaltungen, Feste
- Ausflüge, Tourentipps
- Pferdehöfe, Reitausflüge
- Einkaufsmöglichkeiten, regionale Spezialitäten
- Krankenhäuser, ärztliche Versorgung